Arthur L. Smith, Jr. · Kampf um Deutschlands Zukunft

Arthur L. Smith, Jr.

Kampf um Deutschlands Zukunft

Die Umerziehung von Hitlers Soldaten

Mit einer Einführung von
Hans-Adolf Jacobsen

1997

BOUVIER VERLAG · BONN

Originaltitel: „The War for the German Mind,
Re-educating Hitler's Soldiers"; Providence, Oxford:
Berghahn Books 1996.
© 1996 Arthur L. Smith, Jr.

Übersetzung ins Deutsche: Susanne Altenberg im Auftrag
von Translingua Language & Technology, Bonn

Die Deutsche Bibliothek - CIP-Einheitsaufnahme

Smith, Arthur L.:
Kampf um Deutschlands Zukunft : die Umerziehung von Hitlers
Soldaten / Arthur L. Smith. Mit einer Einführung von Hans-Adolf
Jacobsen. [Übers. ins Dt.: Susanne Altenberg]. - Bonn : Bouvier,
1997
    Einheitssacht.: The war for the German mind <dt.>
    ISBN 3-416-02722-1

Für Willy Eymert

Inhalt

Danksagung

Forschen und Schreiben sind normalerweise Tätigkeiten eines Einzelnen. Wenn es aber darum geht, Zugang zu Archiven zu bekommen, Hinweise zu suchen, hilfreiche Antworten auf Hunderte von Fragen zu erhalten, dringend benötigte kritische Ratschläge einzuholen und finanzielle Unterstützung sicherzustellen, ist die Hilfe eines ganzen Teams unerläßlich. Ohne diese Hilfe wäre dieses Buch nicht geschrieben worden, und aus diesem Grunde möchte ich mit den Danksagungen beginnen.

Ein wesentlicher Teil dieser Untersuchung basiert auf Gesprächen, die ich mit zahlreichen Teilnehmern an Umerziehungskursen der Vereinigten Staaten, Großbritanniens und Rußlands führen konnte, und Briefen, die sie mir freundlicherweise schickten. Manchmal antworteten auch die Witwe, die Tochter oder der Sohn auf meine Fragen. All denen, die mir so freundlich und selbstlos ihre Geschichte nach so vielen Jahren anvertrauten, gilt mein aufrichtiger Dank: Elsa M., August E., Josef R., Alois H., Irmgard K., Erich M., Rudolf D., Edgar S., Leo K., Karl W., Otto P., Kurt B., Oskar R., Horst B., Martin K., Fritz K., Lorenz S., Wolfgang O., Fritz S., Gerhard D., Ulrich K., Franz K., Gunther K., Theodor S., Willi B., Paul K., Heinz D., Herbert B., Sepp M., Heinrich H., Hannelore H. und Claus T. Mein besonderer Dank richtet sich an Bernt von Kügelgen, Henry Faulk, Henry W. Ehrmann und William Moulton, die mir Briefe, Notizen und unveröffentlichte Manuskripte geschickt haben. Ausführliche Gespräche mit Egon Stegmann und Robert L. Kunzig haben zu meinem Verständnis der komplexen Materie der Umerziehung von Kriegsgefangenen beigetragen.

Archivare, Bibliothekare und Institutspersonal haben mich ebenfalls großzügig unterstützt, indem sie mir Informationen und Material zu Verfügung stellten. Auch ihnen gilt mein Dank: Don Skemer, Clayton Newell, Timothy Mulligan, Marilyn Kann, Gregory Johnson, Louis Malone, Victoria Yturralde, Wilbert Mahoney (Vereinigte Staaten); Sara Steinke, William Foot (Großbritannien); Arkadij Krupennikow, Vladimir Vsevolodov (Rußland); Josef Henke, Hermann Weiss, Klaus Oldenhage, Detlef Kühn, Max Oppenheimer, Jürgen Granier (Deutschland). Dokumentation aus Rußland zu bekommen, erwies sich als besonders schwierig, und ohne die Hilfe von Eden Allswang, John

Allswang und Hans-Adolf Jacobsen wäre es ganz unmöglich gewesen. Günther Wagenlehner hat ebenfalls hilfreiche Information geliefert.

In der Zeit des Forschens und Schreibens wurde mir durch Stipendien und die Unterstützung des Deutschen Akademischen Austauschdienstes, der Deutschen Fulbright-Kommission, der California State University, dem Los Angeles Research and Grants Office und dem Historischen Institut sehr geholfen. Mein ganz besonderer Dank gilt den ehemaligen Vorsitzenden Earl Phillips und Richard D. Burns.

Zum Schluß aber gebührt meiner Ehefrau Jutta der größte Dank, die mich mit endloser Geduld unermüdlich bei den Übersetzungen und der Korrespondenz unterstützt hat.

Zur Einführung

Die Rolle Deutschlands im 19. und 20. Jahrhundert ist bekanntlich stets eng mit der derjenigen seiner Streitkräfte verbunden gewesen oder mit dem, was unter der spezifischen Ausprägung des deutschen Imperialismus und Militarismus verstanden worden ist. Waren es doch vor allem die Armeen des preußisch-deutschen Staates, die durch ihre Waffentaten die Einigung des Reiches erzwungen, die Weltmachtstellung Deutschlands angestrebt und die „Neuordnung" des europäischen Kontinents nach den Prinzipien des Nationalsozialismus gewaltsam durchzusetzen versucht hatten. Zugleich hatten sie auf den verschiedenen Schlachtfeldern, zur See und in der Luft Angst und Schrecken verbreitet, aber ebenso unverhohlene Bewunderung wegen ihrer Kampfkraft, Disziplin und Effizienz hervorgerufen. Die Soldatengeneration nach dem Ersten Weltkrieg war vor allem vom Fronterlebnis, den revolutionären Wirren und den harten Bestimmungen des Versailler Vertrages geprägt. Sie wollte im Zuge der Revisionspolitik als „Schule der Nation" das deutsche Volk für den notwendigen „Befreiungskampf" wehrhaft machen. In diesem Bestreben wurde sie von den konservativen-rechtsradikalen Kräften in der Weimarer Republik (darunter die Nationalsozialisten) unterstützt. Als Adolf Hitler schließlich 1933 an die Macht kam, galten seine Maßnahmen vornehmlich der Aufrüstung und den Vorbereitungen eines Krieges, der die „Ketten von Versailles" sprengen und dem Deutschen Reich wieder den gebührenden Platz in der Staatenhierarchie verschaffen sollte. Deutschland werde Weltmacht oder überhaupt nicht sein, lautete seine Parole. Hierzu mußte die totale Einsatzbereitschaft der Deutschen materiell und geistig gewährleistet, das Volk manipuliert und seine Waffenträger zum „unbedingten Gehorsam" (Eid)erzogen werden. Gleichzeitig hatten die Medien der Bevölkerung einzuhämmern, daß die NS-Führung grundsätzlich immer richtig handele. Im übrigen sei nicht der Frieden, sondern der Krieg das eherne Gesetz des Weltgeschehens, zumindest solange die „Pax Germanica" nicht gesichert schien. 1939 zählte die deutsche Wehrmacht zu den wohl schlagkräftigsten und stärksten Heeren der Welt, während sie sich gleichzeitig zu einem aktiven Instrument der NS-Kriegführung entwickelte. Hitler und seinesgleichen wollten nichts geringeres als Lebensraum erobern und hierzu ihre „Rassenfeinde" vernichten. Die NS-Propagandisten taten alles, um die Soldaten zu indoktrinieren und ihnen vorzugaukeln, es handele sich bei dem Kampf um einen „aufgezwungenen Krieg" der „Plutokraten" und Juden sowie um den „Aufbruch Europas" zur Ausschaltung der bolschewistischen Gefahr. Die Serie der kaum für möglich gehaltenen deutschen militärischen „Blitzsiege" von 1939-1941 bestärkte das deutsche Volk und zugleich seine Soldaten in dem Glauben, daß Hitler das Schicksal zwingen und Deutschland den „Platz an der Sonne" verschaffen werde. Aber im Jahr 1941 änderte sich die Lage grundlegend. Nunmehr stellte eine gewissenlose politische Führung die Wehrmacht vor kaum mehr lösbare Aufgaben, denn die Anti-Hitler-Koalition verfügte über fast 75% aller personellen und materiellen Reserven der Welt, gegen die kein anderes Bündnis bestehen konnte. Spätestens mit der Kriegswende 1942/43 zeichnete sich die militärische Niederlage des Deutschen Reiches ab. Aber der unbändige Kampfes- und Durchhaltewille der deutschen Soldaten und der Heimatfront, gefördert durch drakonische Maßnahmen des NS-Herrschaftsapparats und des totalen Krieges, sowie die Forderung der Alliierten nach „bedingungsloser Kapitulation" der Deutschen, zögerten das Ende bis zum Frühjahr 1945 hinaus.

Fast 20 Millionen deutsche Soldaten hatten in diesem erbarmungslosen Ringen bis zuletzt geglaubt, ihre „verdammte" soldatische Pflicht, auch getreu ihrem Fahneneid, tapfer erfüllt und ihr Vaterland verteidigt zu haben. Viele von ihnen wurden jedoch im Laufe der Jahre, insbesondere in Rußland, in das Netzwerk ideologischer Kriegführung tragisch verstrickt. Diejenigen aber, die an Verbrechen gegen die Menschlichkeit direkt oder indirekt beteiligt waren, wurden schuldig. Noch in der Kriegsgefangenschaft fiel es den meisten Soldaten schwer, den mannigfachen Anklagen und Vorwürfen der Siegermächte Glauben zu schenken. Sozialisation, soldatisch-patriotische und ideologische Erziehung mit unterschiedlichem Gewicht hatten eine Gesinnung und eine Haltung der Deutschen erzeugt, bei denen es Briten und Amerikanern zunächst schwer fiel, zwischen überzeugten bzw. fanatischen Nationalsozialisten und dem deutschen Volk zu unterscheiden. Demgegenüber hatte Stalin vor allem aus taktischen Erwägungen und mit Rücksicht auf Emigranten und Vertreter der KPD schon frühzeitig die Formel geprägt: die Hitler kommen und gehen, das deutsche Volk aber bleibt bestehen. Wie wir heute wissen, hatten die westlichen Alliierten und die Sowjetunion im Zweiten Weltkrieg über die sie trennenden Gegensätze hinweg zwei wesentliche Ziele verfolgt: ihre Gegner, aber „Germany first", militärisch vollständig niederzuwerfen und die besiegten Staaten politisch in der Weise umzugestalten bzw. temporär zu kontrollieren, daß sie andere Völker nie wieder mit der „Geißel des Krieges" überziehen konnten. Während die USA und Großbritannien unter Wahrung ihrer machtpolitischen und ökonomischen Interessen im wesentlichen für das unversalistische Prinzip der Demokratie sowie ihrer Werte (Selbstbestimmung, Menschenrechte, Leben frei von Tyrannei) gekämpft hatten, nutzte die sowjetische Führung die Gunst der Stunde, um die kommunistische Herrschaft in Europa mit Hilfe der Bajonette auszubreiten. Spätestens 1944/1945 begann das „fremdartige Bündnis" schrittweise auseinanderzubrechen, denn in der Frage der künftigen Mittel und Methoden zur politischen Neugestaltung Europas wie zur Befriedung der Welt trennten sich ihre Wege. Die Folge war eine neue Krise, die den „Kalten Krieg" mit all seinen Erscheinungsformen von antagonistischer Politik und machtpolitischer Rivalität heraufbeschwor. Der Wettkampf der Systeme beherrschte seitdem die Weltpolitik bis zur Transformation und zum Zusammenbruch des sowjetkommunistischen Imperiums Ende der achtziger Jahre. Zu den ersten, die in den Sog des „Kalten Krieges" hineingerieten, zählten Millionen von deutschen Kriegsgefangenen, die in die Hand der Siegermächte gefallen waren. West (USA, Großbritannien) und Ost (Sowjetunion) versuchten, jeder auf seine Weise entsprechend seiner Lebensphilosophie und seinen staatlich-gesellschaftlichen Ordnungsvorstellungen, ausgewählte deutsche Soldaten von den Vorzügen der Demokratie bzw. des Sozialismus als einzig sinnvolle Antwort auf die verbrecherische NS-Herrschaft zu überzeugen und damit für den Neuaufbau Deutschlands zu gewinnen. Wie aber konnten die geistige Erneuerung der Deutschen, die „Bekehrung der Barbaren", der völlige Gesinnungswandel der Fehlgeleiteten und die psychologische Abrüstung der Deutschen erreicht werden? Die Antworten hierzu fielen sehr unterschiedlich aus. Schon frühzeitig (ab 1942) war es Vertretern der britischen Intelligenz klar, daß das Bewußtsein der Deutschen entscheidend durch die neue politische gesellschaftliche Grundordnung bestimmt würde und erst in zweiter Linie durch die Vermittlung sozialer und politischer Wertvorstellungen, d.h. von einer Politik der „Re-education" oder Reorientierung. Die sowjetische Führung glaubte indessen, in der sog. Antifa das geeignete Instrument zu besitzen, um deutsche Kriegsgefangene schon während des Krieges zeitlich bedingt als „Bundesgenossen" gegen das Hitler-Regime anwerben und später für die kommunistische Umgestaltung ihrer Besatzungszone einsetzen zu können. Freilich das Unvermögen des „fortschrittlichsten Systems in der Welt", eine menschenwürdigere Gesellschaft zu schaffen und damit dem selbst gestellten Anspruch gerecht zu werden, wurde auch den deutschen Kriegsgefangenen in Rußland nach 1945 von Jahr zu Jahr bewußter, so daß diese Erfahrungen das Engagement von vielen für den Aufbau der neuen deutschen Demokratie in Frieden und Freiheit förderten. In der vorliegenden subtilen Untersuchung von Arthur L. Smith jr. werden zum ersten Mal auf der Grundlage neuen, bisher unbekannten Quellenmaterials bestimmte Prozesse der sogenannten Umerziehung deutscher Soldaten in den drei Gewahrsamsländern USA, Großbritannien und Sowjetunion kritisch miteinander verglichen. Darin liegt der besondere Wert dieser Studie, die zugleich ein ebenso beachtlicher wie lesenswerter Beitrag zur Anfangsgeschichte des „Kalten Krieges" sein dürfte.

Bonn, im Oktober 1997   Prof. Dr. Dr. h.c. Hans-Adolf Jacobsen,
                            Rheinische Friedrich-Wilhelms-Universität Bonn

Vorwort

Kann eine im Krieg siegreiche Nation das politische Denken ihrer feindlichen Gefangenen durch einen Umerziehungsprozeß verändern? Und kann sie dann diese „Absolventen" als eine Art Vorhut verwenden, um den besiegten Staat für eine bestimmte Regierungsform zu beeinflussen? Die Vereinigten Staaten, Großbritannien und Rußland waren dieser Ansicht, denn sie richteten mit genau diesem Ziel zwischen 1943 und 1949 Umerziehungsprogramme für eine ausgewählte Anzahl von deutschen Kriegsgefangenen ein. Während Briten und Amerikaner hofften, daß die deutschen Gefangenen, die ihre Kurse absolvierten, ein Demokratieverständnis und damit den Wunsch nach Demokratie entwickeln würden, zählten die Russen darauf, daß die deutschen Gefangen nach intensivem Studium von Marx und Lenin das Ruder in Richtung Kommunismus lenken würden.

Die drei Programme - die „Special Projects" der Vereinigten Staaten, „Wilton Park" in Großbritannien und das „Nationalkomitee Freies Deutschland" oder NKFD und die Antifa-Schulen in Rußland - waren in Hinblick auf Zeit, Ort und Umstände unterschiedlich, sie alle aber hatten zwei grundlegende Gemeinsamkeiten: Die drei Verbündeten des Krieges suchten deutsche Gefangene mit der Bereitschaft, den Nationalsozialismus gegen neue politische Überzeugungen einzutauschen, wobei jeder der Alliierten die Hoffnung hegte, damit die politische Landschaft im Nachkriegsdeutschland beeinflussen zu können.

Über das Schicksal der deutschen Kriegsgefangenen während und nach dem Zweiten Weltkrieg gibt es eine große Menge Literatur[1], niemand hat aber bisher eine vergleichende Analyse der Erziehungsexperimente der drei Alliierten durchgeführt oder versucht, deren Einfluß auf das Nachkriegsdeutschland zu bemessen. Diese Lücke zu schließen, ist das Ziel der vorliegenden Untersuchung.

Da Tausende deutscher Kriegsgefangener in den vierziger Jahren an den Umerziehungskursen teilgenommen hatten, ging ich davon aus, daß viele dieser Männer noch lebten und mir vielleicht persönlich über ihre Erfahrungen berichten könnten. Ich wußte, daß diese Zeugnisse meine Untersuchung stark bereichern und wertvolle Einblicke geben würden, die andernfalls bald verloren gehen könnten. Wie sollte ich jedoch diese Männer aufspüren? Der erste Schritt, die Identifizierung der deutschen Kriegsgefangenen, die an einem Umerziehungskurs teilgenommen hatten, war einfacher als erwartet.

Bei der Durchsicht der sehr umfangreichen Dokumentation zu deutschen Kriegsgefangenen fand ich schließlich Namenlisten - zum Großteil von Gefangenen, die die Amerikaner für die Umerziehung ausgewählt und anschließend nach Hause entlassen hatten. Glücklicherweise stand neben jedem Namen auch die Stadt, in die die Gefangenen entlassen wurden, so daß ich mit meiner Suche in westdeutschen Telefonbüchern beginnen konnte. Schon bald hatte ich mehr als hundert Veteranen des Umerziehungsexperiments im Alter von Ende sechzig bis fast neunzig Jahren ausfindig gemacht. Einundzwanzig von ihnen antworteten auf meine Anfrage nicht nur mit ausführlichen Erklärungen, sondern auch mit lange gehüteten Notizen, persönlichen Aufzeichnungen, veröffentlichten Autobiographien, Kopien von erhaltenen Diplomen und Zertifikaten und unveröffentlichten Manuskripten: alle ein Spiegel dieses Zeitabschnitts, der in ihren Erinnerungen lebendig geblieben ist.

Die Suche nach ehemaligen deutschen Kriegsgefangenen, die eine Antifa-Schule in Rußland besucht hatten, erwies sich als etwas schwieriger, aber nicht unmöglich. Hilfreich war, daß eine Reihe von Teilnehmern dieser Kurse in Autobiographien über ihre Erfahrungen in Rußland berichteten.[2] Dadurch konnte ich mehrere von ihnen für meine Untersuchung aufspüren. Die wertvollste Quelle war jedoch eine Liste ehemaliger deutscher Kriegsgefangener in einem russischen Archiv. Bemerkenswerterweise enthielt die Liste die aktuellen Adressen, worüber die Männer, als ich mit ihnen Kontakt aufnahm, sehr erstaunt waren, denn sie hatten nichts von der Existenz einer solchen Liste gewußt. Ich habe aus der Liste mit sechsundsiebzig Namen über vierzig Personen angeschrieben und von sechzehn ausführliche und hilfreiche Antworten bekommen.

Ein weiterer wichtiger Fund bestand aus einer großen Zahl unveröffentlichter Briefe ehemaliger deutscher Kriegsgefangener, die Kurse an den amerikanischen Special Projects-Schulen besucht hatten. Nach ihrer Rückkehr in die Heimat waren 103 dieser Männer mit einem ihrer ehemaligen Lehrer aus den Vereinigten Staaten in Kontakt geblieben. Dieser Briefwechsel besteht aus über fünfhundert Dokumenten mit ausführlichen Berichten über das Leben nach der Umerziehung im völlig zerstörten Deutschland. Ein weiterer Beweis für die Besonderheit der gemachten Erfahrungen ist die Tatsache, daß einige dieser Briefe, die meist aus den Jahren 1946 bis 1948 stammen, genau von den Personen geschrieben waren, mit denen ich bereits in Kontakt stand.

Unterrichtsprogramme für deutsche Kriegsgefangene in Demokratie oder Kommunismus als Umerziehung (Re-Education) zu bezeichnen, ist nicht unumstritten. Auch Begriffe wie Schulung, Orientierung und Gehirnwäsche werden benutzt. Ich habe jedoch in dieser Untersuchung durchgängig den Begriff Umerziehung verwendet und meine damit die offiziell von den Amerikanern, Briten und Russen aufgestellten Erziehungsprogramme für deutsche Kriegsgefangene, die hauptsächlich aus einem intensiven, zwei- bis neunmonatigen Kurs für ausgewählte Teilnehmer bestanden.

Die Umerziehung der Alliierten war nie ein statischer Prozeß; immer wurde sie vor dem Hintergrund der sich ständig ändernden internationalen Lage beim Übergang vom Krieg zum Frieden und in den Kalten Krieg durchgeführt. Mit dem Zusammenbruch Ostdeutschlands im Jahre 1989 war ein Zyklus abgeschlossen und ein neuer begann.

1.

Die Kriegsgefangenen

„Ich habe genug von diesen ewigen Vorträgen über Demokratie", sagte ein deutscher Kriegsgefangener seinem alliierten Vernehmungsoffizier. „Das einzige, was mich interessiert, ist, wann ich nach Hause zu meiner Familie kann. Meine Frau schreibt, daß sie und die Kinder Hunger leiden."[1]*

Diese oder ähnliche Aussagen konnte man von mehr als elf Millionen deutschen Kriegsgefangenen hören, die 1945 über fünf Kontinente und in zwanzig Nationen verteilt waren. Nach Hause wollten sie und keinen Unterricht.

Das Kriegsglück hatte über Ort und Zeit ihrer Gefangennahme oder Kapitulation entschieden, darüber, ob es sie in den Osten oder in den Westen verschlagen hatte. In den letzten Tagen vor dem Zusammenbruch hatten sich jedoch zahlreiche deutsche Einheiten in Richtung Westen zurückgezogen, um sich jenseits der Reichweite der Roten Armee den Truppen der westlichen Alliierten zu ergeben. Zum Schluß endeten ungefähr 70% der einst so mächtigen Wehrmacht entweder in amerikanischer oder britischer Hand.[2]

Die beiden größten westlichen Alliierten hatten Hunderttausende deutscher Soldaten auf dem Schlachtfeld gefangengenommen; dennoch traf sie die Kapitulation von Millionen und Abermillionen im April und Mai 1945 völlig unvorbereitet. Als die kapitulierenden Massen feindlicher Soldaten die alliierten Linien überschwemmten, reichten die Ressourcen der Alliierten nicht aus, um die Gefangenen nach den Bestimmungen der Genfer Konvention zu behandeln. Glücklicherweise konnten die Alliierten dank des frühsommerlichen Wetters die deutschen Befehlshaber auffordern, ihre Aufstellungen beizubehalten, entlang des Rheins zu kampieren und, solange bis zusätzliche Vorräte eintrafen, die eigenen Feldrationen zu verwenden.

Als Unterzeichnerstaaten der Genfer Konvention befanden sich die Vereinigten Staaten und Großbritannien in einer Zwickmühle. Sie mußten ihren rechtlichen Verpflichtungen nachkommen und feindliche

---

* A.d.Verl.: Die englischen Originalzitate wurden - in Absprache mit dem Autor - zum Zwecke besserer Lesbarkeit mitübersetzt. Entsprechend wurde auch die Interpunktion bei Auslassungen in Zitaten angepaßt.

Kriegsgefangene so behandeln wie die Konvention dies vorschrieb. Ein Kritiker am Verhalten der Alliierten vermerkte, daß es

> „zwischen dem Ton der Propagandabroschüren, mit denen deutsche Soldaten zur Kapitulation aufgefordert wurden, und den Dokumenten aus der Zeit nach der Kapitulation einen großen Unterschied gab. Die Broschüren versprachen im Rahmen der bedingungslosen Kapitulation gute Behandlung, Essen und schnelle Repatriierung in die Heimat. Nach Ende der Kriegshandlungen waren die Deutschen dann auf sich gestellt."[3]

Eine Entscheidung ließ nicht lange auf sich warten. Amerikaner und Briten beschlossen, daß ungefähr vier Millionen der Deutschen, die sich zuletzt ergeben hatten, sich nicht für einen ordentlichen Status als Kriegsgefangene „qualifizierten" und stuften sie in Geheimdokumenten als „Disarmed Enemy Forces" und „Surrendered Enemy Personnel" ein. In einem knapp formulierten Befehl aus dem europäischen Hauptquartier von General Dwight Eisenhower hieß es, „es werde keine öffentliche Erklärung zum Status der deutschen Streitkräfte oder der entwaffneten Truppen geben".[4]

Allein das Ausmaß des Problems machte die strengen Sicherheitsvorkehrungen für die Geheimhaltung dieses Befehls unmöglich. Mitarbeiter des Internationalen Roten Kreuzes drohten mit einer öffentlichen Enthüllung, falls die alliierten Stellen ihnen keinen Zugang zu den deutschen Gefangenen gewährten. Das führte zu einer weniger strengen Anwendung des Befehls Eisenhowers, den deutschen Gefangenen in den Rheinwiesenlagern wurde jedoch kein normaler Kriegsgefangenenstatus nach der Genfer Konvention gewährt. Für die Russen war das nie ein Problem, da die russische Regierung die Konvention aus dem Jahre 1929 nie ratifiziert hatte.

So deprimierend das Leben für die Mehrheit der Kriegsgefangenen in den trostlosen, bewachten Lagern auch war, einigen gelang es, diesem monotonen und manchmal brutalen Dasein für einige Zeit zu entfliehen. Möglich machte dies die Entscheidung der Vereinigten Staaten, Rußlands und später auch Großbritanniens, einige sorgfältig überprüfte deutsche Kriegsgefangene auszuwählen, um sie auf Hilfsdienste bei ihren jeweiligen militärischen Besatzern vorzubereiten. Gleichzeitig hofften sie damit, erste Keimzellen einer neuen deutschen Regierung zu schaffen. Am Anfang gingen alle Beteiligten davon aus, daß sich mit Beginn des Wiederaufbaus in ganz Deutschland auch politische Aktivitäten entfalten würden. Nur wenige alliierte Planer konnten sich 1945 vorstellen, daß zwei deutsche Staaten - ein demokratischer und ein kommunistischer - entstehen würden.

Der eigentliche Prozeß der Überzeugung und Vorbereitung der ausgewählten Gefangenen auf eine so wichtige Rolle wurde Umerziehung genannt. Dieser Begriff wurde ins Lächerliche gezogen, verurteilt und von fast allen, die an einem der Programme beteiligt waren, als völlig unangemessene Bezeichnung dessen, was eigentlich beabsichtigt wurde, abgelehnt. Andere Begriffe, wie Schulung, Training und Umorientierung, waren als passende Bezeichnung genauso umstritten. Letztlich war Umerziehung die wohl treffendste Benennung, die den alliierten Absichten am nächsten kam: eine ausgewählte Zahl deutscher Kriegsgefangener von den außerordentlichen Vorzügen der Demokratie oder des Kommunismus zu überzeugen.[5] Die Ursprünge für diese pädagogischen Experimente finden sich in verschiedenen Quellen. Die grundlegende Idee kam bei den alliierten Planern wahrscheinlich gleichzeitig zu der Zeit auf, als immer mehr deutsche Kriegsgefangene gemacht wurden. Ursprünglich wurde für die gesamte deutsche Bevölkerung eine Form der allgemeinen Umerziehung geplant, von der die Kriegsgefangenen die erste Rate erhalten sollten. Fast während des ganzen Krieges waren die großen alliierten Staaten offensichtlich ohne Unterschied der Meinung, daß dem deutschen Volk Demokratiebewußtsein beigebracht werden sollte.

Im Jahre 1940 beschäftigte man sich in England erstmals gezielt mit der Frage, wie die Nazi-Ideologie unter deutschen Kriegsgefangenen durch Umerziehung bekämpft werden könnte. In einem Bericht über die Vorzüge der Umerziehung zog der Autor und Übersetzer Cyrus Brooks, der vor dem Krieg in Deutschland als Lehrer gearbeitet hatte, den Schluß, daß die eigentliche Arbeit darin bestünde, den durchschnittlichen, gewöhnlichen deutschen Kriegsgefangenen davon zu überzeugen, daß er nationalsozialistische Ideen und Parolen gedankenlos nachgebetet habe, ohne sie wirklich zu analysieren. Brooks war auch der Ansicht, daß die intelligenteren Männer sich selbst vernünftige Erklärungen suchen, sobald man sie mit Dingen konfrontiert, die mit ihrem bisherigen Weltbild kaum vereinbar sind.[6]

Brooks Bericht lieferte einen ersten Anstoß, da sich im Jahr 1940 aber nur ungefähr dreihundert Kriegsgefangene in England befanden, verfolgte die Regierung dringlichere Angelegenheiten. Die Umerziehung mußte warten, bis die Gefangenenzahl durch die alliierte Invasion Europas auf mehrere Hunderttausende angestiegen war. Erst dann wurde ernsthaft darüber nachgedacht, was mit einigen von ihnen geschehen könnte.

Wenn überhaupt eine einzige Gruppe als Inspirationsquelle für Ideen zur Umerziehung genannt werden kann, dann waren das die zahlreichen deutschen Emigranten, die aus Gründen ihrer Herkunft oder politischen Überzeugung aus Nazideutschland fliehen mußten. Diese Menschen, die trotz unterschiedlicher persönlicher Erfahrungen und Gefühle in ihrem Haß auf das Naziregime geeint waren, wurden bei Kriegsausbruch in der ganzen Welt verstreut. Aus einer Reihe von Gründen und nicht zuletzt wegen ihres leidenschaftlichen Eintretens für ihre Sache, entwickelten die deutschen Kommunisten im Exil schon früh eine gut durchorganisierte Kampagne gegen die Nazis, für die sie große Unterstützung von der Komintern in Moskau genossen.

Einige der Pläne stammten bereits aus der Zeit vor dem Krieg. Schon Mitte der dreißiger Jahre hatte ein Komitee von Exildeutschen mit Sitz in Paris, das sich hauptsächlich aus Kommunisten zusammensetzte, eine Bewegung „Freies Deutschland" gegründet. Als Europa später von Hitlers Truppen überrannt wurde, flüchteten viele dieser Exildeutschen an sichere Orte in Schweden, Großbritannien und der Schweiz sowie nach Übersee in die Vereinigten Staaten und Lateinamerika. Diese Diaspora deutscher Emigranten führte zur Gründung einer ganzen Reihe von „Freies Deutschland"-Organisationen, die aber nicht alle kommunistisch geprägt waren. Obwohl die Emigranten in ihrem Widerstand gegen Hitler vereint waren, waren viele von ihnen strikt gegen den Kommunismus. Nach dem Angriff der Nazis auf die Sowjetunion wurde aber die kommunistische Version der Bewegung „Freies Deutschland" vorherrschend.

Die von den Kommunisten geförderte Bewegung „Freies Deutschland" basiert auf der Arbeit einiger Deutscher, die den Naziterror durch Verhaftung und vielleicht sogar Folter am eigenen Leib erfahren hatten, bis sie schließlich zu einem angsterfüllten Leben im Exil gezwungen waren. Einer von ihnen war Paul Merker, der nach Mexiko flüchtete und dort half, eine Bewegung „Freies Deutschland" mit eigener Zeitung aufzubauen. Merker, von Beruf Kellner, war als Mitglied der deutschen Kommunistischen Partei (KPD) schnell aufgestiegen und kümmerte sich um deren geschäftliche Belange. Als bekannter Kommunist mußte er nach der Machtergreifung der Nazis emigrieren.[7] Merker ist für die Geschichte der Umerziehung bedeutsam, da die Bewegung „Freies Deutschland" in Mexiko, bei der er die führende Rolle spielte, der direkte Vorläufer des „Nationalkomitees Freies Deutschland" oder NKFD war. Das NKFD, das später während des Krieges in Rußland gegründet wurde, entwickelte sich zum wich-

tigsten Faktor des Kommunismusunterrichts für deutsche Kriegsgefangene. Als Merker nach dem Krieg nach Ostdeutschland zurückkehrte, konnte er sehen, welche Früchte seine Arbeit getragen hatte.[8]

Schon vor der Gründung des NKFD hatte die Russen versucht, einige deutsche Kriegsgefangene in ihre Propagandaarbeit einzubeziehen,
aber erst durch die Beteiligung der in Moskau lebenden Exildeutschen
wurden diese Pläne Wirklichkeit. Die Exildeutschen haben neben ihrer führenden Rolle bei der Einbeziehung von deutschen Kriegsgefangenen in Propagandakampagnen auch wesentlich zur Entwicklung eines Umerziehungsprogramms für Kriegsgefangene beigetragen. Ihre
Bedeutung stieg im Verhältnis zur steigenden Anzahl Kriegsgefangener, die von den Russen gemacht wurden.

Die deutschen Kommunisten in Rußland identifizierten sich im Gegensatz zu Exildeutschen in anderen Teilen der Welt vollständig mit
dem politischen System und der Gesellschaft, in der sie lebten, und es
kam ihnen sehr darauf an, diese Ergebenheit zum Kommunismus bei
jeder Gelegenheit zu zeigen. Mit Enthusiasmus waren sie bereit, eine
entscheidende Rolle in einem Plan zu übernehmen, der ihre gefangenen Landsleute zur gleichen politischen Überzeugung bekehren sollte.
Unter der Führung des ehemaligen Reichstagsabgeordneten und KPD-
Mitglieds Walter Ulbricht begannen sie im Oktober 1941 einen ersten
Dialog mit deutschen Kriegsgefangenen.

Ulbricht war zwar einer der prominentesten Exildeutschen in Moskau, stand aber im politischen Prestige hinter dem Altkommunisten
Wilhelm Pieck an zweiter Stelle. Mit zunehmendem Erfolg Rußlands
im Krieg sollten beide Männer eine immer wichtigere Rolle für
Deutschlands Zukunft spielen. Der Werdegang Ulbrichts, der sich wie
eine kommunistische Bilderbuchkarriere liest, begann in der Arbeiterklasse in Deutschland vor dem Ersten Weltkrieg. Ulbricht arbeitete
sich in der KPD nach oben, besuchte die Lenin-Schule in Moskau und
wurde 1928 in den Reichstag gewählt, bis der Wahlsieg der Nationalsozialisten im Jahr 1933 seine Laufbahn abrupt beendete.

Ein langjähriger Mitarbeiter aus seinen ersten Jahren, der zwischen-
zeitlich auch sein Sekretär war, erinnert sich an Ulbricht:

> „[Er] war von einer unglaublichen Arbeitsintensität, ein Mensch,
> der 16 Stunden am Tag arbeiten kann, vielleicht deswegen, weil er
> gar keine anderen Interessen hat [...] Auch kein Interesse für Mu-
> sik, für Literatur, für Theater, nicht einmal für Frauen. Es bewegte
> ihn nur die Arbeit und in der Arbeit eigentlich nicht die tieferge-

henden politischen Probleme. Kein Interesse für ideologische Fragen. Nur: Organisation, Macht. Ausgezeichnetes Gedächtnis, Organisationstalent, Arbeitsintensität."[9]

Vor der Schlacht um Stalingrad hatten die Russen ungefähr neunzigtausend deutsche Soldaten gefangengenommen. Normalerweise wurden die Soldaten im Kampf hinter ihren Reihen abgeschnitten und gefangengenommen, oder es handelte sich um Panzer- und Flugzeugbesatzungen. Für viele dieser Männer war das Leben in einem sowjetischen Kriegsgefangenenlager nicht weniger gefährlich.[10] Obwohl die Bedingungen nicht gerade zu Gedanken über Umerziehung einluden, erhofften sich einige Gefangene davon eine bessere Behandlung. Sie schlossen sich anderen an, die wirklich verstehen wollten, warum ihnen das Schicksal so übel mitgespielt hatte, und so kam Ulbricht bald zu einer kleinen Zuhörerschaft.

Ulbricht hat den Eindruck hinterlassen, als habe er den Russen den ersten Anstoß zu einem Umerziehungsplan gegeben. Sicher ist, daß der deutsche Kommunistenführer seinen Plan zur Entwicklung eines Programms zur Propaganda und Umerziehung bei den Kriegsgefangenen mit dem Zentralkomitee der Exil-KPD und den sowjetischen Behörden diskutiert und deren volle Unterstützung erhalten hat.[11]

Ruth von Mayenburg, eine deutsche Emigrantin, die im gleichen Moskauer Hotel wie Ulbricht wohnte, erinnert sich, wie er im Spätsommer 1941 mit einigen der anderen deutschen Kommunisten zum ersten Mal ein Kriegsgefangenenlager besuchte,

„um festzustellen, welche Möglichkeiten es dort für die Bildung antifaschistischer Gruppen gebe. Unser Freund [...] kehrte von solch einem Ausflug zurück und meinte ‚Die sind alle faschistisch verseucht'."[12]

Diese Tatsache konnte Ulbricht aber nicht erschüttern, hatte er doch aus Erfahrung gelernt, daß auch die stärksten Überzeugungen unter bestimmten Umständen ins Wanken gebracht werden konnten. Angesichts der Hölle in den Kriegsgefangenenlagern hatte er Grund, optimistisch zu sein.

Am Anfang wandte sich Ulbricht, voll guter kommunistischer Vorsätze, nur an die deutschen Kriegsgefangenen der Mannschaftsdienstgrade, da er davon ausging, daß sie wegen ihrer wahrscheinlichen Herkunft aus der Arbeiterklasse einfacher für seine Ideen zu gewinnen seien. Es gibt kaum Augenzeugenberichte dieser ersten Bemühungen, aber einer späteren Aussage Ulbrichts zufolge war die Reaktion auf seinen ersten Auftritt gut und führte dazu, daß 158 Kriegsgefangenen an der „Ersten Konferenz deutscher Kriegsgefangener in der Sowjetunion" teilnahmen.[13] Die Russen maßen diesem Ereignis soviel Bedeutung zu, daß sie sich mit folgender Aussage an die Weltöffentlichkeit wandten:

> „Zwei pädagogische Methoden prallen hier aufeinander: Die eine versucht den Menschen Doktrinen und Überzeugungen aufzuzwingen, die andere fördert das Bewußtsein der Menschen, bis sie selbst ihre eigenen Überzeugungen äußern möchten. Der Erfolg der letztgenannten Methode wird heute auf bewundernswerte Weise offensichtlich [...]. Natürlich war es nicht einfach, in diesen verrohten, bevormundeten Geistern Vernunft zu wecken. Aber es ist gelungen. [...] So groß war der [bis Oktober] erzielte Fortschritt, daß die Gefangenen verschiedener Lager einen „Kongreß der Kriegsgefangenen in der Sowjetunion" ausrufen konnten."[14]

Diese etwas merkwürdig formulierte Verlautbarung enthält eine wesentliche Aussage: Sie zeigt, daß die Russen mit Hilfe ihrer kommunistischen Freunde unter den Exildeutschen begriffen hatten, welches enorme Potential die deutschen Kriegsgefangenen für die Verbreitung des Kommunismus im Nachkriegsdeutschland bedeuteten. Stalin hatte damit auch einen weiteren Sieg im Propagandakrieg errungen, indem den Kriegsgefangenen, die nicht zur Umerziehung bereit waren, und ihren Familien zu Hause klar gemacht wurde, daß der Diktator bereit war, Deutsche von Nazis zu unterscheiden.

Als die Pläne, aufbauend auf diesem Erfolg, weiter entwickelt wurden, zeigte sich bald, daß Ulbricht sich in seiner Annahme geirrt hatte; die Beschränkung auf die Mannschaften war ein schwerwiegender Fehler. Anläßlich der in der DDR 1988 abgehaltenen Jubiläumsfeiern zur Gründung des NKFD äußerte sich Hans Mahle, einer der Helfer Ulbrichts unter den Emigranten aus dieser Zeit, über diese Enttäuschung. Es sei schwierig gewesen, den erforderlichen Einfluß zu gewinnen. Nur mit der Autorität der Offiziere hätte man die Soldaten überzeugen können. Sie hätten aber nur einige wenige gewinnen können, da ihr Klassenbewußtsein, ihr Rang und der Treueid auf Hitler im Wege standen. Man sei sich aber bewußt gewesen, daß die Soldaten auf die Offiziere hörten und daß man sie deshalb für sich gewinnen mußte.[15]

Diese Ereignisse geschahen in der zweiten Jahreshälfte 1941, und zu diesem Zeitpunkt mußten die deutschen Kriegsgefangenen einiges bedenken, bevor sie sich auf Ulbricht einließen. Zunächst und vor allem waren Hitlers Armeen bis dahin außerordentlich erfolgreich, und nur das stark geschwächte England und die sich zurückziehende Rote Armee standen einer totalen Eroberung Europas entgegen. Die geringe Zahl deutscher Soldaten, die in der Schlacht in russische Gefangenschaft gerieten, zeigte deren Überlegenheit über die Kommunisten. Daher hatten selbst diejenigen, die tatsächlich jetzt in russischer Gefangenschaft waren, allen Grund, von einem deutschen Sieg auszugehen.

Ulbricht ließ sich jedoch von diesen Fakten nicht abschrecken, hatte er doch 158 Männer von seiner Sache überzeugt und bestand darauf, daß dies nur der Anfang eines Kreuzzugs gegen den Faschismus sei, dem sich noch Tausende anschließen würden. Schlüssel zum Erfolg waren die Offiziere. Mit dem deutschen Hauptmann Ernst Hadermann, Studienrat und Veteran des Ersten Weltkriegs, hat Ulbricht schließlich seinen Mann gefunden. Als er im Juli 1941 in russische Gefangenschaft geriet, war er vom Nationalsozialismus bereits gründlich enttäuscht. Da er älter als die meisten seiner Kameraden war, konnte er im Gegensatz zu ihnen Vergleiche mit dem Leben vor der Hitlerzeit ziehen. Als er Mitgefangenen gegenüber seine Zweifel an Hitlerdeutschland äußerte, wurde er der Unterstützung der Sowjetunion bezichtigt, worauf er entgegnete:

„Was sollen wir tun? Wir können nicht mehr mit gutem Gewissen das Völkerrecht anrufen, da Hitler es vor den Feindlichkeiten mit den Sowjets verletzt hat. Wegen seiner kriminellen Befehle zur Behandlung der sowjetischen Kriegsgefangenen, Zivilisten, Juden, Kommissare, und weil er unsere Existenz hier verleugnet hat, [...] sind wir nur noch unserem eigenen Gewissen verantwortlich."[16]

Als Hadermann Anfang 1942 seine Gespräche mit anderen Kriegsgefangenen im Lager in Jelabuga (Lager 95) begann, brach gerade für Deutschland eine schwierige Phase im Krieg gegen Rußland an. Am Anfang begegnete man ihm mit Verwünschungen und Verachtung oder ignorierte ihn einfach, aber vor dem Hintergrund der schrecklichen Nachrichten aus Stalingrad begannen einige Offiziere ihm zuzuhören.

Im Mai hielt Hadermann im Lager eine kurze Rede vor einer kleinen Gruppe von Offizieren. Er forderte seine Zuhörer auf, dem deutschen Volk treu zu bleiben, aber die verbrecherischen Handlungen,

die die Nazis in seinem Namen begingen, abzulehnen. Aus Hader-
manns Worten klangen ehrlicher Patriotismus und der Wunsch, sein
Land zu retten. Obwohl Ulbricht mit diesem Unterton nicht unbedingt
einverstanden war, hielten die Sowjets die Rede für eine sehr nützli-
che Propagandamaßnahme und ließen sofort eine halbe Million Exemplare drucken.[17] Hadermann war unter den deutschen Kriegsgefangenen bald als Gründer der ersten antifaschistischen Gruppe deutscher
Offiziere in russischen Lagern bekannt. Durch diesen wichtigen
Schritt war es Ulbricht gelungen, im hoch angesehenen deutschen Offizierskorps Fuß zu fassen, ein Erfolg, der den Weg für die Weiter-
entwicklung seines Planes zur Gründung von Antifa-Schulen ebnete.

Ohne Zweifel war die Schulung der deutschen Kriegsgefangenen
Ulbrichts langfristiges Ziel, das über den von den Russen zunächst
beabsichtigten Einsatz der Kriegsgefangenen für Propagandazwecke
weit hinausging. Solange Rußland jedoch noch um sein Überleben
kämpfte, mußte die Umerziehung warten. In der Zwischenzeit setzten
sogenannte Politinstrukteure aus dem wachsenden Kreis um Ulbricht
die Besuche in den deutschen Kriegsgefangenenlagern fort, um weitere Anhänger anzuwerben. Zu ihrer Ernüchterung stießen sie nicht auf
große Begeisterung. Den Emigranten war nicht klar, daß sie in den
Augen der Gefangenen überhaupt nicht wissen konnten, was es bedeutete, in Nazideutschland zu leben. Ihre Reden waren mit altmodi-
schen Anspielungen und Schlagworten gespickt, die eher auf die
zwanziger als auf die dreißiger Jahren zurückgingen und für die Art
der Zuhörerschaft, die völlig falsch eingeschätzt wurde, viel zu dog-
matisch war. „Dogmen lassen sich nicht so einfach ändern", schreibt
ein Beobachter,

> „obwohl die Emigranten erkannten, daß sie ihre Taktik ändern
> mußten (in dieser Hinsicht waren sie anscheinend weniger flexibel
> als die Russen), konnte nur eine politische Entscheidung auf höch-
> ster Ebene diesen Wechsel herbeiführen. In der Zwischenzeit wur-
> den weiter überwiegend die alten, unpassenden Methoden einge-
> setzt. Unter der kleinen Zahl von Anhängern, zu denen nur wenige
> Mannschaftsdienstgrade und noch weniger Offiziere gehörten, wur-
> den kommunistische Kader ausgebildet."[18]

Es wurde entschieden, das Offizierslager Krasnogorsk in der Nähe von
Moskau zu einer Antifa-Schule zu machen, die schließlich ungefähr
zweihundert deutsche Kriegsgefangene besuchten. Nach Abschluß des
Kurses schworen die Gefangenen mit einem Eid, Deutschland von Fa-

schismus und Militarismus zu befreien. Dann bekamen sie entweder die Aufgabe, neue Kandidaten für die Schule zu werben oder psychologischen Kriegsdienst (Propaganda) für die Rote Armee zu leisten.[19] Der unerwartete Sieg der Russen in Stalingrad brachte die Wende. Die Russen waren plötzlich in der Offensive, und ein großer Strom deutscher Kriegsgefangener war die Folge. Nach diesem dramatischen Umschwung schätzten die Vereinigten Staaten und Großbritannien ihren russischen Verbündeten anders ein und gestanden ihm eine einflußreichere Rolle bei den Friedensgesprächen zu. Als indirekte Folge begannen die westlichen Alliierten, ernsthaft über die Umerziehung der von ihnen immer zahlreicher gemachten deutschen Kriegsgefangenen nachzudenken.

In den Vereinigten Staaten wurden bereits Stimmen laut, die sich für eine irgendwie geartete Form der Umerziehung der immer wachsenden Zahl deutscher Kriegsgefangener aussprachen. Die meisten dieser frühen Vorschläge wurden von verschiedenen Organisationen wie z.B. „German-American Congress for Democracy" und „Association of Free Germans, Inc." gemacht. Diese Gruppierungen hatten nur relativ wenige Mitglieder, zu denen oft auch einige Amerikaner deutscher Herkunft gehörten. Im Jahr 1942 begann eine kommunistisch geprägte Gruppe mit dem Namen „German-American Emergency Conference" mit der Verbreitung eines Mitteilungsblattes, dessen Artikel von Aktivisten der Ulbricht-Gruppe mit deutschen Kriegsgefangenen in Rußland geschrieben wurden. Kurz nach der deutschen Niederlage von Stalingrad kündigte die Konferenz an, daß sie mit Unterstützung des „Victory Committee of German-American Trade Unionists" von nun an alle deutsch-amerikanischen Organisationen zu einer einzigen Gruppe verschmelzen würden, die sich zur Unterstützung des NKFD in Moskau verpflichtete. Dieser ehrgeizige Plan zur Verbindung der deutsch-amerikanischen Interessen mit dem Kommunismus scheiterte bald an der weitverbreiteten Ablehnung durch zahlreiche deutsch-amerikanische Organisationen, die zwar zu allem bereit waren, um Hitler zu schlagen, aber mit Stalin nichts zu tun haben wollten.[20]

Es gab ein Büro der „Bewegung Freies Deutschland" in New York, das aber keine Verbindung mit Rußland hatte. Es wurde von Kanada aus vom ehemaligen Hitler-Anhänger Otto Strasser geführt, der im Jahr 1933 mit den Nazis gebrochen hatte. Sein Bruder Gregor war in den frühen Tagen des Hitlerregimes zunächst eine führende Persönlichkeit gewesen, bis er im Zuge der Säuberungsaktionen 1934 umgebracht wurde. Otto Strasser wollte die Unterstützung der zahlreichen deutsch-amerikanischen Bevölkerung gewinnen, um die amerikanische Regierung davon zu überzeugen, eine wie er es nannte „systematische Arbeit mit den deutschen Kriegsgefangenen zu beginnen."[21]

Es gibt keinen Beweis dafür, daß diese Bemühungen einen direkten Einfluß auf die amerikanische Politik dieser Zeit hatten, denn die U.S.-Regierung zeigte sich im Hinblick auf ein Umerziehungsprogramm immer noch unentschlossen. Ernste Gedanken machte sie sich aber über die wachsende Zahl der deutschen Kriegsgefangenen und über die Aktivitäten der Sowjetunion, die eine fest umrissene deutsche Bewegung unter ihren Kriegsgefangenen förderte.[22] Die Befürworter der Umerziehung deutscher Kriegsgefangener in der amerikanischen Regierung erkannten, daß Rußland bereits einen klaren Vorsprung hatte, vor allem weil die Russen den Eindruck erwecken konnten, es handele sich um ein rein deutsches Programm in deutscher Hand. Außerdem war ihnen die Abscheu der Amerikaner vor allem, was vermeintlich sozialistisch war, nur allzu bewußt. Genau das war ein Problem bei der Umerziehung der Kriegsgefangenen, brauchte man doch die Hilfe der in den USA lebenden deutschen Emigranten, von denen die Mehrheit Sozialisten oder Sozialdemokraten waren. Ein starker Befürworter einer Umerziehungspolitik für die deutschen Kriegsgefangenen und eine wichtige Persönlichkeit in der Regierung Roosevelts war der Assistant Secretary of War John J. McCloy. McCloy, ein Washingtoner Jurist und überzeugter Anhänger Roosevelts, war nicht nur intensiv an den Plänen für ein Nachkriegsdeutschland beteiligt, seine ganze Karriere war unauflösbar mit dem Schicksal Deutschlands verbunden.

Im März 1943 äußerte er mehreren amerikanischen Generälen gegenüber seine Besorgnis darüber, daß es kein solides Umerziehungsprogramm für deutsche Kriegsgefangene gäbe. Er schlug vor,

> „daß während diese Gefangenen sich in unseren Lagern in den USA befinden, die Special Services Division einen Plan ausarbeiten könnte, um die Gefangenen mit den Tatsachen amerikanischer Geschichte, der Arbeitsweise einer Demokratie und mit den Beiträgen, die Leute aller Nationalitäten zur amerikanischen Entwicklung erbracht haben, vertraut zu machen."[23]

Obwohl McCloy großen Einfluß hatte, konnte er ohne Unterstützung kein Programm in Gang bringen, außerdem traf seine Idee auf großen Widerspruch. In Regierungskreisen in Washington war die Meinung weit verbreitet, daß die meisten Kriegsgefangenen Nazis seien und daß sie und ihr Volk nur eine totale Niederlage verstehen würden; Kriegs-ressourcen für etwas anderes zu verschwenden sei unsinnig. Es wurden auch Befürchtungen laut, daß ein Umerziehungsprogramm zu Vergel-tungsmaßnahmen an amerikanischen Kriegsgefangenen in Deutschland führen könnte. Einige Kritiker McCloys stellten auch die Rechtmäßig-keit seiner Vorschläge in Frage und äußerten Zweifel, ob so etwas den Bedingungen der Genfer Konvention entspräche.[24]

Während sich McCloy mit diesen Skeptikern auseinandersetzte, stieg die Zahl der deutschen Kriegsgefangenen in den USA als Folge der alliierten Siege in Nordafrika rapide an. Einen partiellen Durch-bruch brachte die Nachricht, daß eine ganze Division des berühmten deutschen Afrikakorps, die sich ergeben hatte, aus Männern bestand, die auf irgendeine Art den Zorn des Hitlerregimes auf sich gezogen hatten. Anstatt 1943 beim Rückzug von Generalfeldmarschall Erwin Rommel aus Tunesien wie ursprünglich befohlen dessen Flanke zu schützen, hatten sich Hunderte von Männern der „Leichten Afrikadi-vision 999" statt dessen den vorrückenden alliierten Truppen ergeben. In dieser Phase des Krieges wurde der Großteil der von den Briten und Amerikanern gemachten deutschen Kriegsgefangenen in Lager in den USA transportiert. Sobald sich die Amerikaner der Besonderheit der Division 999 bewußt wurden, glaubten sie, Tausende deutsche Soldaten in Gefangenschaft zu haben, die gegen die Nazis eingestellt und somit ideale Kandidaten für eine Umerziehung waren. Wenn man berücksichtigt, wie wenig sie über die Vorgeschichte der 999er wuß-ten, war das keine ungewöhnliche Annahme. Das einzige, was alle Männer der 999er wirklich gemeinsam hatten, war die vor oder wäh-rend des Krieges erfolgte offizielle Einstufung, für den Waffendienst zur Verteidigung der deutschen Nation „unwürdig" zu sein. Nicht nur politische Dissidenten wurden so eingestuft, auch kleine Übertretun-gen, wie z.B. Bagatelldiebstähle, führten bereits zu einem Ausschluß aus dem Militärdienst. Einige der Männer hatten bereits einige Zeit in einem Gefängnis oder Konzentrationslager verbracht, bis sich im September 1942 die Hitlerregierung dazu entschloß, sie nicht länger vor den Härten des Krieges zu schonen, sondern ganz gezielt an den besonders gefährlichen Frontabschnitten einzusetzen. Als Folge wurde eine Spezialeinheit für den Dienst in der nordafrikanischen Wüste ge-schaffen. Als die 999er Division Deutschland verließ, bestand sie aus sechzehntausend Männern, von denen keiner über vierzig Jahre alt war.[25] Schon vor der Abreise nach Afrika hatten einige von ihnen be-reits über ihre Absicht gesprochen, sich bei der ersten Gelegenheit zu ergeben. Zum Schutze der Männer mit Familie einigte man sich darauf, während eines Rückzugs zu kapitulieren, damit nicht auffiel, daß sie eigentlich desertierten, was nach Warnung ihrer Vorgesetzten zu zehn Jahren in einem feindlichen Kriegsgefangenenlager führen würde. Ihr Plan sollte nicht lange geheim bleiben: Als die 999er in Nordafrika gegen die alliierten Truppen eingesetzt wurden, ergaben sich Hunderte von ihnen sofort. In vielen Fällen notierten die Amerikaner bei ihrer Registrierung als Kriegsgefangene: „Deserter from the German Army".[26]

Einer der Veteranen aus Rommels Afrikakorps, der Seite an Seite mit Soldaten aus der Division 999 gedient hatte und viele von ihnen gut kannte, beurteilt ihren Ruf als Antifaschisten und überführte Kriminelle mit Skepsis: „Viele dieser Männer", sagte er,

> „landeten wegen eines einfachen, geringfügigen Verstoßes gegen die militärischen Regeln bei der 999. Sie kamen zu spät von einem Kurzurlaub zurück, vergaßen einen Offizier zu grüßen oder vermasselten eine ihnen zugewiesene Aufgabe. Sie waren weder Kriminelle noch Antinazis; sie hatten Mist gebaut und mußten diese bittere Pille schlucken."[27]

Bis zum Ende des Jahres 1943 war die Zahl der deutschen Kriegsgefangenen in den Vereinigten Staaten auf fast 173.000 angestiegen, und die Befürworter der Umerziehung mahnten immer nachdrücklicher, daß etwas getan werden müßte. Die Dringlichkeit wurde durch frühere Nachrichten aus Rußland über das von deutschen Gefangenen und deutschen Emigranten gebildete NKFD noch verstärkt. Die bereits im Juli empfangene Ankündigung war in Washington und London auf einige Überraschung gestoßen. Viele Führungspersönlichkeiten der westlichen Alliierten deuteten diese Entwicklung so, daß die Russen ungeachtet der Pläne der Vereinigten Staaten und Großbritanniens bereits auf ihre Nachkriegsziele hinarbeiteten. Ein hochrangiger schwedischer Beamter faßte diese Befürchtungen bei einem Gespräch mit dem amerikanischen Botschafter in Worte, als er sagte, „es sei für ihn offensichtlich, daß Moskau die Ansichten der angelsächsischen Mächte über die zukünftige Haltung gegenüber einem besiegten Deutschland nicht ganz teile".[28]

Die Nachricht von der in Lunjovo in der Nähe von Moskau am 12. und 13. Juli erfolgten Gründung des NKFD erschien am 19. Juli in der ersten Ausgabe der NKFD-eigenen Zeitung. Das „Manifest des Nationalkomitees Freies Deutschland", das sich an das deutsche Volk und die Wehrmacht richtete, nahm die gesamte Titelseite ein. Der Leser wurde über die Gründung des NKFD und über die Tatsache informiert, das diese Organisation jetzt für das deutsche Volk spreche, da der Krieg verloren sei; Hitler müsse gestürzt und eine neue repräsentative Regierung gebildet werden. Die dringlichste Aufgabe für das deutsche Volk sei nun die Friedenssicherung, an der sich alle Soldaten und Zivilisten beteiligen müßten:

„Für Volk und Vaterland! Gegen Hitler und seinen Krieg! Für sofortigen Frieden! Für die Rettung des deutschen Volkes! Für ein freies, unabhängiges Deutschland!"[29]

Geschmückt mit einem Bild der an einem Mast wehenden Fahne des Kaiserreichs wurde die deutschsprachige, acht Seiten starke Zeitung *Freies Deutschland* mit hervorragendem Layout und Bildern in Millionenauflage verbreitet, trotz der ernsten Papierknappheit in Rußland. Eine buntgemischte Gruppe von vierunddreißig Deutschen hatten ihre Unterschrift unter das Manifest gesetzt; darunter zwölf der Moskauer Emigranten, zu denen Pieck und Ulbricht, aber auch Persönlichkeiten aus der Literaturszene, wie die Dichter Johannes R. Becher und Erich Weinert, der geschäftsführende Vorsitzende oder Präsident der Gruppe, gehörten. Die anderen zweiundzwanzig Unterzeichner waren Kriegsgefangene mit einem gleichen Anteil von Offizieren und Mannschaftsdienstgraden. Der höchste vertretene Rang war ein Major, aber der hervorstechendste Name der Liste war der Urgroßenkel des Eisernen Kanzlers Otto von Bismarck, Graf Heinrich von Einsiedel.

Einsiedel war seit dem Abschuß seines Flugzeugs in der Nähe von Stalingrad im August 1942 in Gefangenschaft. Der junge Leutnant hatte bereits seine Einwilligung zu einem Propagandaposter gegeben, auf dem er und sein berühmter Vorfahr vor einem zusammengekauerten Hitler stehen, den der alte Kanzler vor dem Irrsinn eines Krieges gegen Rußland warnt.[30]

Die meisten der Unterzeichner des Manifests begannen, Propagandaartikel für *Freies Deutschland* zu schreiben. Ein fester Bestandteil der Zeitung waren abgedruckte Grüße und Glückwünsche von verschiedenen deutschen Gruppen und Organisationen in der ganzen Welt. In einem Glückwunsch der „German-American Emergency Conference" wurde zum Beispiel die Gründung des NKFD als Verkörperung des deutschen Volkswillens zur Befreiung von Hitler gefeiert:

„Wir Deutsch-Amerikaner, die wir mit allen unseren Kräften den Krieg gegen Hitlerdeutschland unterstützen, erwarten [...] die Stunde, wo wir [...] die Bruderhand reichen können."[31]

Die amerikanische Zeitschrift *Time* bezeichnete die Gründung des NKFD als gelungene psychologische Kriegführung, vor allem weil die Russen dem ganzen Projekt einen deutschen Anstrich gaben. Die Parolen waren deutsch, Deutsche appellierten an Deutsche, niemand wurde gezwungen, die Alliierten direkt zu unterstützen, ging es doch nur darum, Deutschland vor den Nazis zu retten. Diese Entwicklung ermunterte einen Beamten in Washington, das auszusprechen, was viele im amerikanischen Capitol dachten: „Sicher ist, daß wir unsere Pläne für Nachkriegsdeutschland jetzt ein bißchen beschleunigen müssen."[32]

Einige Tage danach gab der Secretary of State Cordell Hull zu, durch diese Angelegenheit irritiert zu sein, da es keinen Hinweis darauf gäbe, daß Rußland hiermit die alliierte Politik einer bedingungslosen Kapitulation aufgegeben hätte. Hull wies Gerüchte zurück, nach denen Stalin einen Separatfrieden mit Deutschland anstrebe, und sagte der Presse, daß er auf Informationen aus der amerikanischen Botschaft in Moskau warte. Roosevelt sagte, daß er von Stalin kein Wort über das NKFD gehört hätte, und betonte, das Schicksal Deutschlands sei noch lange nicht entschieden.[33] Sowohl der Präsident als auch Hull machten sich größere Sorgen über die Nachrichten als sie der Presse gegenüber zugaben, denn die Gründung des NKFD war eindeutig ein Zeichen dafür, daß die Sowjets ihre eigenen Pläne für Nachkriegsdeutschland hatten.[34]

Es dauerte nicht lange, bis der amerikanische Botschafter in der Sowjetunion, Admiral William Standley, den Präsidenten über einige Entwicklungen in Moskau informierte. Eine grundlegende Botschaft, so schrieb er, vermittele das NKFD bei allem, was es tut: Wenn man Hitler los würde, könnte Deutschland gerettet werden. Der Admiral war der Ansicht, daß diese Botschaft schlagkräftig sei, er habe außerdem das Gefühl, daß das NKFD repräsentativ genug sei, um ernstgenommen zu werden. Er gehe davon aus, daß offizielle russische Stellen die Bewegung beträchtlich unterstützten, auch wenn das Ausmaß dieses Einflusses nicht genau eingeschätzt werden könne. Standley lehnte zwar ganz klar eine Zustimmung der Vereinigten Staaten zum Komitee „Freies Deutschland" ab, betonte aber gleichzeitig, daß viele Punkte des Manifests mit der Atlantik-Charta übereinstimmten.[35]

Laut Standleys Meinung gab es für die USA mehrere Möglichkeiten: Offiziell gegen die Gründung des NKFD protestieren, in der Hoffnung, daß Stalin es auflösen würde (Standley wies jedoch darauf hin, daß dieser Schuß nach hinten losgehen könnte); einfach die Programmteile akzeptieren, die man unterstützen kann, und den Rest ignorieren; oder die Gründung einer vergleichbaren Gruppe in den Vereinigten Staaten unterstützen, die mit der Moskauer Gruppe zusammenarbeitet. Er hielt die letzte Möglichkeit für die vielversprechendste, aber Hull hielt dies für einen gefährlichen politischen Zug und lehnte sofort ab. Letztendlich entschied man sich, mit Roosevelts Zustimmung natürlich, vom NKFD einfach offiziell keine Notiz zu nehmen.[36]

Zunächst schien dies die beste Entscheidung zu sein, da das NKFD offensichtlich auf die deutschen Truppen und Kriegsgefangenen wenig Einfluß hatte. Dem durchschnittlichen deutschen Soldaten waren Personen wie Einsiedel und Weinert unbekannt. Sie nahmen deren Propagandatätigkeiten überhaupt nicht zur Kenntnis. In der Realität sah es so aus, daß die Soldaten auf ihre Offiziere hörten, weshalb das NKFD einige ranghöhere Offiziere gewinnen mußte, Generäle, deren Namen dem Mannschaftsstand bekannt waren. Es mußten ehrenhafte, angesehene Männer sein, die Deutschland und den militärischen Traditionen treu ergeben, aber gegen Hitlers zerstörerische Politik waren. Weinert, Pieck, Ulbricht oder die Handvoll junger Offiziere wie Einsiedel, die dem NKFD bereits beigetreten waren, konnten diese Offiziere nicht gewinnen. Man mußte ihnen versichern, das strenge Kastensystem beizubehalten und sie nicht zum Kommunismus zu zwingen. Die einzige Möglichkeit, dies zu erreichen, wäre die Gründung einer getrennten Offiziersorganisation mit eigener Identität, eine Gruppe, die sich gegen das Hitlerregime stellen und den Tätigkeiten des NKFD wohlwollend gegenüberstehen würde.

Die erste Hürde, die es zu überwinden galt, war der von den Offizieren abgelegte Treueeid auf die Nation und Hitler. Diesen Eid durch Denunzierung Hitlers und Nazi-Deutschlands zu brechen, bedeutete Verrat. Für einige der Männer, die in dieser verzweifelten Situation in einen Gewissenskonflikt gerieten, fand sich ein Vorbild in der Geschichte. Der preußische General Yorck von Wartenburg hatte mit den gleichen Problemen zu kämpfen, als er seinen Eid gegenüber dem Befehlshaber und König brach und 1812 die Konvention von Tauroggen unterzeichnete. Der General, der unter französischem Befehl stand, wandte sich statt dessen den Russen zu, da er wußte, so die Befreiung seines geliebten Preußens beschleunigen zu können. Dieses Beispiel wurde oft in vom NKFD verteilten Broschüren und im Radio zitiert, damit die Offiziere, die einen Bruch mit Hitlers Politik erwogen, in dieser historischen Parallele eine Rechtfertigung für den Bruch des Fahneneides finden konnten.

An vorderster Front in dieser Bewegung stand der deutsche Kriegsheld und Träger des Ritterkreuzes Oberst Luitpold Steidle. Obwohl Steidle seit der Machtergreifung Mitglied der NSDAP war, kam er nach seinen Erfahrungen in Rußland zu dem Schluß, daß der Krieg ein schrecklicher Fehler war und der Führer aufgehalten werden mußte. Er hatte Weinert und die anderen NKFD-Anhänger bei deren Besuch im Lager Krasnogorsk angesprochen, war aber von deren Reaktion enttäuscht. Deshalb war er überrascht, eine persönliche Einladung zur offiziellen Gründung des NKFD im gleichen Monat zu erhalten. Kurz danach begann Steidle mit anderen meist rangniedrigeren Offizieren über die Möglichkeit der Schaffung einer Offiziersorganisation zu diskutieren, deren Grundgedanke die gemeinsame Angst vor dem Untergang Deutschlands durch die Naziherrschaft wäre. Nachdem sie die Angelegenheit mit dem Verwaltungsdirektor der Kriegsgefangenen General Melnikow durchgesprochen hatten, einigte man sich darauf, daß es für den Erfolg einer solchen Organisation unabdingbar sei, einige deutsche Generäle zu gewinnen. Mehrere in Frage kommende Namen wurden genannt: Seydlitz, Lattmann, Korfes und Generalfeldmarschall Paulus.[37]

General Walther von Seydlitz-Kurzbach sollte zuerst angesprochen werden. Laut Steidle tat der General, obwohl er den Zweck ihres Besuches kannte, zunächst überrascht. Dies verging schnell und bald erklärte ihnen der General, daß die deutschen Offiziere der Armee einen Eid geschworen hätten und nicht Hitler, der sie sowieso bei der Schlacht um Stalingrad im Stich gelassen hätte. Er sei durchaus dafür, Hitler zu verurteilen, aber er wolle verhindern, daß die Kriegsgefangenen gegen die noch in der Wehrmacht kämpfenden Männer feindliche Gefühle entwickeln. Obwohl sich der General während des Gespräches zu nichts verpflichtete, war Steidle zuversichtlich, ihn für seine Sache gewonnen zu haben und so auch weitere Generäle von einer Offiziersorganisation überzeugen zu können.[38] Eine solche Entscheidung bedeutete einen folgenschweren Schritt, denn die Offiziere würden zu Hause als Verräter gebrandmarkt, was ihre Familien in ernste Gefahr brachte. Außerdem konnten sie damit nur noch auf einen Sieg der Alliierten hoffen.

General Seydlitz, Kommandeur des 51. Armeekorps in der Schlacht um Stalingrad, wurde zur Schlüsselfigur beim Werben für eine getrennte Offiziersgruppe, die die Bewegung „Freies Deutschland" unterstützen würde. Der große, schlanke, aristokratische Seydlitz war die stolze Verkörperung der glänzenden preußischen Militärtradition einer Familie, die seit Generationen in der Armee diente. Sein Name war in den Rängen der Wehrmacht und an der Heimatfront bekannt. In fünfunddreißig Dienstjahren hatte er sich in einer makellosen Laufbahn ausgezeichnet.

Später erinnerte sich Seydlitz an die Ereignisse, die zur Schaffung einer Offiziersorganisation führten:

> „Der politische Hauptmanager auf russischer Seite war ein Professor Arnold, ein kleiner, zierlicher, schwarzhaariger Mann, der gut deutsch sprach, jedoch mit jiddischem Akzent. Er war politisch außerordentlich beschlagen und gewandt, speziell in Fragen des Marxismus-Leninismus. Bei unserem Eintreffen im Lager Lunjewo am 22. August 1943 fanden wir folgenden Stand der Dinge um den zu gründenden ‚Bund Deutscher Offiziere' vor: Aus den vier Lagern, in denen sich die Masse der gefangenen Offiziere im Herbst 1943 befand [...] waren rund 80 Offiziere nach Lunjewo ‚eingeladen' worden. Dabei handelte es sich um Offiziere, die sich schon in den Lagern bereit erklärt hatten, einem ‚Bund Deutscher Offiziere' (BDO) als Mitglied beizutreten. Die tieferen Gründe, die jeden einzelnen dieser ungefähr 80 Offiziere bewogen hatten, Mitglied des BDO zu werden, waren schwer zu durchschauen. Es gab alle Schattierungen, vom hundertprozentigen Einsatz für diesen neuen BDO gegen Hitler bis zum ‚Kaschisten', der lediglich einer erhofften besseren Verpflegung (Kaschagrütze) wegen beitrat."[39]

Freies Deutschland verkündete die Gründung des BDO am 11. und 12. September mit Bildern von Seydlitz und Weinert auf der Titelseite zusammen mit der Nachricht über die Anwesenheit von dreihundert deutschen Offizieren aus fünf verschiedenen Lagern. General Seydlitz hatte einen emotionalen Appell an die noch unentschiedenen Offiziere gerichtet, indem er sie an die Hölle von Stalingrad erinnerte. Hier aber gäbe es neue Hoffnung:

> „Wir können nicht länger schweigen! Wir haben wie niemand sonst das Recht zu sprechen, nicht nur im eigenen Namen, sondern im

Namen unserer toten Kameraden, im Namen aller Opfer von Stalingrad. Das ist unser Recht und unsere Pflicht."[40]

Unmittelbar im Anschluß schlossen sich NKFD und BDO unter Beibehaltung ihrer jeweiligen Namen mit Seydlitz als Vizepräsident und Weinert als Präsident zusammen. Eine Reihe anderer deutscher Offiziere, darunter ein protestantischer Pastor und ein katholischer Pfarrer, bekleideten Positionen im Komitee „Freies Deutschland". Diese geballte Offizierspräsenz war dem Prestige und Propagandawert des NKFD, die so dringend zur Überzeugung der deutschen Kriegsgefangenen in den Lagern benötigt wurden, sehr förderlich. Ob das neue Image auch dazu dienen konnte, die deutschen Kriegsgefangenen davon zu überzeugen, ihr Heil im Kommunismus zu suchen, blieb abzuwarten.

Wie viele deutsche Kriegsgefangene sich jetzt der neuen Gesinnung anschlossen, war gar nicht so entscheidend, auf alle Fälle hatte Stalin einen überwältigenden Propagandasieg erzielt. Hatte er doch der Welt gezeigt, daß die Russen eingefleischte Nazis überzeugen konnten, von ihrer Gefolgschaft zu Hitler abzurücken. Während Ulbricht endlich eine Plattform für seine Bemühungen um die Schaffung eines kommunistischen deutschen Staates gefunden hatte, konnten sich Seydlitz und ähnlich gesinnte Offiziere damit trösten, den einzig möglichen Weg beschritten zu haben, um die Würde der deutschen Armee zu wahren und die Nation zu retten. Trotz der Kriegswirren konnte die Tragweite dieser Ereignisse auch in Washington und London niemandem entgehen.[41]

Die westlichen Alliierten mochten sich wohl fragen, welchen psychologischen Einfluß die Russen ausübten, um diese schlachterprobten deutschen Veteranen von ihren Ideen zu überzeugen. Handelte es sich doch um Männer, die in einigen der blutigsten Schlachten des Krieges gekämpft hatten und von denen nun eine beträchtliche Anzahl Offiziere, und zwar ranghöhere Offiziere mit einem tadellosen Ruf als Patrioten, den Lockrufen der kommunistischen Sirenen zu erliegen schienen. Entging den Amerikanern und Briten etwas?[42]

Zu diesem Zeitpunkt in der Mitte des Krieges machten die westlichen Alliierten noch keine gemeinsamen Anstrengungen, um aus ihren gefangenen deutschen Soldaten - Mannschaften wie Offizieren - überzeugte Demokraten zu machen. Das Verhalten der westlichen Alliierten gegenüber Kriegsgefangenen wurde durch die Regelungen der Konvention und durch die vielleicht noch wichtigere Überzeugung

37

bestimmt, den Krieg mit Sicherheit zu gewinnen. Roosevelt und Churchill hatten sich die totale Niederlage Deutschlands gelobt, deshalb war es undenkbar, dieses Versprechen durch die Möglichkeit in Gefahr zu bringen, daß eine Gruppe deutscher Kriegsgefangener unter der Führung einiger Generäle vielleicht einen Einfluß auf die Friedensbedingungen gewinnen könnte. Dennoch war der offensichtliche Erfolg der Russen bei den deutschen Kriegsgefangenen beunruhigend. Es war ein weiterer Tropfen in das immer voller werdende Faß der Beschwerden westlicher Politiker über ihren sowjetischen Partner. Sie wußten, daß dies der Anfang einer Kampagne Stalins war, um die Deutschen für den Kommunismus zu gewinnen.

Der amerikanische Außenminister, so geht es aus seiner Korrespondenz hervor, war unfähig zu erkennen, welche Tragweite die Tatsache hatte, daß die Russen ernsthaft mit der Umerziehung der deutschen Kriegsgefangenen zum Kommunismus begonnen hatten. Als die amerikanische Botschaft in Moskau ihm mitteilte, daß das NKFD durch die Gründung des BDO erheblich an Prestige gewonnen hatte und daß diese Tatsache wahrscheinlich auch die kämpfenden deutschen Truppen spürbar beeinflussen würde, reagierte Hull enttäuschend. Er leitete daraus keinen wirklichen Handlungsbedarf für die Vereinigten Staaten und auch keinen Grund für eine Änderung der Politik im Hinblick auf die deutschen Kriegsgefangenen ab. Der alternde Außenminister sah zwar ein, daß die Förderung einer antinationalsozialistischen Einstellung unter den Gefangenen nützlich sei, aber er wollte auf keinen Fall „einen Keil in unsere guten Beziehung zu den Russen" treiben. Er unterstützte ausdrücklich die Meinung von Botschafter Averell Harriman, der sagte, es gäbe allen Grund, den russischen Erklärungen zu glauben, daß die ständigen öffentlichen Verlautbarungen des NKFD nur zu Propagandazwecken so weit verbreitet würden. Dies bedeute, „dem deutschen Volk gegenüber Sympathie zu zeigen, [...] den deutschen Widerstand zu schwächen", so dachte Hull; die Russen „können der deutschen Armee wohl kaum weiterhin Hoffnung auf einen Wiederaufbau nach der Niederlage Hitlers machen."[43]

Ein Geheimbericht eines reisenden Professors der Universität von Chicago mit Namen Oscar Lange nagte an Hulls hartnäckigem Widerstand gegen eine Umerziehung der Kriegsgefangenen und löste vielleicht den Gesinnungswandel aus. Es war Lange, einem eingebürgerten Amerikaner polnischen Ursprungs, gelungen, bei einer Reise in die Sowjetunion ein vierstündiges Interview mit Weinert, Seydlitz, Lattmann und Einsiedel zu führen. Der Professor wußte genau, welche Bedeutung eine solche Information aus erster Hand hatte und erstellte einen Bericht für die amerikanische Botschaft, die diesen nach Washington weiterleitete. Nach Professor Langes Auffassung meinten die Russen es mit der Arbeit bei den deutschen Kriegsgefangenen bitter ernst. Es war ihre feste Absicht, so viele wie möglich zum Kommunismus zu bekehren. Seiner Meinung nach ließen sich die Vereinigten Staaten eine wichtige Gelegenheit zum Beginn eines eigenen Programms entgehen. Wenn sie nichts tun, „werden die deutschen Gefangenen die amerikanischen Lager als noch überzeugtere Nazis wieder verlassen, während die Rückkehrer aus sowjetischer Kriegsgefangenschaft eine antinationalsozialistische Einstellung haben werden."[44]

Ähnlich äußerte sich auch General Edwin Sibert, der Kriegsbefehlshaber der Heeresgruppen G-2 der U.S.-Armee, der den Vereinigten Staaten vorschlug, dem russischen Beispiel zu folgen und eine eigene Antinazi-Organisation ins Leben zu rufen. Sibert dachte nicht an eine mögliche Beteiligung der deutschen Flüchtlinge in den Vereinigten Staaten, sondern konzentrierte sich auf die gefangenen deutschen Offiziere, zu denen dreißig Generäle gehörten. Er schlug die Gründung eines deutschen Offizierskomitees unter der Schirmherrschaft der Vereinigten Staaten vor, eine Idee, die sowohl General Marshall als auch General Eisenhower für durchaus fundiert hielten.[45] Offensichtlich stieß dieser Vorschlag bei Hull oder dem Präsidenten auf wenig Gegenliebe, denn er wurde intern im Kriegsministerium still und heimlich fallengelassen.

Dennoch wurden gewisse Fortschritte erzielt, und McCloys frühere Beharrlichkeit begann sich auszuzahlen. Auch wenn diese Fortschritte zugegebenermaßen noch bescheiden ausfielen - es handelte sich meist um einfache Untersuchungsberichte über die Durchführbarkeit der Umerziehung - wurden bereits wichtige Daten für zukünftige Aktivitäten gesammelt. Nach Besuchen der Kriegsgefangenenlager und aufgrund der Ergebnisse von Erhebungen einigte man sich darauf, daß ein Umerziehungsprogramm mit einem Schwerpunkt auf Sprach- und Geschichtsstudien nicht nur durchführbar sondern auch besonders wichtig sei. Im Juni 1943 wurde in einem vom Direktor der Special Services Division eigenhändig unterschriebenen Brief eine Empfehlung zur Schaffung eines Programms ausgesprochen, die dem Büro des Generalkommandeurs der Militärpolizei, der offiziell die Aufsicht über die Kriegsgefangenen hatte, zugeleitet wurde. Zunächst war

McCloy, dem die negative Einstellung einiger Generäle zur Umerziehung („reiner Unsinn") bekannt war, nicht zu optimistisch.[46]
Der Pessimismus des Assistant War Secretary wurde durch eine sofortige Ablehnung bestätigt. Punkt für Punkt brachte der Generalkommandeur der Militärpolizei Allan Gullion seine Einwände vor. Er begann mit dem altbekannten Argument, daß ein solches Programm die amerikanischen Kriegsgefangenen in Deutschland gefährden könnte, da die Deutschen es als eine Verletzung der Konvention ansehen würden. Anschließend führte er eine Reihe weiterer Einwände auf, wie z.B. die Kosten, das Abziehen von dringend benötigtem Personal, das Abhalten von Unterricht in bereits überfüllten Armee-Einrichtungen und der Versuch, Deutschen etwas beizubringen, die schlecht darauf vorbereitet waren und eine Teilnahme schlichtweg verweigern würden. Seiner Meinung nach würde die ganze Angelegenheit den Umgang mit den Kriegsgefangenen sicher erschweren. Sobald die Kriegsgefangenen von diesem Programm erfahren würden, würde das Ansehen des amerikanischen Militärs in ihren Augen leiden. Weiter wies der General darauf hin, daß die Briten keine politische Schulung ihrer Gefangenen versuchten, und sich damit begnügten, ihnen unpolitischen Unterricht, z.B. in Mathematik und Geographie, auf rein freiwilliger Basis anzubieten. Den Verfechtern der Umerziehung empfahl er, sich an Organisationen wie das Internationale Y.M.C.A. oder das Rote Kreuz zu wenden, die ein Programm über den guten amerikanischen Lebensstil organisieren könnten, was viel effektiver wäre, als „ein Lehrer im Klassenzimmer oder ein Dozent vom Katheder".[47]

Einzelpersonen außerhalb der Regierung, die sich der internen Rangeleien nicht bewußt waren, baten weiterhin Beamte, Kongreßabgeordnete und sogar den Präsidenten, eine Umerziehung der deutschen Kriegsgefangenen zu erwägen. Die meiste Korrespondenz wurde dem Generalkommandeur der Militärpolizei zur Beantwortung zugeleitet. Die Standardantwort lautete, daß

> „die gegenwärtige Politik des Kriegsministeriums kein Pflichtprogramm zur politischen Bildung für Kriegsgefangene zulasse, die vorhandenen Unterrichtsangebote würden auf rein freiwilliger Basis durchgeführt und enthielten keine spezifischen Kurse oder vorgeschriebenen Inhalte".[48]

Einige wollten sich nicht mit der Untätigkeit der Regierung abfinden und versuchten selbst etwas in Gang zu bringen. Gerhart Seger, ein ehemaliger Reichstagsabgeordneter und Herausgeber einer New Yorker Zeitung, führte den Vorsitz eines Komitees anerkannter Geistlicher, Pädagogen und Schriftsteller, die sehr bedauerten, daß es kein Umerziehungsangebot für die Kriegsgefangenen gab, die vielleicht eine kritische Einstellung zum Nationalsozialismus hatten. Während die Regierung die Wichtigkeit eines Programms ignorierte, so kritisierten sie, überließ man den Nazis sogar die Führung der Kriegsgefangenenlager.[49]

Auf der Grundlage unabhängiger Untersuchungen schätzte das Seger-Komittee den Anteil von Nazis in den Lagern auf 25% und schlug deren Trennung von den anderen Gefangenen vor, von denen ungefähr 15% positiv auf ein Umerziehungsangebot reagieren würden. Seger erklärte:

„Ich schlage drei Umerziehungsmethoden vor - Vorlesungen, Lesematerial und Korrespondenz. [...] Wir können die deutschen Kriegsgefangenen umerziehen - die Genfer Konvention verbietet dies nicht. Wir sollten die deutschen Kriegsgefangenen umerziehen - unser Wunsch nach anhaltendem Frieden gebietet es. Also - warum machen wir es nicht?"[50]

Genau die gleiche Frage stellte sich auch die Harvard-Abteilung der American Defense Organization. Der stellvertretende Vorsitzende und Rechtsprofessor Warren Seavey legte von seinem Komitee gesammeltes Material direkt dem Kriegsminister Stimson vor. Daraus ging hervor, daß die Nazis die Kriegsgefangenen immer stärker einschüchterten (diese Sorge teilte auch Eleanor Roosevelt). Gefangene, die etwas über Demokratie lernen wollten, so schrieb er Stimson, müßten eine Chance bekommen und von den anderen getrennt werden. Als seine Vorschläge ignoriert wurden, rief Seavey eine Pressekonferenz ein und bat um öffentliche Unterstützung für seine Forderung, daß etwas getan werden müsse.[51]

Stimson verteidigte das Kriegsministerium und betonte, daß bereits Schritte unternommen wurden, um die Nazis aus den Lagern herauszuholen und in anderen Einrichtungen unterzubringen. Die Untersuchung, um die Seavey gebeten hatte, sei überhaupt nicht nötig, da die Lagerkommandeure die Situation gut unter Kontrolle hätten. Zum Beginn eines Umerziehungsprogramms sagte der Minister:

„Das Kriegsministerium ist der Ansicht, daß ein Vorgehen, so wie es von ihnen vorgeschlagen wurde, auf Mißtrauen, Feindschaft und

Widerstand stoßen würde. Die Gefangenen würden sich von einem unerwünschten Unterricht nicht überzeugen lassen, sondern sich nur dagegen wenden [...] Ich kann ihnen deshalb nicht zustimmen, daß eine solche Vorgehensweise [...] im besten Interesse der Vereinigten Staaten läge."[52]

Es sah in jeder Hinsicht so aus, als könne kein noch so großer öffentlicher Druck die Haltung der Regierung zur Umerziehung ändern. Mit großem Erstaunen hätten einige dieser Kritiker der Regierungspolitik jedoch reagiert, wenn sie nur die ganze Wahrheit gekannt hätten: Hull und Stimson hatten sich bereits geheim darauf geeinigt, die Entwicklung eines Umerziehungsprogramms zu genehmigen. Ihre ablehnende Haltung in der Öffentlichkeit war ein ganz bewußtes Mittel, um das Programm vor Deutschland geheimzuhalten. Hull hatte Stimson am 30. März 1944 schriftlich die Schaffung eines Programms zur Umerziehung (er verwendete den Begriff „Umorientierung") unter militärischer Oberaufsicht vorgeschlagen. Der Kriegsminister signalisierte seine allgemeine Zustimmung:

„Wir sollten nicht das unmögliche Ziel verfolgen, die Gefangenen zu amerikanisieren, sondern das machbare Ziel anstreben, ihnen Respekt vor der Qualität der amerikanischen Institutionen einzuflößen."[53]

Leicht war diese Entscheidung nicht gefallen; nur die an der Vorgeschichte beteiligten Mitarbeiter der beiden Ministerien wußten, welches Ringen dahinter steckte und wie schwierig es war, Hulls Einstellung zu ändern. Man war um die Geheimhaltung des Programms bemüht, da man fürchtete, die Deutschen könnten mit gutem Grund Vergeltungsmaßnahmen ergreifen. Die Genfer Konvention hinsichtlich der Behandlung der Kriegsgefangenen enthält folgenden Artikel:

„Im Rahmen des Möglichen sollen die Kriegsführenden ein von den Kriegsgefangenen organisiertes geistiges Leben und sportliche Betätigungen fördern."

Das ist die einzige Stelle über Unterricht und Kriegsgefangene. Den Kriegsgefangenen Lesestoff zu geben und ihnen die Einrichtung eigener Unterrichtsprogramme zu ermöglichen, ist sicher eine richtige Auslegung des „geistigen Lebens", aber selbst ohne große juristische Vorbildung kann man unschwer erkennen, daß Umerziehung nicht unter diese Definition fällt. Ein Ausweg fand sich in der Freiwilligkeit des Programms, niemand sollte zur Teilnahme gezwungen werden.[54]

Die Angelegenheit kam endlich in Gang, als der Oberbefehlshaber der Army Service Forces die Direktive „Umorientierung der deutschen Kriegsgefangenen" mit dem Befehl zum Anlaufen des Programms erhielt. Es sollte der Kontrolle des Generalkommandeurs der Militärpolizei unterliegen, außerdem sollte „ein hochbefähigter Offizier mit ausreichenden Kenntnissen und Erfahrungen für die Organisation und Leitung eines solchen Programms" ernannt werden.

Das Projekt erhielt den Namen „Special Projects Branch" und unterstand der für Kriegsgefangene zuständigen Prisoner of War-Division. Unterricht über die historische Entstehung der Demokratie in Amerika sollte bei freiwilliger Teilnahme angeboten werden.[55] Von großer Geheimhaltung begleitet und unter dem nichtssagenden Namen „Special Projects" konnte das amerikanische Umerziehungsprogramm nun beginnen.

All das hätte die Briten, die bereits ernsthaft ein eigenes Programm erwogen, brennend interessiert. Sie hatten Washington bereits nach Planungen zu einem amerikanischen Programm gefragt, aber nur eine vage, unverbindliche Antwort erhalten. Unmittelbar nach der Ankündigung Moskaus über die Gründung des NKFD war in Großbritannien, wo zahlreiche deutsche Emigranten lebten, eine Bewegung „Freies Deutschland" aufgetaucht. Trotz der rhetorisch geschickten Behauptungen der kommunistischen Führung über einen starken Zulauf, konnten sich die meisten deutschen Flüchtlinge nicht mit der Bewegung identifizieren. Die meisten konnten sich zwar den NKFD-Führern anschließen soweit es darum ging, Hitler loszuwerden, befürchteten aber eine Dominanz Moskaus. Einer der Emigranten, Rudolf Katz, ein überzeugter Sozialdemokrat, definierte ihr Dilemma wie folgt:

„Die Russen sagen dem deutschen Volke im wesentlichen das Richtige [...] aber meinen es gar nicht so. Bei den Alliierten ist es genau umgekehrt. Die Amerikaner und die Engländer meinen nämlich das Richtige, aber sie sagen es nicht so."[56]

Von Anfang an waren die Briten entschlossen, daß ihre Umerziehung mit den russischen Bemühungen und in diesem Fall auch mit den eventuellen amerikanischen Programmen nichts zu tun haben sollte. Oberst Henry Faulk, der bei der britischen Umerziehung eine zentrale Rolle spielen sollte, erklärte später, daß das britische Programm „mit dem amerikanischen Special Centre oder mit dem russischen Vorgehen, die beide im wesentlichen politisch ausgerichtet waren, nichts gemeinsam habe".[57] Großbritannien hatte schon vor der Sowjetunion und den Vereinigten Staaten im Oktober 1939 einige hundert deutsche Kriegsgefangene, meist U-Bootbesatzungen, gemacht. Wegen ihrer geringen Zahl wurden diese Männer außergewöhnlich gut behandelt, wobei einige von ihnen in einem großen, prächtigen, alten Gebäude untergebracht wurden, das Kritiker im Parlament „U-Boot-Hotel" betitelt hatten. Ein Abgeordneter war erzürnt über die Kosten dieser Unterbringung der deutschen Kriegsgefangenen und schlug sarkastisch vor, man solle sie doch im Ritz unterbringen, das sei billiger.[58] Über diese Gefangenen erstellte Cyrus Brooks 1940 seine Pilotstudie, da es aber nur dreihundert waren, wurde der Bericht praktisch ignoriert. Im gleichen Jahr stürzten während der Luftschlacht um England zahlreiche deutsche Flugzeuge über den Britischen Inseln ab, wodurch die Zahl der Kriegsgefangenen schnell anstieg; sie wurden jedoch fast unmittelbar weiter nach Kanada transportiert.[59]

Gleichzeitig führten die Britische Admiralität und das Luftfahrtministerium bei der Befragung der deutschen Besatzungen eine Art improvisierter Umerziehung durch. „Es ist unsere ständige Politik [...] wenn immer dies möglich ist, politische Argumente zu verwenden und zu versuchen, die Gefangenen davon zu überzeugen, daß die Nazi-Ideologie ein Fehler ist", heißt es in einem Bericht der Admiralität.

> „Auf der Grundlage unserer Erfahrungen glauben wir, daß die Verabschiedung einer endgültigen Politik, die es ermöglichen würde, dem Umerziehungsprozeß von kooperativen Kriegsgefangenen weiterhin ein positives Interesse entgegen zu bringen, eben diese Kriegsgefangenen zu einer wertvollen Hilfe beim Wiederaufbau einer vernünftigen Mentalität in Deutschland machen würde."[60]

Die Admiralität und das Luftfahrtministerium hatten einige der eher zur Zusammenarbeit bereiten deutschen Kriegsgefangenen bereits zu einem Umerziehungsversuch in ein isoliertes Lager in Nordengland gebracht. Die Ergebnisse waren aber entmutigend, da es noch kein gut durchdachtes Programm gab, und die Gefangenen die meiste Zeit nichts zu tun hatten. So kam man zu dem Schluß:

> „Sie [die Gefangenen] haben das Gefühl, von uns benutzt zu werden. Nach unserer Erfahrung werden sie, wenn sie in die normalen Basislager zurückkommen, fast unmittelbar durch den über-

mächtigen Einfluß der Nazis wieder umgedreht. Natürlich sind die Lager in England im allgemeinen Übergangslager. [...] Deshalb sieht es so aus, als ob eine Umerziehung in großem Umfang in Kanada oder den USA geschehen müsse."[61]

Bis zum Jahr 1944 hatte sich die Lage jedoch gewandelt. Zu diesem Zeitpunkt hatten sich das Kriegs- und das Außenministerium darauf geeinigt, daß ihnen eine wichtige Gelegenheit entging, wenn nichts für die Umerziehung der deutschen Kriegsgefangenen in Großbritannien sowie der Kriegsgefangenen, die später in großer Zahl aus Amerika und Kanada (ungefähr 50% der Gesamtzahl) erwartet wurden, getan würde. Es gab auch viele Berichte aus den Kriegsgefangenenlagern über Gefangene, die offen ihr Interesse bekundet hatten, bei der Befreiung Deutschlands von den Nazis mitzuhelfen.[62] Die Briten machten sich zwar, im Gegensatz zu ihren amerikanischen Freunden, keine Sorgen um die Rechtmäßigkeit der Umerziehung, Probleme bereitete ihnen aber die Tatsache, daß sich immer nur relativ wenige Kriegsgefangene zur gleichen Zeit in England befanden. Vor September 1944 waren 13.500 deutsche Kriegsgefangene in Nordafrika, weitere 1.500 in Australien und ungefähr 17.000 in Kanada in britischer Obhut. Da Kanada den meisten Platz und das meiste Personal zur Verfügung hatte, war es geradezu der ideale Ort für die Durchführung eines Umerziehungsprogramms. Es war jedoch kein Geheimnis, daß der kanadische Premierminister Mackenzie King für Empfehlungen aus London nicht sehr empfänglich war, besonders wenn sie aus einem von Winston Churchill geleiteten Ministerium kamen. Vom britischen Auswärtigen Amt auf ein mögliches Umerziehungsprogramm angesprochen, erklärte der kanadische Director of Internment Operations, seine Regierung „würde keine Kampagne zur Umerziehung und Bekehrung der Nazis billigen."[63]

Auch die britischen Meinungen über die Zusammenarbeit mit den Kanadiern waren pessimistisch: die Kanadier

„haben praktisch nichts zur Umerziehung der Gefangenen getan, [...] die kanadischen Lager sind sogar eine Brutstätte der Nazi-Ideologie. Die Parteiordnung scheint unter den Gefangenen in einigen Lagern voll etabliert zu sein, und selbst die, bei denen wir im Vereinigten Königreich einen vielversprechenden Anfang machen könnten, würden sich bei ihrer Ankunft in Kanada sicher wieder dem Nationalsozialismus zuwenden."[64]

Da man aber keine andere Wahl hatte, entschied man sich, es über das Dominions Office zu versuchen, in der Hoffnung, daß die Kanadier auf diesem Weg empfänglicher wären. Der Ständige Staatssekretär Sir Eric Machtig äußerte sich jedoch negativ. Seiner Meinung nach waren die Beziehungen mit Ottawa zur Zeit zu sehr gespannt, er habe aber noch Hoffnung, da er inoffiziell gehört habe, daß das kanadische Psychological Warfare Committee die Idee unterstütze. „Bei der Berichterstattung", so schrieb er, „kann man meiner Meinung nach nur sagen, daß der P.W.E. [Political Warfare Executive im britischen Außenministerium] den kanadischen Behörden die Angelegenheit sehr ausführlich dargelegt hat und daß man nach Meinung des Dominion Office zunächst nur die Möglichkeit habe, weitere Entwicklungen abzuwarten."[65]

Im Juni zahlte sich die britische Geduld schließlich aus, als ein Abgesandter des kanadischen Außenministeriums London mit der guten Nachricht erreichte, daß Kanada zu einer Zusammenarbeit an einem Umerziehungsprogramm für deutsche Kriegsgefangene bereit sei. Der Bitte, daß der P.W.E. einen erfahrenen Offizier zur Verfügung stellt, kam man gerne nach. Ein britischer Beamter bemerkte, „daß es so aussieht, als hätte die kanadische Regierung ihre Haltung in dieser Frage geändert und daß die Aussichten jetzt viel rosiger als früher sind".[66] Nach Lösung dieses Problems entschieden sich die Briten, daß vielleicht eine Koordinierung mit den Vereinigten Staaten angebracht sei. Nachrichtendienstliche Quellen ließen verlauten, daß dort etwas geschah, was wie ein Umerziehungsprogramm für deutsche Kriegsgefangene aussah. Da die Amerikaner ihr Programm aber offensichtlich geheim durchzuführen versuchten, mußten Vorschläge zu einer Koordinierung auf sehr diskrete Art erfolgen. Als beste Möglichkeit hierfür sah man die britische Botschaft in Washington an.

In einem sorgfältig formulierten Aide-mémoire an das amerikanische State Department wurde vorgeschlagen, daß man angesichts des nahenden Kriegsendes vielleicht einmal eine gemeinsame Politik im Hinblick auf gewisse Fragen zu Kriegsgefangenen in alliierter Obhut erwägen könnte. Man könnte mit einem Plan zur Absonderung der österreichischen Kriegsgefangenen in eine einzige Gruppe beginnen, da diese Nation zuerst für die Unabhängigkeit vorbereitet werden sollte:

„Es besteht Grund zur Hoffnung, daß es möglich sein wird, unter den Österreichern zumindest einen Kern von Personen zu finden, die, wenn man entsprechend mit ihnen umgeht, für den Wiederaufbau Österreichs nützlich sein könnten."

Bekannte Nazis sollten von den anderen Gefangenen isoliert werden, da „es eine Verschwendung von Zeit und Mühe ist, irgendeine Art der Umerziehung zu versuchen, bevor die fanatischen Nazis abgesondert sind." Im weiteren Verlauf des Textes wurde auf ein mögliches Problem hingewiesen, das bereits in Großbritannien aufgetreten war, daß nämlich einige Lagerkommandeure die Aufrechterhaltung der Disziplin für einfacher hielten, wenn die Nazi-Kriegsgefangenen weiterhin ihre Funktion behielten:

> „Die Regierung ihrer Majestät mißt dieser Frage große Bedeutung zu und hält sie für ziemlich dringend [...] In diesem Zusammenhang wurde vorgeschlagen, daß eine Art der Zusammenarbeit zwischen den zuständigen Behörden der U.S.A. und dem britischen Political Warfare Executive zum Erreichen eines koordinierten Programms wünschenswert wäre."[67]

Zu diesem Zeitpunkt im Sommer 1944, als es nur ziemlich wenige deutsche Kriegsgefangene im Vereinigten Königreich gab, wurde die Umerziehung lediglich als ein Auftakt zum allgemeinen Umgang mit dem deutschen Volk nach Hitlers Niederlage gesehen. Man hatte nur oberflächliche Kenntnisse über die Special Projects in den Vereinigten Staaten und die Antifa-Schulen in Rußland. Wie begrenzt der Informationsstand war, geht aus der Korrespondenz Londons mit der Washingtoner Botschaft hervor. In einer Mitteilung stellte man Vermutungen über den Wert der deutschen Kriegsgefangenen an, die in den Vereinigten Staaten an der Umerziehung teilnahmen:

> „Wir sind der Ansicht, daß die große Masse in den Vereinigten Staaten gefangen gehalten wird und daß die Passivität der amerikanischen Behörden nicht nur die im Vereinigten Königreich und in anderen Übergangslagern geleistete Umerziehungsarbeit zunichte macht, sondern wahrscheinlich sogar einer Verbreitung des nationalsozialistischen Extremismus von den Lagerleitern in die Lager Vorschub leistet, was dazu führt, daß am Ende eine verfestigte Gruppe von Extremisten nach Deutschland zurückkehren wird."[68]

Nach der erfolgreichen Landung der Alliierten in der Normandie änderte sich der Umgang mit den deutschen Kriegsgefangenen für Großbritannien unmittelbar. Der sofortige Transport von Zehntausenden Kriegsgefangenen in das Vereinigte Königreich mußte jetzt logistisch organisiert werden. Da das Kriegsende näher rückte, würden diese Gefangenen wahrscheinlich dort bleiben und nicht nach Kanada oder in die USA geschickt werden. Bis zum Mai 1945 gab es fast zweihunderttausend deutsche Kriegsgefangene in England, eine Zahl, die sich im kommenden Jahr noch verdoppeln sollte.[69]

Der für die Umerziehung verantwortliche Political Warfare Executive erweiterte und intensivierte das bestehende Angebot an Vorträgen, Lesematerial und Lernmöglichkeiten. Man sprach auch schon seit längerem von der Schaffung eines „special training centre". Einer der Mitarbeiter des P.W.E. hatte bereits 1943 einen Plan entworfen, demzufolge einer ausgewählten Anzahl deutscher Kriegsgefangener ein Sonderlehrgang über Demokratie angeboten werden sollte. Vater der Idee war Heinz Koeppler, ein Preuße, der 1933 zum Studium der mittelalterlichen Geschichte nach England gekommen und nie nach Hause zurückgekehrt war. Koeppler, der seine schlagkräftigen Argumente in akzentuiertem Englisch vortrug, war schon durch seinen Körperbau nicht zu übersehen. Als die Entscheidung für die Schaffung eines Umerziehungsprogramms fiel, wählte man ihn für die Leitung aus. Erklärte Absicht des Programms war, „den britischen Lebensstil widerzuspiegeln, eine objektive Ansicht über die sozialen und politischen Entwicklungen der letzten achtzig Jahre in Deutschland zu geben sowie die Beziehungen zwischen den einzelnen Menschen und dem Staat im richtigen Verhältnis zu sehen".[70] Man war voller Hoffnung, diese lobenswerten Ziele mit den deutschen Kriegsgefangenen im Lager 300, Wilton Park, Beaconsfield, ab Januar 1946 zu erreichen.

Geeint durch den Willen, den Nationalsozialismus zu zerstören, hatten die drei größten Alliierten des Zweiten Weltkrieges trotz grundlegender Unterschiede in der politischen Philosophie zusammengearbeitet. Jetzt aber hatte jeder von ihnen die einmalige Chance, Tausende feindlicher Kriegsgefangener, die - und davon ging man aus - etwas von den Siegern lernen wollten, auf ihre Rückkehr in die Heimat vorzubereiten. Was sollte man ihnen beibringen? Wie sah es mit den Gefangenen selbst, mit ihren Einstellungen und Erfahrungen aus? Womit könnte man einige überzeugen, andere wiederum nicht? Waren die Programme eine Vorbereitung für den Frieden oder ideologische Kriegführung?

2.
Die Umerzieher

Alois H., der in Frankfurt am Main lebt, hat noch eine sehr lebendige Erinnerung an seine Zeit als Kriegsgefangener in Amerika im Jahr 1945. Herr H., der nach einer langen und verdienstvollen Karriere im Erziehungswesen schon lange pensioniert ist, erinnert sich noch sehr gut an einen seiner alten Lehrer aus dem Umerziehungskurs in Fort Getty, Rhode Island:

> „Ich habe ihn in guter Erinnerung: groß, rotblondes Haar, kein trockener Professor, sondern ein Lehrer, der wirkungsvoll, eindringlich und mit viel Humor sprach; wir freuten uns immer auf seine Stunden. In meiner Bücherei habe ich noch ein in Fort Getty gekauftes Buch mit dem Titel: ‚The Promise of America', Verfasser ist T.V. Smith."[1]

Wer waren diese engagierten Menschen, die in den Vereinigten Staaten, Großbritannien und Rußland den Unterricht in politischer Bildung für ihre deutschen Kriegsgefangenen entwickelten, leiteten und durchführten?

Abgesehen von der Organisation eines Programms und der Lehrtätigkeit selbst hatten die Lehrenden und ihre Einrichtungen in Amerika und England nur wenig Gemeinsamkeiten mit ihren Kollegen in Rußland. Das an den amerikanischen und englischen Programmen beteiligte Verwaltungspersonal und die Lehrkräfte waren hauptsächlich professionelle Pädagogen. Oft handelte es sich sogar um Universitätsprofessoren für Geschichte, politische Wissenschaften, Literatur und Linguistik. Als solide Vertreter der gebildeten, wohlerzogenen Mittelklasse, für die Erziehung und Bildung die Grundlage einer aufgeklärten Demokratie war, hätten sie mit Entrüstung auf Anschuldigungen reagiert, sie würden ihr Wissen und Talent zu Propagandazwecken einsetzen.

Im Vergleich dazu stellen die Lehrer und Leiter der Antifa-Schulen in Rußland einen interessanten Gegensatz dar. Kriterien für die Einstellung waren nicht vorrangig konventionelle pädagogische Referenzen oder Erfahrungen in einem akademischen Fach, sondern eine eindeutige Überzeugung von der kommunistischen Sache und wie auch immer erlangte Kenntnisse des Marxismus-Leninismus.

In einer Umgebung, die großen Wert auf eine Herkunft aus der Arbeiterklasse legte, schnitten die kommunistischen deutschen Emigranten gut ab, da es sich normalerweise um Frauen und Männer aus der Arbeiterschaft handelte, die kommunistische Parteifunktionäre geworden waren. Während ihres Werdegangs hatten sie vielleicht eine kommunistische Schule, unter Umständen sogar in Moskau, besucht und ihr übriges Wissen im Selbststudium erlangt. Fast ohne Ausnahme hatten sie viele persönliche Härten ertragen und ihr Leben wegen ihrer Anhängerschaft zum Kommunismus in Gefahr gebracht. Während die amerikanischen und englischen Pädagogen sich auf eine Rückkehr in ihr normales Berufsleben als Zivilisten freuten, träumten die deutschen Emigranten in Rußland von politischer Führung in einem neuen, kommunistischen Deutschland.

Einen zusätzlichen Vertrauensfaktor brachte die Tatsache, daß das Lehrpersonal an fast allen Antifa-Schulen Deutsche waren; es handelte sich um deutsche Emigranten, die die sowjetische Staatsbürgerschaft angenommen hatten, oder um deutsche Kriegsgefangene, die sich jetzt zum Kommunismus bekannten. Von den drei Mächten waren es die Vereinigten Staaten, die für ihre Special Projects die wenigsten deutschstämmigen Lehrer verwandten. Im britischen Wilton Park Programm wurden ziemlich viele deutschstämmige britische Bürger eingesetzt, einige sogar in Schlüsselpositionen mit Entscheidungsbefugnis. Weder das amerikanische noch das britische Programm gaben vor, mehr zu sein als pädagogische Experimente, die die Absicht der westlichen Alliierten unterstützen wollten, einen friedlichen, demokratischen Staat im Nachkriegsdeutschland zu errichten.

Die Hauptunterrichtssprache in den amerikanischen und britischen Schulen war Englisch, wobei die Mehrheit der Lehrer kein gutes Deutsch sprach, was sich als offensichtlicher Nachteil erwies. Ein intensiver Einsatz von Dolmetschern war erforderlich, wodurch die deutschen Kriegsgefangenen, die nicht viel Englisch verstanden, viel mehr Kontakt mit dem Dolmetscher als mit dem eigentlichen Lehrer hatten. Diese Dolmetscher waren überwiegend deutsche Juden, die vor dem Nationalsozialismus geflohen waren. Diese Tatsache rief zwar manchmal negative Reaktionen bei den deutschen Kriegsgefangenen hervor, es gab aber ebenso viele positive Äußerungen. Ein Hauptverwalter in Wilton Park, Colonel Henry Faulk, schrieb:

„Aus der Tatsache, daß diese Männer jüdische deutsche Flüchtlinge waren, schlossen die Kriegsgefangenen, daß sie nichts zu gewinnen hatten und daher aufrichtig waren. Im ganzen Verlauf der Gefangenschaft hat niemand vom britischen Personal, trotz allen Respekts, diese warmherzige Zuneigung erfahren, die diesen Männern entgegengebracht wurde."[2]

Anders sah es bei den deutschen Kriegsgefangenen in den russischen Antifa-Schulen aus. Die russische Sprache war für sie sehr viel schwieriger zu lernen, und trotz langer Gefangenschaft schafften es nur wenige, fließend russisch zu sprechen. Hinzu kam, daß die Vorträge und Debatten auf deutsch und meistens von Deutschen geführt wurden, und somit gab es für die Kriegsgefangenen nur wenig Anreiz, russisch zu lernen. Außerdem zielten alle Propagandakampagnen der Russen auf ein deutsches Publikum ab. Die Propagandaarbeit war eindeutig eine wichtige Aufgabe in der Verantwortung des NKFD, mit der weder Wilton Park noch die Special Projects etwas zu tun hatten. Zusätzlich zu ihren Lehraufgaben beteiligten sich eine Reihe von NKFD- und BDO-Mitgliedern an psychologischer Kriegführung: Sie halfen nicht nur bei der Vorbereitung von Propagandadokumenten und -rundfunksendungen, sondern waren auch an der Front aktiv, um ihre Botschaft zu übermitteln.

Die Auswahl der Schüler war strenger als im Westen, da die Lehrpläne der Antifa-Schulen ein Abweichen von den festgesetzten Normen unmöglich machten: „[...] im geschlossenen sowjetischen System war für Andersdenkende kein Platz."[3] Die Amerikaner und Briten setzten einen Schwerpunkt auf unabhängiges Denken und ließen absichtlich auch Schüler mit anderen politischen Ansichten und sogar Kommunisten zu. Ein Schüler der Special Projects schrieb, daß sie selbst die Themen für den Unterricht vorschlugen. Die Lehrer hätten alle Fragen für eine Diskussion zugelassen und wären keiner ausgewichen. Dabei hätten sie immer darauf bestanden, daß die Schüler ihre Meinung, selbst zu den kontroversesten Themen, offen äußern. Es wurde nie der Versuch unternommen, ihre Meinung zu ändern oder eine einzige Position als die allein gültige Antwort vorzubringen.[4]

Am Eröffnungstag des Unterrichts in Wilton Park sprach Major General Kenneth Strong die Teilnehmer der deutschen Kriegsgefangenen in ihrer Muttersprache an.* Er betonte die Tatsache, daß der Wieder-

---

* A.d.Ü.: Laut Auskunft des Bundesarchivs-Militärarchivs in Freiburg liegt dort die deutsche Originalfassung der Ansprache nicht mehr vor. Bei allen folgenden Zitaten aus dieser Rede handelt es sich um eine Rückübersetzung der dort archivierten englischen Übersetzung.

aufbau Deutschlands auf der Grundlage von deutschen Ideen und Institutionen erfolgen müsse, eine Aussage, die viele seiner Zuhörer beeindruckt haben muß. Daraus könnte man schließen, daß die anglo-amerikanische Aufforderung zum liberalen Denken zu einem besseren Verhältnis zwischen Lehrern und Schülern führen würde; doch hier verfügten die Antifa-Lehrer über gewisse andere Vorteile. In einem Bericht des britischen Nachrichtendienstes über die Antifa-Schulen wird vermerkt:

> „Die Lehrenden sind fast alle Opfer des Nationalsozialismus, politische Flüchtlinge in Rußland mit sehr strengen Ansichten über internationale und deutsche Politik. Sie haben zu ihren Schülern ein sehr kameradschaftliches Verhältnis, sehen ihre Arbeit als Erfüllung eines Sendungsbewußtseins und lenken die Gespräche, ob innerhalb oder außerhalb des Klassenraums, immer auf die Politik."[5]

Hinzu kam, daß in Rußland Wehrmachtsangehörige in Uniform, darunter einige hochrangige Offiziere, zeitweise als Lehrkraft auftraten. Dies hörte mit Ende des Krieges auf, obwohl einige rangniedrigere Offiziere, die Antifa-Absolventen waren, noch einige Zeit tätig blieben.[6]

Eine wesentliche Rolle in diesem Prozeß spielten die deutschen Emigranten, da sie, im Gegensatz zum BDO, eine Schlüsselrolle in Stalins Nachkriegsplanung für Deutschland spielten. Sie waren fest davon überzeugt, daß sie nach dem Krieg in der deutschen Politik führende Positionen übernehmen würden. Hatten doch die Russen sie immer zu einem Gruppenbewußtsein ermutigt, auch in den Zeiten, in denen Rußland selbst ums Überleben kämpfen mußte. Verstärkend hinzu kamen ihre Lebensumstände: Während ihres Aufenthalts in Moskau schliefen, aßen und arbeiteten sie alle unter dem gleichen Hoteldach.

Das Hotel Lux, das für fast ein Vierteljahrhundert als Moskauer Zentrale der Komintern (Kommunistische Internationale) gedient hatte, befand sich in der Gorkistraße Nr. 10. Das sechsstöckige Gebäude aus dem 19. Jahrhundert hatte sogar für sechshundert Gäste Platz. Es war aber kein gewöhnliches Hotel:

> „Das Lux war ein konspiratives Hotel, konspirativ nach innen und nach außen - ein Geheimnisträger. Keine Gästeliste, keine Totenliste gibt darüber Auskunft wer jemals darin gewohnt hat."[7]

Es war eine in sich abgeschlossene Welt von Menschen, die keine individuelle Identität benötigten, da sie alle die gleiche Geisteshaltung hatten. Der berühmteste deutsche Gast war Wilhelm Pieck, der seit 1918 Mitglied der kommunistischen Partei war. Als Freund und Kollege von Rosa Luxemburg und Karl Liebknecht war Pieck mit siebenundsechzig Jahren beinahe schon eine Legende. Pieck hatte als ehemaliger Reichstagsabgeordneter Deutschland sofort nach Hitlers Machtergreifung verlassen und sich bald darauf in der Sowjetunion niedergelassen, wo er mit seiner Frau das „Lux" bewohnte.

Der alternde Kommunist spielte bei der Konzeption und Entwicklung des NKFD eine wichtige Rolle und war für die Russen außerordentlich wertvoll, da er die Kontaktaufnahme mit den gefangenen deutschen Offizieren erleichterte. Er war bei den älteren Offizieren sehr bekannt und genoß als inoffizieller Führer der deutschen Emigranten in Moskau ein gewisses Prestige. Seine Position als Sekretär des NKFD war irreführend, da er einen viel größeren Einfluß auf die Organisation hatte, als dieser Titel ahnen ließ. Diese Tatsache läßt sich eindeutig aus zahlreichen Photographien von NKFD-Konferenzen und Versammlungen mit dem BDO ableiten, bei denen Piecks rundliche Figur mit dem freundlichen Gesicht und den weißen Haaren immer im Mittelpunkt steht. Er flößte viel mehr Respekt ein als der gewählte Präsident Erich Weinert, dennoch bevorzugte Pieck diesen weniger auffälligen Posten, von dem aus er die Fäden aus dem Hintergrund ziehen konnte.

Die Wahl Erich Weinerts zum Präsidenten war außergewöhnlich, da er nicht als ernsthafter politischer Führer angesehen wurde. Gutaussehend, mit langen, lockigen Haaren war er wahrscheinlich der photogenste von allen: das perfekte Bild eines Dichters und Lehrers. In kommunistischen Kreisen war er nicht unbekannt; ein Gedicht von ihm hatte im spanischen Bürgerkrieg als Vorlage für das „Lied der Internationalen Brigaden" gedient und war von Hunderttausenden gesungen und gehört worden. Nach seinem Dienst in der deutschen Armee im Ersten Weltkrieg verdiente Weinert sich durch Unterrichten und Rezitieren seiner Gedichte in Kabaretts einen bescheidenen Lebensunterhalt. Nachdem er der kommunistischen Partei beigetreten war, setzte er seine kreative Energie für die Parteipolitik ein. Wie seine anderen kommunistischen Parteigenossen in Moskau hatte Weinert nach der Machtergreifung der Nazis das Exil dem Gefängnis oder Tod vorgezogen und einige Jahre in Frankreich und Spanien verbracht, bevor er im Hotel „Lux" unterkam. Als Präsident des

NKFD wurde er prominent. Sein Name und sein Bild erschienen bald in den westlichen Medien, und er arbeitete ziemlich eng mit Walter Ulbricht an verschiedenen Propagandaprojekten, u.a. Rundfunkübertragungen an der Front, zusammen.[8]

Nach Aussagen eines Mitarbeiters von Weinert, der ihm eine propagandawirksame Ausstrahlung nachsagte, war es eine Entscheidung der Russen, ihn zum Präsidenten des NKFD zu machen:

> „Er verbindet eine gewisse, für die untere Mittelschicht typische Jovialität mit einer fanatischen Ergebenheit zur Sowjetunion. Ihm fällt dies alles um so leichter, da er - wie aus Gesprächen mit ihm klar wird - eher im Reich der poetischen Phantasie und der kommunistischen Ideale zu Hause ist als in der realen Welt."[9]

Die eigentliche treibende Kraft des NKFD war Walter Ulbricht, der auch im Mittelpunkt der pädagogischen Aktivitäten stand. Niemand, der ihn gekannt oder mit ihm gearbeitet hat, beschreibt ihn als bemerkenswerte Persönlichkeit, im Gegenteil, die meisten charakterisieren ihn als unsympathisch. Es entsteht das Bild eines humorlosen und ehrgeizigen Mannes, der in seiner Ergebenheit zum Kommunismus unermüdlich war. Wie Pieck hatte auch er für die deutsche kommunistische Partei seinen Beitrag geleistet, und das sollte auch jeder wissen. Ruth von Mayenburg, eine Bewohnerin des „Lux" und aktiv im NKFD, sagte, daß Ulbricht und seine Frau Lotte bei den anderen Bewohnern nicht beliebt waren und man sich über sie lustig machte.[10] Dieser Mensch hatte wirklich überhaupt keine Führungsqualitäten: er besaß weder Charme und Feingefühl noch wirkliche Intelligenz. Ulbricht war nicht in der Lage, eine logische Argumentation zu führen - ein wirkliches Manko für einen wahren Kommunisten. Seine einzige Ausdrucksmöglichkeit bestand im „ständigen Herunterbeten der kommunistischen Grundsätze", wie es ein intimer Mitarbeiter formulierte.[11]

Trotz alledem hatte er nicht nur da Erfolg, wo weitaus fähigere Persönlichkeiten scheiterten; es gelang ihm sogar, seinen Traum von einem kommunistischen deutschen Nachkriegsstaat mit ihm selbst in zentraler Machtposition zu verwirklichen. Was war das Geheimnis hinter diesem erstaunlichen Erfolg? Ist die Antwort im Kommunismus selbst zu suchen, in dem sture, farblose Bürokraten mit totaler Ergebenheit für die Sache nützlicher sind als jemand mit viel besseren Qualifikationen, der unbequeme Fragen stellt?

Es sieht so aus, als ob Ulbricht einige seiner Schwachpunkte, besonders im Bereich Öffentlichkeitsarbeit, wohl kannte. Er überließ die meisten Termine zum Photographieren oder Händeschütteln anderen und konzentrierte sich auf seine eigentliche Stärke, die Organisation. In einer seiner Biographien heißt es, daß er „die Maschine [NKFD] in Gang hielt, während die verbindlicheren Pieck, Weinert, die anderen kommunistischen Schriftsteller und mehrere Funktionäre hart daran arbeiteten, gute Beziehungen zu den Offizieren aufzubauen".[12]

Trotz seiner Unbeliebtheit hatte Ulbricht dennoch seine Anhänger unter den deutschen Emigranten, besonders bei denjenigen, die das NKFD-Manifest unterzeichnet hatten und bei Propagandaaktionen und in den Antifa-Schulen halfen. Einige dieser Personen sind wegen ihrer Beiträge zur allgemeinen Ausrichtung des von den Russen geförderten Umerziehungsprogramms erwähnenswert. Eine Schlüsselfigur in der Umgebung Ulbrichts war Anton Ackermann, der den ehemaligen Reichstagsabgeordneten zwar persönlich nicht mochte, aber alle Meinungsverschiedenheit bis nach dem Krieg zurückstellte. Der dünne, schmächtige Ackermann wurde für seinen scharfen Verstand und seine Bescheidenheit bewundert, auch besaß er solide kommunistische Referenzen. Ackermann, der von Geburt her Eugen Hanisch hieß, war jünger als Ulbricht und war der KPD nach dem Ersten Weltkrieg beigetreten, wo er bald zum politischen Direktor aufstieg. 1928 wurde er von der Partei zum Besuch der Lenin-Schule in Moskau ausgewählt. Wie viele der anderen Exildeutschen hatte er im spanischen Bürgerkrieg gekämpft und konnte als bekannter Kommunist nicht nach Deutschland zurückkehren. Schließlich ließ er sich in der deutschen Kolonie im „Lux" nieder und wurde Direktor des Propaganda-Radiosenders „Freies Deutschland".

Der Radiosender gehörte zu einer Propagandaeinheit, die unter dem Namen „Institut Nr. 99" bekannt und im gleichen Gebäude wie das NKFD in der Nähe des Arbat-Platzes in Moskau untergebracht war. Das Gebäude war völlig unscheinbar, es sah einer Beschreibung zufolge fast verlassen aus: „Sollte wirklich hier das so groß angekündigte Nationalkomitee Freies Deutschland sein?", fragte sich ein Mitarbeiter Ackermanns, als er es zum ersten Mal sah.

„Zweifelnd stieg ich die Treppe hinauf. Nirgends ein Hinweis - weder Namensschilder von Bewohnern noch von Dienststellen. In der vierten Etage stand eine Tür weit offen. Unmittelbar hinter dem Eingang saß ein junger sowjetischer Offizier an einem Tisch.

‚Wohin wollen Sie, Genosse?', fragte er mich auf russisch. Ich stockte etwas. ‚Eigentlich suche ich das Nationalkomitee Freies Deutschland', sagte ich zögernd. ‚Kommen Sie herein, das ist hier'".[13]

Zu dieser Zeit lebte und arbeitete ein Teil der NKFD-Mitarbeiter in Moskau, von wo aus sie Besuche zu den Kriegsgefangenenlagern und an die Front unternahmen, während andere, einschließlich der BDO-Mitarbeiter, ungefähr 35 Kilometer entfernt in Lunjowo residierten.

Unter Ackermanns Leitung folgten die täglichen „Freies Deutschland"-Rundfunksendungen einem festgelegten Muster. Eröffnungsmelodie war „Der Gott, der Eisen wachsen ließ", dann folgte: „Achtung, Achtung, hier ist der Radiosender des Nationalkomitees Freies Deutschland! Wir sprechen im Namen des deutschen Volkes und rufen zur Rettung der Nation auf". Anschließend folgte ein Nachrichtenüberblick mit militärischen Kommentaren zum Kriegsverlauf. Oft wurden auch freiwillige deutsche Kriegsgefangene aus den nahegelegenen Lagern zur Radiostation gebracht, um einen Appell an ihre noch gegen die Rote Armee kämpfenden Kameraden zu richten, die Waffen niederzulegen und sich zu ergeben. Ein Teil dieses Materials wurde von Ackermann zusammengestellt, der auch viele der Hauptkommentare schrieb.[14]

Eine weitere Persönlichkeit, die dem NKFD ein gewisses intellektuelles Gewicht verlieh, war Johannes R. Becher, Schriftsteller und einer der Gründer der KPD. Becher war ein sehr gebildeter Mann, er hatte in München vor dem Ersten Weltkrieg Geschichte, Medizin und Philosophie studiert und mehrere Bücher geschrieben. Für eine gewisse Zeit war er offizieller Parteidichter und Präsident einer Vereinigung der deutschen Schriftsteller der proletarischen Revolution. Im Jahr 1933 hatte er Deutschland verlassen und einige westeuropäische Länder bereist, bevor er sich in Moskau niederließ. Er wurde Herausgeber einer fremdsprachigen Zeitschrift und zog im Hotel Lux ein. Er glaubte nicht so optimistisch an die Zukunft Deutschlands wie einige seiner Nachbarn und beging sogar einen Selbstmordversuch. Er überlebte und sollte dem Kommunismus noch herausragende Dienste leisten.[15]

Neben Weinert und Becher ist noch ein dritter Schriftsteller und Unterzeichner des NKFD-Manifests erwähnenswert: Willi Bredel. Bredel, der aus einer Erzählung von Jack London stammen könnte, hatte sich, bevor er zur Schriftstellerei kam, in einer Reihe von Berufen, darunter auch der Seefahrt, versucht. Als er mit dem Gesetz in Konflikt geriet und zwei Jahre ins Gefängnis mußte, nutzte er die Zeit zum Schreiben seines ersten Romans, der später veröffentlicht wurde. Zeitgleich mit dem Ende der Weimarer Republik wurde Bredel, der bereits KPD-Mitglied war, aus dem Gefängnis entlassen und suchte eine sichere Zuflucht in der Tschechoslowakei, wo er mit der Arbeit an einer Studie über die neuen Konzentrationslager der Nazis begann. Auch er ging dann den üblichen Weg: Er kämpfte als Freiwilliger im spanischen Bürgerkrieg, bevor er nach Moskau ins Hotel Lux zog. Später arbeitete er eng zusammen mit Ulbricht und Weinert bei der Propagandaarbeit an der Front mit. Als er Antifa-Schülern Unterricht erteilte, hatte er eine für ihn sehr erfreuliche Begegnung mit seinem ehemaligen Gefängnisvorsteher aus Deutschland, der jetzt russischer Kriegsgefangener war.[16]

Einer der deutschen Emigranten, der sich als große Hilfe bei der ersten Kontaktaufnahme zu gefangenen deutschen Offizieren erwies, war Wilhelm Zaisser. Obwohl Zaisser nicht zur Gründungsgruppe des NKFD gehörte, wurde er einer der besten Antifa-Lehrer. Nach seinem Kriegsdienst als Offizier im Ersten Weltkrieg war er in den zwanziger Jahren der KPD beigetreten. Nach dem Besuch von Militärlehrgängen in Moskau und einer Chinareise tauchte Zaisser in Spanien unter dem Pseudonym „General Gomez" auf. Dort diente er im Bürgerkrieg als Stabschef der Internationalen Brigaden. Während des Zweiten Weltkriegs kümmerte er sich intensiv um die Umerziehung der deutschen Kriegsgefangenen im Lager Krasnogorsk in der Nähe von Moskau. Dort entstand eine der wichtigsten Antifa-Schulen, die die Auflösung von NKFD und BDO lange überleben sollte. Einsiedel, einer von Zaissers Schülern, war von ihm sehr beeindruckt:

> „Er gehört zu den Kommunisten, die [...] immer noch eine Vorstellung davon haben, wie Andere leben und denken, die nicht dem starren Dogmatismus verfallen sind und mit denen man offen und kritisch reden kann, ohne das Gefühl zu haben, daß man bei der kleinsten Abweichung als ‚Feind' eingestuft und dem NKFD gemeldet wird."[17]

Das war in den Antifa-Schulen jedoch nicht an der Tagesordnung, und selbst Zaisser führte Debatten im Unterricht so, daß kein Zweifel über die zu lernende Lektion aufkam. Einsiedel erinnert sich an eine Diskussion unter den Kursteilnehmern, bei der die Tapferkeit der Roten Armee mit der deutschen Wehrmacht verglichen wurde. Die meisten sprachen sich für die Russen aus, was dem jungen deutschen Flieger zu einseitig war und Widerspruch hervorrief:

„Zaisser schrie mich fast an: ‚Das ist Rassismus, eine Beleidigung der Sowjets.‘ Natürlich kann er nicht anders reagieren.“[18]

Zaisser und viele Gleichgesinnte brachten den Tausenden von deutschen Kriegsgefangenen die Grundlagen des Marxismus-Leninismus bei; sie entwarfen die Lehrpläne, gaben Unterricht und bildeten zusätzliche Lehrer für die gleiche Arbeit aus. Am Anfang spielte der BDO eine wesentliche Rolle bei der Werbung um Unterstützung für Ulbricht. Es ist zweifelhaft, ob es dem NKFD und den Antifa-Schulen ohne diese Hilfe gelungen wäre, deutsche Kriegsgefangene so einfach für eine Beteiligung an ihren Programmen zu gewinnen. Hierin liegt der größte Unterschied zum amerikanischen und britischen Umerziehungsprogramm. Den Mannschaftsdienstgraden unter den deutschen Kriegsgefangenen das Bild der gefangenen, hochrangigen deutschen Offiziere als Hitlergegner zu verkaufen war eine brillante Idee, die sich als außerordentlich erfolgreich erwies.

Zu keiner Zeit weckten die Amerikaner oder die Briten in ihren jeweiligen Programmen die falsche Hoffnung, daß das deutsche Offizierskorps unter alliierter Besatzung intakt bleiben könnte.

Diese Unterschiede betonen nur die Tatsache, daß Umerziehung für die Russen einfach eine weitere Waffe im Krieg zur Verbreitung der kommunistischen Herrschaft war, in dem sie jeden greifbaren Vorteil ausnutzten. Die beiden westlichen Alliierten brauchten lange, um dies zu verstehen, sie hatten jedoch den Nachteil, ihre Programme später begonnen zu haben. Zum Beispiel konnten die Special Projects und Wilton Park, da sie ihre Arbeit erst fast bei Kriegsende und nach dem Krieg aufnahmen, keine entscheidenden Punkte aus dem Krieg gegen Deutschland als aktuelle Ereignisse in den Unterricht aufnehmen. Viele dieser Ereignisse hatten einen großen Einfluß auf die deutschen Kriegsgefangenen und konnten, wenn man richtig damit umging, zum Vorteil der Alliierten ausgenutzt werden. Ein typisches Beispiel ist die Schlacht um Stalingrad, deren Bedeutung für die Einschätzung des Erfolgs des NKFD gar nicht überbewertet werden kann.

Stalingrad stellte einen bedeutenden Wendepunkt des Krieges dar: Weniger als 95.000 Offiziere und Soldaten blieben von der einst so mächtigen 6. deutschen Armee übrig. Sowohl den Russen als auch den Deutschen, die um diese Stadt an der Wolga gekämpft hatten, wird Stalingrad für immer gleichbedeutend sein mit einem totalen Opfer, daß man für sein Land brachte. Weinert hinterließ ein sachliches Bild der deutschen Kapitulation, so wie er sie beobachtet hatte:

„Von allen Seiten kommen Ströme von Gefangenen zusammen, humpelnde, schlurfende, in Lumpen gehüllte Kreaturen."[19]

Nach einigen Monaten Gefangenschaft waren sechs der zweiundzwanzig bei Stalingrad gefangengenommenen Generäle überzeugt worden, die Leitung des BDO zu übernehmen und eng mit dem NKFD zusammenzuarbeiten. Weitere Generäle sollten folgen, schließlich sogar der ehemalige Befehlshaber der 6. Armee, Generalfeldmarschall Friedrich Paulus persönlich. Die Unterstützung, die diese militärischen Führer, manchmal auch indirekt, dem von den Russen geführten Kreuzzug gegen die Nazis gewährten, hatte einen nicht zu unterschätzenden Wert für die Umerziehungsbewegung unter den deutschen Kriegsgefangenen.

Die Briten und Amerikaner waren entschlossen, die historische Bedeutung des Einflusses des deutschen Offizierskorps auf das Leben der Deutschen zu ignorieren und es als Institution in der Nachkriegszeit abzuschaffen. Ein Einsatz der gefangenen Generäle wie in Rußland war somit von vornherein ausgeschlossen. Selbst wenn man es anders gewollt hätte, es gab im Westen kein Gegenstück zu Stalingrad, wodurch eine Reihe deutscher Generäle einen Grund zur Entwicklung einer gegen Hitler gerichteten Kampagne gefunden hätten. Sie konnten sich auch nicht mit den Verschwörern identifizieren, die im Juli 1944 das Attentat auf Hitler versucht hatten, und mögliche Vorwürfe wegen Verrats zurückweisen.

Der Beitritt Friedrich Paulus', des einsamen deutschen Feldmarschalls, zum BDO war ein gelungener Propagandacoup für Rußland, dennoch entwickelte er sich nicht wie General Seydlitz zu einer treibenden Kraft, um eine Anti-Hitler-Stimmung unter den deutschen Kriegsgefangenen zu schüren. Paulus kam nicht aus einer Familie mit militärischer Tradition. Er war der Armee erst beigetreten, nachdem es ihm nicht gelungen war, eine Anstellung bei der Marine zu erlangen. Nach der Niederlage von 1918 blieb er in der Reichswehr und begann den langsamen Aufstieg auf der Karriereleiter, der typisch für die Laufbahn so vieler Offiziere zwischen den Weltkriegen war. Während er in einer MG-Schützenkompanie Dienst tat, sagte man über Paulus, er sei besser für Stabsarbeit geeignet als für den Dienst bei der Truppe.[20] Vielleicht war dies der schnellere Weg zur Beförderung, denn schon 1939 war er ein hochrangiger Offizier und eng an den Vorbereitungen für einen Überraschungsangriff auf die Sowjetunion, der

„Operation Barbarossa" beteiligt. Mehrere Monate nach dem Angriff im Juni 1941 übernahm er den Befehl über die 6. deutsche Armee, die er in die Schlacht um Stalingrad - und ins Verderben - führte.

Seydlitz und die anderen Generäle entschieden sich ziemlich schnell nach ihrer Gefangennahme, mit Hitler zu brechen und den BDO zu gründen - nicht so Paulus. Er verdankte seine erfolgreiche militärische Laufbahn und seinen Ruf vor allem der Kriegspolitik Hitlers und hatte das Gefühl, ihn nicht verraten zu können. Gleichzeitig kämpfte er mit der tiefen Schmach und Schande von Stalingrad, eine Erfahrung, an der er zerbrochen war. Der russische Marschall Konstantin Rokossovsky, dem sich die Deutschen ergaben, beschrieb den Zustand Paulus bei seiner Begegnung wie folgt:

> „Wir sahen einen großen, dünnen, drahtigen Mann, der in der Felduniform eines Generals vor uns stand. Sein Verhalten verriet eine große Anspannung, die er nicht verbergen konnte. Sein Gesicht wurde von einem nervösen Zucken verzerrt [...] Ich forderte Paulus mit einer stillen Geste auf, sich an den Tisch zu setzen. Er schaute nach rechts und links, bevor er schüchtern Platz nahm [...]. [Er] trank ein Glas starken, heißen Tee, aber wegen seines fiebrigen Zustands hörten das Zucken seines Gesichts und das Zittern seiner Hände nicht auf. Während unseres ganzen Gesprächs war er nicht in der Lage, sich unter Kontrolle zu bringen."[21]

Auch seine Untergebenen teilten diesen Eindruck eines gebrochenen Mannes, den man über seine Grenzen hinaus gefordert hatte. Besonders schockierend war dieses Bild für diejenigen, die ihn nur als siegreichen Panzergeneral gekannt hatten. Einer seiner Stabsoffiziere erinnert sich an Paulus kurz vor der Kapitulation, als der Feldmarschall völlig regungslos im Schnee stand und in die Ferne starrte. Er trug einen Armeemantel, allerdings ohne Rangabzeichen, und sein graues, verkniffenes Gesicht zuckte unkontrolliert.[22] Er wußte, daß er jetzt und für immer die Last tragen müsse, daß er sich trotz des verzweifelten Drängens der anderen Offiziere zu einem gerade noch rechtzeitigen Rückzug dafür entschieden hatte, dem verrückten Befehl Hitlers zum Bleiben und Kämpfen zu gehorchen. Während die deutschen Offiziere und Soldaten, die das blutige Schlachten überlebt hatten, die Erinnerung als bitteres Zeichen ihres Mutes mit sich trugen, konnte Paulus nur als Führer gelten, der seine Männer dem Verderben ausgeliefert hatte. Seydlitz und die anderen, die auf Rückzug gedrängt hatten, konnten jetzt mit gutem Gewissen eine blinde Gefolgschaft

Hitlers verurteilen und ihre Männer zur gleichen Haltung auffordern, während Paulus sich im Stillen seiner Ernüchterung hingeben mußte.

Erst im zweiten Jahr seiner Gefangenschaft entschied sich der Feldmarschall, seine sich selbst auferlegte Isolation aufzugeben und stimmte zu, dem BDO beizutreten und das NKFD zu unterstützen. Seine Entscheidung wurde kurz nach dem versuchten Attentat auf Hitler am 20. Juli 1944 im Rundfunk übertragen. Es gab eine offensichtliche Verbindung zur Nachricht, daß Paulus' Freund, Feldmarschall Erich von Witzleben, wegen Mittäterschaft an der Verschwörung hingerichtet worden war. Paulus hatte seine Erklärung, die vom Sender Freies Deutschland übertragen wurde, vorher aufgezeichnet. Nach einer kurzen Einleitung zur Identifizierung des Feldmarschalls beschrieb dieser die militärische Lage Deutschlands als hoffnungslos. Er lobte den Mut der Wehrmacht und des deutschen Volkes und warnte gleichzeitig vor schrecklichen Folgen, wenn sie Hitler nicht absetzten und eine neue Regierung schüfen.[23]

Paulus' Umschwung war eine große Neuigkeit, obwohl bis zu diesem Zeitpunkt bereits fünfzig Generäle dem BDO beigetreten waren. Pieck kam persönlich aus Moskau angereist, um die Arbeit des NKFD und „unseren Freund - Herrn Paulus", der einen Gesinnungswandel durchlebt hatte, mit Lob zu überschütten.[24] Jetzt bestand kein Zweifel mehr, daß der sowjetische Diktator mit Persönlichkeiten wie Pieck, Ulbricht, Seydlitz und Paulus eine hervorragende Grundlage für die von ihm beabsichtigte Einführung des Kommunismus im Nachkriegsdeutschland geschaffen hatte.

Während die Russen ihren Einfluß auf das deutsche Bewußtsein mit den Kursen der Antifa-Schulen verstärkten, fingen die Amerikaner gerade an, einige der Hürden, die den Beginn der Special Projects behinderten, aus dem Weg zu räumen. Der erste Schritt bestand in der Auswahl des erforderlichen Personals und eines geeigneten Schulungsortes.

Es zeigte sich sofort, daß es viel zu wenige deutschsprechende US-Bürger in der Armee gab. Angesichts der Tatsache, daß die Berufsoffiziere der US-Armee nicht unbedingt eine akademische Ausbildung benötigten, war es für die Special Projects ein glücklicher Umstand, daß durch den Krieg eine Reihe von Berufspädagogen ihren Wehrdienst versahen.[25]

Edward Davison, ein in Großbritannien geborener Dichter und Lehrer, wurde im September 1944 zum Leiter der Special Projects Division ernannt, eine Einheit die in der offiziellen Korrespondenz mit den kryptischen Buchstaben POWSPD (Prisoner of War, Special Projects Division) bezeichnet wurde. Davison, ein Major, der in der Abteilung für Kampfmoral an der Vorbereitung von Material für die deutschen Kriegsgefangenen gearbeitet hatte, wurde zum Lieutenant Colonel befördert. Während seiner Arbeit in der Abteilung für Kampfmoral hatte Davison ungefähr zeitgleich mit Überlegungen des Stabschefs zu einem Programm einen Plan für die Umerziehung deutscher Kriegsgefangener erarbeitet. Nach Prüfung seines Planes wurde Davison zum Leiter ernannt. Später schrieb Davisons Sohn in einem Buch über seine Familie:

> „Am Ende des Krieges befand sich mein Vater in einem Zustand fast völliger Erschöpfung, dennoch blieb er noch einige Monate in der Armee, um seine militärische Aufgabe, die Umerziehung und Umschulung der [...] deutschen Kriegsgefangenen abzuschließen und sie auf Aufgaben in einer mutmaßlichen deutschen Demokratie vorzubereiten."[26]

Die Aufgabe erwies sich als schwierig, und Davison mußte ständig Hindernisse gegen die Ausübung seiner Aufgabe aus dem Weg räumen. Obwohl das Programm von höchster Ebene offiziell genehmigt worden war, waren viele der unteren Dienstgrade, mit denen er es zu tun hatte, dagegen. Die meisten Offiziere, die als Kommandanten der Lager für deutsche Kriegsgefangene dienten, begegneten einem Umerziehungsplan mit reiner Verachtung. Der niedrige Rang Davisons war dabei auch nicht gerade hilfreich. Viele der höherrangigen Lagerkommandanten ignorierten seine Bitten einfach, da für sie sein niedriger Rang ein Zeichen dafür war, daß die Armee es mit dem Umerziehungsprogramm nicht wirklich ernst meinte. Zusätzliche Hindernisse waren, daß Davison keine Erfahrung mit Verwaltungsangelegenheiten hatte, er bisher nie in direkten Kontakt zu den Kriegsgefangenen getreten war und nur geringfügige Kenntnisse über Deutschland oder die deutsche Sprache hatte (er war nur einmal kurz als Tourist dort gewesen).

Davisons erste Aufgabe bestand aus der Rekrutierung von Personal, und obwohl er die Sprachanforderungen schnell herabsetzen mußte, gelang es ihm, eine Reihe von wichtigen Personen mit perfekten Deutschkenntnissen zu gewinnen. Einige Monate später enthielt ein Armeevermerk eine nicht gerade ermutigende Einschätzung:

„Sein Personal leidet unter [...] der relativen Hast, mit der es zusammengestellt wurde. Die meisten der von ihm ausgewählten Offiziere waren ihm nicht persönlich bekannt [...] sondern wurden versuchsweise auf der Grundlage ihrer in den Akten stehenden Qualifikationen ausgewählt und ihm sozusagen ‚zur Probe' überstellt."[27]

Einer der interessanteren Personen unter Davisons Personal war Walter Schoenstedt, der mit ihm bereits in der Abteilung für Kampfmoral zusammengearbeitet hatte. Schoenstedt war durch seinen Werdegang sowohl für die Arbeit im NKFD als auch in den Special Projects geeignet. Der gebürtige Berliner war Mitglied der deutschen kommunistischen Partei, war 1933 aus Nazideutschland geflohen und einige Jahre später in den Vereinigten Staaten gelandet. Nachdem er 1941 die amerikanische Staatsbürgerschaft erhalten hatte, trat er in die US-Armee ein, wo er wegen seines schriftstellerischen Talents (er hatte bereits mehrere Bücher geschrieben) bis zu seiner Versetzung in Davisons Abteilung in der Abteilung für Kampfmoral eingesetzt wurde. Schoenstedt war glücklich über die Gelegenheit, sich stärker gegen den Nationalsozialismus einsetzen zu können und mehr Einfluß auf die deutschen Kriegsgefangenen auszuüben. Wie Davison wurde auch er vom Lieutenant zum Captain befördert.[28]

In einem Personalbericht der Armee über Schoenstedt finden sich einige interessante Kommentare über ihn und seinen Chef:

„Für Davison ist er der wichtigste ‚Ideenlieferant'. [...] Weder Davison noch Schoenstedt scheinen viel von der Erwachsenenbildung im allgemeinen zu verstehen. Er interessiert sich sehr für die Umerziehung im allgemeinen, als ‚alter Kämpfer' gegen die Nazis in Deutschland ist er aber in seinem Urteil oft etwas vorbelastet."[29]

Keiner dieser negativen Armeeberichte scheint einen Einfluß auf den Fortschritt der Special Projects oder auf Davison selbst gehabt zu haben.

Ein weiterer Mitarbeiter Davisons, der bis zum Ende des Programms dabeiblieb, war Robert Kunzig, ein junger Jurist aus Pennsylvania, der später Richter am Bundesgericht für Entschädigungsansprüche werden sollte. Im Gegensatz zu Davison und Schoenstedt hatte Kunzig bereits eine gewisse Erfahrung mit deutschen Kriegsgefangenen. Bevor er zu den Special Projects kam, hatte er ein freiwilliges Schulungsprogramm für deutsche Kriegsgefangene so erfolgreich geleitet, daß er Davison aus diesem Grund empfohlen wurde.

Kunzig hatte auch Vorträge über die Militärregierung gehalten, und obwohl er nicht fließend deutsch sprach, war es ihm gelungen, eine gute Beziehung zu den deutschen Kriegsgefangenen in den Kursen aufzubauen.[30]

Davisons Gruppe bereitete sich auf den Umzug von Washington nach New York, wo der eigentliche Betrieb beginnen sollte, vor. In einer Quelle heißt es, dies geschah

„teilweise, um sich den schlechteren Beförderungsmöglichkeiten für Offiziere in Washington zu entziehen und teilweise um besseren Zugang zu Büchern, Filmen etc. zu haben. Man hat das Gefühl, daß durch den Wegzug aus Washington wahrscheinlich der Kontakt mit dem Hauptquartier für Kriegsgefangene, das bereits in gewisser Weise unter Dezentralisierung leidet, schwieriger werden wird."[31]

Am neuen Sitz, Broadway Nr. 50, ging der Rekrutierungsprozeß weiter, während Davison sich darum bemühte, der Organisation Gestalt zu geben.

Man hatte Davison einen Stab von sechsundzwanzig Offizieren zugestanden. Es erwies sich jedoch als schwierig, geeignete Personen zu finden und diese dann auch zu behalten. Die Offiziere wurden für eine Zeitraum von dreißig Tagen an Davisons Hauptquartier in New York versetzt, anschließend konnte er entscheiden, sie zu behalten oder an ihren vorherigen Einsatzort zurückzuschicken. Davison beschwerte sich am meisten darüber, daß die ihm geschickten Männer für die Arbeit mit den deutschen Kriegsgefangenen einfach nicht geeignet waren. Einige hatten fälschlicherweise behauptet, deutsch zu sprechen und zu verstehen, und eine Reihe von ihnen hatte die Berufung nur angenommen, um anderswo einer unangenehmen Dienstpflicht zu entkommen.[32] Gleichzeitig zur Auswahl von Personal für die Special Projects bekam Davison noch die zusätzliche Aufgabe, eine wöchentliche Seminarreihe vorzubereiten und durchzuführen, die im Oktober und November für Offiziere veranstaltet wurde, die zu Umerziehungsdirektoren für die zahlreichen Kriegsgefangenenlager in den Vereinigten Staaten ernannt wurden. Sie hatten nichts mit den Special Projects zu tun, für die deutsche Kriegsgefangene für einen längeren Studienaufenthalt ausgewählt werden sollten, sondern würden statt dessen das allgemeine Bildungsangebot von Filmen, Büchern und Vorträgen für alle Kriegsgefangene leiten. Fort Slocum, eine Stunde Fahrt von New York entfernt, wurde als Seminarort für die amerikanischen Offiziere ausgewählt, die alle nach der offiziellen Aufgabenbeschreibung der Armee folgende Voraussetzungen haben sollten: „Fließende Deutschkenntnisse, eine College-Ausbildung, vorzugsweise in Geisteswissenschaften, Vorstellungskraft und gutes Urteilsvermögen".[33] Davison, der immer noch mit der Sammlung seines eigenen Personals beschäftigt war, konnte über diese Anforderungen wohl nur lachen.

Als bald mehrere hundert Offiziere zur Schulung nach Fort Slocum kamen, erkannte Davison bald, daß die meisten von ihnen von Vorgesetzten geschickt worden waren, die sie aus irgendeinem Grund loswerden wollten und nun die geeignete Gelegenheit gefunden hatten. Nicht nur die geforderten Qualifikationen sondern auch die Einstellung der Männer war völlig ignoriert worden:

„Zahlreiche Offiziere waren gegen ihren Willen zu diesem Posten gekommen. Viele andere hatten die Einstellung, Kriegsgefangene lieber ‚töten' zu wollen als sich mit ihrer Umorientierung zu beschäftigen."[34]

Später erfuhr Davison, daß die Kommandanten der Kriegsgefangenenlager diesen Offizieren, die den Titel Assistant Executive Officer bekamen, mißtrauten, da sie annahmen, man hätte sie in die Lager versetzt, um heimlich über deren Führung zu berichten.[35]

Während Davison noch mit all diesen Personalfragen jonglierte, wurde er plötzlich beschuldigt, Kommunisten unter seinen Special Projects-Mitarbeitern zu haben. Die Anschuldigung stammte von einem jungen, von ihm in Fort Slocum ausgebildeten Offizier, der einen Brief an das Kriegsministerium geschrieben hatte. Obwohl die Anschuldigung unbegründet war, mußte Davison vor dem internen Ausschuß für militärische Angelegenheiten erscheinen, um die Planung für die Special Projects im Detail zu verteidigen und Rechenschaft über seine Arbeit abzulegen.[36]

In einem Wettlauf mit der Zeit - es gab in Washington bereits Gerüchte über eine frühzeitige Repatriierung der deutschen Kriegsgefangenen - bemühte sich Davison um einen schnellen Abschluß seiner Personalauswahl. Trotz aller Widrigkeiten wollte er so viele qualifizierte Leute wie möglich gewinnen, was ihm zu gelingen schien. Ein Glanzlicht war der ehemalige Dekan der Harvard Universität und Präsident der American Academy of Arts and Sciences Howard Mumford Jones, der weitreichende Erfahrungen in der Unterrichtsplanung einbrachte, die Davison so dringend benötigte. Weiterhin gab es ein Trio von Smiths: Lieutenant Colonel Alpheus Smith, ein Englischlehrer und Veteran des 1. Weltkrieges; Lieutenant Colonel Thomas V. Smith, ein Professor für amerikanische Geschichte, der den deutschen Kriegsgefangenen sofort auffiel, weil er selten eine Krawatte trug, und schließlich Major Henry Lee Smith, Jr., ein Sprachexperte, der die Heimatregion eines jeden Amerikaners an seinem Akzent erkennen konnte und durch sein Radioprogramm „Where Are You From?" gut bekannt war.[37]

Hinzu kamen einige deutschsprachige Pädagogen, die zunächst gegen den Widerstand des Kriegsministeriums als Zivilisten mitarbeiteten, da Davison und seine Mitarbeiter es für wesentlich hielten, „die zivilen Fachleute während der Entwicklung der verschiedenen Phasen des Curriculums ins Vertrauen zu ziehen".[38]

Zu dieser Kategorie gehörte Dr. William Moulton, ein Linguist, der bereits in militärischen Schulungskursen mitarbeitete und an der Yale Universität Deutsch unterrichtete. Moulton wurde zum Captain ernannt und erwies sich bald als einer der besten Lehrer der Special Projects. Dr. Henry W. Ehrmann, ein vor dem Naziregime geflohener gebürtiger Deutscher, der seit kurzem in den Vereinigten Staaten lebte, war eine weitere deutschsprachige Lehrkraft, dessen Unterricht bei den deutschen Kriegsgefangenen besonders beliebt war. Als diese kleine aber feine Gruppe mit den Vorbereitungen für ein höchst ungewöhnliches pädagogisches Experiment begann, faßte Moulton die allgemeine Stimmung wie folgt zusammen:

> „Ich werde wohl nie erfahren, wie Edward Davison diese Gruppe von Menschen zusammengebracht hat, es war aber eine ganz erstaunliche Gruppe."[39]

Alle Beteiligten sahen sofort ein, daß die Muttersprachler oder Personen mit guten Deutschkenntnissen unter den Mitarbeitern Davisons einfach nicht ausreichten, um alle geplanten Kurse auf Deutsch abzuhalten. Eine der Möglichkeiten, für die man sich entschied, war der Einsatz einiger englischsprechender deutscher Kriegsgefangener im Unterricht, wobei gleichzeitig der Englischunterricht für alle Kriegsgefangenen intensiviert werden sollte. Folglich mußte mehr Zeit als vorgesehen für den Sprachunterricht verwendet werden, und gleichzeitig mußte eine Reihe von Schülern an Vorträgen über bestimmte Themen auf Englisch teilnehmen, auch wenn sie nicht alles verstehen konnten. Texte und anderes Lesematerial bereiteten keine großen Schwierigkeiten, da es Übersetzungen gab; das Problem war das gesprochene Englisch. Als Argument wurde vorgebracht, daß die

Kriegsgefangenen durch den Englischunterricht auch etwas Demokratieverständnis lernen würden. Einige der Lehrkräfte hatten jedoch das Gefühl, daß der verbreitete Einsatz von Gefangenen im Unterricht dem Programm schaden würde: „Es ist linguistisch unzulässig, den Einäugigen zum Führer des Blinden zu machen", beschwerte sich Moulton. „Außerdem hat das unweigerlich dazu geführt, daß sowohl die Lehrer als auch die Schüler das Gefühl haben, nicht angemessen behandelt zu werden."[40] Keines dieser Probleme schien das Kriegsministerium zu kümmern; entweder spielte Davison sie zur Wahrung des Scheins herunter, oder das Ministerium ignorierte sie. Das Büro des Generalkommandeurs der Militärpolizei sah in einem intensiven Englischunterricht für die Kriegsgefangenen keine Probleme, sondern sogar eine Unterstützung der amerikanischen Militärregierung in Deutschland. Ein Bericht über die Arbeit der Special Projects an das Kriegsministerium enthielt nur Lob für die Leistungen Davisons und seiner Mitarbeiter.[41]

Die deutschen Kriegsgefangenen mit Vorkenntnissen im Englischen profitierten von den sechs- bis achtwöchigen Sprachkursen sehr und konnten sich an den Diskussionen im Unterricht beteiligen. Für die Mehrheit der Gefangenen traf dies jedoch nicht zu. Sie mußten dem Unterricht mit Hilfe von Dolmetschern folgen. Zur Bewertung der Situation wurde eine Umfrage zu Sprachkenntnissen durchgeführt, deren Ergebnis schlechter als erwartet ausfiel: Nur ungefähr 15% der Kriegsgefangenen besaßen ausreichende Englischkenntnisse. In einigen Kursen lag der Anteil sogar nur bei 5%.[42] Davison versuchte alles, um dieses Manko auszugleichen, das man einfach durch die Einstellung einiger der zahlreichen deutschsprechenden Nicht-Amerikaner hätte lösen können. Hier waren ihm aber die Hände gebunden, da es sich bei den Special Projects um ein geheimes militärisches Unternehmen handelte, für das der Einsatz von ausländischem Personal verboten war.

Als erster Unterrichtsort für die Umerziehung wurde ein verlassenes Lager des Civilian Conservation Corps* ausgewählt, eine düstere Erinnerung an die jüngste Vergangenheit, als Amerika noch ganz andere Sorgen hatte. Es lag in einem ländlichen Gebiet in Van Etten, in der Nähe von Elmira im Staat New York und war ein idyllischer Ferienort. Schon bald wurde das Lager jedoch für etwas ganz anderes be-

---

* A.d.Ü.: US-Projekt aus den dreißiger Jahren, bei dem arbeitslose Männer für gemeinnützige Arbeitseinsätze im Naturschutz eingesetzt wurden.

kannt: Sein Ruf als „Idea Factory", als „Ideenfabrik", verbreitete sich unter den deutschen Kriegsgefangenen und denen, die von den Special Projects wußten. Hier fand die Planung statt. Davison und seine Mitarbeiter, unterstützt von einigen sorgfältig ausgewählten deutschen Kriegsgefangenen, begannen jetzt mit der Auswahl des zu verwendenden Materials, der Unterrichtsplanung und der Festlegung von Schwerpunktfächern. Nachdem die Vorarbeiten abgeschlossen waren, konnte der Unterricht beginnen. Der Betrieb im Camp Van Etten, wie das Lager genannt wurde, begann im Oktober 1944 mit fünfundachtzig deutschen Kriegsgefangenen, die sich alle freiwillig gemeldet aber vorher nichts über die Einzelheiten des Programms erfahren hatten. Die Männer waren eine Mischung aus Mannschaft, Unteroffizieren und Offizieren, und gleich zu Beginn einigte man sich darauf, das übliche Protokoll zur Trennung der Dienstgrade für die Kursdauer auszusetzen. Anschließend wurde ihnen die Bedeutung und Zielsetzung der Special Projects sorgfältig erklärt. Es sah ganz so aus, als hätten die liberale Atmosphäre und die Aussicht auf eine interessante pädagogische Erfahrung großen Enthusiasmus hervorgerufen, so groß, daß einige der deutschen Kriegsgefangenen begannen, vom „Van Etten Spirit", dem Geist von Van Etten, zu sprechen.[43]

Durch Davisons Plan war eine außergewöhnliche Gruppe von deutschen Kriegsgefangenen zusammengekommen, um bei den Vorbereitungen und beim Unterricht zu helfen. Diese Schriftsteller, Zeitungsverleger, Professoren und Berufsjournalisten sollten zum Kern einer literarischen Gruppe werden, die später Deutschland in der Nachkriegszeit nachhaltig prägen sollte. Obwohl sie offiziell Kriegsgefangene waren, genossen sie im Lager eine Freiheit, die mit keinem der anderen Kriegsgefangenenlager vergleichbar war. Es herrschte eine professionelle und kreative Arbeitsatmosphäre, als die Gefangenen mit den ihnen zugewiesenen Aufgaben begannen. Eine davon war die Schaffung eine Zeitung für andere Kriegsgefangene. Obwohl es viele von Kriegsgefangenen geschriebene und verbreitete Lagerzeitungen gab, wurde diese Zeitung, *Der Ruf,* die wichtigste, die sich auch dadurch auszeichnete, daß sie später in Deutschland fortbestehen sollte.

Hinter dem Namen stand die Vorstellung, Hoffnung auszudrücken, ein Aufruf an die Kriegsgefangenen, daß sie Stärke und Verantwortungsgefühl brauchen würden, um in ein Land zurückzukehren, daß vom Krieg zerstört war, eine unsichere Zukunft vor sich hatte und von den Armeen der Sieger besetzt wurde. Nicht alle deutschen Kriegsgefangenen waren bereit, sich dieser Einstellung anzuschließen. Tatsächlich hielten viele die Gefangenen, die mit den Amerikanern in den Special Projects zusammenarbeiteten, für Kollaborateure des Feindes. Folglich wurde *Der Ruf* nicht in allen Lagern als Licht am Ende des Tunnels begrüßt, manchmal wurde die Zeitung sogar bei ihrer Anlieferung als Zeichen der Verachtung verbrannt. Trotz dieses harten Kerns an Widerstand von Seiten der Nazis konnte die gute Qualität der Artikel und literarischen Darstellungen der Zeitung eine große Zahl von Lesern unter den Kriegsgefangenen gewinnen. Die Auflage kletterte von 11.000 Exemplaren bei der Erstauflage im März 1945 innerhalb eines Jahres auf 75.000. Pro Exemplar mußten die Kriegsgefangenen fünf Cent bezahlen, da laut Entschluß der Special Projects durch eine Gratisverteilung der Respekt vor Papier beeinträchtigt würde. Den deutschen Kriegsgefangenen, die für die Zeitung schrieben und in der Redaktion arbeiteten, wurde zum Schutz ihrer Familien vor Repressalien Anonymität gewährt. Die Leser konnten nur über ein Postfach in New York mit der Zeitung Kontakt aufnehmen. Interessierte Beamte im Kriegs- und Außenministerium bekamen eine englische Ausgabe der Zeitung *Der Ruf*.[44]

Die Zeitung war das am ehesten vergleichbare Gegenstück zum sowjetisch geförderten *Freies Deutschland*, das die Special Projects hervorbrachten, und es gab in der Tat einige Gemeinsamkeiten. Beide Zeitungen wurden hauptsächlich von deutschen Kriegsgefangenen für deutsche Kriegsgefangene geschrieben und produziert, jede Zeitung spiegelte eine deutliche politische Haltung wider, Größe und Format waren sehr ähnlich, Nachrichten zum Kriegsverlauf waren ein vorherrschendes Thema, und beide Zeitungen erschienen auch nach Kriegsende noch für eine gewisse Zeit.

Es gab auch eindeutige Unterschiede zwischen beiden Zeitungen. Während *Freies Deutschland* viel ausführlichere Kriegsberichte und -analysen, begleitet von politischen Kommentaren, enthielt, legte *Der Ruf* einen starken inhaltlichen Schwerpunkt auf literarische Artikel. *Freies Deutschland* war die Stimme des NKFD und Spiegel der Politik dieser Bewegung, für *Der Ruf* galt dies nicht in diesem Ausmaß. Die in Amerika produzierte Zeitung enthielt zwar auch Material über die glorreichen Errungenschaften der Demokratie, sie war aber nicht so von Propaganda durchtränkt wie im russischen Fall, und es wurde auch nicht so dick aufgetragen. Durch den literarischen Schwerpunkt entstand eher ein aufklärerischer Eindruck. Bei der Auflage zeigte sich ein großer Unterschied zwischen beiden Zeitungen: *Freies Deutschland* wurde in Millionenauflage gedruckt und auch ins

Ausland verschickt, *Der Ruf* hingegen blieb bis zu seiner Wiedereinführung im Nachkriegsdeutschland eine Lagerzeitung der Kriegsgefangenen.[45]

Nachdem jetzt die Kursvorbereitungen in vollem Gange waren und durch die Schaffung der Zeitung eine Bühne für die von Davison versammelten literarischen Talente bestand, näherte sich Project I, wie die erste Phase der Special Projects offiziell hieß, ihrem Ende. Es wurde Zeit, mit dem eigentlichen Unterricht zu beginnen. Da sich der Krieg in Europa dem Ende zuneigte, stieg die Bedeutung, die man Davisons Experiment zumaß. Eine Schulanlage in Fort Kearney, Rhode Island, wurde für die erste Gruppe von Schülern ausgewählt. Als sie Ende April eintrafen, wurden sie von Davison und seinem Team aus Van Etten begrüßt, zu dem auch die Kriegsgefangenen gehörten, die zum Erfolg der Ideenfabrik beigetragen hatten und die jetzt den Geist von Van Etten nach Kearney bringen wollten. Fort Kearney auf der Insel Conanicut in der Narragansett Bay wurde zum eigentlichen Test für die Special Projects: Dieser erste Umerziehungsunterricht stellte den Anfang eines kühnen Experiments dar und würde über Fortsetzung oder Aufgabe des Projekts entscheiden. Wie bei vielen Experimenten lag die Entscheidung über Erfolg oder Mißerfolg in der Ansicht des Betrachters, und es gab einige unerwartete Entwicklungen.

Nach den ersten zwei Wochen war sich Davison seines Erfolges sicher, das Programm sollte nicht nur erweitert sondern auch beschleunigt werden. Anfang Juli hatte die erste Klasse den Kurs abgeschlossen und zehn von ihnen waren bereits nach Deutschland abgereist, wahrscheinlich um dort die amerikanische Militärregierung mit ihren Talenten zu unterstützen. Es war ein hoffnungsvoller Anfang.

Um der Erweiterung des Programms Rechnung zu tragen, wurden zwei neue Schulungsorte, die beide von Fort Kearney zu Fuß erreichbar waren, erworben: Fort Getty, die sogenannte Projektphase II, wo die Kriegsgefangenen in Verwaltungsfragen ausgebildet wurden, und Fort Wetherill, Projekt III, das eine Polizeischule war. Es ist eine interessante Tatsache, daß der sogenannte Geist von Kearney, der aus Van Etten mitgebracht wurde, nun zum „Geist von Getty" wurde, ohne jedoch auf die Schüler der Polizeischule in Wetherill überzugreifen. Hier war sicherlich ein gewisser intellektueller Snobismus am Werk. Von den Männern in der Polizeischule wurden nicht die gleichen Qualifikationen wie von den anderen Kriegsgefangenen verlangt, da sie hauptsächlich auf die Arbeit als Streifenpolizisten vorbereitet wurden. Fort Getty, das mit mehr Personal und Einrichtungen ausgestattet wurde, öffnete seine Tore für eine Eröffnungsklasse von 250 deutschen Kriegsgefangenen, von denen einige aus Kriegsgefangenenlagern in Europa hergebracht wurden. Bis zum November konnten sich fünfhundert Männer „Getty-Absolventen" nennen. Im Dezember schlossen in Fort Wetherill ebenfalls ungefähr fünfhundert Kriegsgefangene ihren Kurs ab. Dann wurden jedoch beide Schulen geschlossen, da laut Befehl alle deutschen Kriegsgefangenen nach Europa gebracht werden sollten - einige würden nach Hause entlassen, andere in Lagern für Arbeitseinsätze bleiben und in britische oder französische Aufsicht überstellt werden.[46]

Als dies Anfang des Jahres 1946 geschah, gab es immer noch den starken Wunsch nach einer Fortsetzung der Umerziehung, so daß Davison die Einrichtung einer Schule in Europa vorschlug. Mit Unterstützung des Kriegsministeriums begannen Davison und Schoenstedt sofort mit der Suche nach einem geeigneten Quartier, das sie schließlich in einem alten französischen Schloß in Querqueville fanden. In der acht Kilometer westlich von Cherbourg gelegenen Stadt gab es ein Kriegsgefangenenlager zur Unterbringung der Gefangenen, die die Schule besuchten. Die Schule in Querqueville begann schon vor der Schließung von Getty und Wetherill mit dem Unterricht. Die starke Unterstützung aber, die das Projekt in einigen Kreisen in den Vereinigten Staaten noch immer genoß, gab es bei den Amerikanern, denen Davison in Europa begegnete, nicht mehr. Es war für ihn sehr schwierig, die Mitarbeit des amerikanischen Militärpersonals zu gewinnen, und als er mit Schoenstedt in die USA zurückreiste, hatten sie wenig Hoffnung für die Zukunft der Special Projects.[47]

Das Kriegsministerium entschied sich für eine letzte Phase, die jedoch kurz und schnell abgewickelt werden sollte. Davison beschloß daraufhin, den achtwöchigen Verwaltungskurs in einen sechstägigen Intensivkurs umzuwandeln. An diesem von den Kriegsgefangenen „6-Tage-Rennen" genannten Kurs, der eher eine Umorientierung als Umerziehung war, nahmen ungefähr 2000 Gefangene teil. Das Ziel war bis April 1946 mindestens 25.000 Kursabsolventen zu haben. Anfang Januar begann in Fort Eustis in der Nähe von Hampton Roads, Virginia, die erste Klasse.[48]

Das Eustis-Projekt stand unter direktem Befehl von Colonel Alpheus Smith, dem als Stellvertreter Henry Lee Smith zur Seite stand. Sie brachten auch William Moulton, Henry Ehrmann und einen Marineoffizier mit Namen Edwin Casady mit. Diese Männer leiteten ein umfangreiches Programm mit zahlreichen Lehrkräften und versuchten das Beste aus einer Aufgabe zu machen, die schon lange vom ursprünglichen Konzept abgewichen war. Ein sie besuchender Reporter erkannte ihre Enttäuschung jedoch nicht:

„Dies sind die Leiter von Fort Eustis - junge, energische, brillante Männer. Sie haben nichts mit dem typischen Bild vom zerstreuten, langhaarigen Professor gemein. Sie sprechen wie Du und ich, und sie sprechen die Sprache der Kriegsgefangenen."[49]

Ein amerikanischer Psychiater, der die deutschen Teilnehmer während ihres Kurses in Fort Eustis beobachten sollte, kam zu dem Schluß, daß der eigentliche Lehrstoff nicht annähernd so wichtig war wie der Eindruck, den Colonel Smith und sein Personal auf sie machten.[50] Es war offensichtlich, daß Smith und die anderen schnell eine gute Beziehung zu den Gefangenen aufbauen konnten, wodurch die Mehrheit zu der Überzeugung kam, daß man ihnen wirklich die Wahrheit erzählte. Die Schüler bestätigten diesen Eindruck mit Äußerungen wie der folgenden:

„Die Lehrer beantworteten unsere Fragen mit äußerster Offenheit [...]. T.V. Smith sagte, es wäre eine Sünde wider den Heiligen Geist, andere für einen selbst denken und entscheiden zu lassen [...]. Lt. Col. Smith sprach uns mit ‚meine Herren und Kommilitonen' an [...]. Schnell entwickelte sich zwischen uns und unseren amerikanischen Lehrern eine wirkliche Freundschaft."[51]

Als die Schule am 5. April 1946 geschlossen wurde, hatten 23.142 deutsche Kriegsgefangene das Programm absolviert. Das Umerziehungsexperiment war abgeschlossen. Ungefähr 39.000 deutsche Kriegsgefangene hatten auf die eine oder andere Weise einen Kurs der Special Projects besucht. Erst die Zukunft würde Klarheit darüber bringen, ob sich der Aufwand gelohnt hatte.

Angesichts der Tatsache, daß die russischen Antifa-Schulen immer noch in vollem Gange waren und das britische Wilton Park Projekt gerade erst anlief, kann man sich fragen, warum die Vereinigten Staaten ihr Programm so früh einstellten. Der Hauptgrund lag in der Entscheidung der USA, die Kriegsgefangenen so schnell wie möglich aus ihrem Gewahrsam zu entlassen. Die amerikanische Öffentlichkeit und die mächtigen Gewerkschaften, die die Kriegsgefangenen als billige Arbeitskräfte ansahen, drängten darauf. Die Situation war in Ruß-

land und Großbritannien ganz anders, da dort die deutschen Kriegsgefangenen noch viel länger festgehalten wurden.

Vor Kriegsende hatten die Briten angesichts des erwarteten Arbeits-
kräftemangels durch Verpflichtungen in Übersee den Arbeitseinsatz
von Kriegsgefangenen geplant. Die Entscheidung, die deutschen
Kriegsgefangenen festzuhalten, war jedoch in der britischen Öffentlichkeit genauso unpopulär wie in den USA.[52] Dies erwies sich als
Vorteil für die Pädagogen, die Wilton Park vorbereiteten, und die dadurch eine ausgezeichnete Auswahl von Kandidaten hatten. Sie hatten
sehr davon profitiert, daß sie mit dem Beginn des Umerziehungsprogramms bis nach Kriegsende gewartet hatten. Der Ausgangspunkt war
dadurch besser, und die Lehrpläne wurden nicht von den Zwängen
des Krieges beeinflußt. Andererseits war das Interesse der Gefangenen
am Unterricht vom brennenden Wunsch nach Freilassung, von Gedanken an Zuhause und die Sorge um geliebte Menschen überschattet.

Schon der Brooks-Bericht hatte die Durchführbarkeit einer Umer-
ziehung für deutsche Kriegsgefangene untersucht, zu dieser Zeit lag
jedoch der eigentliche Schwerpunkt auf dem Propagandapotential.
Erst später beauftragte das Kriegskabinett den Political Warfare
Executive, die Umerziehung als wünschenswertes Ziel an sich für einige deutsche Kriegsgefangene zu planen. Dies war der Ursprung von
Wilton Park. Diese britischen Planer wurden nie zu einem Besuch der
Special Projects eingeladen. Es gelang ihnen dennoch, sich einige
Eindrücke zu verschaffen, die allerdings nicht sehr positiv waren.
Während die Amerikaner ihr Programm ein „Demokratie-Expe-
riment" nannten, rühmten sich die Briten mit „einem Experiment, das
keinen Vorläufer in vergangenen Kriegs- oder Nachkriegszeiten
hat".[53]

Von Anfang an waren die Briten entschlossen, mehr zu einem Um-
denken der Deutschen beizutragen als die Russen oder die Amerikaner. Dennoch sollte man nicht fälschlicherweise annehmen, daß sie
bessere Ergebnisse von der Umerziehung erwarteten. Dr. Heinz
Köppler und sein Personal in Wilton Park lehnten die Bezeichnung
Umerziehung für ihre pädagogischen Absichten ab. Köppler wollte die
Köpfe seiner Schüler für eine Welt öffnen, in der sie sich frei entscheiden können. Der Besuch von Wilton Park sollte zum Synonym
für diese Entscheidungsfreiheit werden, damit die Absolventen das
Gefühl haben, zu einer „besonderen Bruderschaft (Wiltonians)" zu
gehören.[54]

Die Umerziehungseinrichtung, die zunächst nur von Offizieren im Generalsrang besucht wurde, hieß zu Anfang noch POW Camp 300 oder Training Centre, bis sich bald der Name Wilton Park - nach dem Herrenhaus und Park, in dem sie sich befand - durchsetzte. Erklärtes Ziel war „eine Ergänzung und Krönung der allgemeinen Umerziehungsarbeit [...], die Verfolgung eines individuelleren Ansatzes [...], und die besondere Schulung von beruflich hochqualifizierten Kriegsgefangenen zur späteren Unterstützung der Kontrollkommission [in Deutschland]".[55] Wilton Park lag in Beaconsfield, Buckinghamshire, zwischen London und Oxford und sah eher wie ein kleines Internats-College als ein Gefangenenlager aus. Der Besuch der Kurse, die zwischen sechs und acht Wochen (mit je dreihundert Teilnehmern) dauerten, war freiwillig. Vom Januar 1946 bis Juni 1948 nahmen dort ungefähr 4.500 deutsche Gefangene an Umerziehungskursen teil.

Genau wie bei den russischen Antifa-Schulen konnten deutsche Soldaten aller militärischer Dienstgrade an den Kursen in Wilton Park teilnehmen. Dies führte zu einigen Spannungen, da die Schüler in Wellblechbaracken neben dem Herrenhaus untergebracht wurden und hochrangige Offiziere nicht immer glücklich darüber waren, ihre Unterkunft mit niedrigeren Rängen oder Mannschaftsdienstgraden teilen zu müssen. Die Sicherheitsvorkehrungen waren nicht so streng wie in normalen Kriegsgefangenenlagern, es gab aber keine Ausbruchsversuche. Nach Abschluß des Kurses wurden die Gefangenen in ihre ursprünglichen Lager zurückgebracht, in denen sie bis zu ihrer Entlassung nach Hause als hoffentlich gute Beispiele für die Umerziehung dienten.[56]

Die ersten fünfzehn Tutoren (ein Titel, der akademischen Rang ausdrücken sollte) von Wilton Park wurden später durch eine Reihe von außergewöhnlichen Persönlichkeiten aus unterschiedlichsten Lebensbereichen ergänzt, die die deutschen Kriegsgefangenen unterrichteten. Am Anfang befürchtete man, Köppler sei „viel zu deutsch und zu dominierend in seiner Arbeitsweise", um die Schule erfolgreich zu führen. Dies stellte sich jedoch als unbegründet heraus, als klar wurde, daß er die treibende Kraft hinter dem entstehenden Geist von Wilton war.[57]

Für die Entwicklung von Wilton Park war Köppler eine Schlüsselfigur. Der gebürtige Deutsche war mit fast fünfunddreißig Jahren im gleichen Alter wie viele der Kriegsgefangenen, er beherrschte ihre Sprache fließend und hatte die Grundlagen der Umerziehung wirklich verinnerlicht. Seine eigenen Erfahrungen und Erfolge in britischen akademischen Kreisen ermöglichten ihm, das Beste aus beiden Kulturen in den Lehrplan für Wilton Park einfließen zu lassen. Köppler, der bei Kriegsausbruch bereits britischer Staatsbürger war, arbeitete zunächst, ähnlich wie Davison in Amerika, in einer Regierungsstelle an der Ausarbeitung eines besonderen Lernprogramms für deutsche Kriegsgefangene. Diese Arbeit erregte die Aufmerksamkeit seiner Vorgesetzten und brachte ihm die Ernennung für Wilton Park ein.

Der britische Major General Kenneth Strong charakterisierte die Atmosphäre der Lehrer-Schüler-Beziehungen in Wilton Park bereits in der Eröffnungsansprache, die er an die erste Klasse richtete:

„An der grundlegenden Tatsache läßt sich natürlich nichts ändern: Sie sind britische Kriegsgefangene. Aber darüber hinaus hängt die Atmosphäre, die in Wilton Park herrschen wird, von Ihrer eigenen Einstellung ab. Wir haben dieses Training Centre nach dem Modell eines britischen Residential College eingerichtet, in dem Menschen, die gemeinsam geistigen Arbeiten nachgehen, zusammen leben und arbeiten. Die Kunst des Schaffens einer freien Gemeinschaft besteht darin, miteinander in Harmonie ohne ein undiszipliniertes Verhalten durch unverantwortlichen Individualismus zu leben und zu arbeiten [...]. Sie werden in Wilton Park die Gelegenheit haben, genau das zu tun, denn unser Experiment erfordert Ihre ständige und aktive Mitarbeit."[58]

Köpplers erste Aufgabe bestand darin, geeignetes Personal für die Durchführung dieser Sondermission zu finden. Im Gegensatz zu Davison hatte er keine großen Schwierigkeiten oder Vorurteile zu überwinden, um deutsche Flüchtlinge rekrutieren zu können. Er setzte sofort Waldemar von Knöringen, der erst seit 1939 in England wohnte, als seinen Stellvertreter ein. Nach Hitlers Machtergreifung mußte der politische Aktivist und Antinazi sofort ins Ausland flüchten. Später, nach seiner Ankunft in England, wurde er im gleichen Büro wie Köppler eingestellt. Hier knüpfte er erste Kontakte mit deutschen Kriegsgefangenen, von denen er einige überzeugte, anti-nationalsozialistische Radiobotschaften auszusenden. Nach dem Krieg wollte er nach Deutschland zurückkehren, verschob aber diesen Plan, um das Angebot Köpplers annehmen zu können.

Kurz nach seiner Einstellung verpflichtete Knöringen wiederum Fritz Borinski, einen weiteren deutschen Flüchtling, der sich auch mit der politischen Vorbereitung der deutschen Kriegsgefangenen befaßte, die nach Hause entlassen werden sollten:

„Borinski, der sich absichtlich von politischen Verstrickungen in Großbritannien ferngehalten hatte, zögerte zunächst aus Furcht, sich in letzter Minute zu kompromittieren. Knöringen sagte jedoch, ‚Ich möchte bald nach Hause zurückkehren. Meinen Sie, ich würde mich in Wilton Park kompromittieren?' Borinskis Zweifel waren beruhigt, und die beiden konnten mit gemeinsamer Kraft arbeiten."[59]

Die britischen Tutoren, die nach Wilton Park kamen, waren ebensogut qualifiziert. George D.H. Greene war ein Lehrer mit einem Honours Degree aus Oxford mit Einsicht und Erfahrung, da er fünf Jahre während des Krieges in Deutschland interniert gewesen war. Ähnliche Erfahrungen und einen ähnlichen Hintergrund brachte Robert D.J. Gibson mit, ein Kollege aus Cambridge, der 1940 in Holland von den Deutschen gefangengenommen und bis Kriegsende festgehalten wurde.

Da das Studium der Neuen Geschichte eine zentrale Rolle im Lehrplan von Wilton Park spielte, lud Köppler einen jungen Historiker namens Godfrey Scheele in sein Team ein. Scheele nahm gerne an: „Ich war in der Armee und hatte schon vor dem Krieg ein bißchen unterrichtet", erinnert sich Scheele.

„Ich war dort [in Wilton Park] Tutor, wohnte im Haus und gab Unterricht zur Weimarer Republik. Ziel war, bei den Kriegsgefangenen ein besseres Verständnis für die wirkliche Geschichte ihres Landes zu wecken [...]. Die Gefangenen waren wirklich sehr an dieser neuen Perspektive interessiert [...]. Wir haben natürlich alle Dienstgrade unterrichtet und hatten sogar einen General in unserem Kurs."[60]

So hatte Köppler mit den deutschen Flüchtlingen und Persönlichkeiten wie Greene, Gibson und Scheele eine einzigartige englisch-deutsche Mischung genau nach seinem Geschmack gefunden, mit der er Unterricht nach seinen Vorstellungen anbieten konnte.

Nach der Anfangsphase wurde das Programm durch eine Reihe von britischen Gastdozenten angereichert, die sich auf irgendeinem Gebiet besonders ausgezeichnet hatten und das breite Spektrum des britischen Lebens repräsentierten. Die Teilnahme an den Gastvorträgen war freiwillig, und Köppler legte großen Wert darauf, die vorhandenen Sitzplätze dem voraussichtlichen Interesse anzupassen. Hierzu mußte Hand angelegt werden, um z.B. tragbare Raumteiler je nach Bedarf nach vorn oder hinten zu schieben, eine Arbeit, die vom Personal scherzhaft als „Köpplersches Gesetz" bezeichnet wurde.[61]

Wie in den meisten anderen deutschen Kriegsgefangenenlagern wurde auch in Wilton Park eine Lagerzeitung, die *Wilton-Schau* herausgegeben, die aber hauptsächlich nur innerhalb der Schule verteilt wurde. Eine Zeitschrift, *Die Brücke*, erschien jeweils am Ende jeder Unterrichtseinheit als Ergebnis der Arbeiten der Schüler. Diese Zeitschrift erreichte zwar eine etwas weitere Verbreitung, konnte aber nie den Platz von *Freies Deutschland* oder *Der Ruf* bei den Kriegsgefangenen einnehmen.

Köppler hatte seine Leute sorgfältig ausgewählt und darauf geachtet, daß sie entweder deutsch sprachen oder zumindest gut verstehen konnten. Als das Programm jedoch immer größer wurde, mußten einige Vorträge, vor allem von den Gastdozenten, auf Englisch gehalten werden. Köppler tat aber sein Bestes, und sein Anteil an deutschsprachigen Mitarbeitern war wesentlich höher als der von Davison. Köppler erhöhte die Anzahl der Deutschsprachigen, indem er deutsche jüdische Flüchtlinge einstellte, eine Praxis, die Colonel Henry Faulk, einer der ranghöheren britischen Offiziere in Wilton Park, nach ausführlichen Beobachtungen unter den Gefangenen für ziemlich erfolgreich hielt.[62] Genau wie bei den Antifa-Schulen und den Special Projects war es aber noch zu früh, um wirklich beurteilen zu können, ob Wilton Park bei den mehreren tausend deutschen Kriegsgefangenen, die zwischen 1946 und 1948 den Unterricht besuchten, den gewünschten Eindruck hinterlassen würde. Sicher war, daß viele von ihnen, trotz der Unzufriedenheit über die hinausgeschobene Heimreise, das Gefühl hatten, als Kriegsgefangene etwas Außergewöhnliches erlebt zu haben.

3.

Screening und Auswahl

Wenn Nationen sich im Kriegszustand befinden, bedeuten nationale
Klischees und Vorstellungen Wasser auf den Mühlen der Propaganda.
Der Feind wird in Wort und Bild als Gegner aller guten und geheilig-
ten Werte dargestellt, Realität und Fiktion vermischen sich, um über-
zeugend zu wirken, und was in Friedenszeiten völlig inakzeptabel
war, wird nun zur „Wahrheit". Diese nationalen Vorstellungen, die
mehr aus Mythen als aus Fakten bestehen, haben schon immer zum
Überlieferungsgut einer modernen Nation gehört. Mit jedem Krieg, in
dem sie erstarkt zu neuem Leben erwachen, zeigt sich ihre Unsterb-
lichkeit. Nicht immer werden jedoch einem bestimmten Volk nur negative Eigenschaften zugeschrieben. Unglücklicherweise waren Disziplin, Ordnung und Respekt vor der Obrigkeit - Eigenschaften, die den
Deutschen in der Vergangenheit zugeordnet wurden - nach den Vorstellungen der Alliierten offensichtlich im Dienste der nationalsozialistischen Sache pervertiert worden.[1] In gewisser Weise wurden die
Umerziehungsprogramme der Alliierten auf der Grundlage solcher
Annahmen entwickelt. Bei ihren ersten Ansätzen zur Auswahl der zukünftigen Schüler waren sie überzeugt, bereitwillige Kriegsgefangene
zu finden, die nach einer entsprechenden Aufklärung die anstößigen
Elemente ihrer nationalen Eigenschaften ablegen würden.

Die Alliierten zweifelten zu keiner Zeit an der Rechtmäßigkeit ihres
Kampfes gegen den Faschismus und waren in ihrer Entschlossenheit,
diesem ein Ende zu bereiten und das deutsche Volk zu friedfertigen
Menschen zu machen, vereint. Daraus ergab sich die Schaffung eines
neuen politischen Systems für das Nachkriegsdeutschland - ein Punkt,
über den bei den „Großen Drei" in der frühen Kriegsphase Einigkeit
herrschte. Mit den ersten Anzeichen des Sieges kamen jedoch erste
Gedanken darüber auf, welches politische System das richtige sein
werde: Demokratie oder Kommunismus?

Verständlicherweise spiegelten alle Umerziehungsprogramme das
politische System ihrer Erfinder wider, und alle Alliierten hofften, die
ersten Samen für eine neue deutsche Regierung zu pflanzen. Ein Aus-
bilder der westlichen Alliierten beschrieb diese Einstellung:

„Man ging davon aus, daß wir, die Sieger, die richtigen Ziele und
Methoden kannten, die die falschen ersetzen sollten, und daß wir

innerhalb einer bestimmten Zeit und mit der Zusammenarbeit einer von uns ausgewählten neuen Gruppe deutscher Führungskräfte fähig waren, einen nachhaltigen Richtungswandel des deutschen politischen Lebens herbeizuführen. Unserer Meinung nach war es ein eindeutiger Kampf des Guten gegen das Böse, der für sich selbst sprach [...], alles andere war eine Sache der Erziehung."[2]

Die Alliierten hatten keine Probleme, sich darauf zu einigen, was an den Deutschen falsch war, aber sie konnten sich nicht darauf einigen, was richtig war.

Sicher hatten auch viele der deutschen Kriegsgefangenen vorgefertigte Einschätzungen über die Alliierten, von denen einige aus der eigenen und der feindlichen Propaganda herrührten. Anglo-amerikanische Propagandaradiosendungen und -broschüren waren weit verbreitet, genauso wie die Frontübertragungen und gedruckte Propaganda des NKFD und BDO. Es ist schwer einzuschätzen, inwieweit diese Maßnahmen bei den durchschnittlichen deutschen Soldaten eine kritischere Einstellung gegenüber ihrer Regierung wecken konnten. Es gibt einige Beweise dafür, daß die alliierte Propaganda zu bestimmten Zeiten, besonders wenn der Krieg für die Deutschen ungünstig verlief, sehr wirksam war; diese Ergebnisse waren jedoch im Großen und Ganzen eher begrenzt.

Manchmal ließ sich der Einfluß einer Propagandakampagne direkt an der Stärke der in Deutschland hervorgerufenen Reaktion messen. Als zum Beispiel die Nachrichten des NKFD und BDO in gewisse Kreise der deutschen Gesellschaft durchsickerten, wurden die Radio- und Zeitungsangriffe auf diese Organisationen zusehends schärfer und zeigten so die Wirksamkeit dieser Propaganda.[3]

Normalerweise ignorierten die Alliierten ihre unterschiedlichen Ansichten in der Propaganda, die manchmal große Unterschiede zwischen der anglo-amerikanischen und der russischen Position zeigte. Ein Teil der Attraktivität der Propaganda von NKFD und BDO bestand darin, daß die Russen ihnen die Illusion gestatteten, sich weiter als deutsche Patrioten zu fühlen. Als Churchill, Roosevelt und Stalin sich 1943 bei der Teheraner Konferenz darauf einigten, die Wehrmacht für immer zu zerstören, mußte der BDO vorgeben, daß diese Entscheidung für ihn nicht galt.[4]

Durch die Erfahrung der Kapitulation oder Gefangennahme, die unauslöschliche Eindrücke von einem bestimmten Ort und Zeitpunkt hinterließen, konnten sich die meisten deutschen Soldaten ein wirkliches Bild des Feindes machen. Ihre Zeit als Soldaten war beendet und die Zukunft unsicher. Da oft in einem kurzen Zeitraum viele Gefangene gemacht wurden, setzten Tausende, manchmal Hunderttausende deutscher Soldaten diese Erfahrung mit bestimmten Feldzügen oder Kriegsschauplätzen gleich. Der Krieg war immer der gleiche, aber die Umstände der Gefangennahme waren oft so unterschiedlich, daß die Soldaten ganz verschiedene Erfahrungen machten. Die Deutschen, die zum Beispiel zwischen 1942 und 1943 in Nordafrika in Gefangenschaft gerieten, machten ganz andere Erfahrungen mit der Gefangennahme und Internierung als ihre Kameraden, die zwischen 1943 und 1944 in russische Gefangenschaft kamen:[5]

„Zeit, Ort und Umstände der Gefangennahme hatten einen wesentlichen Einfluß auf die Empfänglichkeit des Einzelnen für Indoktrinierungsversuche. Das Jahr der Gefangennahme wirkte sich wesentlich darauf aus, wie die Gefangenen die deutschen Siegeschancen einschätzten und folglich auch auf ihre Kampfmoral sowie die Bereitschaft, die Risiken einer Kollaboration einzugehen. Die Chancen, die körperlichen Strapazen der Gefangenschaft zu überstehen, waren direkt von der Jahreszeit und dem Klima der Region abhängig, genauso wie die Entschlossenheit, der Versuchung einer Kollaboration zu widerstehen. Entscheidend war auch, ob die Soldaten zu einer ausgeruhten, gut ausgerüsteten, im Vormarsch befindlichen Einheit gehörten, oder ob die Gefangennahme nach Wochen harter Verteidigungsgefechte erfolgte oder, wie für die größte Zahl der Gefangenen, mit dem Zusammenbruch Deutschlands bei Kriegsende zusammenfiel."[6]

Das Alter war ein wichtiger Faktor bei der Bereitschaft der Gefangenen zur Umerziehung. Männer unter dreißig hatten ein größeres Vertrauen in Hitlers Führung als ältere. Die jüngeren Soldaten konnten keine Vergleiche anstellen und waren deshalb schwieriger zu beeinflussen, besonders wenn sie in den ersten Kriegsjahren gefangengenommen worden waren und die Zerstörung ihrer Heimat nicht miterlebt hatten.[7]

Die Soldaten in russischer Gefangenschaft erlebten fast alle Zeiten der Entbehrung und Krankheit. Als sich die 6. deutsche Armee bei Stalingrad ergab, waren die Männer bereits unterernährt und erschöpft, viele von ihnen waren krank. Die Gefangenschaft brachte jedoch keine Erleichterung, im Gegenteil, sie erwies sich als genauso gefährlich wie der Krieg selbst. Die Gefangenen mußten jetzt mit Kälte, Hunger und harter Arbeit fertig werden, die ihr Leben bedrohten.[8]

Im Gegensatz dazu genossen die von Großbritannien oder den Vereinigten Staaten gefangenen deutschen Soldaten den Schutz der Konvention und oft bessere Lebensbedingungen als in der eigenen Armee.[9] Ein psychologischer Bericht der US-Armee über die Gefangennahme der Deutschen beschrieb diese als

„eine wesentliche Erleichterung nach einer Zeit der Unsicherheit. Es bedeutet die Rückkehr zur Normalität und zu bekannten sozialen Strukturen; [...] die Privilegien der militärischen Ränge gelten wieder; man empfängt oder vielleicht erteilt man Befehle. Man ist zu einem Rädchen in der gewohnten Maschine geworden, Mitglied einer streng organisierten, überwachten und reglementierten Gruppe".[10]

Dieses übermächtige Gruppengefühl stellte allerdings auch eine Verkörperung vieler nationalsozialistischer Ideen dar und war somit ein großes Hindernis für die Umerziehung. Die Einzelnen, die sich entschieden, mit den alten Werten zu brechen und die Umerziehung als möglichen Ersatz auszuprobieren, taten dies aus verschiedenen Gründen. Eine verlorene Schlacht, schlechte Nachrichten von Zuhause, Zukunftsangst, Haß auf die Nazis, der Wunsch, etwas über Demokratie oder Kommunismus zu lernen, oder auch einfacher Opportunismus kann die Motivation gewesen sein. Für die Soldaten in russischer Gefangenschaft war die Entscheidung vielleicht einfacher. Resignation und Depression kamen wegen der schlechteren Bedingungen und der größeren Angst viel eher auf als in den westlichen Lagern.[11]

Die Kapitulation der deutschen Truppen bei Stalingrad war nur eine Vorschau auf das, was die Überlebenden in der Gefangenschaft mitmachen sollten: „Die Gefangenen strömen aus allen Richtungen heran", schrieb Weinert, „humpelnde, klappernde Geister in Lumpen [...]; die Kräftigeren werden weitergeschickt [...]; mit einem Brotlaib unter dem Arm schleppen sie sich zum Treffpunkt. Die Entfernung beträgt 27 Kilometer."[12] Im tiefsten Winter auf schnee- und eisbedeckten Straßen waren diese Gewaltmärsche eine Qual. Die Ankunft im kärglichen Lager war oft nur der Anfang. Selbst Einsiedel hatte Zweifel über die Sicherheit seiner Kameraden:

„Einer unserer Haupteinwände gegen unseren Aufruf zur Kapitulation ist unsere Sorge um das Schicksal der Kriegsgefangenen während des Transports und in den Lagern. Können wir die Verantwortung übernehmen, unseren Kameraden an der Front zu versichern, daß sie am Leben bleiben und irgendwann nach Hause zurückkommen, wenn sie sich freiwillig gefangennehmen lassen?"[13]

Alles hing von der Überlebensfähigkeit des Einzelnen ab, von der Stärke, Krankheiten zu widerstehen und Bestrafungen zu vermeiden.

Die erste Erinnerung der Deutschen, die von den Amerikanern gefangengenommen wurden oder sich ergaben, war, daß man ihnen alle persönlichen Gegenstände, wie Uhren, Eheringe und Familienphotos, abnahm. Alles wurde auf einen großen Haufen geworfen, aus dem sich die Amerikaner bedienten.[14] Die meisten der Gefangenen hatten sich den Amerikanern in Gruppen ergeben und waren im allgemeinen bei guter Gesundheit. Im Gegensatz zu ihren Kameraden im Osten bei den Russen konnten sie oft bei der Kapitulation bestimmte Bedingungen für die Gefangenschaft aushandeln.[15]

Die erste große Gruppe, die in amerikanische Gefangenschaft geriet, waren General Rommels Truppen in Nordafrika. Diese Männer waren nicht gerade einfach im Umgang, wie in einer Quelle beschrieben wird:

„Die arroganten, selbstsicheren, hochmütigen Veteranen des Afrikakorps waren die ersten Deutschen, die in den Vereinigten Staaten ankamen. [...] Eine Vorstellung der Umerziehung, die man für diese Subjekte benötigen würde, kann man aus einer ständigen Behauptung der Männer des Afrikakorps gewinnen. Sie bezeichneten ihre lange Reise quer durch die ausgedehnten Vereinigten Staaten von den Häfen am Atlantik zu den Lagern in Kalifornien als ‚Propaganda'. ‚Man hat uns im Kreis herum befördert [...], kein Land kann so groß sein.'"[16]

Ihre Arroganz wurzelte offensichtlich in der Annahme, daß Deutschland den Krieg gewinnen würde und daß sie die Behandlung der Amerikaner bis zu ihrer Befreiung als ihre Pflicht auf sich nehmen müßten. Alle Nachrichten über Rückschläge des deutschen Militärs wurden als Lügen bezeichnet. Photographien von den Schäden der alliierten Bombenangriffe auf deutsche Städte wurden als Propaganda zurückgewiesen, die nur ihre Moral brechen sollte.[17] Die Kriegsgefangenen hatten auch eine schlechte Meinung über die amerikanischen Soldaten. Im einem Bericht der Alliierten zur psychologischen Kriegführung wird die offen herablassende Art der Kriegsgefangenen im Umgang mit dem amerikanischen Personal im Lager beschrieben:

„Man hat oft das Gefühl, daß viele Kriegsgefangene nur aus Angst vor einer Beleidigung des Vernehmungsoffiziers davor zurückschrecken, die amerikanischen Soldaten als Feiglinge zu bezeichnen."[18]

Nach 1943 änderte sich dieses Bild der deutschen Kriegsgefangenen grundlegend. Auf die Gefangenen, die bereits ein nicht unbesiegbares Deutschland erlebt hatten, trafen solche Verallgemeinerungen nicht länger zu. Die Altersstruktur der Männer war anders, zu ihnen gehörten mehr ältere Soldaten, die von der Heimatfront kamen oder Veteranen der Feldzüge in Italien und Rußland waren und oft eine andere Einstellung zur Kapitulation hatten. Viele der Gefangenen, die sich 1944 und Anfang 1945 ergaben, erzählten ihren amerikanischen Vernehmungsoffizieren, daß sie trotz Warnung ihrer Vorgesetzten vor der harten Behandlung nach einer Gefangennahme bereits gehört hätten, wie gut ihre Kameraden in den Vereinigten Staaten lebten.[19]

Ein Schönheitsfehler, der sich in vielen amerikanischen Lagern hielt, war die Einschüchterung der Gefangenen durch hartgesottene Nazis. Die große Mehrheit der Gefangenen war in den ersten Kriegsjahren in die Vereinigten Staaten gekommen. Im letzten Jahr blieb ihre Zahl relativ stabil, da die Gefangenen in Europa untergebracht wurden. In Großbritannien war dieses Problem auch schwerwiegend, obwohl die meisten deutschen Gefangenen dort erst im letzten Kriegsjahr angekommen waren. In den russischen Lagern hatten die Nazis zwar ihre Anhänger, aber die Antifaschisten erwiesen sich als ziemlich militant und wurden von den Russen voll unterstützt, die gegebenenfalls auch hart durchgriffen.

Warum die Amerikaner die Nazivorherrschaft in einigen Lagern tolerierten, ist eine interessante Frage. Eine Teilantwort liegt bei den Lagerkommandanten, die ihre Aufgabe als viel leichter empfanden, wenn die Kriegsgefangenen von den Nazis bei der Stange gehalten wurden. Die Behörden schritten erst ein, als Informationen über Naziterror gegen Mitgefangene an die Öffentlichkeit drangen. Der deutsche Flüchtling und Umerziehungslehrer Henry Ehrmann war sich sicher, daß die Bedrohungen der Nazis in den Lagern das Leben der Kriegsgefangenen stark beeinflußten.[20] Auch das allgemeine Gefühl der Feindschaft gegen alles Deutsche und die Einstellung, daß es völlig egal sei, ob die deutschen Gefangenen untereinander kämpften, solange die Lagersicherheit nicht bedroht würde - eine Haltung, die die Nazis sehr erfreute - waren Gründe für die Gleichgültigkeit der Amerikaner im Hinblick auf die Nazivorherrschaft in den Lagern.[21] Obwohl das Kriegsministerium solche Vorwürfe natürlich offiziell bestritt, fanden Journalisten bei Interviews mit einigen der antinationalsozialistisch eingestellten Gefangenen die Wahrheit heraus:

> „Dieses System des geheimen Terrors ist bekannt. Sein Gesicht zeigt sich manchmal auf grausame Weise, wenn zum Beispiel deutsche Gefangene erhängt - angeblich Selbstmord - aufgefunden werden. Es hat mehr als ein Dutzend Fälle offensichtlichen Mordes gegeben. Mitgefangene der Opfer unterstützen das Militär bei der Aufklärung dieser ‚Unfälle' in der Regel nicht. Sie wissen, was passieren kann und haben Angst, Zeugenaussagen zu machen."[22]

Auch die Briten machten Erfahrungen mit Gewalt in den Lagern. Der Umgang mit den Nazis war am schwersten, da sie viel aggressiver und dominanter als die anderen Gefangenen waren. Ein britischer Erzieher vermerkte:

> „Es gab zwei Arten: echte Nazis und die passive Masse. Die Fallschirmjäger waren zäh, grob, aggressiv und voller blinder Ergebenheit dem Führer gegenüber. Ihre Kampfmoral war stark. Politik war für diese Kriegsgefangenen gleichbedeutend mit Nationalsozialismus."[23]

Als größeres Problem für die Briten erwies sich aber der starke Unmut aller Gefangenen - Nazis genauso wie Antinazis- darüber, daß sie bei Kriegsende nicht nach Hause geschickt wurden. Besonders stark war dieses Gefühl bei den Gefangenen, die vor ihrem Transport nach England bereits einige Zeit in amerikanischen Lagern verbracht hatten. Dies traf auf 175.000 der 370.000 Kriegsgefangenen zu, die ursprünglich als Folge des anglo-amerikanischen Abkommens zur 50prozentigen Aufteilung der Gefangenen in amerikanischem Gewahrsam waren. Diese Soldaten kamen enttäuscht, niedergeschlagen und wütend in England an und waren sicher keine bereitwilligen Kandidaten für die Umerziehung. Ihre Mitgefangenen, die meistens im Jahr 1944 gefangengenommen und direkt nach England geschickt wurden, waren dafür eher empfänglich.[24]

Alle drei Alliierten wurden bei der Planung ihrer Umerziehungsprogramme mit dem gleichen Problem konfrontiert: Wie konnte man herausfinden, wie tief der Glaube an den Nationalsozialismus in ihren zukünftigen Schülern verwurzelt war? Die Erfahrung und die ersten Eindrücke der Gefangennahme, das Verhalten der Alliierten ihnen gegenüber, all das beeinflußte die Einstellung der Gefangenen zur Umerziehung genauso wie die physischen Annehmlichkeiten durch besseres Essen, Unterkunft und hygienische Bedingungen. Vielleicht haben sich die Planer der westlichen Alliierten irgendwann gefragt, ob die harten Entbehrungen der deutschen Gefangenen in Rußland nicht ein stärkerer Anreiz zum Lernen seien als die eher rationalen Argumente der USA und Großbritannien. Wenn die schrecklichen Lebensumstände durch die Beschäftigung mit dem Kommunismus verbessert werden konnten, hatten viele Gefangene ihrer Meinung nach nichts zu verlieren. Wenn umgekehrt die Lagerbedingungen erträglich oder, wie in einigen amerikanischen und britischen Lagern, sogar ziemlich gut waren, hatten die Gefangenen nicht den gleichen Anreiz. Die westlichen Planer konnten sich jedoch mit der Tatsache trösten, daß die Gefangenen, die sich für ihr Angebot zum Studium der Demokratie entschieden, dies aus wirklichem Interesse taten.

Ein weiterer Lernanreiz für potentielle Schüler im Osten und Westen war die Hoffnung, die Kursteilnahme würde ihnen verbesserte Aussichten auf eine frühe Repatriierung verschaffen. In der großen Mehrheit der Fälle wurden die Entlassungstermine jedoch ohne Rücksicht auf die Aktivitäten der Gefangenen nach den Wünschen der Gewahrsamsmächte festgelegt. Während die Vereinigten Staaten ihre deutschen Kriegsgefangenen zuerst freiließen, behielt Großbritannien sie noch für einige Jahre nach Kriegsende. Als letzte wurden die russischen Gefangenen entlassen.

Weder die Amerikaner noch die Briten schufen absichtlich schlechte Lebensbedingungen, um hiermit Freiwillige für die Umerziehungskurse zu gewinnen. Es wäre auch nicht ganz richtig, so etwas von den Russen zu behaupten. Dennoch bleibt die Tatsache bestehen, daß die Kriegsgefangenen, die eine Antifa-Schule besuchten, bessere Lebensbedingungen genossen und nicht mehr allen Problemen des Lagerlebens ausgesetzt waren.

Mit der Zeit begannen sich die deutschen Gefangenen in Rußland in mehrere, klar abgegrenzte Gruppierungen aufzuteilen: Einige von ihnen suchten eine Gelegenheit, um etwas über den Kommunismus zu lernen, und wurden meistens auch zu Kommunisten;[25] andere hofften auf eine irgendwie geartete Koalition zwischen Deutschland und Rußland, ohne aber unbedingt ein kommunistisches System für die

Zukunft zu wünschen; dann gab es die opportunistischen Gefangenen, die ihre Lage um jeden Preis verbessern wollten und dafür alles akzeptierten, was die Russen wollten, einschließlich des Kommunismusunterrichts; und schließlich bestand die bei weitem größte Gruppe aus Gefangenen, die den Kommunismus nicht mochten und angesichts einer unsicheren Zukunft nur die Internierung überleben und nach Hause zurückkehren wollten. Sie glaubten nicht mehr an den Nationalsozialismus, obwohl noch einige unverbesserliche Nazis unter ihnen waren, die immer noch die politischen Hetzreden Hitlers im Munde führten.[26]

Bei vielen Deutschen, die in russischer Kriegsgefangenschaft zu Kommunisten wurden, lassen sich gewisse Gemeinsamkeiten feststellen. Schon lange vor ihrer Gefangennahme waren ihnen erste Zweifel an den Machthabern, denen sie dienten, gekommen. Einige waren durch die Politik, die Wertvorstellungen oder den Krieg verunsichert, alle beschuldigten jedoch Hitler und seine Nazigefolgschaft. Für diese deutschen Soldaten wurde die russische Kriegsgefangenschaft zu einem Wendepunkt, der es ihnen ermöglichte, ihre wahren Gefühle zu äußern und sich eine neue politische Philosophie zu eigen zu machen. Ein typisches Beispiel ist Bernt von Kügelgen, der als rangniedriger Offizier im Sommer 1942 in russische Kriegsgefangenschaft geriet und sich später an der Gründung des BDO beteiligte. Er erinnerte sich, daß er bei seiner Gefangennahme das übliche Verhör zu militärischen Einzelheiten erwartete: Zu welcher Einheit gehören Sie, wie stark sind die deutschen Truppen in diesem Gebiet usw. Zu seiner Überraschung lautete die einzige Frage: Warum haben Sie die Sowjetunion angegriffen?[27] Das war der Anfang einer Erfahrung, die sein Leben tiefgreifend verändern sollte.

Auch die Amerikaner hatten die Hoffnung, bei ihren deutschen Kriegsgefangenen einen einschneidenden Gesinnungswandel hervorrufen zu können. Einer ihrer Generäle formulierte dieses Ziel so:

„Seit die ersten deutschen Kriegsgefangenen in die Vereinigten Staaten kamen, haben wir ihnen die amerikanische Einstellung zum Leben und zur Politik nahegebracht. […] Wir zeigen den deutschen Kriegsgefangenen die Wahrheit, die sie zu Hause nicht erleben konnten."[28]

Den Briten gelang es aufgrund von anderen zeitlichen Voraussetzungen und Zielsetzungen besser als den Amerikanern, ihren deutschen Kriegsgefangenen eine demokratische Lebenseinstellung nahezubringen. Wegen der Kriegssituation und der großen territorialen Ausdehnung der Vereinigten Staaten konnten sich die deutschen Kriegsgefangenen nur schwer ein klares Bild von der amerikanischen Gesellschaft machen. In Großbritannien hingegen konnten sie nach Ende des Krieges Städte besuchen, kommunale Selbstverwaltung aus erster Hand erleben und bei privaten Kontakten englisches Familienleben kennenlernen, wodurch sie mit dem britischen Leben enger vertraut wurden.

Allen Umerziehungsprogrammen gemein war die Schwierigkeit, die richtigen Kriegsgefangenen auszuwählen. Geeignet waren diejenigen, die bereit waren, sich neuen Ideen zu öffnen und hart für das Verständnis der neuen Vorstellungen zu arbeiten. Erfolg und Mißerfolg hingen von der richtigen Auswahl ab, die durch die besonderen Umstände der Situation noch erschwert wurde. Selbst mit einem äußerst sorgfältigen Auswahlverfahren war nicht zu vermeiden, daß einige Teilnehmer lediglich ihre Gefangenschaft einfacher und interessanter gestalten wollten, ohne die Umerziehung an sich ernst zu nehmen. Die alliierten Gestalter der Programme waren sich dieses Problems wohl bewußt, nahmen es aber um des generellen Zieles willen in Kauf. Wichtigste Aufgabe war, ein Programm auf den Weg zu bringen.

Die Russen begannen als erste mit einem Umerziehungsprogramm und führten es auch am längsten durch. Von Anfang an kombinierten sie dabei kurzfristige Ziele der Kriegspropaganda mit langfristigen Zielen für die Nachkriegszeit. Im Unterschied zu den Special Projects der USA und Wilton Park in Großbritannien benutzten die Russen deutsche Kriegsgefangene für Propagandazwecke und förderten die Gründung von Offiziersverbänden. Die Entscheidung vieler Kriegsgefangener zur Umerziehung war oft direkt mit dem Kriegsverlauf verknüpft. Anders als in den USA oder Großbritannien stand die Teilnahme an einem Antifa-Programm oft in engem Zusammenhang mit einem Ereignis an der Ostfront. Das konnte von einer ganz persönlichen Reaktion auf die Gefangennahme bis hin zu einer größeren, traumatischeren Erfahrung wie der Schlacht um Stalingrad reichen. Für Tausende von deutschen Soldaten war die Gefangennahme der Auslöser, der es den Russen erlaubte, sie für einen Kreuzzug gegen Hitler hinter dem Stacheldraht zu gewinnen. Mehrere Faktoren kamen zusammen: der Verlust einer Schlacht, der schwindende Glauben vieler deutschen Soldaten in Kriegsgefangenschaft an ihre Führung und der Eifer Ulbrichts und seiner kommunistischen Genossen bei der Verbreitung der Bewegung „Nationalkomitee Freies Deutschland".

Stalin sah darin eine Möglichkeit, seine eigenen ehrgeizigen Ziele zu unterstützen und förderte die Bewegung.[29]

Bei der Auswahl der deutschen Gefangenen für die Antifa-Programme wurde nicht so sorgfältig auf Eignung geprüft wie in den USA und später in Großbritannien. Das russische Programm war von Anfang an breiter angelegt, und man scheute nicht davor zurück, einen gewissen Druck auszuüben, um die Kurse zu füllen. Das NKFD wurde unter Druck gesetzt, seine „Quote" neuer Mitglieder zu erfüllen und über eine wachsende Zahl von Antifaschisten in den Lagern zu berichten. Die deutschen Gefangen wurden im allgemeinen zwar nicht der physischen Folter ausgesetzt, um sie zur Teilnahme zu bewegen, andererseits waren Schläge, erzwungenes Ausharren in Kälte und Schnee und unterschwellige Exekutionsdrohungen nicht ungewöhnlich. Unerwartete und wiederholte Leibesvisitationen und die Konfiszierung von persönlichen Briefen und Photos waren andere Mittel zur Gewinnung von „Freiwilligen".[31]

Das wirksamste Instrument von allen aber war die Aussicht auf besseres Essen und bessere Lebensbedingungen. Das Essen

„wurde benutzt, um Gefangene zu überreden, Informanten zu werden oder auf andere Art mit den Russen zusammenzuarbeiten. [...] Während der Rekrutierungsphase für das NKFD wurden Fleischgerichte, die für den durchschnittlichen Gefangenen in Jelabuga unerreichbar waren, demonstrativ an allen anderen Tischen vorbei zum letzten Tisch im Speisesaal getragen, an dem die Mitglieder des NKFD saßen und über dem in großen Buchstaben stand: ‚Trete dem NKFD bei'."[32]

Die Möglichkeit einer schnellen Rückkehr in die Heimat war ein fast so großer Anreiz wie das Essen. Diese Aussicht spielte für die Kriegsgefangenen in der Sowjetunion bei der Umerziehung eine viel größere Rolle als in den Vereinigten Staaten oder Großbritannien. Diese Hoffnung wurde durch die Tatsache verstärkt, daß die russisch-deutschen Beziehungen in Hinblick auf Kriegsgefangene nicht durch die Konvention geregelt waren und es keinen Austausch von Gefangenenlisten gab. So gab es für die Gefangenen beider Länder keine Spielregeln außer denen, die jede Seite selbst aufstellte. Deshalb glaubten manche deutsche Gefangene ihre Rückkehr durch die Teilnahme an der Umerziehung beschleunigen zu können, und in einigen Fällen war es tatsächlich so.

Die deutschen Gefangenen, die an der Umerziehung durch den Besuch von Antifa-Kursen teilnahmen, wurden zu sogenannten „Aktivisten" und sollten ihrerseits unter ihren Kameraden in den Lagern neue Teilnehmer rekrutieren. Das war keine einfache Aufgabe. Sobald ein Gefangener dem Besuch eines Kurses zugestimmt hatte, wurde er von denjenigen, die abgelehnt hatten, als Kollaborateur gebrandmarkt. Der Weg zurück war ihm damit praktisch versperrt:

> „Es gab nur wenige Gefangene, die sich nach einer vorübergehenden, nicht sehr weitreichenden Zusammenarbeit mit den Russen vollständig davon distanzierten und von ihren Mitgefangenen voll akzeptiert wurden."[33]

Es wäre jedoch ein schwerer Fehler, alle deutschen Soldaten, die dem NKFD oder dem BDO beitraten, als Opportunisten zu bezeichnen. Sie so einfach abzutun, würde ein mangelndes Verständnis für diese Männer bedeuten, die in Verzweiflung und Elend nach einem neuen Lebensinhalt suchten. Ob sie diesen im NKFD, im BDO oder bei ihren russischen Lehrern fanden, war nicht so wichtig, da dem Kommunismus die Zukunft gehörte.[34]

In der Endphase des Krieges gab es noch zwingendere Gründe für die Kollaboration. Die deutschen Soldaten, die zwischen 1944 und 1945 in die Lager kamen, hatten es mit gut etablierten Aktivisten zu tun und waren überzeugenderen Argumenten gegen den Nationalsozialismus ausgesetzt. Im Sommer 1944 erklärten achtzehn gerade gefangengenommene deutsche Generäle spontan ihre Bereitschaft zur Unterstützung von NKFD und BDO. Sie erklärten, daß sie sich von Hitler und seinen Henkern distanzierten und riefen unter Mißachtung aller Befehle die Deutschen zur Beendigung des Krieges auf. Ihre Erklärung wurde sofort in Form von mehreren tausend Broschüren unter den deutschen Linien verteilt. Ein Deutscher berichtete später von seiner großen Überraschung darüber, daß sich höchst konservative Männer, die meist sogar aus einer adligen Familie stammten, jetzt auf die Seite des Kommunismus und des einfachen Arbeiters stellten.[35]

Wenn man den amerikanischen Auswahlprozeß mit dem russischen vergleicht, wird offensichtlich, daß für die Russen, zumindest zu Anfang, die Verwendung in der Propaganda das wesentliche Kriterium war. Dies war für die Amerikaner ausgeschlossen, es sei denn, die Regierung wollte gegen die Genfer Konvention verstoßen. Die Vereinigten Staaten wollten zwar die politische Entwicklung im Nachkriegsdeutschland beeinflussen, aber für die Mitarbeiter der Special

Projects war die Teilnahme der deutschen Kriegsgefangenen immer freiwillig. Es wurden weder Köder noch Anreize, noch versteckte Versprechungen oder Drohungen eingesetzt, um Schüler zu gewinnen. Wenn ein bestimmter Kriegsgefangener Qualifikationen hatte, durch die er die Aufmerksamkeit der Special Projects-Mitarbeiter erregte, konnte es vorkommen, daß er, ohne groß gefragt zu werden, in eines der Umerziehungszentren geschickt wurde. Er konnte jedoch jederzeit und ohne Strafmaßnahme den Kursbesuch verweigern. Die Kriegsgefangenen, die die Kurse besuchten, erlitten durch die Nazis im Lager ähnliche Repressalien und Isolation, wie ihre Kameraden aus den Antifa-Schulen in Rußland.

Die Annahme, daß die deutschen Kriegsgefangenen die Special-Projects-Programme aus reinem Interesse an Demokratie besuchten, wäre eine zu große Vereinfachung. Zum größten Teil hatten sie keine vergleichbare traumatische Erfahrung und tiefgehende Desillusionierung durchgemacht wie die deutschen Kriegsgefangenen in Rußland. Der Verlust einer Schlacht oder die Gefangennahme waren noch nicht ausreichend, um ernsthafte Zweifel an Hitlers Führung auszulösen. In Amerika verlief der Prozeß langsamer. Die meisten der deutschen Kriegsgefangenen in den USA waren im Vergleich zu ihren Kameraden in Rußland eine homogenere Gruppe mit ähnlichen Erfahrungen und vergleichbarem Hintergrund. Sie kamen zum größten Teil aus dem Afrikakorps und waren genau in der Zeit von 1942 bis 1943 in Gefangenschaft geraten. Obwohl sie zwar in beschränktem Umfang über die Kriegsereignisse in Deutschland informiert waren, hielt sich ihre persönliche Betroffenheit in Grenzen. Sie hatten Deutschland vor den intensiven alliierten Bombenangriffen verlassen, wurden in der Gefangenschaft gut verpflegt und behütet und brauchten sich nicht um einen Schutz gegen die Kälte oder um die Vermeidung gefährlicher Arbeit zu kümmern. Außerdem wußten die Gefangenen des Afrikakorps, daß die Amerikaner sie nicht ewig festhalten würden. Bis jedoch das amerikanische Umerziehungsprogramm anlief, waren viele schon seit zwei oder drei Jahren Kriegsgefangene. Dadurch hatten sie genügend Zeit zum Nachdenken und für den dringend benötigten Abstand gehabt. Deshalb bewarben sich, als die Special Projects anliefen, viel mehr Kriegsgefangene - ungefähr 25.000 - als schließlich zugelassen werden konnten.

Davison und seine Mitarbeiter investierten viel Mühe in die Entwicklung von Screening- und Auswahlverfahren. Als ersten Schritt baten sie die in den Lagern stationierten Nachrichtenoffiziere um Namen möglicher Kandidaten. Grundlegende Voraussetzung war der überprüfbare Beleg dafür, daß ein Gefangener ein Nazigegner war. Diese Information lieferte entweder der Lagerkommandant oder sie stand in der Gefangenenakte. Nachdem so eine ausreichende Zahl von Gefangenen zusammengestellt worden war, schickten die Special Projects ein Team aus zwei Männern (ein Offizier und ein Mannschaftsdienstgrad) zu Interviews in die Lager.

Es gab einige, einfach anzuwendende Leitlinien zur Aussortierung derjenigen, die nicht in Frage kamen. Alle Kommunisten, Berufsoffiziere (Major und höher) und Gefangene mit ausländischer Staatsbürgerschaft wurden ausgeschlossen. Andere wurden nicht berücksichtigt, da sie entweder zu alt oder zu jung waren (Dreißig bis Vierzig war die Zielgruppe) oder ihren Wohnsitz nicht in der amerikanisch besetzten Zone Deutschlands hatten. In allen Fällen waren jedoch Ausnahmen möglich.[36]

Die Auswahlanforderungen waren klar und leicht zu definieren und gingen aus den Akten oder den Gesprächen hervor. Eine schwierigere Aufgabe für die Special Projects war die eigentliche Prüfung der potentiell geeigneten Kandidaten. Ein Fragebogen enthielt zwar ausführliche Informationen über den Hintergrund des einzelnen Kriegsgefangenen - ob er sich ergeben hatte oder desertiert war, ob er aus religiösen oder politischen Gründen bestraft worden war, ob er zu einer Anti-Hitler-Gruppe gehört hatte - es war aber, wie eine Denkschrift der Special Projects verlautete, viel schwieriger zu entscheiden, ob ein Gefangener „vertrauenswürdig, loyal, kooperativ, fleißig und geistig gefestigt" war.[37] Hilfreich war die Tatsache, daß die Behörden der amerikanischen Armee bereits eine Reihe von Lagern für sogenannte Antinazis, die sich den Lagernazis widersetzt und deshalb unter Isolation und Mißhandlung gelitten hatten, eingerichtet hatten. Für die Insassen dieser Lager konnte Davisons Team leichter Empfehlungen aussprechen, sie machten aber bald die Erfahrung, daß ein Kriegsgefangener, der nachweislich Antinazi war, nicht unbedingt ein guter Schüler für die Umerziehung sein mußte.

Nachdem ein Kriegsgefangener Davison empfohlen worden war, wurden seine Unterlagen von einem der Mitarbeiter der Special Projects und einem Team deutscher Kriegsgefangener in Fort Kearney erneut geprüft. Mit großer Sorgfalt suchte man nach Informationen in den Fragebögen, die auf unerwünschte Einstellungen hinwiesen. Nach Abschluß dieser Verfahren wurden die Fragebögen in drei Kategorien unterteilt: „Schwarz" bedeutete ungeeignet, „Grau" zweifelhaft und

„Weiß" geeignet. Im Anschluß an eine zweite Prüfung wurden die Grauen endgültig als weiß oder schwarz eingeordnet.[38]

Einer der deutschen Kriegsgefangenen, ein Veteran der 999-Division, der für die Umerziehung ausgewählt wurde, berichtete über seine antinationalsozialistischen Aktivitäten, die zu seiner Auswahl führten:

> „Bereits einen Monat vor der allgemeinen Kapitulation in Nordafrika konnte ich einem Tommy aufatmend meine Pistole in die Hand drücken und wiegte mich im Glauben, daß das Dritte Reich für mich damit beendet sei. Einen Monat später fand ich es wieder im POW Camp Gruber, Oklahoma. Für drei Monate habe ich mich gestritten mit Nazigefangenen bis ich mit einer Gruppe von 100 Mann in das erste Antinazi POW Camp McCain, Mississippi übersiedeln konnte. Dort wählte man mich zum Kompanieführer und es gab hier schon einige Gelegenheiten, den Geist des Gastlandes zu studieren. Fort Devens, die nächste Station, entwickelte sich zu einer Art Musterlager. Hier fanden wir wieder Anschluß an die großen geistigen Ströme der Welt und entdeckten wieder die Grundlagen unserer eigenen deutschen Kultur. In einem heftigen demokratischen Wahlkampf wurde ich als Kandidat der ‚Linken' zum Lagersprecher gewählt, und ich versah dieses Amt bis zur Erschaffung des School Camp Fort Getty, wo ich die gleiche Funktion innehatte, und wo ich an einem Verwaltungskurs teilgenommen habe."[39]

Davison und seine Leute wußten sehr wohl, daß sie kein narrensicheres System zur Auswahl der richtigen Kandidaten entwickelt hatten, aber sie waren zuversichtlich, daß die Mehrheit der von ihnen ausgewählten Schüler die Special Projects zu einem Erfolg machen konnten. Bald hatten sie eine ausreichende Zahl zugelassener deutscher Kriegsgefangener, die von den anderen Gefangenen bis zu ihrem Transport nach Fort Kearney, wo sie den ersten Kurs des Projekts I besuchen sollten, getrennt wurden.

Wenn man die Screening- und Auswahlverfahren der drei Alliierten vergleicht, erkennt man viele Gemeinsamkeiten zwischen Amerikanern und Briten, wenn es um das Ziel ging, das beide erreichen wollten: die deutschen Kriegsgefangenen dem Studium der Demokratie auszusetzen. Die Russen verfolgten ein zweifaches Ziel: Die Rekrutierung von willigen Gefangenen für ihre Kriegspropagandamaschine und gleichzeitig die Ausbildung einer genügenden Anzahl von Kriegsgefangenen im Kommunismus, um die Nachkriegsstrategie einer Ausweitung des Einflusses Moskaus auf Deutschland sicherzustellen. Deshalb unterschieden sich die russischen Anforderungen an zukünftige Schüler nicht nur, sie waren auch weniger selektiv; Einstellung und Willigkeit waren wichtiger als der persönliche Hintergrund.

Obwohl die amerikanischen und britischen Ziele im Ansatz gleich waren, gab es auch Unterschiede. Die Briten maßen diesen Unterschieden bei einem Vergleich der beiden Programme eine größere Bedeutung zu. In gewisser Weise hatten die Amerikaner einige der von ihren britischen Alliierten an sie gerichteten Kritik verdient. Sie versuchten, alle Einzelheiten über die Special Projects geheim zu halten und gaben den Briten nicht einmal einen Hinweis darauf, daß sie an einem Experimentierprogramm zur Umerziehung der deutschen Kriegsgefangenen interessiert waren. Darüber müssen die britischen Planer ziemlich verärgert gewesen sein, denn da ihr eigenes Programm erst spät anlief, hätten sie aus den gemachten Erfahrungen profitieren können. Die Briten waren davon überzeugt, daß, im deutlichen Gegensatz zu ihrem eigenen Programm, sowohl die russische als auch die amerikanische Umerziehung politisch orientiert war.

Colonel Henry Faulk, der bei der Entwicklung des britischen Programms mithalf, beharrte darauf, daß ein Teil des gedruckten Materials zur Beschreibung der Pläne für Wilton Park und die erklärte Absicht, ausgebildete Kräfte für die britischen Besatzungsbehörden hervorzubringen, lediglich als Mittel zur Überzeugung der unwilligen Kommandanten der Kriegsgefangenenlager eingesetzt wurden. Mit diesem Material sollten die Kommandanten ermutigt werden, den Mitarbeitern von Wilton Park die Suche nach geeigneten Kandidaten zu erleichtern. Nach Aussage des Colonels bestand im Gegensatz zum amerikanischen Fall nie die Absicht, die Absolventen von Wilton Park in der britischen Verwaltung Deutschlands einzusetzen, und man wollte sie auch nicht zu einer solchen Tätigkeit ermutigen:

„Die Bedeutung von WP [Wilton Park] ergab sich direkt aus der sogenannten ‚allgemeinen Umerziehung‘. Im wesentlichen ging es darum, in den Lagern eine aktive Unterstützung dieser ‚allgemeinen Umerziehung‘ zu erzeugen. [...] Mit einem Wort war das Ziel die Auslöschung der Entpersönlichung der nationalsozialistischen Einstellung.“[40]

Wenn man die amerikanischen und britischen Vorbereitungen der Umerziehung vergleicht, geht aus dem britischen Material ein stärkerer Idealismus hervor. Teilweise liegt der Grund in der Tatsache, daß das britische Programm erst nach dem Krieg anlief, als mit der Umerziehung mehr erreicht werden konnte. Auf jeden Fall enthält die Dokumentation zu den Special Projects keine Aussagen von Mitarbeitern, die mit Colonel Faulks Beschreibung der erhofften Lernziele vergleichbar wären:

> „Wir sollten ein gut ausgestattetes Lager in schöner Umgebung auswählen, ohne Stacheldrahtzaun [...]; unsere Kriegsgefangenen sollten sich als Studenten sehen. [...] Wenn unsere Kriegsgefangenen einen Ausflug in [...] die Stadt unternehmen, würden wir ihnen ordentliche Zivilkleidung geben. Unsere Deutschen müßten intelligent, tolerant und wohlerzogen sein. [...] Da alle Personen im Lager, Briten und Deutsche, mehr oder weniger die gleichen menschlichen und moralischen Vorstellungen haben, sollte die Suche nach der Wahrheit in einem Geiste der nüchternen Objektivität und im Rahmen von hoffnungsvollen Diskussionen über die Zukunft Deutschlands erfolgen."[41]

Idealismus hin oder her, die Briten mußten genau wie die Amerikaner einen Anfang machen und unter ihren deutschen Kriegsgefangenen die geeigneten auswählen. Sie begannen mit der gleichen Voraussetzung: Potentielle Schüler sollten in irgendeiner Form antinationalsozialistische Gefühle geäußert haben. Das war in der Tat nicht sehr schwierig, da Hitler den Krieg bereits verloren hatte und viele Gefangene ihrer Enttäuschung und Empörung angesichts des Nationalsozialismus laut Luft machten. Genau wie die Amerikaner verwendeten die Briten eine Einordnung der Gefangenen in weiß, grau und schwarz, obwohl sie darauf bestanden, das amerikanische Modell nicht imitiert zu haben.

Die Entwickler des Wilton Park-Konzepts schienen überzeugt zu sein, daß sie auf Grund ihres Zieles, einen Unterricht in bester humanistischer Tradition anzubieten, andere Schüler als ihre beiden Kriegsverbündeten anziehen würden. Der einzige offensichtliche Unterschied war, daß sowohl die Amerikaner als auch die Russen ihre Programme mitten im Krieg begonnen hatten, obwohl die Russen auch noch weit nach Kriegsende Schüler rekrutierten. Am Anfang war sich Colonel Faulk über die Qualität der Kriegsgefangenen, die von einem besonderen Unterrichtsprogramm angesprochen werden könnten, nicht so sicher. Er hatte das Gefühl, daß die ausgewählten Deutschen eine irgendwie geartete elitäre Haltung einnehmen und ohne wirkliches Engagement einfach nur die richtigen

Antworten geben würden. Faulk hatte bereits bemerkt, daß einige
der deutschen Kriegsgefangenen, die das vorausgehende Auswahlverfahren bestanden hatten, dem britischen Lagerpersonal ohne akademischen Hintergrund, die gewisse Verwaltungsarbeiten für die
Schule erledigten, bereits mit offener Mißachtung begegneten. Bei
einer Gelegenheit verlangten sie, daß die britischen Soldaten alle
Reinigungsarbeiten übernehmen sollten, damit die Gefangenen mehr
Zeit zum Lernen hatten. Faulk ließ sich hierdurch nicht entmutigen,
aber er hatte das Gefühl, daß die Disziplin während des ganzen Prozesses nicht vernachlässigt werden sollte.[42]

Als später einige der Anlaufschwierigkeiten gelöst waren, gab der
Oberst zu, daß die Auswahl der geeigneten Kandidaten für ein solches Projekt keine einfache Aufgabe gewesen war:

„Die Kursteilnehmer wurden zunächst auf Grund ihrer Auffas-
sungsgabe und Diskussionsfähigkeit ausgewählt, außerdem sollte
ihr geistiger Hintergrund einen wirklichen Sinn für Menschlichkeit widerspiegeln. Nicht alle Männer aus der weißen Kategorie
gingen nach WP und nicht alle, die dorthin gingen, gehörten zu
den Weißen. Als die Repatriierung in vollem Gange war, wurde
es schwierig, überhaupt bereitwillige Männer für eine Kursteilnahme zu finden."[43]

Wie Faulk festlegte, ob ein Gefangener „einen wirklichen Sinn für
Menschlichkeit" hatte, ist nicht ganz klar. Da eine solche Eigen-
schaft den schriftlichen Akten über die Schüler nur schwer zu ent-
nehmen ist, mußten der Beobachtung und dem Interview mehr Gewicht eingeräumt werden. Angesichts der menschlichen Fähigkeit,
wahre Gefühle zu verbergen, und angesichts der sehr kurzen Zeit für
jedes Interview, kamen in der britischen Presse Zweifel am Wert
dieser Auswahlmethoden auf:

„Wer sind diese Menschen, die in diesem schicksalhaften Moment
am besten abschneiden? Die Furchtlosen und die typischen Produkte der hitlerschen Erziehung haben vielleicht die besten Chancen. Die ängstlichen oder auch die nervösen Männer [...] werden
eher zögerlich antworten und dadurch Mißtrauen hervorrufen.
[...] Dieses System zur Klassifizierung von Männern nach dem
‚Erscheinungsbild', das in einem Kurzinterview überprüft werden
soll, ist in der Tat abenteuerlich. Ausgebildete Psychologen benötigen eine ganze Serie von Gesprächen, um den wahren Charakter
eines Menschen einzuschätzen. [...] Es ist schwer genug, Men-

schen seiner eigenen Nationalität schnell zu beurteilen. [...] Die
auf die Auswahl wartenden Kriegsgefangenen stellen sich natürlich eine große Frage: Was muß man im Interview sagen und wie,
um gut abzuschneiden."[44]

Zur Verteidigung der Mitarbeiter von Wilton Park muß man fairer-
weise sagen, daß sie keine großen Alternativen hatten, da sie die
Kriegsgefangenen nicht ewig zur Beobachtung und für Interviews
festhalten konnten. Die an der Auswahl Beteiligten waren sich der
Schwächen wohl bewußt. Sie waren nicht so naiv zu glauben, daß
sie alle unerwünschten Personen aussortieren könnten. Um sich ein-
zuschmeicheln, denunzierten manche Gefangene während eines Interviews ihre Kameraden, eine „Pflichterfüllung", die sie durch den
Nationalsozialismus gelernt hatten. Faulk, der mit seiner Umerziehungsarbeit Anfang 1945 begonnen hatten, legte einige Grundregeln
für die Interviews fest:

„Seine Regel lautete: nie grob sein, nie schreien, nie einschüch-
tern. Er bildete die ‚Segregation Officers', wie die Screener jetzt
genannt wurden, persönlich aus und führte Stichproben durch, um
sicherzustellen, daß seine Prinzipien angewandt wurden. Insgesamt siebenundzwanzig Offiziere befaßten sich hauptsächlich mit
der Auswahl von Gefangenen, die in einem Umerziehungsprogramm mitarbeiten könnten. [...] Diese neuen Segregation Officers urteilten nicht auf der Grundlage der politischen Meinung
der Gefangenen, die kaum zur Sprache kam. Die in der Familie
und durch den sozialen Hintergrund erworbenen Einstellungen
waren entscheidend. [...] Vor allem mußten diejenigen bestimmt
werden, die die neuen demokratischen Normen der offenen Diskussion und Toleranz aktiv behinderten, damit sie gegebenenfalls
aussortiert werden konnten."[45]

Genau wie Davison und sein Team in Amerika, die oft auf Widerstand stießen, hatten auch die britischen Segregation Officers oft mit
Lagerkommandanten zu tun, die meinten besser einschätzen zu können, wer Nazi war und wer nicht und versuchten, den Entscheidungen des Umerziehungspersonals zu widersprechen. Am Anfang
stellte dies ein Problem dar, da die Zusammenarbeit mit den Lagerkommandanten für den Erfolg des ganzen Projektes außerordentlich
wichtig war. Wenn einer von ihnen gegen die Umerziehungsidee war,
konnte er sich mit dem Vorwand des Platzmangels zum Beispiel wei-
gern, die für die Interviews erforderlichen Räume zur Verfügung zu

stellen. Colonel Faulk war überzeugt davon, daß die Lagerkommandanten mit Vorurteilen über die Umerziehung solche Taktiken einsetzten, und dies mußte man ändern:

> „[Es] wird mittels einer Diskussion mit der Führung der Kriegsgefangenen eine Untersuchung über die Zusammensetzung der Lagerinsassen geben. Die potentiellen weißen Aktivisten würden dadurch entdeckt und um Unterstützung gebeten. Eine aktive schwarze Führung, die sich sowohl den Zielen der Kommandanten als auch der Umerziehung entgegensetzte, würde ausgesondert werden. Dies war ein Angebot zur Verbesserung der Lager, das schließlich die Kommandanten überzeugte."[46]

Das Wilton Park-Programm verfolgte nicht das unmittelbare Ziel, die Absolventen nach Deutschland zurückzuschicken. Sie sollten in die Kriegsgefangenenlager zurückkehren und dort als Anreiz für die Umerziehung wirken. Faulk betonte immer wieder, daß der

> „Erfolg von WP für uns nicht in Deutschland bemessen wird, sondern an den Leistungen, die sich in den Lagern verbreiten werden. […] Weder in der ‚allgemeinen Umerziehung' noch in WP ging es um eine irgendwie geartete politische Indoktrinierung."[47]

Wenn das zutrifft, folgt daraus, daß die Briten bei ihrem Screening- und Auswahlverfahren im Vergleich mit den Amerikanern oder Russen einen anderen Ansatz verfolgten. Dennoch hatten letztendlich alle drei Nationen das Endziel, die politische Richtung im Nachkriegsdeutschland zu verändern.

Diese Meinung teilte Colonel Faulk sicher nicht, besonders wenn es um Vergleiche zwischen Wilton Park und den Special Projects der Vereinigten Staaten ging:

> „Es gab im Vergleich mit dem Programm der Armee der Vereinigten Staaten, das die gleichen allgemeinen Ziele verfolgte, genügend Unterschiede in der Leitung, allgemeinen Gestaltung und in den Methoden von Wilton Park, um zu rechtfertigen, daß Wilton Park ein nie dagewesenes Experiment darstellt."[48]

Auf beiden Seiten war man sich jedoch darüber einig, daß man Deutsche suchte, die selbständig denken konnten. Im Vergleich zu der Art der deutschen Gefangenen, die die Russen rekrutierten, war das ein sehr wesentlicher Unterschied. Dies heißt nicht, daß die von den Russen ausgewählten Männer intellektuell gesehen unterlegen waren, viele von ihnen hatten ernsthafte Überzeugungen. Die Russen suchten jedoch Gefangene, die bereit waren, den Nationalsozialismus gegen ein anderes totalitäres System auszutauschen. Sie suchten keine Männer, die sich eine Welt erschließen wollten, zu der sie in Hitlers Deutschland keinen Zugang hatten.

Jeder der Alliierten versuchte, die Gefangenen im Einklang mit der ihren jeweiligen Programmen zugrundeliegenden Philosophie auszuwählen. Die Russen konzentrierten sich zum Beispiel auf Männer aus der Arbeiterklasse, wenn es aber zweckdienlich war, wie beim BDO, rekrutierten sie nur Offiziere. Während die Amerikaner und Russen Männer in einem Alter von achtzehn bis zu zweiundsechzig oder dreiundsechzig Jahren zuließen, konnten die Briten einen niedrigeren Altersdurchschnitt erreichen.[49] An allen drei Programmen konnten Männer unterschiedlichster Bildung - von der Volksschule bis zur Universität - teilnehmen, aber den Briten gelang es, einen höheren Prozentsatz von Akademikern auszubilden.[50] Nachdem Ulbricht und die Russen erkannt hatten, daß sie im Gegensatz zu ihrer ursprünglichen Annahme Männer mit größeren intellektuellen Fähigkeiten benötigten, waren die meisten deutschen Kursteilnehmer in den Antifa-Schulen bis 1945 entweder Studenten, ehemalige deutsche Beamte oder andere Akademiker. Nach 1945 wurden vorzugsweise Männer mit einer Ausbildung und Erfahrung im Berufsleben und in der Industrie ausgesucht.[51]

Die Vereinigten Staaten führten wahrscheinlich die umfangreichsten Archive zur Umerziehung und zu deutschen Kriegsgefangenen, aus denen sich eine Vielzahl statistischer Bilder ableiten lassen. Jeder der ungefähr 25.000 deutschen Kriegsgefangenen, der eine der Special-Projects-Schulen besuchte, mußte einen langen Fragebogen mit Angaben zu seinem Hintergrund ausfüllen. Mehr als 30.000 deutsche Gefangene wurden interviewt, wobei man davon ausging, daß ungefähr 20% abgelehnt werden würden. Schließlich waren aber etwas weniger als 20% nicht geeignet.[52]

Fort Eustis, die größte der amerikanischen Schulen, wurde von 23.142 deutschen Kriegsgefangenen im Alter von zwanzig bis fünfundzwanzig Jahren besucht, die Volksschulbildung und eine Ausbildung als Handwerker oder Landwirte hatten. Fast alle gehörten zu Unteroffiziers- oder Mannschaftsdienstgraden der Wehrmacht. Das Eustis-Programm unterschied sich jedoch von den anderen Special Projects-Schulen, da es am Ende des Umerziehungsexperiments im

April 1946 durchgeführt wurde, als die Amerikaner bereits mit der Repatriierung aller deutschen Kriegsgefangenen begonnen hatten. Die Eustis-Schule wurde als Last Minute-Programm angesehen, um ausschließlich Männer für den Polizeidienst in der amerikanischen Besatzungszone Deutschlands auszubilden. Die 73 Absolventen von Fort Kearney, die 455 Absolventen von Fort Getty und die 488 von Fort Wetherill sind eher repräsentativ. Für diese Männer mit einem höheren Bildungsniveau hatten Davison und sein Team Verwaltungspositionen in Deutschland vorgesehen.[53]

Sowohl aus den amerikanischen als auch aus den britischen Akten geht hervor, daß man sich damals sehr darum bemühte einzuschätzen, wie viele Kriegsgefangene weiterhin nationalsozialistische Ansichten vertraten, wie viele den Nationalsozialismus ablehnten und wie viele unentschlossen waren. Auf der Grundlage ihrer Interviews und Fragebögen gingen die Amerikaner davon aus, daß ungefähr 15% der Kriegsgefangenen dem Hitlerregime weiterhin treu blieben, weitere 15% Antinazis und die übrigen 70% unentschlossen waren.[54] Die britischen Schätzungen waren vorsichtiger: 10% Nazis, 10% Antinazis und 80% in der Kategorie „Konformist". Amerikaner und Briten waren sich einig, daß die engagiertesten Nazis in der Altersgruppe der Sechsundzwanzig- bis Fünfunddreißigjährigen zu finden waren.[55]

Nach russischer Einschätzung, die sich sehr auf die politischen Erklärungen der Gefangenen berief, kamen bis 1945 mindestens 50% ihrer Antifa-Schüler aus den kommunistischen und sozialdemokratischen Parteien. Die restlichen 50% stammten aus der katholischen Zentrumspartei, liberalen und rechten Splittergruppen und der NSDAP.[56] Wahrscheinlich kamen die Russen auf diese Zahlen, indem sie einfach die Erklärungen der Gefangenen zugrunde legten.

Es ist auch schwierig, den ungefähren Umfang des russischen Umerziehungsprojekts im Vergleich mit den Vereinigten Staaten und Großbritannien abzuschätzen. Für beide letztgenannten gibt es archivierte Zahlen und Zeiträume, mit denen man sich ein ziemlich genaues Bild der beiden Projekte machen kann. Um das NKFD und das Antifa-Projekt ähnlich einzuschätzen, muß man auf einer viel breiteren Grundlage suchen, wobei die letztendlichen Zahlen fragwürdig sein können. NKFD und BDO hatten eine Lebenszeit von ungefähr 2¼ Jahren, die Antifa-Schulen aber funktionierten viel länger, sogar bis fast 1950. Talica, eine der größeren Schulen, besuchten mindestens 7000 Kriegsgefangene, und Belegen zufolge wurden die anderen Schulen bis 1948 von weiteren Tausenden von Kriegsgefangenen besucht. Alle Kriegsgefangenen, die dem NKFD an der Front dienten, waren entweder Absolventen von Talica oder Krasnogorsk.[57]

Angesichts der Größe und Dauer des russischen Umerziehungsprogramms ist offensichtlich, daß die Kommunisten viel ehrgeizigere Projekte als ihre beiden Kriegsverbündeten verfolgten. Die deutschen Emigranten und ihre russischen Förderer waren sich zwar nicht bei jeder Frage einig, doch sie verfolgten eindeutig die gleichen Ziele für die politische Ausrichtung im Nachkriegsdeutschland. Eine sorgfältige Untersuchung dessen, was jeder der Alliierten seinen gefangenen Schülern beizubringen versuchte, sagt mehr über diese drei Nationen und ihre Hoffnungen für das zukünftige Deutschland aus, als ihre außenpolitischen Erklärungen aus jener Zeit.

4.

Die „Ideenfabriken" der Vereinigten Staaten

1945 war das amerikanische Umerziehungsexperiment startklar; Genehmigungen waren eingeholt, Ressourcen zugewiesen, Personal ausgewählt und eine Reihe ausgewählter deutscher Kriegsgefangener stand zum Transport bereit. Im Büro des Generalkommandeurs der Militärpolizei machte man gute Miene zu diesem aufgebürdeten Projekt, das man ursprünglich nicht einmal gutgeheißen hatte: „Wir haben uns entschieden, diese Gefangenen der Wahrheit auszusetzen", erklärte der stellvertretende Generalkommandeur der Militärpolizei B. M. Bryan, Jr.

„Das Hauptziel [ist], in den Köpfen der deutschen Gefangenen ein Verständnis für die Einstellung der Bürger der Vereinigten Staaten zum Leben und zur Regierung zu wecken. Wir versuchen nicht, diese deutschen Kriegsgefangenen zu amerikanisieren. Wir wollen sie nur in die Lage versetzen, unsere Lebensart zu verstehen und - wenn sie sie verstehen - glauben Sie, daß sie dann nicht erkennen werden, das diese Lebensart besser ist, als die, die sie zurückgelassen haben?"[1]

Davison und einige seiner professionellen Pädagogen müssen angesichts dieser Erklärung Bryans zusammengezuckt sein. Wußten sie doch, daß ihre Schüler nur sehr begrenzte Möglichkeiten hatten, einen wahren Einblick in das amerikanische Leben zu bekommen, um es folglich besser zu finden, als das, das sie angeblich zurückgelassen hatten. Die Gefangenen würden die Möglichkeit zu einem engen Kontakt mit ihren Lehrern haben, aus dem sich vielleicht sogar einige enge Beziehungen entwickeln könnten, sie würden aber während des Krieges keinen Einblick in das Leben der amerikanischen Zivilisten bekommen. Sie mußten ihre Eindrücke aus Lesematerial, Vorträgen, Filmen und Diskussionen gewinnen, Material, das

„so ausgewählt und zusammengestellt werden sollte, daß es geeignet war, Fehlinformationen und Vorurteile aus der nazistischen Gedankenwelt zu überwinden. Die Tatsachen sollten ihnen nicht aufgedrängt, sondern durch Medien [...] nahegebracht werden. Zwei Arten von Tatsachen sind nötig: Informationen, aus denen die Deutschen etwas über die Macht und die Ressourcen Amerikas und seiner Demokratie lernen konnten und Informationen, die sie von der Unhaltbarkeit und Bösartigkeit der nazistischen Anschauung überzeugen konnten."[2]

Davison und seine Leute waren sich einig, daß der Unterricht über die Bedeutung von Demokratie und ihr Verständnis die Hauptziele der Special Projects waren. Da sich das Personal jedoch aus Amerikanern und Deutschen zusammensetzte, fiel die Definition von Demokratie, je nach befragter Person etwas anders aus. Die von Davison rekrutierten Deutschen waren meist Männer, die wegen ihrer „sozialdemokratischen" Orientierung vor dem Hitler-Regime geflohen waren, und folglich Demokratie von dieser Perspektive aus betrachteten. Es gibt keinen Beweis dafür, daß diese Auslegung für Davison und die Amerikaner ein Problem war. Die deutschen Flüchtlinge hatten hierdurch im Vergleich zu ihren amerikanischen Lehrerkollegen einen Vorteil, da sie den Kriegsgefangenen ihre eigene, unverfälschte Geschichte beibringen konnten.

Fast von Anfang an hatte sich das Büro des Generalkommandeurs der Militärpolizei dagegen gewehrt, die Special Projects zu intellektuell auszurichten. Man hielt es für viel besser, die Gefangenen praktisch arbeiten zu lassen. Dadurch würden sie mehr über Amerika lernen „als [von] einem Lehrer im Klassenzimmer oder von einem Dozenten am Katheder"[3]. Es ist nicht ganz klar, ob die Entscheidung für ein akademisches Schulprogramm einer Niederlage des Generalkommandeurs der Militärpolizei in den Schachzügen der Armeepolitik gleichkam, doch kurz nach dem Beginn der Special Projects informierte General Eisenhower alle amerikanischen Befehlshaber in Deutschland darüber, daß in den Vereinigten Staaten eine besondere Schule für deutsche Kriegsgefangene unter der Leitung des PMGO (Provost Marshal General's Office - Büro des Generalkommandeurs der Militärpolizei) eingerichtet worden war. Die Befehlshaber erfuhren, daß eine ausgewählte Anzahl deutscher Kriegsgefangener vor ihrer Entlassung in die amerikanische Zone Unterricht in Geschichte, Staatskunde und Englisch erhalten würden. Es wurde den amerikanischen Behörden überlassen, ob sie diese Männer in der Zivilverwaltung beschäftigen wollten.[4]

Was den deutschen Kriegsgefangenen genau beigebracht werden sollte, war zu Anfang keine schwierige Frage; der Lehrplan war fast identisch mit einem Bürgerkundeunterricht für Ausländer. Da die meisten Gefangenen sich bereits seit geraumer Zeit in amerikanischem

Gewahrsam befanden, ging man davon aus, daß sie bereits etwas Englisch konnten und einen eher guten, wenn auch begrenzten, Eindruck von den Vereinigten Staaten gewonnen hatten, was Diskussionen erleichtern würde. Bis auf den Einsatz von Material über die US-Militärregierung in Deutschland glich das Programm einem normalen Lehrplan für amerikanische Collegestudenten.[5]

Dr. Henry Ehrmann war sich als ausgebildeter Politologe der Schwierigkeiten wohl bewußt, die die Entwicklung eines Unterrichtsprogramms mit sich bringt, mit dem deutsche Kriegsgefangene Demokratiebewußtsein lernen sollten, ohne den Eindruck einer Indoktrinierung zu erwecken. Folglich schrieb er:

„Man beschloß, den Unterricht in zwei Blöcke jeweils zur deutschen und zur amerikanischen Geschichte aufzuteilen. [...] So entwickelten sich drei Hauptziele für den Unterricht an allen Kriegsgefangenenschulen: das Wecken oder die Verstärkung eines politischen Verantwortungsbewußtseins der Bürger, die Entwicklung von spontanen Reaktionen bei Männern, in deren Erziehung und Ausbildung besonderer Wert auf Gehorsamkeit und Beachtung der Hierarchie gelegt wurde, und die dringend erforderliche Ermutigung der Männer, die den Zusammenbruch ihrer individuellen und kollektiven Existenz als Vorbedingung für ein neues, ‚gutes Leben‘ gutheißen sollten."[6]

Ehrmann und seine für den deutschen Geschichtsunterricht zuständigen Lehrerkollegen wußten, daß es ihnen nur gelingen konnte, ein Gefühl für politische Verantwortlichkeit zu wecken, wenn sie die einzelnen Kriegsgefangenen nicht mit Hitlers Verbrechen in Zusammenhang brachten.[7] Da die Amerikaner die Vorstellung der Kollektivschuld stark vertraten, war dies keine einfache Aufgabe. Eine Teillösung fand sich, indem man die historischen Fakten betonte, die Deutschland an einer Entwicklung seines Demokratiepotentials gehindert hatten.[8] Dieses Potential und die Möglichkeit seiner Entwicklung mußte immer wieder betont werden, denn es war äußerst wichtig, daß die Kriegsgefangenen nicht in zu großer Verzweiflung über den totalen Zusammenbruch ihres Landes überlegten, so schnell wie möglich wieder auszuwandern.[9]

Im Lager Van Etten nahm im November 1944 der Lehrplan für die ersten Special Projects-Kurse Gestalt an:

„Man hatte sich darauf geeinigt, daß Kriegsgefangene unter Anleitung und Überwachung Programmhinweise und dazugehörige Materialien ins Deutsche übersetzen sollten, dazu gehörte auch die Herausgabe und Herstellung eines Kriegsgefangenenmagazins, das regelmäßig in allen Lagern erscheinen sollte."[10]

Alle wurden sich mehr und mehr bewußt, an einem einzigartigen und sehr wichtigen Experiment teilzunehmen. Es entstand ein gewisser ansteckender Enthusiasmus, der bald „Geist von Van Etten" genannt wurde. Es handelte sich nicht um ein gewöhnliches Kriegsgefangenenlager, hier arbeiteten Gefangene und Bewacher in einer kooperativen Stimmung zusammen, um einen arbeitsfähigen Lehrplan auszuarbeiten.

Davison und sein Personal konnten den Gefangenen nicht uneingeschränkt Material zur Verfügung stellen. Man befand sich im Krieg und die Zensur gehörte zum Alltag. In einer vertraulichen Anordnung aus Washington wurde Davison zum Beispiel angewiesen, den Gefangenen bestimmte deutsche Autoren nicht zugänglich zu machen. Zu den 225 Namen der Liste gehörten Hans Fallada, Johann Gottlieb Fichte, Hans Grimm, Friedrich der Große, Friedrich List, Graf Luckner und Heinrich von Treitschke:

„Die Gefangenen dürfen von dieser Liste nichts erfahren. Die Tatsache, daß diese Autoren nicht zugelassen sind, wird nicht veröffentlicht werden."[11]

Obwohl das Lager Van Etten kein gewöhnliches Kriegsgefangenenlager war, gab es doch eine gewisse militärische Kontrolle. Die Lagerverwaltung war lockerer, da ein ständiges Team von Gefangenen zur Unterstützung der Reinigungsarbeiten eingesetzt wurde, Inspektionen gehörten aber für alle zur Routine. Die Gefangenen hatten einen Lagersprecher und einen Stab, der bei der Organisation zahlreicher Aktivitäten mithalf und manchmal die Verbindung zwischen den Gefangenen und dem Lehrkörper herstellte.

Ein wichtiger Teil der Arbeit bestand aus der Planung einer Kriegsgefangenenzeitung, die in allen Lagern in den Vereinigten Staaten verteilt werden sollte. Man wollte eine Zeitung erstellen, die nicht nur die Erfahrungen der deutschen Kriegsgefangenen in Amerika widerspiegelte, sondern auch zu demokratischem Denken anregen sollte. Als Symbol dieser Idee wurde die Zeitung *Der Ruf* genannt. Zunächst wurde sie, vielleicht um sie von den vielen lokalen Zeitungen der Kriegsgefangenenlager zu unterscheiden, als Magazin bezeichnet. Es war aber eine echte Zeitung mit bemerkenswertem literarischen Stil und Inhalt. Davison hatte die Genehmigung erhalten, alle zwei Monate eine acht Seiten starke Zeitung zu veröffentlichen, die die Kriegsgefangenen mit

> „realistischen Nachrichten über alle bedeutenden militärischen und politischen Ereignisse, einem klaren Verständnis für den ‚American way of life', einem wahren Bild der Verhältnisse in Deutschland, Artikeln mit Bildungswert und Unterhaltung [versorgen sollten]. [...] Das Office of War Information bot jede erdenkliche Zusammenarbeit an [...]; den Gefangenen sollte ein Austausch über ihre Probleme ermöglicht werden; die Zeitung forderte auch die Lagerinsassen zu Leserbriefen und Beiträgen auf. "[12]

Für diese Arbeit waren umfassende Vorbereitungen und eine enge Zusammenarbeit mit dem Kriegsministerium und dem Office of War Information erforderlich, denn das Projekt wurde als geheim eingestuft (Projekt Sunflower). Die erste Ausgabe sollte Ende 1944 erscheinen, zog sich aber bis zum März 1945 hin. Zunächst wurden 11.000 Exemplare zum Preis von 5 Cent aufgelegt, die Auflage stieg jedoch in kürzester Zeit auf 75.000. Kurz nach Kriegsende wurde die Geheimhaltung der Special Projects aufgehoben und eine deutschsprachige Zeitung, die *Staats Herold Zeitung*, übernahm den Druck von *Der Ruf*.[13]

Colonel Davison beauftragte Captain Walter Schoenstedt und Lieutenant Robert Pestolozzi mit der Redaktionsleitung der Zeitung, einer Aufgabe, die Geduld, Fähigkeiten und Takt verlangte. Es bedeutete auch eine Gratwanderung zwischen den Auflagen von Armeevorgesetzten und Zensur und einer freien Hand für die deutschen Autoren, die schreiben und veröffentlichen wollten, was ihnen in den Sinn kam. Immerhin stand im Impressum der Zeitung: „Von deutschen Kriegsgefangenen für deutsche Kriegsgefangene herausgegeben und zusammengestellt." Im Kleingedruckten wurde der Leser daran erinnert, daß die Zensur den gesamten Inhalt genehmigt hatte.

Als hochrangiger amerikanischer Offizier befand sich Schoenstedt in einer heiklen Position, bei der er Kritik von beiden Seiten erntete. Einer der deutschen Redakteure hatte eine besondere Abneigung gegen Schoenstedt:

> „Es gab dauernd Krach mit den amerikanischen Offizieren, die immer aus Washington kamen und uns kontrollierten, Zensur ausübten, uns vorschreiben wollten, was wir eigentlich zu schreiben

hatten. Das waren alles wieder Deutsche; da war ein Captain Schönstedt. Der war 1932/33 Führer der kommunistischen Jugend gewesen. Er sprach jetzt aber nur englisch. Und wenn er deutsch sprach, dann nur gebrochen deutsch."[14]

Offensichtlich hatten einige der deutschen Kriegsgefangenen eine Abneigung gegen die deutschen Emigranten, die in den amerikanischen Umerziehungskursen beschäftigt waren. Es gibt aber in Schoenstedts Aufzeichnungen keinen Hinweis darauf, daß ihn diese Tatsache sonderlich gestört hätte. Hilfreich war, daß er und Pestolozzi deutsch sprachen. Sie waren ebenso wie die anderen Mitarbeiter Davisons für diese Aufgabe geeignet. Bestimmt verdankte *Der Ruf* seinen Erfolg in gewisser Weise auch der Arbeit dieser beiden Umerziehungsoffiziere.[15]

Die Gefangenenredaktion der Zeitung nahm im Januar 1945 mit Carl Vinz als Manager und Ernst Birkhäuser als Redakteur die Arbeit auf. Vinz, der in Deutschland im Verlagswesen gearbeitet hatte, behielt seinen Posten, aber Birkhäuser, im bürgerlichen Leben ein Hotelmanager, wurde bald durch Gustav René Hocke ersetzt. Vinz und Hocke schlossen sich zahlreiche andere Kriegsgefangenen an, die gerne einen Beitrag zu *Der Ruf* leisten wollten. Auf diesen Anfang zurückblickend sagt Vinz:

„Eine Reihe deutscher Kriegsgefangener, zu denen auch ich gehörte, hatten das Glück, den Krieg in Fort Kearney [wohin das Personal aus Van Etten verlegt worden war] auszusitzen [...], dem eleganten Newport gegenüber. Wir Gefangene waren alle Gegner des Hitler-Regimes und fühlten uns christlichen und humanistischen Traditionen streng verbunden. Die meisten von uns waren Verleger und Journalisten."[16]

Im Gegensatz zu den weitgehend sozialistisch orientierten deutschen Emigranten um Davison, vertraten die Mitarbeiter von Vinz und Hokke ein breiteres Spektrum politischer Ansichten. Vinz war zum Beispiel ein katholischer Konservativer, der vor dem Krieg einige Jahre als Verlagsvertreter gearbeitet hatte. Nachdem er 1944 in Frankreich gefangengenommen worden war - er war noch keine vierzig Jahre alt - wurde er bald in ein Kriegsgefangenenlager in Louisiana gebracht, wo er Schoenstedt auffiel, als er die Veröffentlichung eines Taschenbuchprogramms für deutsche Kriegsgefangene vorschlug. Der Vorschlag wurde angenommen, und eine Reihe von Taschenbüchern wurde in den Kriegsgefangenenlagern gedruckt und verkauft.

Hockes Weg nach Amerika verlief ganz anders als der seines Kameraden und Kollegen. Er wurde als Sohn eines deutschen Vaters in Belgien geboren und zog später nach Deutschland, wo er in Köln als Journalist arbeitete. Während des Krieges wurde er von seiner Zeitung nach Rom geschickt, wo er sich aufhielt, als die Stadt in die Hände der Alliierten fiel. Kurz darauf wurde er als Kriegsgefangener verhaftet und nach Amerika geschickt. Angesichts dieser Vorgeschichte stand er bei Kriegsende ganz oben auf der Repatriierungsliste. Anstatt jedoch nach Deutschland zurückgeschickt zu werden, kam er plötzlich als Teil der anglo-amerikanischen 50-Prozent-Vereinbarung über Kriegsgefangene nach Großbritannien. Sobald seine amerikanische Umerziehungserfahrung bekannt wurde, steckte man ihn in das Wilton Park-Programm. Er war wahrscheinlich der einzige deutsche Kriegsgefangene, der an beiden Umerziehungsexperimenten teilgenommen hat.[17]

Mehrere der Kriegsgefangenen, die zu den Mitarbeitern von *Der Ruf* gehörten oder Beiträge schrieben, leisteten später einen wesentlichen Beitrag zur deutschen Nachkriegsliteratur und wurden Mitglieder der berühmten Schriftstellervereinigung „Gruppe 47". Alfred Andersch und Hans Werner Richter, die beide die Special Projects-Kurse in Fort Kearney besuchten, verdienen eine besondere Erwähnung. Andersch war zuerst dort, gerade als die Vorbereitungen für den ersten Kurs kurz vor dem Abschluß standen. Zu dieser Zeit war er dreißig Jahre alt und eindeutig als Nazigegner aktenkundig, da er zweimal im Konzentrationslager Dachau interniert worden war. Im Juni 1944 desertierte er zu den amerikanischen Linien in Italien, was er später einen „Akt der Freiheit" nannte. In Fort Kearney war er für die Zusammenstellung des literarischen Inhalts von *Der Ruf* zuständig.[18]

Hans Werner Richter, der als letzter Redakteur für *Der Ruf* in Amerika arbeitete, erinnerte sich, daß sein erster Eindruck der Zeitung eindeutig negativ war. Im Sommer 1945 beobachtete er in einem deutschen Kriegsgefangenenlager in Illinois, wie aufgebrachte Gefangene Exemplare der Zeitung aus Zorn über die pro-amerikanischen Tendenzen, besonders bei der Frage der Kollektivschuld, verbrannten. Richter stimmte zu: „Auch ich bin gegen die Kollektivschuld. Ich kann und will sie nicht anerkennen, halte sie politisch für grundfalsch." Trotz dieser Einwände wurde er bald darauf nach Fort Kearney gebracht.

„Gegen meinen Willen bin ich als Redakteur einer Zeitung vorgesehen, deren Tendenz ich ablehne. Ich versuche mich zu wehren, ich erkläre immer wieder, daß ich nach Deutschland entlassen werden sollte, aber es hilft mir nicht. Die Maschine der amerikanischen militärischen Lagerverwaltung arbeitet ebenso unerbittlich wie die eines jeden militärischen Apparats."[19]

Diese Aussage Richters bedarf angesichts der freiwilligen Teilnahme an den Special Projects einiger Erklärungen. Es stimmt, daß er zur Annahme der Redaktionsstelle bei *Der Ruf* überredet werden mußte. Die Amerikaner hielten sein literarisches Talent für entscheidend, obwohl er einmal mit dem Kommunismus geliebäugelt hatte - er war von einem Komitee aus der KPD herausgeworfen worden, zu dem unter anderem auch Walter Ulbricht und Herbert Wehner gehörten. Hätte Richter die Aufgabe abgelehnt, wäre er wahrscheinlich einige Monate früher entlassen worden. Der Krieg war vorbei und die Vereinigten Staaten hatten bereits mit der Repatriierung der deutschen Kriegsgefangenen begonnen. Richter wußte dies und nahm die Aufgabe dennoch an. Welche Motivation steckte dahinter? Vermuten könnte man (von Schmeicheleien des persönlichen Egos einmal abgesehen), daß Richter glaubte, er könne durch eine Beeinflussung der Ausrichtung der Zeitung den anti-deutschen Spitzen die Schärfe nehmen.

Dies war eine reale Möglichkeit, da die Amerikaner jetzt eine viel liberalere Redaktionspolitik bei Themen zuließen, die vorher zensiert wurden oder unter die Geheimhaltung fielen. Kurz nach der deutschen Kapitulation gab das PMGO eine Erklärung heraus, in der die Rolle von *Der Ruf* gelobt wurde:

„Ziel von *Der Ruf* war die Förderung eines Programms, bei dem die Deutschen sich selbst ein Bild der Realität machen sollten [...] [, und] diese Tatsache zeigt jetzt seine Wirkung. Als der Sieg in Europa verkündet wurde, kam es in den Lagern zu keinen ernstzunehmenden Demonstrationen. Die Gefangenen erkannten, daß das Unvermeidliche eingetreten war. Sie wußten, daß Deutschland geschlagen war, da wir ihnen die Wahrheit über den Kriegsverlauf gesagt hatten."[20]

Dennoch waren die Tage von *Der Ruf* in Amerika gezählt. Die deutschen Kriegsgefangenen wurden so schnell wie möglich nach Europa eingeschifft, und im Laufe des nächsten Jahres hatten sie alle Amerika verlassen. Die letzte Ausgabe von *Der Ruf* erschien im April 1946.

In der Zwischenzeit hatten einige tausend deutsche Kriegsgefangene die Umerziehung in den Vereinigten Staaten durchlaufen. Da der erste Kurs in Fort Kearney erst im Mai 1945 begonnen hatte, war es noch viel zu früh, die Wirkung der Special Projects zu beurteilen. In der offiziellen Korrespondenz wurden sie als „eine experimentelle Verwaltungsschule" beschrieben, die Kriegsgefangene aus allen Lagern in den Vereinigten Staaten besuchten. Den ersten Kurs besuchten einundsechzig Schüler. Kurz darauf folgte der zweite mit vierzig Schülern. Beide Gruppen wurden von Davisons Mitarbeitern begrüßt. Ungefähr achtzig deutsche Kriegsgefangene, die im Fort Van Etten mitgearbeitet hatten, wurden jetzt zur Unterstützung nach Kearney gebracht.

Der amerikanische Lehrkörper bestand aus fünf Männern: Dr. Howard Mumford Jones als pädagogischer Leiter und Lehrer für amerikanische Institutionen; Dr. Henry Ehrmann, Lehrer für deutsche Geschichte; Major Burham Dell, Lehrer für Militärregierung; Major Henry Lee Smith, Jr. und Dr. (jetzt Captain) William Moulton, die beide Englischlehrer waren. Zeitweise wurden sie von anderen Offizieren, Männern der Mannschaftsdienstgrade und deutschen Kriegsgefangenen unterstützt. Es gab auch Gastvorträge von Professoren der Harvard und Yale Universität.

Erster Schritt war die Durchführung eines zweiteiligen Tests: Ein allgemeiner, von Schoenstedt entwickelter Fragebogen und eine Englischprüfung, die Major Smith abhielt. Auf den Test folgte ein persönliches Gespräch mit jedem Gefangenen, mit der Absicht, daß sich Schüler und Lehrer besser kennenlernen sollten.[21]

Die Schüler wurden anschließend für den Unterricht in drei Gruppen mit je dreißig Teilnehmern aufgeteilt. Während der gesamten Kursdauer führte die Tatsache zu Schwierigkeiten, daß die Schülergruppe, die zuerst eingetroffen war, bessere Leistungen brachte, als diejenigen, die erst einige Wochen später kamen. Grund dafür war der höhere Anteil von Schülern mit Abitur in der ersten Gruppe. Schwerpunkt des Kurses war politische Philosophie, dazu stand in einem Personalbericht:

„In diesem Zusammenhang ist ein Volksschulabschluß oder selbst ein mittlerer deutscher Schulabschluß im allgemeinen unzureichend. [...] Wesentlich für den Erfolg des Programms ist der Unterricht in den Grundsätzen der Demokratie; jemand, der aber nicht daran gewöhnt ist, sich selbst auf einer einfachen Ebene mit allgemeinen

Ideen zu befassen, kann wohl kaum der Entwicklung demokratischer Grundsätze folgen."[22]

Die Kriegsgefangenen besuchten den Unterricht fünf Tage pro Woche von Montag bis Freitag. Am Samstag nachmittag gab es Studium unter Aufsicht. An einem normalen Tag erfolgten vor dem Mittagessen drei Stunden Englischunterricht, anschließend drei Stunden amerikanische Geschichte, deutsche Geschichte und Militärregierung. Der späte Nachmittag war dem Sport und der körperlichen Ertüchtigung vorbehalten. Das Programm für die Kriegsgefangenen endete mit dem Abendessen.

Lernziel des Englischunterrichts war, den Gefangenen soviel amerikanische Umgangssprache beizubringen, daß sie nach ihrer Rückkehr erfolgreich mit dem Personal der amerikanischen Militärregierung zusammenarbeiten konnten. Durch die Tests konnten die Kriegsgefangenen in vier Gruppen - von guten bis zu sehr schlechten Englischkenntnissen - eingestuft werden. Sowohl Moulton als auch Smith setzten Männer aus der besten Gruppe als Assistenten ein, obwohl deren Qualität unterschiedlich war. Moulton mußte bald darauf Davison informieren, daß die Männer, die im Unterricht mithalfen, selbst nicht genügend Unterricht bekamen. Er sagte, es gäbe Beschwerden über die Klassengröße und darüber, daß einige Schüler keine Fortschritte machten.[23]

Der Englischkurs („Englisch Wie Man's Spricht") war für eine Klassengröße von acht Schülern mit zwei Stunden Unterricht und zwei Stunden Stillarbeit täglich ausgelegt. Da es aber zu wenig Lehrer und zu viele Schüler gab, war das nicht einzuhalten. Der Unterricht wurde schließlich so gehandhabt, daß ein Gruppenleiter den Schülern den täglichen Unterrichtsstoff vorlas, anschließend wurden Sätze mündlich wiederholt, Aussprache und Konversation geübt. Auf diese Weise kam man nur langsam voran, denn viele der Kriegsgefangenen, die als Hilfslehrer arbeiteten, mußten selbst noch an ihrer Aussprache arbeiten. Während der Stillarbeitszeit arbeiteten die Schüler an Vokabellisten, die aus Büchern, Zeitschriften und Zeitungen zusammengestellt wurden. Die besseren Schüler machten auch Konversationsübungen.

In den Kommentaren zum Englischkurs vermerkte Major Smith, daß es trotz des Altersunterschieds bei den Schülern von fünfundzwanzig bis fünfundvierzig Jahren keinen offensichtlichen Unterschied in der Lernfähigkeit gab. Entscheidend für den Lernerfolg war der Bildungshintergrund der Teilnehmer. Um das Projekt zu einem Erfolg zu machen, mußten diese Unterschiede durch eine bessere Unterstützung ausgeglichen werden: „Man hat das Gefühl", sagte Smith, „daß die Schüler, welche die Offiziere der amerikanischen Militärregierung in jeder Hinsicht am besten unterstützen können, diejenigen sind, die in der Lage sind, in zwei Monaten Unterricht die erforderlichen Englischkenntnisse zu erwerben."[24] Grundlage für den Unterricht in amerikanischer Geschichte, der aus zwanzig Stunden Unterricht, zuzüglich Diskussion und Stillarbeitszeit bestand, war eine deutsche Übersetzung des Buches von John Truslow Adams: *The Epic of America* (Der Aufstieg Amerikas vom Land der Indianer zum Weltreich). Dies war der einzige Text, der auf Deutsch verfügbar war, und er wurde gemeinsam mit einem Handbuch über die Vereinigten Staaten des Office of War Information eingesetzt. Vor jeder Unterrichtseinheit wurde den Schülern, zusammen mit der nächsten Lektüreaufgabe, eine vervielfältigte Übersicht auf Englisch verteilt. Der Lehrer fand jedoch schnell heraus, daß es schwierig war, sich genau an die Übersicht zu halten, da einige Punkte im Gegensatz zur Planung einer viel ausführlicheren Erklärung bedurften. Der in Englisch abgehaltene Unterricht dauerte meist, wie geplant, zwei Stunden, es gelang aber nur selten, alle Punkte der Übersicht abzudecken. Als beliebteste Themen der amerikanischen Geschichte erwiesen sich die Verfassung und die Bill of Rights, während „über ganze Bereiche der Geschichte der Vereinigten Staaten manchmal auf eine Art und Weise hinweggegangen wurde, die einem orthodoxen Historiker den Atem stocken ließe".[25]

Das Kernproblem war, daß die meisten Schüler das ihnen auf Englisch vorgelegte Material nicht verstehen konnten. Egal welches Fach auch unterrichtet wurde, alles mußte langsam und mit endlosen Erklärungen vonstatten gehen. Eine Ausnahme machte natürlich der auf Deutsch gegebene Unterricht in deutscher Geschichte, der zum erfolgreichsten Kurs des ganzen Programms wurde. Es war auch der Kurs, der die meisten Parallelen bot, um die Bedeutung der Demokratie zu zeigen. Außerdem konnte der Lehrer von einer gewissen Vorkenntnis der Schüler ausgehen. Bereiche der Wirtschafts- und Sozialgeschichte sowie der politischen Geschichte konnten verglichen werden, wobei der Schwerpunkt auf der Weimarer Republik lag, einer Zeit, die die meisten der Gefangenen selbst miterlebt hatten.

Obwohl deutsche Geschichte der beliebteste Kurs in Fort Kearney war, fiel er den deutschen Schülern nicht immer leicht. Laut Meinung des verantwortlichen Lehrers, Dr. Ehrmann, war die Haltung der Schüler am Anfang immer geringschätzig: Sie wußten sowieso schon alles. Im Laufe der Zeit wurde dann ihr Interesse geweckt, und bald vertieften sie sich in Fragestunden und Debatten. Ein Beispiel war die deutsche Außenpolitik und die Sowjetunion:

> „Die Frage der Sowjetunion ist in den Köpfen der Gefangenen allgegenwärtig, für manche bedeutet sie Hoffnung, für andere Angst und Mißtrauen. Schon aus der Tatsache, daß die Schule nur Teilnehmer aus der amerikanischen Besatzungszone ausbildet, schließen die Schüler, daß sie früher oder später als Vorkämpfer einer anti-sowjetischen Kampagne der westlichen Alliierten in einem Konflikt eingesetzt werden, den viele von ihnen für unvermeidlich halten. [...] Man konnte diese Frage nicht einfach stillschweigend übergehen."[26]

Der schwierigste und frustierendste Kurs für die Kriegsgefangenen war der Unterricht zur Militärregierung. Da die deutschen Kriegsgefangenen nicht als Hilfslehrer eingesetzt werden konnten, wurde der Unterricht nur auf Englisch erteilt. Er enthielt zahlreiche Abstraktionen, die nur schwierig zu erklären waren. Der Inhalt stützte sich hauptsächlich auf Feldhandbücher der US-Armee, auf Handbücher zu Zivilangelegenheiten und Leitfäden zur Militärregierung - schwierige Themen für Schüler mit begrenzten Englischkenntnissen. Eine der Hauptquellen, ein Handbuch zur Militärregierung, behandelte zum Beispiel unmittelbar den Zeitraum der deutschen Kapitulation und die Zeit danach. Es war aber leider bereits veraltet. Während der gesamten Zeit in Fort Kearney gewannen die Kriegsgefangenen den Eindruck, daß sie einmal von der amerikanischen Militärregierung angestellt werden würden und daß dieser Unterricht deshalb wichtig für sie war. Dennoch gab es auch beim Lehrkörper kritische Stimmen:

> „Der Unterricht über Militärregierung litt unter dem Mangel an direkten, praktischen Erfahrungen aus erster Hand über die Lage in Deutschland. Wenn es eine geänderte Strategie in Deutschland gab, erfuhr die Schule nichts darüber."[27]

Mit der Zeit wurde ein Faktor offensichtlich, den man nicht geplant hatte: Zwischen einigen Lehrern und Schülern entwickelte sich eine echte Freundschaft. Der Lehrer für deutsche Geschichte, Professor Ehrmann, entwickelte zu einer Reihe von Schülern freundschaftliche Beziehungen, die bis weit in die Nachkriegszeit, als sie schon längst wieder in der Heimat waren, anhalten sollten. Er hielt zu vielen Briefkontakt und schickte ihnen von Zeit zu Zeit die so dringend benötigten Lebensmittelpakete.[28]

Die erste Schulabschlußfeier fand am 6. Juli 1945 statt. Planmäßig sollten die Absolventen drei Tage später abreisen, aber die entsprechenden Befehle wurden um mehr als eine Woche hinausgezögert. Dies war der Anfang einer ganzen Reihe von typischen Patzern der Armeeverwaltung, die sich nachteilig auf das Programm auswirkten. Nach Meinung von Dr. Jones entstand dadurch

„[...] in den Augen der Gefangenen ein peinlicher Eindruck der Ineffizienz. Die Abschlußfeier selbst erwies sich jedoch als eine bewegende und würdige Zeremonie, die zum größten Teil von den Schülern selbst organisiert wurde."[29]

Sie fand an einem Freitag abend im Garnisonstheater statt. Jeder Gefangene erhielt ein „Certificate of Achievement", das die Teilnahme an einem „[...] Ausbildungskurs für Kriegsgefangene, der in Fort Kearney, Rhode Island, durchgeführt und für die Umerziehung (re-education) ausgewählter Bürger Deutschlands eingerichtet wurde", bestätigte. Später wurde vorgeschlagen, diese Urkunde zu überarbeiten und das englische Wort *re-education* (Umerziehung) in *education* (Erziehung) abzuändern. Der deutsche Begriff für *re-education* ist Umschulung oder Umerziehung und erinnerte an die von den Nazis zwangsweise durchgeführte Umerziehung von Nicht-Nazis. Deshalb entsprach *re-education* nicht dem eigentlichen Ziel der Schule.[30]

In einer kurzen Ansprache warnte Dr. Jones die Absolventen offen vor den Gefahren, die sie zu Hause erwarteten:

„Ihr eigenes Land liegt in Schutt und Asche. Es ist möglich, daß man Ihnen dort nach Ihrer Rückkehr mit Mißtrauen begegnet. Obwohl ich es nicht gerne sage, und Sie es nicht gerne hören, sehe ich mich gezwungen, Ihnen das zu sagen. [...] Deshalb müssen Sie sich darauf einrichten, verachtet, mißverstanden und gehaßt zu werden. [...] Sie werden es in einer Umgebung, die von allzu eindeutigem Haß geprägt sein wird, schwer haben, an den Geist der menschlichen Nächstenliebe zu glauben und dementsprechend zu handeln."[31]

Dies waren keine sehr rosigen Aussichten für Männer, die ungeduldig auf ihre Heimreise warteten. Jones wußte aber zu diesem Zeitpunkt mehr über die Situation in ihrem Heimatland als sie selbst.

Die Special Projects waren abgeschlossen, und die ersten hundert deutschen Kriegsgefangenen, die an einem Umerziehungskurs teilgenommen hatten, waren zur Heimreise bereit. Eine neue Gruppe von Schülern war bereits für Projekt II ausgewählt worden, das in einigen Tagen in Fort Getty beginnen sollte. So blieb Davison und seinem Team gerade genug Zeit für einen raschen Überblick über den bisher erzielten Fortschritt. Man war einstimmig der Meinung, daß der Kurs, trotz einiger offensichtlicher Probleme, ein Erfolg war. Obwohl von Anfang an bekannt war, daß der Versuch, Deutsche auf Englisch zu unterrichten, problematisch war, konnte dieses Problem nicht gelöst werden. Aus diesem Grund mußte die Zahl der Englischlehrer erhöht und mehr Gewicht auf den Sprachunterricht gelegt werden. Es wurde vorgeschlagen, einige Schwierigkeiten beim Unterricht in amerikanischer Geschichte durch den Einsatz von Gesten und Zeichensprache zur Untermalung wichtiger Punkte zu überwinden. Verbesserungsvorschläge für den Unterricht in deutscher Geschichte, der die Erwartungen übertroffen hatte, wurden nicht gemacht. Das eigentliche Problem war der Kurs zur Militärregierung, der jedoch wesentliche Informationen für die Kriegsgefangenen vermittelte, die nach ihrer Rückkehr von den Amerikanern eingestellt werden sollten. Dieser Unterricht war für die Lehrkräfte der schwierigste. Obwohl sie Offiziere der amerikanischen Armee waren, erfuhren sie keine Unterstützung des Kriegsministeriums und anderer Regierungsbehörden, die sie eigentlich mit aktuellen Informationen aus Deutschland versorgen sollten.[32] Diese mangelnde Kooperationsbereitschaft war wahrscheinlich weder Absicht noch das Ergebnis von internen Streitigkeiten. Der Grund war, daß die Special Projects angesichts wichtigerer Ereignisse nicht mehr den gleichen Stellenwert hatten.

Davison und sein Team wußten zwar, daß die höchsten Offiziere nie viel von der Umerziehung gehalten hatten, dennoch waren sie über diese Einstellung erbost. Die meisten Mitarbeiter der Special Projects waren im zivilen Leben professionelle Pädagogen und daher an eine logische Vorgehensweise gewöhnt. Die Schwerfälligkeit der Militärbürokratie erstaunte und frustrierte sie. Die Verzögerungen, die Unentschlossenheit und der fehlende Kontakt mit höheren Kommandostellen bei für die Special Projects wichtigen Fragen verärgerte die Umerzieher und gab ihnen ein Gefühl der Machtlosigkeit.

Auf eine Reihe von beunruhigenden Fragen kam nie eine klare Antwort aus Washington:

„Wohin kommen die Absolventen, wenn sie die Verwaltungsschule verlassen? Von wem werden sie in Europa empfangen? Wer teilt ihnen Aufgaben und Arbeitsbereiche zu? Welche Informationen benötigen sie? Sollen die Verwaltungsmitarbeiter zusammengelegt werden und wenn ja wo? Wie sieht das Verhältnis zur französischen und britischen Zone und zu den Heimatorten der Gefangenen aus?"[33]

Für die deutschen Teilnehmer in Fort Kearney wurde ihr Aufenthalt dort zu einer unvergeßlichen Erfahrung, an die sie sich noch Jahrzehnte später bis in alle Einzelheiten erinnern konnten. Martin K., der in Kearney Schüler und Hilfslehrer war, hält noch über vierzig Jahre später seine Zeit als „ausgewählter Bürger Deutschlands" für eine der besten Erfahrungen in seinem Leben.[34] Selbst Hans Werner Richter, der nach dem Krieg äußerst zynische Kommentare über die Umerziehung schrieb, sagte:

„Als Gefangener in Amerika zu sein war gar nicht so schlecht. Man konnte sich damit abfinden - es gab Filme, eine Bibliothek, immer eine kleine Lagerzeitung. In Kearney war man sogar noch großzügiger."[35]

Franz Wischnewski schrieb über das Leben eines Gefangenen in Kearney: „Jeder Tag [...] war wie ein Sonntag". Der ehemalige Lagersprecher Gerhard Weiss nannte seinen Aufenthalt eine Zeit der „totalen und vorbehaltlosen Zusammenarbeit zwischen Deutschen und Amerikanern". Walter Kolbenhoff erinnert sich an Kearney als einen Ort mit „einer ungewöhnlich kameradschaftlichen Atmosphäre".[36]

Alfred Andersch ließ, genau wie sein Freund Richter,[37] einige seiner Eindrücke aus Kearney in seine Werke der Nachkriegszeit einfließen. In einem Roman über einen deutschen Schriftsteller, der zu einem Vortrag in die Vereinigten Staaten eingeladen wird, verarbeitet Andersch seine eigene Erfahrung in diesem Land:

„Merkwürdig, daß ich mir, als Gefangener zu Füßen der Uferhügel lebend, die mir das Land verbargen, die Umgebung von Fort Kearney immer genau so vorgestellt habe, wie ich sie an jenem Tag im Oktober 1970 endlich erblickte. [...] Mein altes Lager hatte mir seinerzeit [1945] viel, ja alles bedeutet. [...] Immerhin habe ich mich, nach der Epoche des Herzklopfens in der Klausur von Fort Kearney, darauf vorbereitet, Schriftsteller zu werden. [...] Außerdem habe ich in Fort Kearney, in dem keimfreien Raum dieses schönen Gefangenenlagers, die Demokratie erlernt."[38]

Nur dreiundsiebzig Schüler absolvierten den Kurs in Fort Kearney, das als Unterrichtsort bald zu klein wurde. Die Verwaltung blieb dort, während die neuen Kurse auf der anderen Seite der Bucht in zwei nahegelegenen Artillerieforts, Getty und Wetherill, untergebracht wurden. Die neuen Schulen, die einheitlich verwaltet wurden, hießen offiziell „United States Army School"[39], ein Name, der allerdings nur selten benutzt wurde. Getty wurde als Projekt II der Special Projects bezeichnet und wurde später eine Verwaltungsschule. Wetherill, das Projekt III, war ein Ausbildungszentrum zur Vorbereitung der Kriegsgefangenen auf eine Arbeit bei der Polizei. Jeder Kurs dauerte acht Wochen. Die Kurse in Getty fingen im Juli und die in Wetherill im August 1945 an. Lehrkörper und Personal der Special Projects waren jetzt auf fast zweihundert Personen aus dem militärischen und zivilen Bereich angewachsen. Lt. Col. A. W. Smith legte wie üblich großen Wert auf einen informellen Umgang der verschiedenen Dienstgrade untereinander und zwischen Amerikanern und Deutschen.[40]

Zu Beginn des Unterrichts in Getty am 19. Juli unterzeichneten alle Schüler eine Erklärung, die mit den Worten begann: „Bei meiner Ehre als Deutscher glaube ich, daß die Demokratie die beste Regierungsform ist." Der restliche Text war kurz und zielgerichtet: Jeder Schüler versprach, sein Bestes zu tun, am Unterricht und an den Prüfungen teilzunehmen und sich am Schulleben zu beteiligen.[41] Die Unterrichtsinhalte waren, abgesehen von kleineren Änderungen als Ergebnis der kurzen Auswertung, ähnlich wie in Kearney. Jeder Englischlehrer erhielt einen neuen Leitfaden mit einer Liste von Vorschlägen: Die Lehrer sollten versuchen, etwas lässiger zu sein und auch einmal Witze zu machen. Sie sollten freundlich sein, aber doch ihre Sachkenntnis und Position klarmachen. Vor allem sollten sie darauf bestehen, daß nur englisch gesprochen wurde. Die Lehrer wurden davor gewarnt, zu theoretische Erklärungen aus dem linguistischen Bereich einzusetzen (Muskelkontrolle, Position der Zunge etc.). Schließlich bekamen sie noch folgenden Rat:

> „Sie werden wahrscheinlich einige schüchterne und ruhige Teilnehmer in ihrer Gruppe haben. Auf diese Schüler muß man besonders achten [...] und sie in die Gruppenarbeit einbeziehen. Auf der anderen Seite gibt es sehr mitteilsame Schüler, die große Teile des

Unterrichts und der Diskussionen dominieren könnten. Mit solchen Schülern muß man sehr taktvoll umgehen.["42]

Deutsche Geschichte wurde von vier Lehrern und zwei Hilfslehrern im ersten Kursmonat unterrichtet, während amerikanische Geschichte im zweiten Monat auf dem Lehrplan stand. Durch diese Reihenfolge wollte man die sich verbessernden Sprachkenntnisse der Schüler ausnutzen. Bei einer Umfrage hatten die Teilnehmer jedoch das Gefühl, es wäre besser, beide Kurse gleichzeitig abzuhalten, damit Vergleiche gezogen werden konnten. Der Lehrinhalt blieb zwar fast der gleiche wie in Fort Kearney, es wurden aber die Themen besonders betont, für die sich die Schüler am stärksten interessierten. Beispielsweise versuchte man beim Überblick über die Zeit zwischen den Weltkriegen die Themen besonders zu behandeln, die in der Schulerziehung der Nazizeit nur kurz oder gar nicht besprochen wurden. Solche Themen bezogen sich auf die Machtergreifung Hitlers, wie zum Beispiel die Morde an Erzberger und Rathenau, Hitlers Putschversuch von 1923, die Säuberungsaktion im Rahmen des angeblichen Röhmputsches und die Nürnberger Gesetze.[43]

Die Lehrer für amerikanische Geschichte bemühten sich weiterhin, bei den Schülern eine Sensibilisierung für eine demokratische Problemlösung zu erreichen: „Die Demokratie wurde nicht als ein von Schwächen freies politisches System dargestellt", hieß es in einem Bericht des Lehrkörpers,

„sondern als ein System, das erfolgreich war bei der Erfüllung des menschlichen Strebens nach einem freien und glücklichen Leben und das daher eine wirkliche Herausforderung an das deutsche Volk darstellte. [...] Die Lehrer hatten den Eindruck, daß sie durch einen anspruchsvollen Unterricht ein größeres Demokratiebewußtsein erreichen konnten als durch eine Vereinfachung des Lehrstoffes, die dem Niveau aller Schüler entsprochen hätte."

Zum besseren Verständnis gab es nach dem einstündigen Unterricht eine zusätzliche Wiederholungsstunde auf Deutsch, die einer der Hilfslehrer unter den Kriegsgefangenen leitete. Einige Lehrer befürchteten, daß diese Vorgehensweise zu schwerwiegenden Fehlinterpretationen führen könnte, aber man hatte keine andere Wahl.[44]

Gelegentlich und wenn genügend Mittel zur Verfügung standen, hielt man auch englische Vorträge für sinnvoll, wenn die deutschen Schüler eine Zusammenfassung in beiden Sprachen erhielten. Besonderen Wert legte man hierbei auf die strittigsten Themen. Der Vortrag Nr. IV in amerikanischer Geschichte: „The Federal Constitution, How the Principle of Revolution Was Made Gradual Through the Strategy of Tolerance and the Tactics of Compromise" war zum Beispiel ein sehr beliebter Vortrag, von dem die Schüler auch eine deutsche Übersetzung bekamen.[45]

Der Unterricht zur Militärregierung litt immer noch unter dem Mangel an aktuellen Informationen. Nachdem sich Davison jedoch mehrfach beschwert hatte, erhielt die Schule wöchentliche Berichte zur Lage in Deutschland. Der Kurs war ähnlich aufgebaut wie die normale Schulung, die amerikanische Offiziere vor ihrer Abreise zum Einsatz in der Militärregierung in Deutschland besuchten.[46]

Die Lehrer wählten für die Auswertung des Kurses in Getty einen anderen Ansatz als in Kearney. Anstatt sich auf die Lehrinhalte zu konzentrieren, wollten sie nun wissen, ob die Schüler mit den gemachten Erfahrungen zufrieden waren. Die Lehrer hatten unter den vorgegebenen Umständen ihr Bestes getan, um den Schülern eine akademische Grundlage zu vermitteln, auf der sie aufbauen konnten. Jetzt, so steht es in einem Schulbericht,

„wird die Zukunft zeigen, ob die Schule ihre ideologischen Ziele erfolgreich umgesetzt hat. Das hängt davon ab, inwieweit der Unterricht die Vorstellungskraft angeregt und Hoffnungen erweckt und bei den deutschen Kriegsgefangenen ein Gefühl der persönlichen und Gruppenverantwortung entwickelt hat."[47]

Was hielten die Kriegsgefangenen selbst von dieser für eine Gefangenschaft ungewöhnlichen Behandlung? Sahen sie den Kurs als eine Chance, so wie Davison und sein Team hofften, oder haben sie sich durch diese Erfahrungen nicht besonders verändert? Die Männer, die über diesen Zeitraum ihres Lebens Aufzeichnungen hinterlassen haben, beurteilen den Unterricht in Getty ausgesprochen positiv. Hermann Zeller, ein Getty-Absolvent, schrieb an seine Heimatzeitung einen typischen Bericht mit einem überschwenglichen Lob des Lagerlebens in Rhode Island:

„Bei der Schuleröffnungsfeier erfuhren wir, daß die Schule sich an alle wendet, die bereit sind, am Aufbau eines demokratischen Deutschland mitzuarbeiten. [...] Aus den warmen und herzlichen Worten der amerikanischen Lehrer wurde uns klar, daß wir nicht als gefangene Feinde, sondern als Studenten behandelt werden sollten und sofort war eine Atmosphäre gegenseitigen Vertrauens geschaffen. "[48]

Ungefähr zur gleichen Zeit erschien in einer Stuttgarter Zeitung ein ähnlicher Brief von einem anderen Getty-Absolventen, der schrieb, daß er und seine Mitgefangenen immer davon beeindruckt waren, daß ihnen nicht nur eine Sichtweise der Dinge vorgegeben wurde:

„Unsere anregenden und geistreichen Lehrer [...] munterten uns stets zu freiester Meinungsäußerung auf. [...] Als wir von Fort Getty Abschied nahmen, empfanden wir, wieviele Bande sich in der kurzen Zeit von Mensch zu Mensch geschlungen hatten. [...] Uns aber ist eine große Bereicherung unseres Blickfeldes zuteil geworden und alle haben wir etwas von dem Hauch des freiheitlichen demokratischen Geistes der Amerikaner verspürt. "[49]

Ein Getty-Absolvent, der nach seiner Rückkehr ein langes Interview im deutschen Radio gab, gestand ein, daß er zunächst nicht sehr glücklich darüber war, daß die Amerikaner ihn für den Kurs ausgewählt hatten. Keiner der Gefangenen mochte die Vorstellung einer Umerziehung, sagte er. Sie fühlten sich alle unwohl, so als ob man ihnen gutes Benehmen beibringen wollte. Einige stimmten dann doch zu, da sie auf eine schnellere Heimreise hofften. Nachdem der Unterricht einmal angefangen hatte, änderte sich die Meinung schnell. Die Schulatmosphäre war von der Vorstellung durchdrungen, eine Mission zu erfüllen:

„Die Anziehungskraft Amerikas auf die müden, fatalistischen Europäer war besonders faszinierend. Oder war es die unvoreingenommene Art unserer Gastgeber? Vielleicht auch die Landschaft, die Luft und das Meer? Ich kenne den Grund wirklich nicht und meine Freunde auch nicht. Eines aber ist gewiß, nach einigen Tagen verschwanden unsere Unsicherheit und unsere Zweifel genauso wie die zynischen Bemerkungen. [...] Getty war als Schule ein vollständiger Erfolg, aber nur vorübergehend, denn um einen dauerhaften Erfolg daraus zu machen, müssen wir uns Getty als Erinnerung unseres Weltbürgertums ständig vor Augen halten. "[50]

Wenn Fritz K. nach über vierzig Jahren an seinen Aufenthalt in Getty zurückdenkt, erinnert er sich noch mit Freuden an den Unterricht in amerikanischer Geschichte. Die Ereignisse erfüllten sich für ihn mit neuem Leben, und alles, was er vorher gelernt hatte, schien sich nun zu einem Ganzen zusammenzufügen. Aufgrund dieser Erfahrung entschloß er sich, Lehrer zu werden.[51] Auch der Getty-Absolvent Alois H. hält der Schule zugute, ihn stark beeinflußt zu haben. Herr H. konnte die Lehrmethoden aus Getty bei seiner eigenen Nachkriegslaufbahn als Lehrer und Schulleiter erfolgreich einsetzen.[52]

Die Lehrer und Mitarbeiter in Kearney und Getty konnten zu Recht stolz auf ihre Arbeit sein. Sie hatten unter den schwierigsten Bedingungen ein pädagogisches Experiment gewagt und konnten der Mehrheit von 528 Absolventen ein wirkliches Demokratiebewußtsein vermitteln. Sicher stimmt es, daß sie mit sorgfältig ausgewählten und vielversprechenden Männern gearbeitet hatten. Eine große Zahl der Schüler waren Universitätsabsolventen, Männer mit Berufserfahrung, einige waren hohe Beamte des öffentlichen Dienstes. Bei den nächsten beiden Special Projects-Schulen war die Ausgangssituation völlig anders, da die Hauptaufgabe darin bestand, Männer auf die Polizeiarbeit vorzubereiten. Die Aufgabe Davisons und seiner Mitarbeiter blieb in soweit gleich, als sie weiterhin einen Umerziehungskurs anboten, allerdings in stark gekürzter Form und weitestgehend als Ergänzung zur praktischen Polizeiausbildung. Die Anforderungen an die Schüler wurden gelockert: eine Volksschulbildung oder vergleichbares waren ausreichend.

Schon vor Beginn des Schulexperiments in Kearney hatte das Supreme Headquarter, Allied Expeditionary Force (SHAEF)* das Kriegsministerium gebeten, Antinazis unter den Kriegsgefangenen für den Polizeidienst im besetzten Deutschland auszubilden. In einem Vermerk aus dem April 1945 bat SHAEF so schnell wie möglich um 1800 Männer und um weitere 5000, sobald diese verfügbar seien:

„Die Abteilungen der Militärregierung haben große Schwierigkeiten, qualifiziertes Personal in Deutschland zu finden, die jünger als 40 Jahre und daher in der Lage sind, mit Untergrundbewegungen und zivilen Unruhen wie zum Beispiel Unruhen bei der Verteilung von Lebensmitteln fertig zu werden. Darüber hinaus müssen sie den zur Zeit geltenden politischen Vorschriften gerecht werden."[53]

Man hatte zunächst daran gedacht, einige der deutschen Kriegsgefangenen aus Europa zur Polizeischulung in die Vereinigten Staaten zu schicken, da sehr viele von ihnen der geeigneten Altersgruppe zwischen dreißig und vierzig angehörten. Diese Idee wurde jedoch schnell verworfen, da die vorhandenen Schiffe zunächst einmal die

---

* A.d.Ü.: Oberstes Hauptquartier der alliierten Expeditionsstreitkräfte.

amerikanischen Soldaten aus Europa nach Hause bringen sollten. Stattdessen wurde vorgeschlagen, einige der erfahrenen Special Projects-Mitarbeiter nach Europa zu schicken, um dort beim Aufbau einer Schule für die Ausbildung potentieller Polizeianwärter aus dem Kreis der Kriegsgefangenen zu helfen.[54]

In der Zwischenzeit hatte das Programm in Wetherill, das Projekt III, begonnen. Ungefähr die Hälfte des sechswöchigen Lehrplans war den verschiedenen Aspekten der Polizeiausbildung gewidmet. Das für diese Arbeit zuständige Personal kam aus mehreren Einheiten der Militärpolizei und stand unter dem Befehl von Major Kenneth Kolster. Im Gegensatz zu den meisten seiner Mitarbeiter, die Berufspolizisten waren, genoß Kolster im PMGO den Ruf eines effizienten Verwaltungsfachmanns, den er sich während des Kommandos von Einheiten der Militärpolizei in Nordafrika und Italien erworben hatte. Der Unterricht behandelte Bereiche des deutschen Rechts vor der Hitler-Regierung, amerikanisches Besatzungsrecht, kriminalpolizeiliche Ermittlungen, Ballistik und Fingerabdrücke, Verkehrskontrolle und Aktenkunde. Besondere Aufmerksamkeit wurde dem Umgang mit Menschenansammlungen gewidmet, da für den kommenden Winter Unruhen bei der Verteilung von Lebensmitteln erwartet wurden.[55]

Davison entschied sich, dem Wunsch des SHAEF, daß Special Projects Mitarbeiter beim Aufbau einer Polizeischule in Europa mithelfen sollten, persönlich nachzukommen. Zusammen mit Captain Schoenstedt reiste Davison nach Europa, um sich ein Bild der Lage zu machen. Obwohl das SHAEF ausdrücklich um Polizeiunterricht gebeten hatte, konnte Davison seine Vorgesetzten davon überzeugen, daß eine Verwaltungsschule besser wäre. Auf diese Gelegenheit hatte Davison gewartet. Er wußte, daß für die Umerziehung auf amerikanischem Boden das Ende nahte und sah hier eine Möglichkeit, ein viel weitergehendes Programm in Europa zu schaffen:

„Colonel Davison hatte den Plan, im europäischen Operationsgebiet ein Umerziehungsprogramm, so wie es in Amerika durchgeführt worden war, zu organisieren. Er glaubte, Deutschland sei noch nicht für die Repatriierung einer großen Zahl ehemaliger Kriegsgefangener bereit, die deshalb noch einige Zeit für weitere Umerziehungsmaßnahmen festgehalten werden konnten. Damit hätte Deutschland unter der alliierten Militärregierung noch etwas Zeit, um sich von den Auswirkungen des Krieges zu erholen, bevor die Gefangenen in das Arbeitsleben eingliedert werden mußten. Die zuständigen Offiziere im europäischen Operationsgebiet zeigten nur wenig Kooperationsbereitschaft. [...] Der einzige Erfolg seiner Reise war die Gründung der Schule in Querqueville. Fast unmittelbar nach Beginn des Unterrichts beorderte General Lerch [Generalkommandeur der Militärpolizei] Colonel Davison in die Vereinigten Staaten zurück."[56]

Der Unterricht in Querqueville in Frankreich, der immer noch zum „Projekt Sunflower" gehörte, fand im Lager Yalta der amerikanischen Armee ungefähr acht Kilometer westlich von Cherbourg statt. Davison wollte ungefähr hundert Mitarbeiter für die Schule entsenden, aber entgegen seinen Empfehlungen wählte das PMGO neue Mitarbeiter aus. Agenten der nachrichtendienstlichen Abteilung des PMGO besuchten einige Kriegsgefangenenlager und wählten zukünftige Schüler auf der Grundlage der Empfehlungen der Lagerkommandanten aus. Nach Ankunft der Gefangenen in Querqueville wurden sie von den Lehrern der Schule überprüft. Anschließend begann der Unterricht mit dreihundert Schülern. Vorbild für den Unterricht und den Aufbau der Klassen war die Schule in Getty.[57]

Obwohl Davison zum Dienst in den Vereinigten Staaten zurückgeschickt worden war, verfolgte das PMGO weiterhin das ursprüngliche Ziel, die Umerziehungsabsolventen für die Arbeit bei der Militärregierung einzusetzen. Sowohl das Hauptquartier in Washington als auch der Kommandeur der Militärpolizei im europäischen Operationsgebiet General Dillon waren sich einig, daß die Unterbringung der Absolventen kein Problem darstellte:

„Nach ihrer Ankunft an ihrem Wohnort stellen sie sich bei der nächsten oder benachbarten Abteilung der Militärregierung vor, die bereits über ihre bevorstehende Ankunft informiert wurde, und bieten sich für eine Aufgabe in der Regierungsverwaltung an."[58]

Die deutschen Kriegsgefangenen, die den Umerziehungskurs in Querqueville besuchten, waren in den letzten Kriegstagen an der Westfront in amerikanischen Gewahrsam geraten. Einer der ehemaligen Gefangenen, Otto K., der im April 1945 in Gefangenschaft geriet und für kurze Zeit am Rhein festgehalten wurde, beschrieb Querqueville als eine Art „Höhere Lagerschule für Umerziehung". Er gehörte zu den ersten Absolventen, die Ende September nach Deutschland zurückkehrten.[59] August E. schätzt seine Erfahrung an der Schule ziemlich realistisch ein.

„Die Lehrer waren teils Deutsche und auch entsprechend ausgebildete U.S.-Offiziere; die Behandlung war nicht schlecht, doch reserviert. Besonders positiv war, daß wir nach langen Hungermonaten besser verpflegt wurden. Ende 1945 wurde ich mit den übrigen Gefangenen in die Heimat entlassen; versehen mit guten Wünschen und einem Diplom der dortigen Militärverwaltung, das uns als ausgewählte Bürger und Teilnehmer am Erziehungsprogramm ausweisen sollte."[60]

Bis zum Ende des Unterrichtsbetriebes hatten 630 Männer die Schule besucht.

Bis zu diesem Zeitpunkt hatte sich die Einstellung des amerikanischen Volkes geändert. Der Krieg war vorbei, und die Konzentrationslager der Nazis hatten weltweit die Schlagzeilen beherrscht. Kurz vor dem Beginn der Nürnberger Kriegsverbrecherprozesse rief man nach Gerechtigkeit und Bestrafung. Diese veränderte Stimmung zeigte sich auch in der Haltung gegenüber deutschen Kriegsgefangenen. Der Umgang mit ihnen war strenger, die Behandlung weniger tolerant, folglich mangelte es zunehmend an Geduld für das Umerziehungsprogramm. Zu diesem Zeitpunkt lief das letzte Projekt an: der sechstägige Orientierungskurs („6-Tage-Rennen") für Gruppen von zweitausend deutschen Kriegsgefangenen in Fort Eustis, Virginia. Dieser größte und schnellste der Special Projects-Kurse war in keiner Weise mit den früheren Umerziehungskursen von Davison und seinem Team vergleichbar.

Da der Krieg vorüber war und Tausende von deutschen Kriegsgefangenen diesen Kurs vor ihrer Rückkehr nach Europa besuchen sollten, bat Davison das Kriegsministerium um die Aufhebung der Geheimhaltung, die für die vorherigen Kurse gegolten hatte:

„Man ist der Meinung, daß es unmöglich sein wird, die Geheimhaltung des Projekts bei der Auswahl und Arbeit mit 20.000 Kriegsgefangenen aufrechtzuerhalten. Dies wird weder beim Auswahlverfahren in den Service Commands noch im Special Projects Center möglich sein."[61]

Dieser Bitte wurde entsprochen und die Geheimhaltungsstufe wurde herabgesetzt, wodurch die Medien Berichte über die Arbeit der Special Projects veröffentlichen konnten.

Genau in diesem Moment wurde das Eustis-Projekt durch eine interessante Wendung der Ereignisse gefördert. Die Vereinigten Staaten hatten sich verpflichtet, Frankreich deutsche Kriegsgefangene für Arbeitseinsätze zur Verfügung zu stellen. Nach einem Bericht des Internationalen Roten Kreuzes über nachlässige Behandlung der deutschen Kriegsgefangenen in Frankreich begannen die Vereinigten Staaten eine Hinhaltetaktik. Das Eustis-Projekt wurde problemlos genehmigt, da dies für die über zwanzigtausend Kriegsgefangenen, die zur Teilnahme ausgewählt worden waren, eine Verzögerung bedeutete. Offiziell bestritten die Vereinigten Staaten, ein verstecktes Motiv für die Entsendung der Kriegsgefangenen nach Fort Eustis anstatt nach Frankreich zu haben:

„Es besteht keine Absicht, diese Vereinbarungen [mit Frankreich] zu umgehen, man ist jedoch der Ansicht, daß eine Rückkehr der kooperationsbereiten Antinazis unter den Gefangenen nach Frankreich die guten Ergebnisse, die durch das Umerziehungsprogramm erzielt werden konnten, in Frage stellen würde. Außerdem ist man der Meinung, daß der Einsatz dieser kooperationsbereiten und demokratisch eingestellten Gefangenen für den Aufbau eines demokratischen Staates in Deutschland von größerem Nutzen wäre. Der Generalkommandeur der Militärpolizei hält es deshalb für ratsam, ein besonderes Lager einzurichten, in dem die bereitwilligsten der in den Vereinigten Staaten internierten Kriegsgefangenen einen kurzen Orientierungskurs besuchen und dann direkt nach Deutschland zurückgeschickt werden. [...] Es wurde beschlossen, das Programm auf einen sechstägigen Orientierungskurs zu beschränken."[62]

Die Streitkräfte der Vereinigten Staaten im europäischen Operationsgebiet (United States Forces European Theater - USFET) unterstützten diesen Plan unmittelbar nachdem sie davon erfuhren, und versprachen den Kriegsgefangenen nach ihrer Ankunft eine besondere Behandlung.

Die Entscheidung für die Unterbringung der Schule fiel auf Fort Eustis, da dort eine große Zahl von Gefangenen untergebracht werden konnte und die Häfen der Ostküste in erreichbarer Nähe waren. Für eine ausführliche Auswahl der Gefangenen war keine Zeit, deshalb mußten sich die Special Projects-Mitarbeiter bei der Ernennung ihrer zukünftigen Schüler viel stärker auf die Einschätzung der neun Service Commands verlassen. Aus diesem Grund wurde das Verfahren nicht so sorgfältig durchgeführt wie bei den vorherigen Schulen. Die Commands legten für die Auswahl das begrenzte Material aus den Gefangenenakten sowie das von den Gefangenen selbst bekundete Interesse zugrunde. Über sechs Monate nach Ende des Krieges in Deutschland waren die deutschen Kriegsgefangenen stärker als je zuvor davon überzeugt, daß die Umerziehung den schnellsten Weg nach Hause eröffnen würde. Im Dezember nahmen Lehrer und Personal aus Getty und Wetherill ihre Arbeit in der neuen Schule in Virginia auf. Sie gingen von einer Zahl von fünfundzwanzigtausend deutschen Kriegsgefangenen aus, von denen ungefähr fünftausend als ungeeignet abgelehnt werden würden. Diese geschätzte Zahl der Ungeeigneten erwies sich jedoch als viel zu hoch.[63]

Davison und seine Mitarbeiter gaben dem PMGO schnell eine Absichtserklärung ab:

„20.000 ausgewählte, kooperationswillige deutsche Kriegsgefangene sollen so viel Demokratieverständnis und eine Einstellung zu den Erfahrungen mit der Demokratie in den Vereinigten Staaten, Deutschland und der übrigen Welt vermittelt bekommen, daß sie in höchstem Maße zum Aufbau eines demokratischeren, friedlichen und kooperationsbereiten deutschen Staates beitragen können."

Auf diese Erklärung folgte eine kurze Übersicht mit den Zielen, die durch die verschiedenen Unterrichtsmethoden erreicht werden sollten.[64]

Es ist fraglich, wie ernst Davison und sein Pädagogenteam diese Verallgemeinerungen nahmen. Sie sind eher ein Zeichen für ihre wachsende Erfahrung beim Umgang mit dem von der Militärverwaltung gewünschten Papierkrieg.

Lt. Col. Alpheus Smith hatte das Kommando des Special Projects-Centers in Eustis bereits im Dezember übernommen, um alles für die Ankunft der deutschen Kriegsgefangenen vorzubereiten, die gegen Ende dieses Monats erfolgen sollte. Die erste Runde des sechstägigen Zyklus begann am 4. Januar. Trotz der umfangreichen Vorbereitungen lief nicht alles reibungslos. Es waren zu viele Kriegsgefangene angekommen, die nicht alle sofort in Klassen untergebracht werden konnten. Einige von ihnen mußten sogar zwei bis drei Wochen auf einen Unterrichtsplatz warten, was die Mitarbeiter in die unangenehme Lage versetzte, sich für diese Gefangenen Beschäftigungsmöglichkeiten ausdenken zu müssen.

Am Anfang eines jeden Zyklus bekamen die Kriegsgefangenen Informationen über die Schule, über die Kriterien für ihre Auswahl und einen Überblick über den Kurs, der jetzt nicht mehr als „Umerziehung" bezeichnet wurde. Dann bekamen die zukünftigen Schüler eine Liste mit den Titeln der zwölf vorgesehen Unterrichtseinheiten.

Anschließend hielt einer der Lehrer eine kurze Ansprache, um den Teilnehmern zu erklären, daß sie nicht alles, was sie in den nächsten Tagen hören würden, kritiklos und ohne Fragen zu stellen akzeptieren sollten. Zum Abschluß erinnerte man die Schüler daran, daß sie immer noch Kriegsgefangene waren.[65]

Wegen der Kürze des Kurses mußten die Unterrichtseinheiten auf die wesentlichsten Punkte reduziert werden. Die erste und wichtigste Stunde behandelte die amerikanische Bundesverfassung. Der gesamte Lehrkörper hatte zusammen gearbeitet, um die Geschichte der Verfassung und das Entstehen der Bill of Rights zu erläutern. Alle weiteren Einheiten („Der demokratische *Way of Life*", „Politische Parteien", „Demokratische Traditionen in Deutschland" usw.) bauten alle auf der ersten Unterrichtsstunde über die Verfassung auf. Zur Unterstützung des Unterrichts wurden ausgewählte Filme gezeigt wie z.B. „Abe Lincoln in Illinois" und „Das siebte Kreuz" nach dem Roman von Anna Seghers über einen Ausbruch aus einem Konzentrationslager der Nazis.[66]

Der Unterricht begann immer mit einem Vortrag gefolgt von einer Diskussion, in der die Gefangenen ihre Meinung äußern und Kommentare abgeben sollten. Die letzte Stunde des sechstägigen Kurses war der Abschiedsansprache von Colonel Smith sowie einer Rede von einem oder zwei Gefangenen und einigen Worten von Davison vorbehalten. Bevor die Gefangenen die Schule verließen, füllten sie noch einen anonymen Fragebogen zu ihrer Einschätzung des Kurses und/oder ihren Verbesserungsvorschlägen aus.[67]

Im Gegensatz zu den vorherigen Projekten wurden die Kurse in Eustis leider durch eine schlechte Koordinierung und Stümperei in der Militärverwaltung beeinträchtigt. Durch die Überbelegung als Folge von schlecht abgestimmten und mit mangelnder Sorgfalt ausgestellten Verlegungsbefehlen hatten zu viele Gefangene keine Beschäftigung. Obwohl nur zweitausend Kriegsgefangene gleichzeitig den Unterricht besuchen konnten, befanden sich meistens fast doppelt so viele im Lager. Einmal waren sogar achttausend Männer dort. Durch diese Umstände mußten Personal und Ressourcen vom eigentlichen Unterricht abgezogen werden, um die Wartenden zu beschäftigen. So entstand eine Art zweiter Lehrplan, der aus Filmen, etwas Englischunterricht, Musikaufnahmen und Sport bestand. Zusätzliche Behinderungen brachte der Befehl, mit der Schließung von Fort Eustis zu beginnen, während der Unterricht noch lief. Der dadurch entstandene Abbau von Einrichtungen, der Verlust von Klassenräumen und die Einlagerung von benötigtem Material stellte die Lehrer und Mitarbeiter vor immer neue Schwierigkeiten. Irgendwie gelang es den Special Projects dennoch 23.142 der 25.334 nach Eustis geschickten deutschen Kriegsgefangenen zu schulen.[68]

Obwohl man in einem von Davisons Büro erstellten Schlußbericht versuchte, die Ergebnisse von Eustis im besten Licht darzustellen, war der Ton nicht sehr optimistisch:

> „Das letzte Ziel war, diese Kriegsgefangenen in ihr vom Krieg verwüstetes Heimatland zurückzuschicken, als eine ‚Speerspitze der Demokratie'. [...] Es ist klar, daß jetzt noch niemand sagen kann, ob dieses hehre Ziel verwirklicht werden konnte. Selbst in einigen Jahren werden wir vielleicht immer noch nicht wissen, ob wir Erfolg hatten. Wir werden lediglich wissen, ob wir gescheitert sind. [...] Das Mindeste, was man sagen kann, ist, daß die Orientierung sicher nicht geschadet hat. Bei den meisten Gefangenen kann man nicht mehr sagen. [...] Die meisten wurden nur aus negativen Gründen ausgewählt: Sie haben eine Zusammenarbeit nicht abgelehnt, und sie haben nie etwas mit einer Naziorganisation zu tun gehabt. Solche Männer gestalten die Zukunft nicht mit. Mit aller Wahrscheinlichkeit werden sie nie irgendeine Position beziehen, sei es eine gute oder eine schlechte."[69]

Herbert Tulatz, einer der deutschen Gefangenen, die in Eustis als Diskussionsleiter eingesetzt wurden, hielt es für unmöglich, die Auswirkungen des Kurses auf die Teilnehmer vorherzusagen, und war wie Davison wenig optimistisch. Tulatz meint, daß der eigentliche Wert darin bestand, die Gefangenen von der Bedeutung der Kritikfähigkeit zu überzeugen: „Jeder einzelne konnte sich frei davon überzeugen. Ist das kein großer Erfolg?", so fragte er sich.[70] Ein weiterer Eustis-Veteran, Karl W., war von der positiven Auswirkung des Kurses überzeugt:

> „Aufgrund der Schulungen in Fort Eustis ist meine politische Denkungsart grundlegend demokratisch beeinflußt worden. Als sogenannter ‚kleiner Mann' konnte ich meiner demokratischen Haltung nur Ausdruck geben durch mein freies demokratisches Wahlrecht und mein überzeugtes Wissen, im Freundes- und Bekanntenkreis stets ein guter Anwalt für Freiheit, Recht und Demokratie zu sein."[71]

Otto P. erinnert sich an Eustis, weil dieses Lager nicht von den Nazis beherrscht wurde. Wegen seiner antinationalsozialistischen Einstellung war er in anderen Lagern bedroht und eingeschüchtert worden. „Immer wenn uns die ‚Nazi-POW's‘ trafen bei der Arbeit," schrieb er,

> „beschimpften sie uns und deuteten zur Kehle. Als ich wußte, daß ich im richtigen Lager war, trennte ich endgültig den ‚Hoheitsadler‘ von der Uniform ab. Schließlich kamen wir zur demokratischen Umerziehung nach Fort Eustis. [...] Ich brauchte an sich keine Umschulung, da ich stets ein Demokrat war."[72]

Nachdem die Presse jetzt über die Umerziehungsprogramme berichten konnte, rückte das Eustis-Projekt in den Mittelpunkt zahlreicher Artikel. Quentin Reynolds, ein bekannter Journalist, schrieb, daß er immer deutschfeindliche Gefühle gehabt hatte und deshalb das Programm in Eustis mit Skepsis betrachtete:

> „[Zuerst] schreckte ich davor zurück, diesen Männern in Eustis die Hand zu geben, obwohl ich ihre Akten gelesen hatte. Immer dachte ich: Diese Hände haben sich zum Hitlergruß erhoben. [...] Langsam erkannte ich jedoch, daß diese Deutschen in Fort Eustis anders waren. Ihre Augen waren klar und nicht trübe; sie lachten gegenseitig über ihre Witze; es war nichts Hinterhältiges an ihnen. Sie ... sie ... nun ja, verdammt, sie waren anders."[73]

Die *New York Times* schrieb einen ausführlichen Bericht über eine Abschlußfeier in Fort Eustis. Der Klassensprecher, ein deutscher Kriegsgefangener, wurde „Corporal Hans" genannt. Der Lehrer aus dem Rheinland bat seine Mitgefangenen, mit dem festen Vorsatz in die Heimat zurückzukehren, die Demokratie durchzusetzen.

> „Still und mit einer Aufmerksamkeit, die sicher nicht gespielt war, saßen dort vorne ungefähr hundert dunkle, schwitzende ‚Mitschüler‘ des Unteroffiziers. Als seine mit der Stimme eines begabten Redners vorgetragene Ansprache beendet war, folgte tosender Applaus."[74]

Mit der Schließung von Fort Eustis waren die Special Projects fast zu Ende. Es war ein kühnes Experiment, das eine relativ kleine Gruppe von Amerikanern gegen große Widerstände und in der Hoffnung, die Zukunft Deutschlands zu beeinflussen, durchgeführt hatte. In der letzten Ausgabe von *Der Ruf* rief Colonel Davison die deutschen Gefangenen auf, die ihnen übertragene Verantwortung für die Änderung

128

der politischen Richtung Deutschlands zu übernehmen. Er erinnerte sie daran, daß sie erst in ihrer Gefangenschaft zum ersten Mal die freie Presse und Bücher lesen konnten, die in ihrer Heimat verboten waren. Das ist Amerikas Geschenk an Sie, schrieb er, jetzt müssen Sie wissen, was zu tun ist. „Die Frage ist jetzt," so schloß er, „ob sie die Stärke haben, die ihnen gebotene Chance zu nutzen und zum Wohle Deutschlands einzusetzen?"[75]

Weder Davison noch irgend jemand anders konnte in voller Tragweite erkennen, daß die Herausforderung, der sich die Gefangenen bald stellen mußten, nur der Anfang eines Kampfes war, der weltweite Ausmaße annehmen würde. Deutschland war bereits das Schlachtfeld eines neuen Krieges - des Kalten Krieges. Die deutschen Gefangenen kehrten nach der Umerziehung in ein Land zurück, das die Eroberer in Ost und West aufgeteilt hatten. Die eine Seite war zum Aufbau eines kommunistischen Staates, die andere zur Demokratie entschlossen. Im gleichen Maße wie die Amerikaner hofften, daß die Absolventen der Special Projects einen positiven Einfluß auf die Entwicklung der Demokratie haben würden, zählten Ulbricht und die Russen auf die Hilfe ihrer Schüler beim Aufbau des Kommunismus. Wie schnitten die Absolventen der Antifa-Schulen im Vergleich ab?

5.

Umerziehung auf russische Art

Josef Stalin wußte, daß er mit der Gefangennahme von Hunderttausenden deutscher Soldaten eine einmalige Gelegenheit bekommen hatte. Wenn eine ausreichende Zahl dieser Kriegsgefangenen vom Kommunismus überzeugt werden konnte, war damit eine Vorhut für das russische Streben nach einem wesentlichen Einfluß auf die Bildung einer deutschen Nachkriegsregierung geschaffen. Überzeugung, nicht Zwang, war der Schlüssel, und die sollte durch Umerziehung erreicht werden.

Ist die Umerziehung der deutschen Kriegsgefangenen in Rußland überhaupt mit den Programmen, die für ihre Kameraden in den Vereinigten Staaten und später in England beginnen sollten, vergleichbar? Nur in Ansätzen, lautet die Antwort. Das grundlegende Ziel - die Gefangenen durch den Umerziehungsprozeß davon zu überzeugen, ihre politischen Einstellungen zu überdenken - war das gleiche. Ansonsten unterschieden sich aber fast alle Umstände der Programme sehr voneinander. Im Gegensatz zu den Special Projects und Wilton Park wurde das russische Umerziehungsexperiment nicht immer in einem als „akademisch" zu bezeichnenden Rahmen und auch nicht von Berufspädagogen durchgeführt. Während des Krieges konnte sich der Schüler auf eine aktive Rolle in der Bekämpfung des Nationalsozialismus einrichten, indem er für den sowjetischen Propagandaapparat entweder an der Front oder hinter den Linien arbeitete. Durch diese Aussicht bekam der Unterricht eine praktische Relevanz, die in den westlichen Programmen so nicht vorhanden war und die der Umerziehung eine andere Perspektive gab. Die Zahl von deutschen Gefangenen in allen Umerziehungsprogrammen der Alliierten, die das System zu ihrem persönlichen Vorteil ausnutzen wollte, ist nicht zu bestimmen. In Rußland war eine solche Motivation jedoch am stärksten. Veteranen aus den russischen Kriegsgefangenenlagern hielten solche Opportunisten für die weitaus größte Gruppe in der Bewegung „Freies Deutschland". Diese Männer, die sogenannten „Kaschisten" (von Kaschagrütze), ließen sich im Austausch gegen gutes Essen auf eine Mitgliedschaft ein.[1] Entweder ließen sich die Russen leicht täuschen, oder es war ihnen einfach egal. Der junge Einsiedel glaubte ersteres:

„Die Russen [...] lassen sich ständig von den eklatantesten Opportunisten reinlegen, Menschen, denen man von weitem ansieht, daß
sie Nazis sind."[2]

Obwohl es offensichtlich einfach war, dem NKFD beizutreten, erwartete man von den zukünftigen Mitgliedern vor ihrer Bewerbung
eine antifaschistische Einstellung. Vergleichbar mit dem amerikanischen Projekt sollten die Gefangenen lange Fragebögen ausfüllen, anhand derer eine Personalakte erstellt wurde, die sie von einem Lager
zum nächsten begleitete. Die Gefangenen mußten die Russen nicht
unbedingt von ihrer kommunistischen Einstellung überzeugen, sie
sollten jedoch Anzeichen für eine gewisse Ablehnung Hitlers zeigen
und schwören, die Grundsätze der Bewegung „Freies Deutschland"
zu unterstützen. Die bereitwilligen Gefangenen gehörten dann zu den
sogenannten Lageraktivisten und wurden Kandidaten für einen möglichen Unterricht. Aktivisten gab es in jedem Lager und von jedem militärischen Rang. Sie erhielten ihre Weisungen vom Senior-Aktivisten,
indem sie in Komitees dienten, eng mit der Lagerleitung zusammenarbeiteten und Mitgefangene ermutigten, es ihnen gleichzutun.[3]

Nicht nur die Gefangenen versuchten, ihre Kameraden für eine Unterstützung des NKFD zu gewinnen, auch die deutschen Kommunisten
unter der Führung von Pieck und Ulbricht und russische Polit-
Offiziere, die den Lagern zugeteilt wurden, beteiligten sich an der
Überzeugungsstrategie. Zu Anfang war diese Strategie eher informell
und bestand aus Gesprächen mit den Kriegsgefangenen über die Ziele
des NKFD und über mögliche Gründe für einen Beitritt. In den Offi-
zierslagern (den „politischen" Lagern) wurde im Unterschied zu den
Lagern für die Mannschaften und Unteroffiziere, die hauptsächlich
Arbeitskräfte lieferten, intensiver geworben. Vom kommunistischen
Standpunkt aus gesehen war „die Entscheidung, Antifaschist zu werden und der Bewegung ‚Freies Deutschland' beizutreten [...] immer
eine absolut persönliche", schrieb einer der an der Gründung des
NKFD beteiligten deutschen Offiziere Bernt von Kügelgen.

„Es war nie so, daß man eine Klasse Nazisoldaten zusammen-
stellte und auf sie solange à la Gehirnwäsche einredete, bis sie
umerzogen sich als Antifaschisten verstanden. Der Entschluß dazu
war immer das Ergebnis tiefgreifender Auseinandersetzungen mit
sich selbst, mit der Verpflichtung des Eides, mit der eigenen Vergangenheit und ihren Erlebnissen, mit der Frage, was aus Deutschland werden soll. Die Antifa-Schulen hatten die Aufgabe, die politi-

schen Kenntnisse und Erkenntnisse zu vertiefen, die Überzeugung zu festigen, die Bereitschaft zu qualifizieren, aktiv gegen Hitler aufzutreten, sei es als Agitator des NKFD an der Front oder im Gefangenenlager."[4]

Ein wichtiger Bestandteil der russischen Umerziehung, der sich wesentlich vom amerikanischen und britischen Projekt unterschied, war die Überzeugung, daß der Schüler am Anfang seines Umdenkens gestehen mußte, daß seine vergangenen Taten in der Ausübung der hitlerschen Befehle falsch gewesen seien und daß er damit in Zukunft nie wieder etwas zu tun haben wolle. Erst danach war er zum Studium des sorgfältig vorbereiteten kommunistischen Materials bereit. Dieses bestand aus der „angeblich wissenschaftlichen marxistisch-leninistischen Doktrin; wobei der Schwerpunkt auf Kritik, Selbstkritik und Bekenntnissen als Merkmalen des ‚ideologischen Ringens' lag".[5] Die Amerikaner und Briten waren zwar auch sehr darauf bedacht, daß die für ihre Programme ausgewählten Schüler antinationalsozialistische Gefühle zeigen sollten, suggestive Methoden der Selbstkritik fehlten aber gänzlich in ihren Lehrplänen.

Noch wichtiger war es den Russen, den zukünftigen Schüler davon zu überzeugen, daß er auf eine Rolle im neuen Nachkriegsdeutschland vorbereitet wurde. Heinz Abraham, ein deutscher Kommunist, der für die Arbeit mit neuen Gefangenen eingeteilt war, beschwerte sich bei Wilhelm Pieck darüber, wie schwierig es sei, mit ihnen über Kommunismus zu diskutieren. „Lieber Genosse Abraham", antworte Pieck,

> „wir haben augenblicklich in der Sowjetunion wahrscheinlich mehrere Millionen deutsche Kriegsgefangene. Es sind Deutsche, und mit diesen Menschen müssen wir, mußt Du arbeiten. Denn mit diesen Menschen werden wir ein neues Deutschland gestalten, werden wir den Sozialismus in Deutschland aufbauen."[6]

Es mochte zwar eine Voraussetzung für den Besuch einer Antifa-Schule sein, ein Selbstbekenntnis über vergangene Fehltritte abzulegen, eine neuentdeckte Zuneigung zum Kommunismus war aber nicht unbedingt erforderlich. Eine politische Mischung aus Sozialdemokraten, Katholiken, Liberalen und sogar einigen Konservativen wurde durchaus akzeptiert. Aus der Zusammensetzung der Klassen während des Krieges geht hervor, daß die Russen sich um ein Verhältnis von 25% Kommunisten, 25% Sozialdemokraten, 10% Katholiken, 10%

Liberale und 30% gemischte Konservative bemühten. Der gemeinsame Nenner war der Wunsch, Deutschland von Hitler zu befreien.[7]

Die Bekehrung der Menschen zum Kommunismus war ein wichtiger Grundsatz des russischen politischen Systems und hatte somit einen hohen Stellenwert in seiner Strategie. Die Techniken zur Umsetzung dieses Verbreitungswillens waren der Führung wohl bekannt, aber sie hatten verstanden, daß gewöhnliche Propagandamethoden bei den kriegsgefangenen deutschen Soldaten nicht die gewünschten Ergebnisse bringen würden. Deshalb unterstützten sie die Rolle der deutschen Exilkommunisten ganz besonders. Nach Hitlers Angriff auf die Sowjetunion im Jahr 1941 sprach Ulbricht als erster von der Schaffung einer „Sonderschule", um ausgewählte deutsche Gefangene, die sich als Antinazis zu erkennen gaben, auf eine Vorreiterrolle für den Antifaschismus in den Lagern und für die Werbung weiterer Anhänger vorzubereiten. Um etwas zu erreichen, mußten diesen ausgewählten Menschen die Grundlagen des Marxismus-Leninismus beigebracht werden, wofür mehrere Monate intensiver Schulung erforderlich waren.

Die genaue Zahl der deutschen Gefangenen, die während des Krieges eine Antifa-Schule besuchten, ist schwer zu bestimmen, da die russischen Aufzeichnungen darüber bestenfalls als planlos zu bezeichnen sind. Schätzungen gehen von tausend bis dreitausend pro Jahr aus. Die Schulen unterschieden sich in ihrer Größe und Bezeichnung. Es gab sogenannte Frontschulen, die im Vergleich zu den anderen Schulformen oft nur wenige Schüler für eine relativ kurze Schulung aufnahmen, Zentralschulen, Gebietsschulen und Lagerschulen.[8] Die Frontschulen hatten die Aufgabe, die Schüler auf ihren Dienst in den Kampfgruppen des NKFD vorzubereiten, die ihre Propaganda auf die deutschen Nachhuttruppen konzentrierten. Dies war eine gefährliche Aufgabe, bei der die Männer manchmal mit der gesamten erforderlichen Ausrüstung, Dokumenten und Uniformen ausgestattet wurden, um sich unter die Wehrmachtssoldaten zu mischen und als Agitatoren für das NKFD tätig zu sein. Diese Form der Propaganda, an der sich auch Männer aus anderen Schulen beteiligten, wurde vor allem in den letzten anderthalb Kriegsjahren ausgeübt.[9]

Der erste Kurs an einer Antifa-Schule begann im Mai 1942 in Oranki (Lager Nr. 74) unter der Leitung von Nikolai Janzen, einem sowjetischen Philosophieprofessor. Zum Personal gehörten auch drei deutsche Offiziere. 1943 zog die Schule nach Krasnogorsk (Lager Nr. 27) um und wurde eine Zentralschule. Krasnogorsk lag in der näheren Umgebung Moskaus und bestand als Stadt erst seit 1940. 1941 wurde dort ein Lager für deutsche Kriegsgefangene eingerichtet und 1943 wurde das NKFD im Lager gegründet. Im gleichen Jahr wurde in Talica (Lager Nr. 165) eine zweite Zentralschule eröffnet. Der erste Umerziehungskurs dauerte vier Monate, für die Zentralschulen wurde die Kursdauer 1944 jedoch auf sechs Monate verlängert.[10]

Die wichtigste Lehrmethode war die Wiederholung: ein Verfahren, daß die deutschen Gefangenen bereits aus den Diskussionen der Marxisten-Zirkel in den Lagern vor ihrem Besuch einer Antifa-Schule gewohnt waren. Alle Diskussionen kreisten um vorbestimmte Schlußfolgerungen. Die Methode wurde zutreffend beschrieben als „irgendwie überzeugende Argumente nach vorgegebenen Mustern, die ständig wiederholt wurden. Es handelte sich immer um den gleichen Marxismus, der den Kriegsgefangenen bei Treffen und in Diskussionszirkeln aufgezwungen wurde und der - in seiner stalinistischen Engstirnigkeit - nur eine gedankenlose Wiederholung ermöglichte."[11] Für die Kriegsgefangenen, die vor ihrer Einberufung studiert hatten, war dies sicherlich eine langweilige Übung. Viele der deutschen Kriegsgefangenen hatten jedoch keine Universität oder nicht einmal ein Gymnasium besucht und fanden den Kommunismusunterricht ziemlich interessant.

Otto Rühle, der später in Ostdeutschland Karriere machen sollte, war vielleicht ein typischer Fall eines deutschen Offiziers, dessen Welt bei Stalingrad zusammengebrochen war und der jetzt im NKFD und im BDO neue Antworten suchte. Rühle war der Ansicht, daß jeder Gefangene, der sich selbst als Antifaschist bezeichnete, die Wahrheit allein durch Lernen erfahren könnte. Er schrieb, daß die Werke von Marx, Engels und Lenin für ihn wie eine Offenbarung waren, durch die er zu verstehen begann, daß die kommunistische Philosophie wirklich eine revolutionäre Waffe im Klassenkampf war. Rühle schreibt es seiner Erfahrung in der Antifa-Schule zu, ihm die Augen für die Wahrheit geöffnet zu haben.[12]

Nicht alle deutschen Akademiker unter den Kriegsgefangenen hielten die Beschäftigung mit dem Marxismus für eine mühsame Aufgabe. Gunther K., der nach dem Krieg eine lange akademische Karriere durchlaufen sollte, gab zu, daß er unter den Nazis tat, was von ihm erwartet wurde, um sein Studium fortsetzen und promovieren zu können, bevor er einberufen wurde. Als er später als Offizier im Krieg gegen Rußland an der Ostfront stationiert war, nutzte er die erste Gelegenheit zur Desertion. Er schrieb, daß er in dem von Hitler angezettelten Krieg nicht weiter kämpfen konnte und sich im Sommer

1943 einfach den Russen ergab. Als er schließlich in die Antifa-Zentralschule nach Krasnogorsk geschickt wurde, traf er andere Deutsche, die ähnlich empfanden:

„Bemerkenswert scheint mir, daß doch so manche Offiziere, oft auch ganz konservative, deutsch-national eingestellte, eine Antinazi- und Antikriegseinstellung hatten. [...] Die Antifaschulen waren - um einen Buchtitel von Gorki zu zitieren - ‚Meine Universitäten‘. Bei mir war es ja nicht nur ‚re-education‘, es war auch ‚renewal‘. [Der Unterricht basierte auf Material], das uns während der Nazizeit nicht zugänglich war. Ich wurde zum marxistischen Sozialisten erzogen - und ich bereue mein Desertieren auch heute nicht [6. November 1991] - im Gegenteil, es war die vernünftigste Entscheidung in meinem Leben.“[13]

Diese Erfahrung bestätigt auch Fritz S., der schrieb, daß er unmittelbar nachdem er an die Front geschickt worden war, zur Roten Armee desertierte. Da er schon immer gegen die Nazis war, beteiligte er sich sofort nach seiner Gefangennahme an antifaschistischen Aktivitäten:

„Im Sozialismus sah ich die einzige Möglichkeit, eine Wiederholung des Faschismus zu verhindern. Im Angebot zum Besuch einer Antifaschule sah ich die Möglichkeit, meine mehr gefühlsmäßige Einstellung durch Wissen zu ersetzen. [...] Die philosophischen Grundlagen, die ich dort erhielt, halte ich für richtig. Von großem Wert war für mich das Bekanntwerden mit kulturellen Gebieten wie Musik, Literatur, wozu ich als Kind einer Arbeiterfamilie bis dahin nur wenig Bezug hatte.“[14]

Franz K., der mehr als sechs Jahre in russischer Kriegsgefangenschaft war, hat noch sehr lebhafte Erinnerungen an die Umerziehung, bei der ihm zum ersten Mal die Beziehung zwischen Geschichte, Politik, Wirtschaft und Kultur erklärt wurde:

„Man hörte keinen Laut, wenn zum Beispiel sonntags Prof. Schwarz aus Riga, im KZ zum Blinden gemacht, über vier Stunden über Kultur zu uns sprach. Eine andere Qualität und Kapazität war Prof. Janzen. Es hieß, er kommt und spricht über Philosophie. Dieses Thema war für uns Arbeiter größtenteils unbekannt, was aus dem Mund von Janzen so leicht verständlich war, daß wir die Angst vor diesem Abschnitt des Lehrplans schnell vergaßen.“[15]

Ein Aspekt, der für die deutschen Kriegsgefangenen in Ost und West die Umerziehung attraktiv machte und nicht übersehen werden darf, war der ehrliche Wunsch zu verstehen, warum ihre Welt zusammengebrochen war. Paul K., der nach mehrfacher Verwundung von den Russen im Oktober 1944 gefangengenommen wurde, suchte Antworten auf Fragen, die viele deutsche Kriegsgefangene quälten:

„Warum und wie konnten wir in unserer Jugend so getäuscht werden? Warum hat Deutschland den Krieg begonnen? Was wird jetzt geschehen, nachdem der Krieg verloren ist?"

Er erinnert sich daran, daß nach seiner Gefangennahme die Antifa-Aktivisten nachts in die Baracken kamen, um über diese Fragen zu diskutieren. Die Antworten weckten sein Interesse und seine Neugier. Er wollte zum antifaschistischen Lagerkomitee gehören:

„Die Beteiligten an diesem Komitee - so wie ich - waren absolut freiwillig und ohne Privilegien zu genießen oder Zwang ausgesetzt zu sein dabei. Das möchte ich besonders betonen! In diesem Kreis konnte ich sehr schnell feststellen, wie groß die Lücken in meinem Wissen über politische Entwicklung waren. […] [Das] war der Anlaß für mich, eine Teilnahme an der lagerinternen Antifa-Schule zu beantragen."[16]

Einige der deutschen Soldaten kannten manche der Antworten schon vor ihrer Gefangennahme. Sie waren Augenzeugen des Zusammenbruchs der Wehrmacht und der endgültigen deutschen Niederlage. Einige von ihnen waren schon seit langem Kommunisten. Dies galt auch für Willi B., der schrieb, daß er als Kommunist natürlich auch Antifaschist war. Er traf im April 1943 an der Ostfront ein und lief schon nach vier Wochen zu den Russen über. Nach einer Schulung durch das NKFD im Juli wurde er schnell zum Frontagenten, der Flugblätter zur Verteilung unter den deutschen Linien vorbereitete und nachts seine Landsleute mit einem Lautsprecher aufforderte, den Krieg zu beenden und Hitler zu stürzen. Nach einigen Monaten wurde er als Vertreter des NKFD in ein Kriegsgefangenenlager entsendet. Dort war es seine Aufgabe, so viele Kriegsgefangene wie möglich durch Umerziehung über die Bösartigkeit des Nazikrieges aufzuklären. Insbesondere bestand seine Arbeit darin, einen vierwöchigen Einführungskurs für dreißig Männer, die anschließend eine Antifa-Schule besuchen sollten, durchzuführen.

„Ich war also eine Art Vorbereitungslehrer für die Antifa-Schulen; [...] ich war selbst zu keiner Zeit von 1943 bis 1947 (Rückkehr) Schüler einer Antifa-Schule. Entsprechend meiner historischen und politischen Vorbildung erübrigte sich das."[17]

Deutsche Soldaten waren nicht die einzigen Kriegsgefangenen, die die Antifa-Schulen besuchten. Da es für die Russen kaum einen Unterschied machte, wer in einer deutschen Uniform steckte, landeten auch Männer anderer Nationalitäten in den Schulen. Da französische, belgische, niederländische, dänische, norwegische, italienische, österreichische, ungarische, rumänische und spanische Einheiten beteiligt waren, herrschte an einigen Antifa-Schulen eine wirklich internationale Atmosphäre. Obwohl die verschiedenen Gruppen im Unterricht getrennt wurden, erinnert sich Gunther K. an die Anwesenheit so vieler verschiedener Nationalitäten in Krasnogorsk als eine aufregende Erfahrung.[18]

Der Zeitplan der Antifa-Schulen war vor allem während des Krieges unterschiedlich und reichte von einigen Wochen bis zu sechs Monaten. Später dauerten manche Kurse sogar bis zu anderthalb Jahren. Egal ob der Kurs lang oder kurz war, alle Antifa-Schulen wurden streng geführt und ließen im täglichen Unterrichtsplan nur wenig Raum für Freizeit. Die Zentralschule in Krasnogorsk, die den Titel „Antifaschistische politische Schule unter der Federführung des Sonder-NKWD der U.D.S.S.R." führte, bot während des Krieges einen Kurs an

„mit einer Studiendauer von vier Monaten, 96 akademischen Tagen, sechs Stunden Arbeit mit Lehrern und vier Stunden selbständiger Arbeit pro Tag mit insgesamt 10 Unterrichtsstunden. Die Gesamtzahl der Unterrichtsstunden lag bei 960. Während die Schüler selbständig arbeiten, können Einzelberatungen stattfinden."[19]

Die Antifa-Schüler wurden durch „Morgenmusik" aus dem Lagerlautsprecher geweckt, anschließend folgte Frühsport, der, wenn möglich, im Freien stattfand. Dann mußten die Schüler sich waschen, ihre Betten machen und um 7 Uhr frühstücken. Der Unterricht begann um acht Uhr mit ungefähr vier Stunden Vorlesungen. Die Mittagspause dauerte normalerweise zwei Stunden. Am Nachmittag folgten Gruppenarbeit und Seminare, die im allgemeinen das Thema der morgendlichen Vorlesung fortsetzten. Mit einer zweistündigen Studienzeit endete der offizielle Unterrichtstag vor dem

Abendessen um 19 Uhr. An mehreren Abenden pro Woche gab es ein Kulturprogramm - Gastmusiker oder einen russischen Film. Von den Gefangenen, die schneller lernten, wurde erwartet, daß sie mehr lasen und weitere Anleitungen von den Kursassistenten erbaten.[20]

Es gibt keine Aufzeichnungen darüber, wie viele ausgezeichnete Schüler es gab, die das tägliche Pflichtprogramm noch überschritten. Einsiedel war der Meinung, daß ein großer Prozentsatz der Antifa-Schüler nicht in der Lage war, dem größten Teil des Lehrstoffs zu folgen: „Vielen fehlten die geistigen und bildungsmäßigen Voraussetzungen, um den Lehrstoff überhaupt zu erfassen bzw. zu verarbeiten."[21]

Obwohl sich einige Elemente des Lehrplans änderten und Rußland nach Kriegsende den Schwerpunkt anders setzte, blieben doch der Marxismus-Leninismus und die Geschichte der UdSSR Kernpunkte des Programms. Der allen Antifa-Schulen zugrundeliegende Lehrplan wurde in der Zentral-Antifa-Schule in Krasnogorsk entwickelt und sollte den anderen Schulen als Leitfaden dienen. Wie streng dieser eingehalten wurde, hing stark von den jeweiligen Umständen ab. Eine Antifa-Schule an der Front konnte zum Beispiel aufgrund von besonderen Situationen dem vorgeschlagenen Lehrplan oft nicht folgen, so daß die Lehrer so gut sie konnten improvisierten. „Das Lehrbuch in unserer Front-Antifa-Schule, das mir am meisten geholfen hat, war das Buch von Adolf Hitler, *Mein Kampf*", sagte Lew Kopelew, einer der russischen Lehrer, der fließend deutsch sprach.

„Anhand dieses Buches habe ich ihnen einfach vorgelesen oder sie selbst lesen lassen, wie der Krieg gegen Rußland schon damals, 1925, geplant und beabsichtigt wurde."[22]

Der Lehrplan einer Zentralschule bestand normalerweise aus über neunhundert Stunden (ungefähr ein Drittel war Selbststudium), von denen die umfangreichsten Unterrichtsblöcke auf die Grundlagen des dialektischen und historischen Materialismus und die Geschichte der Sowjetunion entfielen. Für diese beiden Fächer waren ungefähr 150 Unterrichtsstunden eingeplant. Für die übrigen Stunden standen politische Ökonomie, deutsche Geschichte, der Aufbau der Sowjetunion, die politische Karte der Erde und aktuelle Ereignisse auf dem Lehrplan.[23] Ausgehend von diesen weitgefaßten Überschriften wurde ein Kurs in zahlreiche Untereinheiten aufgeteilt, in denen speziellere Themen behandelt wurden. Die Unterrichtsstunden hießen zum Beispiel: „Die Quellen der siegreichen Kraft der Sowjetunion", „Die Hauptetappen der geschichtlichen Entwicklung Deutschlands bis zur

Entstehung des Industriekapitals, 1500 - 1815" [mit vielen Beispielen zum Klassenkampf], „Der Aufstieg des Kapitalismus", „Marx über Lohn, Preis und Profit", „Das reaktionäre Preußen", „Die deutsche Einheit", „Imperialismus", „Militarismus", „Deutschland vor dem Ersten Weltkrieg", „Die Arbeiterbewegung", „Die Novemberrevolution", „Die Wahrheit über die Weimarer Republik", „Hitler und das Großkapital", „Die deutsche kommunistische Partei", „Deutsche Kommunisten und die Sowjetunion", „Die Geschichte des russischen Reiches", „Der russische Krieg gegen Napoleon", „Lenin und Stalin und der imperialistische Krieg von 1914-1918", „Februar-Revolution - Oktober-Revolution", „Lenins Thesen", „Bedrohungen durch Kapitalismus und Faschismus". Bei Lesungen, Vorträgen und Diskussionen wurden Themen wie zum Beispiel das Leben von Lenin und Stalin detailliert behandelt. Die Rassentheorie der Nazis, Linksradikale und der Kommunismus, das Leben in der Kollektivwirtschaft, die Frage des Nationalismus, die Ursprünge der Roten Armee, Landwirtschaft vor der Revolution und viele andere Themen wurden, manchmal kurz, manchmal ausführlich, durchgenommen.[24]

Eine beliebte Unterrichtsmethode war das Stellen von Fragen: Warum sind Kriege im Imperialismus unvermeidlich? Was bedeutet „Klasse"? Was lehrt uns Marx über den Klassenkampf? Warum braucht die Arbeiterklasse im Klassenkampf eine proletarische Partei? Welche Rolle spielt die Arbeiterklasse im heutigen Kampf gegen den weltweiten Imperialismus? Diese Fragen wurden in Diskussionen und Seminaren erörtert, die normalerweise von einem Assistenten geleitet wurden, der mit einem entsprechenden Handbuch als Nachschlagewerk ausgestattet war.[25] Die fortgeschrittenen Schüler mußten sich auch mit neuen Auslegungen vieler Begriffe vertraut machen, da diese bei ihren kommunistischen Lehrern eine andere Bedeutung einnahmen. Kapitalismus, Sozialismus, Imperialismus, Klassenkampf - alle diese Begriffe kannten sie bereits, aber nicht im Zusammenhang mit der Geschichte des Kommunismus. Was ihnen vorher als Propaganda geläufig war, mußten sie jetzt als Wahrheit annehmen. Dieser Prozeß wurde beschrieben als

„Argumente nach vorgegebenen Mustern, die ständig wiederholt wurden. Es handelte sich immer um den gleichen Marxismus […], der in seiner stalinistischen Engstirnigkeit nur eine gedankenlose Wiederholung ermöglichte. Die Ausschließlichkeit dieser Methode ließ für Zweifel keinen Platz. […] Damit soll nicht geleugnet werden, daß die marxistische Theorie einige fesseln konnte, vor allem wenn sie den jungen Kriegsgefangenen sorgfältig dargestellt wurde."[26]

Einer der jüngeren Kriegsgefangenen, die die kommunistische Theorie faszinierend fanden, war Gerhard Dengler. Nach seiner Gefangennahme bei Stalingrad wurde er später Schüler der Zentral-Antifa-Schule in Krasnogorsk. Dengler war ein dreißigjähriger Doktor für politischen Journalismus im Range eines Hauptmanns, als er mit dem Studium des Kommunismus begann. Für ihn war es sicher keine Übung der „gedankenlosen Wiederholung", ganz im Gegenteil. Es war für ihn eine lehrreiche Erfahrung, die sein Bewußtsein erweiterte. Philosophie und Geschichte erfüllten sich erstmalig mit Leben. In Fächern, in denen er sich vorher in Deutschland schwergetan hatte, gewann er jetzt mühelos neue Einblicke. Die Selbstkritik in den Seminaren, bei denen ein Schüler von der Klasse befragt und über seine vergangene und aktuelle Haltung zu wichtigen Fragen geprüft wurde, erwies sich als besonders hilfreich. Dengler schrieb dazu:

„Für die meisten von uns war es das Tor zu einem neuen Leben. Als wir [die Schule] begannen, waren wir zwar alle gegen Hitler und seinen Krieg gewesen. Aber die gesellschaftlichen Wurzeln des Faschismus und des Krieges waren uns damals noch unbekannt."[27]

Nicht alle Teilnehmer teilten seine Einschätzung über den Wert dieser Art Selbstkritik. Zum Beispiel widerspricht Einsiedel Dengler in dieser Frage. Die Vorstellung war, daß jeder Schüler bei den Erzählungen über seine persönlichen Ansichten und seine Vergangenheit gewisse Vorurteile und Einstellungen zu erkennen gibt, die die Mitschüler als zu korrigierende „Schwächen" erkennen konnten. Nichts sollte ausgelassen werden, auch nicht die persönlichsten Details, und nichts war Tabu. Erst wenn ein Schüler bedrängt und zu Anworten auf die intimsten Fragen gezwungen wurde, mußte er sich zwangsläufig mit seinen „Fehlern" auseinandersetzen. Nachdem er seine Verfehlungen eingestanden hatte, war er nun frei, das Heil in der neuen Moral des Kommunismus zu suchen.[28]

Wenn Zeit und Umstände es ermöglichten, traten führende Persönlichkeiten des Nationalkomitees Freies Deutschland und ehemalige Funktionäre der alten deutschen kommunistischen Partei in den verschiedenen Antifa-Schulen als Gastredner auf. Sie blieben dann möglicherweise ein bis zwei Tage, um über ein Thema zu sprechen, in dem sie geschult waren, und um mit den Schülern Kontakte zu knüpfen. So konnten zahlreiche Antifa-Schüler die Bekanntschaft von Personen wie Wilhelm Pieck, Walter Ulbricht, Anton Ackermann und Erich Weinert machen, was einige ziemlich beeindruckte. Otto Rühle beschrieb es folgendermaßen:

„So manches Gesicht war von harten Falten gezeichnet und wirkte verschlossen. Andere strahlten Güte und Verbundenheit aus. [...] Jeder war erfüllt von Zuversicht in die Zukunft und von Vertrauen in den Fortschritt. Sie glaubten trotz allem, was geschehen war, an die deutsche Arbeiterklasse und an das deutsche Volk."[29]

Die russische Umerziehung wurde mit einem feierlichen Eid abgeschlossen, der den Absolventen die ernsten Folgen eines Verrats vor Augen führen sollte. Die Schüler erhoben die rechte Hand und sprachen ihrem Lehrer einen Eid nach, bei dessen Mißachtung Schande und Tod angedroht wurden:

„Ich, Sohn der deutschen Nation, schwöre aus glühender Liebe für mein Volk, für mein Vaterland und für meine Familie zu kämpfen, bis mein Volk von neuem frei und glücklich, bis die Schmach der faschistischen Barbarei von der Erde hinweggefegt und der Hitlerfaschismus vernichtet sein wird. Ich schwöre gegen jeden, der diesen Eid bricht, erbarmungslos vorzugehen. Falls ich diesen Eid breche und somit zum Verräter an meinem Volk, meiner Familie und meinem Vaterland werde, ist mein Leben verwirkt. Der Haß und die Verachtung aller ehrenhaften Menschen sollen über mich kommen und meine Kampfesgenossen sollen mich beurteilen, wie es einem Verräter und Feind des Volkes zukommt."[30]

Nach Abschluß des Kurses und abgelegtem Eid konnte dem Schüler eine Arbeit an der Front zugewiesen werden. In seiner Akte wurde folgendes vermerkt:

„Dem Antifaschisten _____ geboren im Jahre _____, wird hiermit bescheinigt, daß er auf Seiten der Roten Armee an der Zersetzung der faschistischen deutschen Truppen aktiv beteiligt ist. Bei der Durchführung einer Sonderaufgabe des Kommandos der Roten Armee zeigte der Antifaschist _____ Tapferkeit und Mut.

Chef der Antifaschistischen Schule."[31]

Die aktive Beteiligung im Kampf gegen den Faschismus in einer Einheit an der Front mußte bei den Absolventen der Antifa-Schulen gemischte Gefühle auslösen. Von der Gefahr einmal abgesehen, mußte die Aussicht, Soldaten der eigenen Armee durch Propaganda oder Infiltration zu überzeugen, ziemlich einschüchternd gewirkt haben. Natürlich wurden nicht alle Absolventen an die Front geschickt. Viele gingen als Aktivisten für das NKFD in die Lager zurück. Pieck hatte die Absicht, die Absolventen der Schule in Krasnogorsk auf die Arbeit in Deutschland vorzubereiten.[32] Durch die Aussicht auf einen sofortigen Einsatz im Dienste der Sowjetunion erhielt die russische Umerziehung eine Dimension, die es in den westlichen Programmen nie gegeben hatte.

Es wäre jedoch falsch, den Eindruck zu erwecken, daß die vielen tausend Absolventen der Antifa-Schulen ihr neues Leben ohne einen Blick zurück begannen. Diejenigen, die vor Kriegsende die Schule besuchten, sahen sich ständig dem Risiko ausgesetzt, daß Rußland den Krieg verlieren könnte. Gerüchte über einen möglichen Separatfrieden der westlichen Alliierten - oder Stalins - mit Hitler waren beängstigend. Diese Ängste begleiteten die Aktivisten fast bis zum Ende des Krieges. Eine andere, schwer abzuschüttelnde Sorge war die Befürchtung, nach dem Krieg von ihren Landsleuten als Kollaborateure oder, schlimmer noch, als Verräter gebrandmarkt zu werden.

Um dieser schleichenden Befürchtung entgegenzuwirken, gab es ständige Bemühungen, sich mit den Verschwörern in Deutschland in Zusammenhang zu bringen, die im Juli 1944 das Attentat auf Hitler versuchten. Mit dieser Argumentation befreiten sie sich innerlich vom Vorwurf des Verrats und hoben sich vom Kollaborateur auf die Stufe eines Widerstandskämpfers. Der Attentatversuch vom 20. Juli 1944 hatte der Welt gezeigt, daß es Deutsche gab, die bereit waren, für ihre Entschlossenheit, Hitler zu beseitigen, zu sterben. Die Männer des NKFD und des BDO konnten sich selbst auch als Teil der Opposition definieren. Einige von ihnen betonten sogar, daß sie schon ein Jahr vor dem Attentat ihre Haltung deutlich gemacht hatten. Diese Tatsache und die mögliche Verbindung zu Personen in Deutschland, die sich zur Abschaffung des Naziregimes verschworen hatten, konnte sie in den Augen ihrer Landsleute sogar zu Helden machen. „Sie waren Patrioten, und die Geschichte hat ihnen Recht gegeben", schrieb Bernt von Kügelgen. „Deswegen halte ich es für richtig, wenn diese Diffamierung - ich möchte diese harte Formulierung verwenden -, diese Diffamierung der Bewegung ‚Freies Deutschland' korrigiert wird, und sie als Kämpfer gegen den Faschismus anerkannt werden."[33] Vom Tag seiner Gründung im Jahr 1943 an, hatte das NKFD den Aufruf zum Widerstand offensiv propagiert. Durch Radiosendungen und Artikel in *Freies Deutschland* wurden Deutsche aufgefordert, der nationalsozialistischen Partei in jeder Hinsicht ihre Unterstützung zu entziehen: Funktionen nicht wahrzunehmen, den Hitlergruß nicht auszuführen, Sendungen von *Freies Deutschland* zu hören. Immer und immer wieder wurde daran erinnert, daß die bei Stalingrad gefallenen Männer nicht vergessen werden sollten, da ihr heldenhaftes Opfer den Lebenden ermöglichte, auf ein friedliches und freies Deutschland hinzuarbeiten. Hitler mußte gestürzt werden.[34]

Auch die Nazis gingen davon aus, daß es zwischen den Verschwörern des 20. Juli und dem NKFD eine Verbindung gab und daß die Moskauer Gruppe direkte Hilfe geleistet hatte. Aus geheimen SS-Berichten, die einige Wochen nach dem Attentatversuch erstellt wurden, ging hervor, daß es noch nicht gelungen war, eine direkte Verbindung zwischen den beiden Gruppen herzustellen, daß es aber offensichtlich Verbindungen geben mußte:

„Es wäre nicht überraschend, wenn der wegen der Mitwirkung an der Sprengstoffbeschaffung zu den Bolschewisten übergelaufene Major Kuhn im Nationalkomitee auftaucht [Joachim Kuhn wußte über den Plan für den 20. Juli Bescheid und war nach dessen Scheitern zu den Russen desertiert]."[35]

Das NKFD unterstützte den Eindruck, daß seine Führer an der Planung des Attentatversuchs auf Hitler am 20. Juli beteiligt gewesen seien und daß es eine Zusammenarbeit mit den Verschwörern gegeben habe. In späteren Forschungsarbeiten wurden jedoch keine oder fast keine Beweise für diese Behauptung gefunden.[36] Dennoch reichte dieser Eindruck als Ermutigung für die vielen Antifa-Schüler aus, die sich selbst davon überzeugen mußten, auf der richtigen Seite zu stehen. So konnten die Absolventen der Antifa-Schulen ihre Entscheidung zur Unterstützung des NKFD auch im Rückblick als Patriotismus ansehen. „Heute verstehen mich viele Menschen und sogar meine eigene Familie nicht", schrieb der ehemalige Antifa-Schüler Egbert von Frankenberg und Proschlitz nach dem Krieg.

„In der Sowjetunion habe ich gründlich studiert, wie es zu unserem Zusammenbruch gekommen ist. [...] Als ich als Angehöriger einer internationalen Widerstandsbewegung [NKFD] während des Krieges einen Rundfunkvortrag hielt, bekam meine Mutter von einem westdeutschen Arzt zu hören, wenn ihr Sohn und die, die mit ihm gleicher Meinung sind, diese Gedanken früher vertreten hätten, dann wäre es niemals zu diesem Unglück gekommen."

Hans Penzlin, ein weiterer Antifa-Schüler versucht zu erklären:

„Wir sind deutsche Patrioten, und gerade weil wir unsere Heimat lieben, treten wir konsequent für die Sowjetunion ein. Wenn man erklärt, daß wir Agenten sind, dann sind wir Agenten des Friedens und der Völkerverständigung."[37]

In der letzten Kriegsphase konnten sich die Antifa-Schüler glücklich schätzen, da die Antifa-Schulen für die russische Politik im Gegensatz zum NKFD und BDO immer wichtiger wurden. Bis zu diesem Zeitpunkt waren linke und rechte Splittergruppen entstanden, da viele Offiziere im BDO die marxistische Einstellung der deutschen Emigranten nicht akzeptierten. Einige deutsche Offiziere mit einem starken Überlebenswillen, wie zum Beispiel die Generale Arno von Lenski und Vincent Müller, waren dennoch bereit, Seydlitz für eine Aufnahme in einer Antifa-Schule im Stich zu lassen. Es zeichnete sich immer deutlicher ab, daß die Rote Armee am Ende ein großes Stück von Deutschland bekommen würde und daß die Antifa-Absolventen auf eine wichtige Rolle in der Verwaltung vorbereitet wurden. Jetzt, wo Hitlers Staat unmittelbar vor dem Zusammenbruch stand, wurden nicht mehr so viele von ihnen für Propagandaarbeit an der Front oder zur Infiltration der deutschen Einheiten eingeteilt.

Dennoch wurden die Aktivitäten an der Front weitergeführt. In den letzten vier Kriegsmonaten schmuggelten sich freiwillige NKFD-Kampfgruppen in deutscher Uniform in eingekesselte Gruppen deutscher Soldaten ein:

„[Sie] versuchten die belagerten Truppen zur Kapitulation zu überreden. Wenn nötig, waren sie auch bereit, mit fanatischen Nazi-Einheiten zu kämpfen, die versuchten, ihre Arbeit zu verhindern. Schwere Gefechte zwischen diesen Kampfgruppen und sich widersetzenden Wehrmachttruppen fanden in Kurland, Königsberg und Breslau statt."[38]

Diese Geschehnisse kamen eigentlich nicht überraschend, da die meisten dieser Kriegsgefangenen schon lange Zeit für das NKFD an der Front Dienst taten.

Auch den BDO hätte es nicht überraschen sollen, daß seine Propagandarolle und damit auch seine Bedeutung für die Sowjetunion rasch abnahm. Das NKFD konnte die Kriegsgefangenen auch nicht mehr schützen, da sein Stern schnell sank. Schon bei der Gründung des NKFD im Jahr 1943 gab es klare Hinweise darauf, daß die Russen in dieser Organisation nicht den Kern einer deutschen Nachkriegsregierung sahen.[39] Dennoch gingen die deutschen Exilkommunisten davon aus, daß die Russen ihre Bemühungen zur Schaffung eines kommunistisch dominierten Nachkriegsregimes unterstützen würden. Diese Annahme war durchaus begründet, da Pieck 1944 Georgi Dimitrow, den Generalsekretär der Komintern, getroffen hatte, um die von der deutschen KPD zu leistende Arbeit zu besprechen. Als Ergebnis wurde ein Arbeitsausschuß mit zwanzig Mitgliedern benannt, zu denen führende Persönlichkeiten des NKFD gehörten, um grundlegende Fragen zur Zukunft Deutschlands zu behandeln.[40]

Dieser Ausschuß trat im Laufe des Jahres 1944 regelmäßig zusammen und faßte schließlich die Ergebnisse seiner Arbeit in Erklärungen zusammen, die „Aktionsprogramm des Blocks der kämpferischen Demokratie" genannt wurden. Da Rußland immer noch im Krieg und mit den westlichen Alliierten verbündet war, hätte eine verfrühte Enthüllung von zu vielen Plänen für Nachkriegsdeutschland diese Beziehungen ernsthaft gefährdet. Die deutschen Emigranten erfaßten die Situation genau und paßten ihre Erklärungen dementsprechend an. Die Radiosendungen von *Freies Deutschland* begannen ebenfalls die mögliche Rolle der NKFD-Führer in einer zukünftigen deutschen Regierung herunterzuspielen.[41]

Als sich die Ereignisse rasch einem Höhepunkt näherten, schlugen einige der höherrangigen Offiziere des BDO, die ihre prekäre Position erkannten, Pieck und Ulbricht ihre Mitarbeit bei der Schaffung eines „Schattenkabinetts" vor, daß die Politik einer Nachkriegsregierung vorbereiten sollte. Dieser Vorschlag wurde höflich aber bestimmt abgelehnt, da er verfrüht und von den Sowjets nicht zu akzeptieren sei. Als sich die Situation verschlechterte, wurden im NKFD-Hauptquartier in Lunjowo Gerüchte laut, daß die Nazis einen Angriff planten, um sich Paulus zu bemächtigen, der entweder sofort getötet oder nach Deutschland gebracht werden sollte. Dies löste einige Sicherheitsmaßnahmen aus, und die Gefangenen brachten im Lager lange, angespitzte Pfähle zur Abwehr eines Fallschirmjägerangriffs an. Die Entdeckung, daß einige hochrangige deutsche Offiziere im BDO versuchten, einen Kontakt zur Gestapo herzustellen, überzeugte einige NKFD-Mitglieder, daß ein Angriff der Nazis tatsächlich eintreten könnte.[42]

Anfang des Jahres 1945 war klar, daß die Rote Armee bald einen Teil Ostdeutschlands besetzen würde. Jetzt war es an der Zeit, Gruppen deutscher Kommunisten zu schaffen, die gemeinsam mit den russischen Truppen vorrücken und, soweit die Umstände vor Ort dies zuließen, mit der Basisarbeit beginnen konnten. In einer vor den westlichen Alliierten erfolgreich geheimgehaltenen Operation entstand ein Plan, demzufolge eine ausgewählte Anzahl von Personen nach Deutschland geschickt werden sollte, noch bevor der letzte Schuß abgefeuert sein würde. Dort hatten sie die Aufgabe, fast zeitgleich mit der Ankunft der russischen Truppen ein kommunistisch dominiertes Netz in den Kreisen und Städten aufzubauen - eine maßgeschneiderte Aufgabe für Ulbricht und seine Antifa-Absolventen. Als sich die Nachricht verbreitete, daß einige Männer als Vorhut für Deutschland ausgewählt werden sollten, gab es viele Rangeleien und Neid, wer dabei sein konnte. Man sprach bereits davon, wer für eine politische Position vor Ort ausgewählt werden würde. Einige der Männer sprachen Pieck in ihrem Eifer darauf an. Der ehemalige Reichstagsabgeordnete und KPD-Führer mahnte zur Geduld:

„Habt keine Sorge, daß ihr arbeitslos bleibt. Bei dem Chaos, das uns die Nazis hinterlassen haben, werdet ihr noch über die viele Arbeit stöhnen, die man euch aufbürden wird. Nutzt jetzt gut die Zeit, die euch hier bleibt, zum weiteren Studium des Marxismus-Leninismus."[43]

Erst Ende Mai, als der Krieg in Europa beendet war, begannen die Amerikaner zu erkennen, was im russischen Sektor geschah. In einem streng geheimen Bericht der US-Armee über die Aktivitäten des immer noch nicht formell aufgelösten NKFD wurde Besorgnis über eine Organisation geäußert, die sich so eng mit den Zielen Moskaus identifiziere und bei den Deutschen „Missionarsarbeit" leiste:

„Die Ergebnisse sind nicht bekannt. Man geht aber davon aus, daß viele überzeugt werden konnten. Abhängig von ihren Fähigkeiten und ihrer Zuverlässigkeit können diese Männer auf verschiedene Art im Nachkriegsdeutschland eingesetzt werden. Das reicht von einigen gut ausgebildeten ‚Agenten' bis hin zu Tausenden, die das Fußvolk einer politischen Massenbewegung bilden werden."[44]

Typisch für die Unwissenheit der Armee über die Entwicklung von NKFD und BDO war die in dem Bericht geäußerte Überraschung über die Unterstützung durch wichtige deutsche Militärs wie Paulus und Seydlitz. Ein dringenderes Problem, so der Bericht, war die vom NKFD verbreitete Propaganda gegen die Besatzungspolitik der westlichen Mächte. Den amerikanischen und britischen Besatzungsbehörden wurde bereits vorgeworfen, auf Befehl ihrer kapitalistischen Herren den faschistischen Kräften in Deutschland zu schmeicheln:

> „Wenn der Alliierte Kontrollrat bzw. die Kontrollkommission ihre Arbeit in Berlin aufnehmen, [...] werden wir mit einer deutschen Kommunalverwaltung zu tun haben, die sich bereits mit dem Etikett ‚kooperativ‘, ‚antifaschistisch‘ und ‚demokratisch‘ dort eingerichtet hat, aber von den ‚Freies Deutschland‘-Gruppen ziemlich dominiert wird. [...] Die gleiche Situation, mit der die amerikanische Militärregierung schon in Leipzig und Halle zu tun hatte."[45]

Aus dem Bericht geht hervor, daß die Amerikaner erkannten, einen schweren Fehler begangen zu haben, weil sie nicht darauf vorbereitet waren, den Deutschen politische Alternativen anzubieten. Das politische Vakuum nach Kriegsende war ein perfekter Wegbereiter für die Ziele Moskaus und des NKFD:

> „Beim Umgang mit der Bewegung ‚Freies Deutschland‘ in unserer Besatzungszone und angesichts der oben erwähnten unpolitischen Grundlage unseres Handelns muß die amerikanische Militärregierung erkennen, daß die Gruppen, mit denen sie es zu tun haben wird, zweifelsohne von sich behaupten, daß sie mit politischen Aktivitäten nichts zu tun haben, sondern einfach nur helfen wollen, [...] Deutschland auf wirklich demokratische Kräfte vorzubereiten. [...] Diese Gruppen gehen wahrscheinlich ihrer politischen Tätigkeit im Untergrund nach, wie zum Beispiel der Organisation von Zellen und Kadern, der Förderung von scheinbar unpolitischen Organisationen, Demonstrationen etc. [...] Die Bewegung ‚Freies Deutschland‘ hat noch nicht enthüllt, unter welchem anderen Namen sie eventuell im Nachkriegsdeutschland auftauchen will. Es gibt einige Hinweise darauf, daß der gegenwärtige Name ‚Freies Deutschland‘ geändert wird und daß auch der alte Name KPD nicht mehr gebraucht wird. [...] Man kann davon ausgehen, daß die britische Regierung ähnliche Zweifel an den ehrlichen Absichten der Bewegung ‚Freies Deutschland‘ hat und auch die französische Regierung hat offensichtlich Befürchtungen in dieser Hinsicht. [...] Das äußerste Ziel von ‚Freies Deutschland‘ ist ein kommunistischer deutscher Staat, der Moskau ergeben ist."[46]

Hätten die Vereinigten Staaten früher ein klares Bild über das NKFD und seine Beziehung zur russischen Politik gehabt, wäre die Reaktion der westlichen Alliierten vielleicht anders ausgefallen. In den letzten Monaten des Krieges in Deutschland gab es keine Geheimdienstberichte über das NKFD, weil es, abgesehen von vielen anderen Prioritäten, schwierig war, in einem Kampfgebiet Informationen zu sammeln. Einige Wochen bevor der Krieg zu Ende ging, bekamen die Amerikaner allerdings eine Warnung, als ihre Truppen am 19. April Leipzig einnahmen. Das NKFD war in der Stadt bereits aktiv und bot den Amerikanern einen Kandidaten für das Bürgermeisteramt an. Obwohl dieser abgelehnt wurde, lief die Propaganda für ein NKFD-Programm zu einer Regierungsreform unvermindert weiter. Die Amerikaner mußten zu ihrer Überraschung feststellen, daß das NKFD bereits achtunddreißig lokale Komitees mit mehr als 4500 Mitgliedern gebildet hatte, zu denen Sozialdemokraten und andere Gruppen gehörten. Die Vereinigten Staaten verboten weitere Aktivitäten des NKFD als Verletzung der amerikanischen Politik (Direktive JCS 1067). Da das Gebiet aber bald den russischen Besatzungstruppen zugeschlagen wurde, blieb diese Geste ohne Wirkung.[47] Die Amerikaner und ihre westlichen Verbündeten konnten allerdings noch nicht wissen, daß Leipzig nur die Spitze des Eisbergs war.

Während sich die Amerikaner über die NKFD-Aktivitäten in Sachsen ärgerten, bereiteten Walter Ulbricht und eine kleine aber sorgfältig ausgewählte Gruppe ihre Reise nach Berlin vor. Ironischerweise flogen sie in einer amerikanischen Lend-Lease DC3[*]. Wolfgang Leonhard, der zur „Gruppe Ulbricht" gehören sollte, schrieb, daß er Anfang April von der Reise erfuhr und aufgefordert wurde, sich darauf vorzubereiten. Es gab einige Verwirrung, da eine andere Gruppe, die „Gruppe Ackermann", gleichzeitig für die Abreise nach Dresden vorbereitet wurde. Mitte April fand das erste Treffen mit Ulbricht statt. Für die neun Männer und den begleitenden Sekretär wurden russische Reisedokumente ausgestellt. Am 27. April wurden die Gruppenmitglieder über die unmittelbar bevorstehende Abreise informiert. Sie erhielten Kleidung und 2000 druckfrische Reichsmark.

---

[*] A.d.Ü.: Die „Lend-Lease"-Politik der Vereinigten Staaten bestand darin, inoffiziell Kriegsmaterial nach Großbritannien und die Sowjetunion zu schicken, das zunächst nur ausgeliehen und erst später bezahlt werden sollte. Diese Politik war üblich, als die Vereinigten Staaten noch nicht in den Krieg eingetreten waren und noch kein Material auf offiziellem Wege verschicken konnten.

„Immer noch blieb es für manche - darunter auch für mich - unklar", so kommentierte Leonhard,

„ob es sich um einen kurzen politischen Auftrag handelte [...] oder um eine Rückkehr nach Deutschland für immer. Auf der dritten Besprechung bei Ulbricht am 29. April wurde uns erklärt, wir würden am nächsten Morgen früh um 7 Uhr abfliegen. Wir sollten uns vor dem Nebeneingang des Hotels ‚Lux' um 6 Uhr treffen und würden mit dem Autobus zum Flugplatz gebracht. Jeder sollte nur einen ganz kleinen Koffer mit den allernotwendigsten Sachen mitbringen."[48]

Schon bald wurde Leonhard das Ziel der Gruppe Ulbricht klar. Bei der Ankunft in Berlin am 30. April erhielten alle ein Auto mit Fahrer und eine schriftliche Direktive, mit der ihnen ein Stadtteil für den Beginn ihrer Arbeit zugeteilt wurde. Die Direktive lautete:

„Suchen Sie nach Antifaschisten, nicht nur nach Kommunisten, sondern nach deutschen Antifaschisten unterschiedlichster Ausrichtung. Suchen Sie die Bekanntschaft von Personen, denen Sie Verwaltungsaufgaben zutrauen können."

Leonhard schrieb, daß sich am Ende alle Gruppenmitglieder trafen, um ihre Berichte vorzulegen:

„Wir hatten auch schon Listen vorher. Die sowjetischen Kommandanturen gaben uns welche, andere hatte Walter Ulbricht. [...] Es muß demokratisch aussehen, aber wir müssen alles in der Hand haben. [...] An die Spitze des Berliner Magistrats kam der parteilose Dr. Werner, ein Architekt; aber sein erster Stellvertreter war unser Karl Maron [aus der Gruppe Ulbricht]. Personalchef wurde Arthur Pieck, der Sohn Wilhelm Piecks."[49]

Die Umwandlung der sowjetischen Besatzungszone in einen deutschen kommunistischen Staat hatte begonnen. NKFD und BDO würden bald verschwinden, da sie ihre Aufgabe erfüllt hatten. Die Antifa-Schulen aber nahmen, mit entsprechenden Lehrplanänderungen zur Anpassung an die geänderten Umstände, weiterhin deutsche Kriegsgefangene zur Umerziehung auf.

Wenn es tatsächlich das äußerste Ziel moderner Kriegführung ist, dem Besiegten den politischen Willen des Siegers aufzuzwingen, dann hatten die Russen gegenüber den anderen Alliierten - und vor allem den Vereinigten Staaten als neuer westlicher Supermacht - einen großen Vorsprung. Daß es den amerikanischen „Ideenfabriken" nicht gelang, einen Kader ehemaliger deutscher Kriegsgefangener zu bilden, die auf die Durchsetzung der Demokratie 1945 bis 1946 vorbereitet waren, war nicht die Schuld der Umerzieher.

Die Gründe für diese wenig offensive, auf Unkenntnis beruhende Politik sind im Labyrinth der Ost-West-Kriegsverhandlungen zu suchen, die die amerikanische Führung davon überzeugten, daß die Russen letztlich die gleiche Form des Friedens anstrebten. Als das Programm in Wilton Park begann, sah die Lage anders aus. Konnte das britische Programm noch etwas ändern?

6.

Geisteswissenschaften für Englands Kriegsgefangene

„Als Generaldirektor und Leiter einer Abteilung [Political Intelligence] des Foreign Office, die für Kriegsgefangene zuständig ist, erkläre ich Wilton Park für eröffnet und heiße Sie alle herzlich willkommen."

Mit diesen Worten begann Major General Strong seine Ansprache an eine Gruppe deutscher Kriegsgefangener, die sich am 17. Januar 1946 für den Beginn der Umerziehung in Wilton Park versammelt hatten. Ohne sich auf das amerikanische Unterfangen der Special Projects zu beziehen und ohne Anerkennung der bestehenden russischen Umerziehungsschulen, stellte der General fest, daß es sich bei Wilton Park um ein noch nie dagewesenes, einmaliges pädagogisches Experiment handele, für das es keine Parallelen gäbe.[1]

Strong äußerte großes Verständnis für den Wunsch der Deutschen, eine neue Zukunft aufzubauen und die Vergangenheit hinter sich zu lassen. Er warnte aber davor, daß dies nicht so einfach sei:

„Sie müssen einen klaren Eindruck gewinnen, welches Bild die übrige Welt von Deutschland und seinen Taten hat. Und Sie müssen sich ehrlicherweise selbst davon überzeugen, daß dieses Bild den Tatsachen entspricht. [...] Aus diesem Grund wird ein großer Teil des Kurses dazu dienen, zusammen mit Ihnen die wichtigsten Punkte der Entwicklung Deutschlands in den letzten achtzig bis hundert Jahren zu erarbeiten."[2]

Der General bedauerte die Tatsache, daß die Kräfte, die sich für ein freies und friedliches Deutschland eingesetzt hatten, von der „Blut und Boden"-Politik überwältigt wurden. Eine der wichtigsten Aufgaben im Lehrplan von Wilton Park sei es, diese Kräfte in der deutschen Geschichte zu definieren und die Gründe für ihr Versagen zu erklären. Obwohl Deutschland einen der größten Beiträge zur westlichen Zivilisation geleistet hätte, könnten die Naziverbrechen nicht gerechtfertigt werden: „Um es klar zu sagen: Beethoven kann Bergen Belsen nicht entschuldigen und Goethe nicht die Gestapo." Um diese Fragen während des Unterrichts in Wilton Park aufarbeiten zu können, warnte General Strong die Teilnehmer vor Verzerrungen der Geschichte, so wie sie ihnen beigebracht worden waren. Davon mußten sie sich distanzieren, um die Wahrheit verstehen zu können. Sie sollten auch nicht vor unangenehmen Tatsachen zurückschrecken, mit denen sie konfrontiert würden und nicht den Versuch unternehmen, die Verantwortung dafür abzuschieben. Zum Abschluß legte er die Verantwortung für die Entwicklung eines neuen Deutschlands eindeutig auf die Schultern seiner Zuhörer:

> „Wir sind uns der Grenzen dessen, was wir hier erreichen können, sehr wohl bewußt. Bestenfalls können wir Ihnen nur die Instrumente an die Hand geben. Anreize für die weitere Arbeit hängen aber nicht nur von Instrumenten ab, moralische Faktoren sind entscheidend. Man kann Erwachsenen Moral nicht durch Vorlesungen beibringen, sie müssen diese von selbst entwickeln."[3]

Im Unterschied zu den Umerziehungsprogrammen, die in Amerika und Rußland vor Kriegsende begonnen hatten, war Wilton Park ein reines Friedensprojekt (wodurch es im Vergleich zu den beiden anderen einen Vorteil hatte). Es ist zweifelhaft, ob die deutschen Gefangenen, die am Umerziehungskurs teilnahmen, diese wesentliche Tatsache erkannten. Die Zeiten für den Beginn eines solchen Programms waren günstig. Die britische Labour-Regierung, die nach ihrem überwältigenden Wahlsieg im Juli 1945 die Macht übernahm, stimmte zwar der allgemeinen Politik als Ergebnis der Potsdamer Konferenz zu, hatte aber andere Ansichten über den Wiederaufbau Deutschlands als Demokratie. Die britische Führung wußte, daß dies nur möglich war, wenn genügend entschlossene, liberal eingestellte Deutsche den Weg wiesen. Sie wußten auch, daß sie die Möglichkeit hatten, mit ihren Zehntausenden deutschen Kriegsgefangenen, die in der britischen Besatzungszone zu Hause waren, ganz konkrete Hilfe zu leisten.

In den ersten Monaten nach dem Zusammenbruch Deutschlands änderte sich die Einstellung der Öffentlichkeit zu den deutschen Kriegsgefangenen - weniger Feindseligkeit und mehr Toleranz waren jetzt spürbar. Die Gründe für diesen Wandel in Großbritannien sind schwer zu erklären, wo doch in den Vereinigten Staaten genau das Gegenteil geschah. Vielleicht war ein Grund, daß Großbritannien die Gefangenen nicht wie die Amerikaner nach Hause schickte, und die britische Öffentlichkeit Mitleid mit dem Schicksal der auf unbestimmte Zeit internierten Kriegsgefangenen hatte. Was auch immer die Gründe waren, die Planer von Wilton Park konnten sicher sein, daß sie ihre Studenten darauf vorbereiteten, die Probleme des Wiederaufbaus mit einer demokratischen Grundhaltung anzugehen. Nicht nur Kontakte mit der britischen Gesellschaft wurden jetzt möglich, auch die Einschränkungen und die Zensur des Krieges hatten keinen Einfluß mehr auf das, was die Gefangenen hören, lesen und sehen konnten. Die Tatsache, daß die britische Regierung bereit war, wertvolle Mittel (Geld, Lehrer und Einrichtungen) in der unmittelbaren Nachkriegszeit, in der das eigene Volk große Bedürfnisse hatte, zur Verfügung zu stellen, zeigt einen höchst lobenswerten Glauben an die Umerziehung. Die wenigen Tausend deutschen Kriegsgefangenen, die unter Hunderttausenden ihrer Kameraden, die jetzt einige Jahre Arbeitseinsatz vor sich hatten, ausgewählt wurden, konnten sich in der Tat glücklich schätzen.

Die Gefangenen hatten allerdings eine andere Meinung. Sie hätten alles, was Großbritannien ihnen anbieten konnte, für einen Platz auf der Repatriierungsliste gegeben. Da noch fast 400.000 Kriegsgefangene in Großbritannien waren, von denen nur ungefähr 2000 Männer pro Monat nach Hause entlassen wurden, war die Aussicht auf eine schnelle Heimkehr gering. Die Kriegsgefangenen beschwerten sich darüber, daß sie unberechtigterweise zurückgehalten wurden. Man hielt gefangene Soldaten einfach nicht noch Jahre nach Kriegsende fest. Sie hatten ein wirkliches Recht auf ihre Freiheit und verwiesen auf die Amerikaner, die bereits Hunderttausende ihrer Kameraden zurück nach Deutschland geschickt hatten. Die Verbitterung ging so weit, daß die deutschen Kriegsgefangenen sich über das britische Ideal der Fairness lustig machten.

Fast so schlimm wie die lange Gefangenschaft war die Unsicherheit über das genaue Datum ihrer Freilassung. Ein Gefangener schrieb an seine Frau:

„Im Vergleich mit der Situation unserer Kameraden in Rußland geht es uns richtig gut, aber England ist nun mal nicht Rußland."[4]

Diese Gefühle waren eine ständige Belastung für das Umerziehungsprogramm in Wilton Park. Jeder Gefangene fragte: Wann werde ich nach Hause geschickt? Durch den freien Zugang zu britischen Medien und Nachrichten verstärkte sich bei den deutschen Kriegsgefangenen nur der Wunsch nach einer schnellen Rückkehr, da sie ständig von den sich verschlechternden Lebensbedingungen in Deutschland hörten. Am schlimmsten waren für die Gefangenen die Briefe von zu Hause, die über zerstörte oder schwer beschädigte Häuser, Lebensmittel- und Brennstoffknappheit, Krankheiten und Schlimmeres berichteten:

„Er konnte erfahren, daß ein Kind von einem russischen Soldaten gezeugt worden war. Manchmal gestand die Ehefrau ein, daß sie sich als letztes Mittel zum Unterhalt der Kinder und ihrer selbst für Besatzungssoldaten und -personal prostituierte. Wie wird die Familie, geschwächt von fast zwei Hungerjahren und ohne Möglichkeiten, dem ständigen Hunger und der Kälte zu entgehen, den Winter überstehen?"[5]

Wie konnte ein Kriegsgefangener unter diesen Umständen Begeisterung für etwas zeigen, das ihn an der Heimreise zu seiner Familie hinderte? Wie konnte man sich, wenn man zum Bleiben gezwungen wurde, auf den Unterricht konzentrieren, wenn man mit den Gedanken woanders war und von Sorge verzehrt wurde? Gleichzeitig entstand ein Schuldgefühl, da man selbst gut ernährt und warm untergebracht war, während die Lieben zu Hause litten.

Wenn die Gedanken der Gefangenen nicht nur um persönliche Sorgen kreisten, quälte sie das Schicksal ihres zugrunde gerichteten Landes, das jetzt, aufgeteilt unter vier Siegern, eine düstere Zukunft vor sich hatte. Die Kriegsgefangenen, die vor Kriegsende die Umerziehungsschulen in Amerika und Rußland besuchten, mußten sich mit den meisten dieser Ängste noch nicht plagen. Sie wußten, daß sie vor Kriegsende nicht nach Hause zurück konnten und daß die Umerziehung in der Zwischenzeit ihr Leben verbessern konnte. Sie erfuhren nicht viel über die Lage zu Hause und in diesem Fall war die Unwissenheit tröstlich.

Die britischen Umerzieher waren sich dieser Probleme wohl bewußt und waren entschlossen, ihr Bestes zu geben, um die in Wilton Park verbrachte Zeit zu einem Gewinn für die Kriegsgefangenen zu machen. Sie waren zuversichtlich, daß sie durch ihr Auswahlverfahren alles getan hatten, um die Gefangenen auszusuchen, die von der Erfahrung profitieren konnten. Am Anfang benutzten sie ein ähnliches Verfahren wie die Amerikaner, das heißt Empfehlungen der Lagerkommandanten und die Gefangenenakte. Nach Abschluß dieser ersten Phase wurden die Gefangenen in Weiße, Graue oder Schwarze aufgeteilt, wobei die Weißen die besten Kandidaten für die Umerziehung - und für eine schnelle Repatriierung - waren.

Colonel Henry Faulk, eine Schlüsselfigur für das Auswahlverfahren, war seit Kriegsende entscheidend an dieser Arbeit beteiligt und hatte die nötige Erfahrung, um Kriegsgefangene für Wilton Park auszusuchen. Er legte größten Wert auf Höflichkeit gegenüber den

Kriegsgefangenen und bildete die für die Auswahl verantwortlichen „Segregation Officers" persönlich aus. Um sicherzustellen, daß seine Regeln eingehalten wurden, führte er regelmäßige Stichproben durch: „Insgesamt gab es siebenundzwanzig Offiziere, deren Hauptaufgabe darin bestand, geeignete Gefangene für das Umerziehungsprogramm zu finden."[6] Faulk setzte seine Hoffnungen vor allem auf die weißen Kandidaten, da sie seiner Meinung nach die größte Bereitschaft zeigten, an einer besseren Zukunft für Deutschland mitzuarbeiten. Beim Auswahlverfahren wurde Wert auf die Einstellungen der Gefangenen zu Familie, Gesellschaft und Rasse im Vergleich zu ihrer politischen Einstellung gelegt. Faulk bestand darauf, daß das erste Ziel der Umerziehung in Wilton Park die Förderung der allgemeinen Umerziehung für Kriegsgefangene in Großbritannien sei, indem die Absolventen anschließend in ihre Lager zurückgeschickt wurden. Er blieb dabei, daß die öffentlichen Aussagen, nach denen die Umerziehung in Wilton Park eine Reihe ausgewählter deutscher Kriegsgefangener auf die Unterstützung der britischen Besatzungsbehörden vorbereiten sollte, reine Propaganda waren, um die bestmögliche Zusammenarbeit von der Leitung der Kriegsgefangenenlager zu bekommen.[7]

Da Colonel Faulk eine wichtige Funktion im gesamten Verfahren hatte, sind seine diesbezüglichen Aussagen von einigem Gewicht. Wenn er die offiziellen Erklärungen zur Aufgabe von Wilton Park als Propaganda bezeichnete, kann man davon ausgehen, daß er sich seiner Sache sicher war. Seine persönliche Vorstellung von Pädagogik hat sicherlich auch einen entscheidenden Einfluß auf den gewählten Umerziehungsansatz gehabt. Im wesentlichen bestand für Faulk die Aufgabe darin, das von den Nazis beeinflußte Gruppengefühl der deutschen Kriegsgefangenen aufzubrechen und ihnen bewußt zu machen, wie sie diese Gefühle durch demokratische Normen ersetzen könnten. Er mahnte, daß dennoch die Erhaltung eines Gruppenbewußtseins sehr wesentlich sei. Deshalb mußte die Aufgabe der Umerziehung darin bestehen, „den Nationalsozialismus von den Kriterien für die Gruppenzugehörigkeit abzukoppeln".[8]

Es ist wahrscheinlich, daß die totale Niederlage Deutschlands und des Nationalsozialismus bei vielen Kriegsgefangenen jegliches Gruppengefühl auf der Grundlage dieser Ideologie zerstört hatte. Diese Tatsache mußte aber erst verarbeitet werden, bevor eine Umorientierung beginnen konnte, und das brauchte Zeit. Faulk war der Meinung, daß Alter und Überzeugung die entscheidensten Faktoren für die Umerziehungsaussichten eines Gefangenen waren:

„Die jungen Männer bis zu 25 Jahren waren ihrer Überzeugung treu, trotzig, turbulent und verloren. [...] Aus allen Lagern wurden Probleme mit jungen Gefangenen gemeldet. [...] Die Indoktrinierung hatte jegliches Demokratieverständnis ausgelöscht. Die jungen Männer dachten vor allem, daß kein anständiger junger Mann ein ‚Demokrat' sein könnte. Demokratie bedeutete Dekadenz. [...] Im allgemeinen war und blieb es in den Lagern unter dem harten NS-Kern ein verpöntes Wort."[9]

Faulk beschwerte sich darüber, daß die Lagerkommandanten am Anfang strenge Methoden verwendeten, um die Kriegsgefangenen befehlsgemäß für das Auswahlverfahren abzusondern. Wie in den Vereinigten Staaten waren die meisten Kommandanten überzeugt, daß harte Arbeit die beste Therapie für Kriegsgefangene wäre. Eine Verbesserung trat erst ein, als speziell dafür geschulte Offiziere, die später auch für die Umerziehung arbeiten sollten, diese Aufgabe übernahmen. Dennoch gab es Kritik und Unsicherheit, da viele Briten und Deutsche offensichtlich nicht verstanden, was die Umerziehungsoffiziere beim Auswahlverfahren eigentlich machten. Faulk beschrieb die Auswahl im wesentlichen als ein Verfahren in zwei Schritten. Zunächst mußte die „erkennbare Atmosphäre oder die Grundeinstellung" eines Lagers festgestellt werden, dann wurde geprüft, wer sich daran hielt und wer nicht. Er wußte, daß die meisten Gefangenen die Umerziehung als Teil der Entnazifizierung und als Versuch sahen, ihnen Demokratie beizubringen:

„Eine der Hauptbeschwerden am Screening war deshalb, daß man ihnen keine Zeit gab, ihre politischen Ansichten darzulegen. Die Screener interessierten sich gar nicht für Politik. Die POWD [Prisoner of War Division, Foreign Office] definierte Politik als die praktischen Maßnahmen, die ein Volk wählt, weil sie ihnen am ehesten bei der Umsetzung ihrer sozialen Ziele und Einstellungen helfen, und genau diese interessierten die Screener. Die Berichte waren gefüllt mit Kommentaren wie zum Beispiel: ‚Der Kriegsgefangene X ist politisch naiv, hat aber die richtige Einstellung; Note A', oder ‚Pfarrer X ist ein einfacher, ehrlicher Christ, nicht mehr; Note A+', oder andererseits ‚Der Kriegsgefangene Z sagt, daß er für die Zukunft Deutschlands eine Demokratie möchte, aber der einzige Grund für sein Ablehnen des Nationalsozialismus ist, daß Hitler den Krieg verloren hat; Note B-'."[10]

Laut Faulk nahmen die deutschen Kriegsgefangenen das Auswahlverfahren nicht so wichtig, bis Mitte 1946 angekündigt wurde, daß eine gewisse Anzahl von Weißen bei jeder monatlichen Repatriierung berücksichtigt würde. Die Einstellung änderte sich sofort, als die frühzeitige Freilassung winkte, aber die Screener suchten immer noch die Weißen als ihre erste Wahl aus. Faulk schrieb:

„Allen Weißen gemein war ein hohes Maß an menschlichem Einfühlungsvermögen. Sie besaßen eine persönliche Ethik, dachten menschlich, waren zum Großteil unpolitisch und hatten überhaupt kein Machtinteresse. Der Köder, der sie zur aktiven Mitarbeit verleitete - die Umerziehung fand von Anfang bis Ende auf freiwilliger Basis statt - war die Möglichkeit, anderen zu helfen. [...] Nachdem ab September 1946 ihre Repatriierung begann, erlahmte die Umerziehung sofort, und am Ende, als die Weißen fast alle weg waren, machte sie nur noch langsame Fortschritte."[11]

Die britischen Screener hatten bei ihrer Suche nach geeigneten Kandidaten ganz ähnliche Probleme wie Davison und seine Leute. Die Lagerkommandanten machten die größten Schwierigkeiten, da sie die ganze Angelegenheit als reine Zeitverschwendung betrachteten. Als Zehntausende deutsche Kriegsgefangene im Laufe des Jahres 1946 aus Kanada und Amerika eintrafen, wurde die Situation noch schwieriger, da viele von ihnen noch der Naziideologie anhingen.[12] Manchmal gelang es den Screenern, einige von ihnen als Freiwillige für die Umerziehung zu gewinnen, dies kostete aber viel Mühe, da mehr als nur ein Interview erforderlich war. In einem Bericht über ein „schwarzes" Lager mit deutschen Gefangenen aus Kanada steht, daß die Männer

„sofort nach ihrer Ankunft eine eindeutige Nazihaltung einnahmen. [...] Nach der ersten Überprüfung wurden die schlimmsten schwarzen Elemente aussortiert, aber die Schwarzen im Lager herrschten immer noch vor. Sofort wurden Umerziehungsmaßnahmen geplant und zwei der besseren Kriegsgefangenen zu einem Kurs nach Wilton Park geschickt."[13]

Die Auswahl der Studenten für den ersten Kurs in Wilton Park wurde ziemlich schnell durchgeführt. Ende Dezember 1945 wurden im Großraum London internierte Kriegsgefangene in einem Zeitraum von zehn Tagen durch persönliche Interviews ausgesucht. Nicht die Screening Officers führten diese Interviews aus, sondern sogenannte Training Advisers, denen bestimmte Richtlinien vorgegeben wurden. Sie hatten bei ihrem abschließenden Urteil Handlungsfreiheit. Es wurde aber von ihnen erwartet, daß sie die Kandidaten aus der bereits als weiß eingeordneten Gruppe auswählten, offensichtliche Intelligenz und Aufgeschlossenheit als Ersatz für akademische Qualifikationen gelten ließen (ein rühriger Gewerkschaftsfunktionär, der nur die Volksschule besucht hat, galt als besser als ein pompöser Universitätsprofessor), prüften, ob die Kriegsgefangenen in der britischen Besatzungszone zu Hause waren, bei zwei gleich guten Kandidaten den jüngeren nahmen, eine geringe Anzahl junger Männer (zwanzig bis fünfundzwanzig) ohne Berücksichtigung ihrer Vorgeschichte oder ihrer geäußerten politischen Einstellung (aber keine SS-Fanatiker) bei der Auswahl berücksichtigten, sicherstellten, daß alle Kriegsgefangenen freiwillig mitmachten, niemandem sagten, daß die Teilnahme an der Umerziehung in Wilton Park ihre Repatriierung beschleunigen würde und, schließlich, alle militärischen Ränge gleich behandeln sollten. Nach diesen Vorgaben wurden 360 deutsche Kriegsgefangene für den ersten Kurs in Wilton Park ausgewählt.[14]

Es gab keine Vereinbarung darüber, daß mehr Offiziere als Mannschaftsdienstgrade und Unteroffiziere angeworben werden sollten. Da aber akademische Arbeit auf ziemlich hohem Niveau erwartet wurde, waren die Offiziere im allgemeinen besser vorbereitet. Ein Absolvent von Wilton Park mit einer ausgezeichneten akademischen Vorbildung erinnert sich, daß in seiner Klasse überwiegend Offiziere waren. Seiner Meinung nach hatten Männer, die nicht mindestens ein Gymnasium besucht hatten, größere Schwierigkeiten.[15] Köppler und seine Tutoren hatten die Anforderungen für die Teilnahme an der ersten Klasse wahrscheinlich zu niedrig angesetzt, denn die Leistungen der Studenten waren sehr enttäuschend. Sie beschlossen sofort, daß sie ein besseres akademisches Niveau und Männer mit größerer Lernbereitschaft brauchten und gaben den Training Advisers entsprechende Anweisungen. Man einigte sich darauf, daß ein Teil des Problems mit dem Alter zusammenhing. Ältere Kriegsgefangene waren oft lustloser, während jüngere Männer mehr Enthusiasmus zeigten. Folglich wurden Gefangene über fünfunddreißig Jahren nicht mehr zum Unterricht zugelassen, es sei denn, sie waren überdurchschnittlich qualifiziert. Kriegsgefangene, deren Heimatort in der französischen oder russischen Besatzungszone lag, wurden weiterhin ausgeschlossen. Berliner wurden zugelassen, wenn sie einer einjährigen Verzögerung ihrer Repatriierung zustimmten, und einige Gefangene willigten ein, ein weiteres Jahr zu bleiben, um Wilton Park besuchen zu können.[16]

Es galt die Regel, daß Kriegsgefangene aus der russischen Zone ausgeschlossen wurden. Gelegentlich wurde eine Ausnahme gemacht, obwohl die Gefangenen wohl wußten, daß ein in Großbritannien internierter Soldat bei seiner Rückkehr nach Ostdeutschland große Schwierigkeiten hatte. Ein berühmter Fall eines Wilton Park-Absolventen, der in seinen Heimatort in der russischen Zone zurückkehrte, war Willi Brundert. Er wurde verhaftet und von einem ostdeutschen Gericht der Spionage angeklagt, die er in der „Spionageschule von Wilton Park" gelernt habe. Brunderts angebliches Verbrechen wurde als „Wirtschaftsverbrechen" beschrieben. Er wurde für schuldig befunden und kam ins Gefängnis. Nachdem er seine Strafe abgesessen hatte, zog er nach Westdeutschland und wurde später Oberbürgermeister von Frankfurt am Main.[17]

Nicht nur die Kommunisten verdächtigten Wilton Park der Spionageausbildung. Köppler sagte, daß auch Nachbarn, die in der Nähe der Schule wohnten, solche Verdächtigungen äußerten. Es gab ein Gerücht, daß die Gefangenen auf Spionagetätigkeiten für die britische Regierung in Deutschland vorbereitet wurden. Mit der Zeit aber, als die Nachbarn besser über Wilton Park Bescheid wußten, verschwanden diese Verdächtigungen. Ganz verschwand die Kritik aber nicht. Abgeordnete und Lokalpolitiker erhielten regelmäßig Proteste von britischen Steuerzahlern, die sich über die Kosten für Wilton Park beschwerten, und von Leuten, die sich einfach nur über den Gedanken einer so luxuriösen Behandlung von Kriegsgefangenen aufregten.[18]

Wilton Park hatte den Vorteil, nicht der Geheimhaltung unterliegen zu müssen. Schon bald wurden Rundfunk und Presse aufmerksam, und das Programm wurde sogar im Parlament positiv erwähnt. Da Wilton Park in der Nähe von London lag, waren die Schule und einige Lehrer gut bekannt. Noch bevor das erste Jahr vorüber war, war Wilton Park in der britischen Öffentlichkeit als ein Ort bekannt, der für deutsche Kriegsgefangene eine sogenannte Umerziehung durchführte. Als sich die Nachrichten über das Experiment von Wilton Park auch im Ausland verbreiteten, baten bekannte Pädagogen um die Möglichkeit eines Besuchs. Köppler und seine Kollegen freuten sich zwar über diese Aufmerksamkeit, sie waren aber auch besorgt, daß vor allem im besetzten Deutschland der Eindruck entstehen könnte, daß die deutschen Kriegsgefangenen in Wilton Park eine begünstigte Minderheit waren, die wegen ihrer freiwilligen Teilnahme am Umerziehungskurs Annehmlichkeiten genossen, die den übrigen Gefangenen verwehrt wurden. Hierdurch verstärkte sich der allgemeine Eindruck, daß die für die Umerziehung in Wilton Park ausgewählten Männer alle überzeugte Antinazis waren, was nach Auskunft Köpplers nicht zutraf.[19]

In Wilton Park wurden Gefangene mit Naziansichten toleriert, und es gab keine bewußten Anstrengungen, sie abzuschrecken. Im Gegenteil, man hoffte, daß die Teilnahme am Unterricht zu den gewünschten Ergebnissen führen würde. Ein Absolvent erinnert sich daran, daß die Schule manchmal wenig mit der Wandlung eines Gefangenen zu tun hatte. In seiner Klasse gab es eine Reihe von „Braunen", Männer, die in der Hitlerjugend sehr aktiv waren, später Wehrmachtsoffizier wurden und nach ihrer Gefangennahme immer noch eine Nazimentalität zeigten. Er wußte, daß diese Männer ihre Meinung solange nur langsam ändern würden, bis sie etwas zum Ersatz der verlorenen Ideologie gefunden hatten. Die in der Umerziehung angebotenen demokratischen Werte konnten seiner Meinung nach dieses Bedürfnis nur unvollständig abdecken. Diese Männer konnten das in Wilton Park angebotene Lehrmaterial erst vollständig erfassen, wenn sie es mit der anwachsenden Welle des scharfen Antikommunismus in Beziehung setzten, die den Westen überschwemmte. Sie argumentierten, daß Rußland erst der Feind Deutschlands und jetzt der Feind ihres „Gastlands" war. So wurde die Umerziehung als eine Art Einführung in eine neue Ideologie akzeptiert.[20] Der Absolvent bezweifelte auch, daß die Umerziehung auf Kriegsgefangene mit einer niedrigeren Schulbildung überhaupt einen Einfluß hatte. Nur die Männer, die verstanden, daß das Dritte Reich vorüber war und eine neue Welt aufgebaut werden mußte, konnten die Bedeutung der Umerziehung erfassen.[21]

Da Großbritannien weiterhin deutsche Kriegsgefangene in die Heimat entließ - wobei die Weißen bevorzugt wurden - schrumpfte die Zahl der möglichen Kandidaten für Wilton Park entsprechend. Gegen Ende des Jahres 1947 wurde es immer schwieriger, die Anzahl geeigneter Kandidaten für den Kurs zu finden. Die Training Advisers berichteten, daß die Kriegsgefangenenlager vom „Entlassungsfieber" befallen waren. Obwohl Wilton Park für viele Gefangene attraktiv war, konnte der Unterricht nicht mit dem Repatriierungsplan und der Chance auf eine frühe Heimreise konkurrieren. Ungefähr gleichzeitig entstand für die deutschen Kriegsgefangenen eine weitere Alternative, die die Auswahl für Wilton Park erschwerte. Die Regierung beschloß, den Gefangenen eine frühzeitige Entlassung anzubieten, wenn sie bereit waren, für ein Jahr einer zivilen Beschäftigung in Großbritannien nachzugehen. Dies war für viele ein interessantes Angebot, da es ihnen ermöglichte, ihren Familien Lebensmittel und andere Dinge zu schicken, die es in Deutschland immer noch nicht gab.[22]

Während der anderthalb Jahre, in denen Wilton Park ausschließlich eine Schule für die Umerziehung deutscher Kriegsgefangener war, änderte sich die politische Lage und damit auch die Erfahrung für die Kriegsgefangenen. Die Gefangenen, die im ersten Jahr die Schule besuchten, mußten sich normalerweise, wenn sie nicht im Unterricht waren, im Lager aufhalten. Die Verwaltung von Wilton Park hielt sich an die Regeln der Genfer Konvention. Es gab keinen Kontakt zu Gefangenen aus anderen Lagern und, abgesehen vom Schulpersonal, keine Fraternisation mit britischen Zivilisten. 1946 waren die einzigen Personen, mit denen die Kriegsgefangenen in Wilton Park, abgesehen vom Schulpersonal, Kontakt hatten, Vertreter des Internationalen Roten Kreuzes und des Christlichen Vereins Junger Männer. Gelegentlich durften Geistliche aus der Umgebung zum Gottesdienst ins Lager kommen. Im folgenden Jahr änderte sich die Situation jedoch, und die meisten Einschränkungen wurden aufgehoben. Die vielleicht größte Änderung war die Aufhebung der Kriegsbestimmung, die den Kontakt mit britischen Zivilisten verbot. Das Personal von Wilton Park konnte mit den Studenten jetzt eine Reihe von Dingen unternehmen, die es ihnen ermöglichten, eine demokratische Gesellschaft kennenzulernen.[23]

Einen großen Wandel brachte auch die Entscheidung Köpplers und seines Teams mit sich, Studenten aus Deutschland gemeinsam mit deutschen Kriegsgefangenen für den Kurs zuzulassen. Zunächst kamen nur männliche Studenten, aber bald trafen auch Frauen ein. Vor ihrer Abreise nach Großbritannien erhielten sie Informationen über die Bedingungen in der Schule und über den Lehrplan. Dies war eine ungewöhnliche Erfahrung, die sich für alle Beteiligten nicht immer als sehr harmonisch erwies. Sobald sich die Kriegsgefangenen und ihre zivilen Kommilitonen begegneten, wurde die kritische Haltung der Kriegsgefangenen deutlich. Es wurmte sie schon länger, daß zu Hause alle so mit dem eigenen Leben und dem Überlebenskampf beschäftigt waren, daß sie die großen Opfer, die die Soldaten für sie gebracht hatten, vergaßen. Die Kriegsgefangenen waren auch neidisch, weil die deutschen Zivilisten nach Abschluß des Kurses nach Hause zurück konnten.

Ärger und Verbitterung gab es auf beiden Seiten. Viele der Zivilisten hatten in der Heimat Schreckliches durchgemacht, hatten nach Kriegsende Hunger, Kälte und Obdachlosigkeit erfahren und waren jetzt nicht in der Stimmung, Beschwerden von Männern zu hören, die im Vergleich dazu im Luxus gelebt hatten.[24] Diese Spannung, die während der gesamten verbleibenden Zeit, in der Kriegsgefangene und deutsche Zivilisten gemeinsam Wilton Park besuchten, vorherrschte, war nicht nur typisch für Wilton Park. Noch einige Jahre nach dem Krieg gab es in Deutschland Konflikte zwischen Veteranen und Zivilisten. Die heimkehrenden Soldaten beschwerten sich darüber, daß ihr Opfer nicht richtig anerkannt wurde und sie manchmal sogar für den Krieg verantwortlich gemacht wurden.

Was aber lernte man in der Zwischenzeit in Wilton Park über die kriegsgefangenen Studenten? Köppler und seine Lehrer erkannten bald, daß die deutschen Kriegsgefangenen sich sehr für alle Aspekte interessierten, die mit aktuellen Ereignissen in Deutschland zusammenhingen, und für Entscheidungen, die ihre Zukunft betrafen. Sie hatten aber Zweifel, den politischen Prozeß als ein Instrument anzusehen, das ihrem Land irgendwann wieder eine eigene Regierung geben könnte. Besonders beunruhigend war, daß viele der Kriegsgefangenen sich weigerten, die jetzigen Probleme Deutschlands als Ergebnis der Politik Hitlers zu sehen. Die Lage verschlechterte sich durch die wachsende Aufmerksamkeit, die die britische Presse und die Öffentlichkeit der Frage der deutschen Kriegsgefangenen widmete. Die ständige Verwendung von Begriffen wie „Friedensgefangene" und „Sklavenarbeit" verfehlte ihre Wirkung auf die Kriegsgefangenen nicht und verstärkte ihr Drängen auf Entlassung.[25]

Trotz dieser äußeren Einflüsse war Köppler entschlossen, die Umerziehung in Wilton Park zu einer bereichernden Erfahrung zu machen. Da für ihn das Schüler-Lehrer-Verhältnis der wichtigste Faktor für erfolgreiche Bildung war, führte Köppler die Methode der Tutorials ein, die sich zum teuersten Posten im ganzen Umerziehungshaushalt der POWD entwickelte. Diese Methode ermöglichte ein Schüler-Lehrer-Verhältnis von 20 zu 1 und förderte eine Atmosphäre, die zu Diskussionen und gegenseitigem Verständnis anregte. Dieses System hatte im Vergleich zu den Ergebnissen der Special Projects der Amerikaner eindeutige Vorteile:

„Durch die Einführung des Tutorsystems aus Oxford sowie der Seminare stellte Köppler sicher, daß jeder Student aus einer Gruppe von fünfzehn bis zwanzig eine persönliche Bezugsperson hatte, die ganz gezielt auf ihn eingehen konnte."[26]

Diese Unterrichtsform wurde durch Vorlesungen von Köppler und seinen Lehrern, anderen Gefangenen und Besuchern aus verschiedenen Bereichen der britischen Gesellschaft ergänzt. Das Leben der deutschen Kriegsgefangenen in Wilton Park bestand aber nicht nur aus Unterricht. 1947 konnten die Gefangenen umliegende Städte besuchen, von denen Oxford und London zu den beliebtesten gehörten. Um diese Besuche so angenehm wie möglich zu gestalten, stellte die Schule den Gefangenen Zivilkleidung zur Verfügung (es gab für diese Gelegenheiten extra einen großen Kleiderschrank). Köppler konnte außerdem einige Einladungen zu gesellschaftlichen Veranstaltungen für die Kriegsgefangenen bekommen. Diese wurden oft von Gruppen organisiert, die aktiv auf eine sofortige, umfassende Repatriierung der immer noch in Großbritannien internierten Kriegsgefangenen hinarbeiteten.[27]

Unter ganz ähnlichen Bedingungen wie in den früheren deutschen Kriegsgefangenenlagern in den USA und Kanada erstellten auch die Kriegsgefangenen in Großbritannien eine Lagerzeitung. Da Großbritannien schon früher am Krieg teilnahm, gab es deutsche Kriegsgefangenenzeitungen dort schon bevor die ersten in den USA gedruckt wurden. Die erste und wichtigste war *Die Wochenpost*, die im April 1941 erstmals erschien, zwischen 1942 und 1944 eingestellt wurde (als die meisten deutschen Kriegsgefangenen nach Amerika und Kanada verschifft wurden) und dann bis September 1948 fortgeführt wurde. In ihrer Spitzenzeit im Jahr 1947 wurden ungefähr einhunderttausend Exemplare verteilt. *Die Wochenpost* kann mit *Der Ruf* und *Freies Deutschland* verglichen werden, da sie auch politische Nachrichten aus aller Welt und von den Gefangenen verfaßte literarische und kulturelle Beiträge enthielt. Dennoch wurde die Zeitung nie mit Wilton Park gleichgesetzt. Viele der Kriegsgefangenen hielten sie für Propaganda und lasen sie nie.[28]

Die Studenten in Wilton Park erstellten eine tägliche Wandzeitung, die *Wilton-Schau* und ein Magazin mit Namen *Die Brücke*, das am Ende jeder Unterrichtseinheit erschien und auch außerhalb der Schule weite Verbreitung fand. Die Kriegsgefangenen, die in der Redaktion des Magazins arbeiteten, besuchten eine besondere Klasse, die „Presseklasse" (eine von mehreren angebotenen Spezialisierungen). Es handelte sich um Männer, die bereits journalistische Erfahrungen hatten oder nach ihrer Entlassung den Beruf des Journalisten ergreifen wollten. Es gab auch Unterricht im Drucken und Binden.[29]

Als Ausdruck seiner eigenen pädagogischen Vorstellungen legte Köppler großen Wert auf die Beteiligung der Studenten. Jeder neue Kriegsgefangene wurde informiert:

„Wilton Park ist keine Einrichtung, in der man unverdaute Informationen ansammelt. Die Arbeit in Wilton Park wird von den Studenten und nicht nur von den Lehrern geleistet. Darauf baut auch unsere Arbeitsmethode auf. Es gibt keinen Frontalunterricht. Unsere Arbeitseinheit besteht aus anderthalb Stunden, von denen vielleicht vierzig Minuten für den einführenden Vortrag vorgesehen sind und die übrige Zeit für Diskussionen, Fragen und Antworten."[30]

Einer der Studenten beschrieb die Unterrichtsmethode als „Bildung durch Diskussion" und war nicht überrascht, da er sich eine englische Schule so vorgestellt hatte. Die Diskussionen waren zielgerichtete, sorgfältige und kritische Analysen von wichtigen Themen, die in den Vorträgen behandelt worden waren, wie zum Beispiel das Recht im Dritten Reich. Der ehemalige Kriegsgefangene mußte aber zugeben, daß das Thema zwar während des Vortrages vorgestellt wurde, aber erst die Studenten die Diskussionsrunden lebendig gestalteten. Viele Punkte, die die Gefangenen bereits informell in ihren Baracken untereinander besprochen hatten, nahmen jetzt Gestalt an und gewährten während der Diskussion im Unterricht neue Einblicke.[31]

In Wilton Park wurden täglich fünfzehn Klassen in zwei oder drei Arbeits- und Studienperioden unterrichtet. Die erste Periode bestand aus einem neunzigminütigen Tutorial, bei dem der Tutor die Diskussion eröffnete und sich dann für eventuelle Fragen im Hintergrund hielt. In der Vorlesungszeit dauerten die Vorträge höchsten vierzig Minuten. Anschließend beantwortete ein britischer oder deutscher Lehrer (ein Gefangener oder ein in Großbritannien lebender deutscher Flüchtling) Fragen zum Vortrag oder regte weitere Diskussionen an. Hier wurden die gleichen Erfahrungen wie bei den Special Projects gemacht, daß nämlich die erfolgreichsten Arbeitseinheiten die waren, die ganz auf Deutsch durchgeführt werden konnten. Der Unterricht begann für alle um 9 Uhr mit einer kurzen Pause nach der ersten Unterrichtsperiode für den Anwesenheitsappell. Jeder Student hatte täglich mindestens eine Unterrichtsperiode frei und besuchte nie mehr als drei Kurse. Zwei Unterrichtsperioden pro Woche waren für Sport und Spiele vorgesehen. Sonntag war frei mit der Möglichkeit, auf freiwilliger Basis einen Gottesdienst zu besuchen. Sollte es aus irgendeinem Grund vorkommen, daß ein Gefangener an seinem freien Tag Dienst tun mußte, bekam er im Laufe der Woche zusätzliche Freizeit.[32]

Im Rahmen der Schwerpunktthemen deutsche Geschichte, Landeskunde Großbritanniens und internationale Beziehungen gab es Vorlesungen zu Themen wie zum Beispiel die Weimarer Republik, das Dritte Reich, Die Nürnberger Kriegsverbrecherprozesse, Vergleichende Darstellung der Demokratien (interessanterweise einschließlich der Sowjetunion), Britisches Leben, Freiheit und Disziplin und eine Vielfalt wirtschaftlicher Themen. Der Vorlesungsplan wurde oft durch Gastdozenten ergänzt, von denen viele hervorragende Vertreter ihres Berufes waren und oft Vorträge zu Spezialthemen hielten, die besonders auf die deutschen Kriegsgefangenen ausgerichtet waren, wie zum Beispiel „Der deutsche Wiederaufbau und die Konservative Partei Englands" oder „Akademische Freiheit und die deutsche Universität". Nicht alle dieser Fachvorlesungen behandelten politische Themen. Für Kriegsgefangene mit guten Englischkenntnissen gab es Vorträge und Diskussionen über berühmte englischsprachige Dichter und Schriftsteller wie Chaucer, Milton, D.H. Lawrence, George Bernard Shaw und James Joyce.[33]

Daß sich die Beziehung des Westens mit Rußland verschlechterte, konnte im Unterricht nicht ignoriert werden, da die Gefangenen ziemlich gut informiert waren und über diese Fragen sprechen wollten. Manchmal wurden einige Aspekte der wachsenden Feindschaft zwischen Rußland und dem Westen in *Die Brücke* diskutiert. Dies war eine heikle Situation für Köppler und diejenigen seiner Lehrer, die wie er politisch liberal und starke Anhänger der Labour-Regierung waren. Wie für viele Menschen im Westen, die gegen den Faschismus gekämpft und Rußland als Verbündeten gesehen hatten, war der Übergang von einem Freund im Krieg zu einem Feind im Frieden schwer zu vollziehen. Als aber die Ost-Westteilung Deutschlands immer mehr von Dauer zu sein schien und die osteuropäischen Staaten in den kommunistischen Herrschaftsbereich fielen, war es unvermeidlich, daß die nach Antworten suchenden Gefangenen im Unterricht lebhafte Diskussionen zu diesen Fragen provozierten.

Im Frühjahr 1948 spielte sich in der Tschechoslowakei ein politisches Drama ab, daß die potentielle Bedrohung für Deutschland unterstrich. Als demokratisches Bollwerk gegen die Kommunisten mußten die Tschechen den Verlust ihrer Freiheit erleben, als eine einzige kommunistisch dominierte Kandidatenliste für die Nationalversammlung vorgelegt wurde. Köppler ließ in seinem Kommentar für *Die Brücke* die unschönen Einzelheiten weg, in seiner Einleitung zu einer Erklärung des Dekans von Wilton Park, Alec Glasfurd, schrieb er aber:

> „Der folgende Beitrag unseres Dekans behandelt ein Thema, das allen unseren Studenten seit dem ersten Semester vertraut ist. Es gibt in der Tat kein Semester, in dem nicht das Problem der Grenzen der Toleranz in Wandzeitung und Tutorials erörtert worden ist. Aber die große Politik hat es jetzt in seiner ganzen entscheidenden Bedeutung in den Vordergrund gestellt."[34]

Glasfurds Erklärung war direkter und brachte die Sache auf den Punkt. Er schrieb, daß es sehr gefährlich sei, den Kommunismus als legitimen politischen Gegner zu akzeptieren:

> „Toleranz für den politischen Gegner [...], gerade diese Toleranz in der ehemaligen tschechischen Demokratie war es, die ihr Ende bewirkte. Genauso bei Weimar. Soll man die Intoleranz tolerieren, bis sie es fertig bringt, die Toleranz zu zerstören? Diese Frage wurde vor allem im 14. Semester besonders lebhaft in Wilton Park diskutiert."

Der Dekan schloß mit einer Warnung:

> „Keine totalitäre Herausforderung kann durch eine negative Maginot-Mentalität beantwortet werden, sondern nur durch positive Handlungen, durch den Aufbau. Dazu können wir alle in Wilton Park einen bescheidenen, aber wertvollen Beitrag leisten."[35]

Es ist möglich, daß einige deutsche Kriegsgefangene dies als antikommunistische Propaganda auslegten. Die Mehrheit aber sah darin eine Lektion in praktischer Politik und eine vernünftige Hilfestellung.

Als sich der Zeitabschnitt der Kriegsgefangenen in Wilton Park seinem Ende zuneigte, war es an der Zeit, diese „einzigartige" Erfahrung zu bewerten. Was hielten die deutschen Kriegsgefangenen davon? Verließen sie Wilton Park mit einem Gefühl der Bitterkeit über ihre hinausgezögerte Repatriierung? Würde dies einen so bitteren Nachgeschmack hinterlassen, daß alles andere davon überschattet werden würde? Seit Eröffnung der Schule im Jahr 1946 hatten über viertausend deutsche Kriegsgefangene oder ungefähr ein Prozent aller deutschen Kriegsgefangenen in Großbritannien einen Kurs absolviert. Deshalb konnten die Aussagen der Gefangenen aus Wilton Park nicht die Gefühle aller Kriegsgefangener widerspiegeln. Dennoch konnte man dadurch einen wertvollen Einblick in Erfolg und Mißerfolg der Umerziehung gewinnen.

Aus den ersten Antworten ging hervor, daß das Ausmaß des Erfolgs eng vom Verhältnis zwischen Lehrern und Schülern und von den in der Schule vorherrschenden Beziehungen abhing. Die meisten Kriegsgefangenen lobten Dr. Köppler sehr, vor allem sein Vorstellungsvermögen und sein Verständnis. „Was Heinz Köppler machte", so schrieb ein Student,

> „war für uns eine große Inspiration. Er wollte uns nicht ‚umerziehen' - er sagte einmal, daß Umerziehung durch Ignoranz hervorgerufene Arroganz sei - er schrieb uns nicht vor, was in Deutschland gemacht werden sollte, sondern brachte uns bei, für uns selbst zu denken."[36]

Als Colonel Faulk später seine Studie über deutsche Kriegsgefangene in England vorbereitete, stieß er auf zahlreiche lobende Aussagen von ehemaligen Wilton Park-Studenten. Typische Aussagen lauteten:

> „Ich wurde wieder Mensch." - „In Wilton Park steht man als Gleicher unter Gleichen." - „Wilton Park war für mich ein Erlebnis von besonderer Bedeutung."[37]

Ähnliches Lob ergab eine deutsche Nachkriegsstudie über heimgekehrte Kriegsgefangene, die aussagten, daß sie in Wilton Park die Möglichkeit hatten, die englische Lebensart kennenzulernen. Einige Kriegsgefangene waren besonders beeindruckt über die Betonung des „Fair Play" und meinten, eine solche Schule würde auch für Deutschland hilfreich sein.[38]

Aber nicht alle Meinungen ehemaliger Gefangener waren positiv. Einige erinnerten sich an Wilton Park als eine „Traumfabrik" oder „Demokratiemühle" und leugneten, von der Umerziehung beeinflußt worden zu sein. Andere beschwerten sich über die Überheblichkeit der Briten, die versuchten, den Deutschen beizubringen, wie sie leben sollten. Die vielleicht erstaunlichste Beschwerde einer Reihe ehemaliger Studenten war, daß sie Köppler und seine Tutoren beschuldigten, ihre Schüler zum Kommunismus bekehren zu wollen.[39] Offensichtlich hatten einige deutsche Kriegsgefangene das Wesen der britischen Politik mißverstanden und legten Köpplers Unterstützung für die Labour-Regierung und den liberalen Ansatz in Wilton Park als Beweis dafür aus, daß die Schule sie bewußt in Richtung Kommunismus beeinflussen wollte.

Viele dieser Meinungen wurden erst Jahre nach dem Besuch von Wilton Park geäußert, so daß man sich fragen kann, ob die Zeit die Meinungen der ehemaligen Kriegsgefangenen verzerrt hatte. Die Kritik betraf manchmal unwichtige Dinge und sagte wenig über die größeren Ziele der Umerziehung aus. Ein ehemaliger Gefangener sagte, daß Köppler sehr ineffizient war, immer liberalen Unsinn erzählte und oft für längere Zeit Wilton Park verließ, während dessen die Lehrer machten, was sie wollten. Seiner Meinung nach hätten die deutschen Gefangenen genauso gut arbeiten können, wenn man sie sich selbst überlassen hätte. Seine Bewertung des Kurses lautete: „Eine absolute Null!"[40]

1962 beteiligten sich mehrere Ehemalige von Wilton Park an einer deutschen Radiosendung mit dem Titel: „Stärker als Stacheldraht - Die sogenannte Umerziehung deutscher Kriegsgefangener in England und was aus ihr wurde."[41] Nachdem die Teilnehmer sich darauf geeinigt hatten, daß die Briten im allgemeinen fair waren, und nach einigen netten Worten für Colonel Henry Faulk, äußerten sie scharfe Kritik am Unterricht in Wilton Park. Im allgemeinen seien die Kurse schlecht gewesen und die Vorlesungen von schlecht vorbereiteten Lehrern ohne Begeisterung vorgetragen worden. Die Lehrinhalte seien viel zu sehr durch den Versuch der politischen Überzeugung und manchmal durch direkte Propaganda bestimmt gewesen. Die schwerwiegendste Beschwerde, die allerdings nichts mit Köppler zu tun hatte, betraf die unangemessene Länge ihres Aufenthalts als Kriegsgefangene in Großbritannien.[42]

Es scheint, als hätte die Verbitterung über die verspätete Repatriierung eine Erinnerung überschattet, die andernfalls bei den Deutschen als eine gute Zeit voll des guten Willens im Gedächtnis geblieben wäre. Noch Jahre später waren die Absolventen über die verzögerte Repatriierung verärgert und sprachen dies in Interviews immer wieder an. Die meisten Kriegsgefangenen waren überzeugt, daß die große Verzögerung ihrer Heimreise ihnen die entscheidende Zeit der Eingewöhnung genommen hatte, die die frühzeitig von den Amerikanern entlassenen Gefangenen genossen hatten. Eine Zeit für die Wiedereingliederung, Arbeitsuche oder Fortsetzung der Schulbildung: Dinge, die jetzt überstürzt werden mußten, da sie erst spät in ein im Wiederaufbau begriffenes Deutschland zurückkamen. Die Männer, die bei der Arbeitsuche oder der Fortsetzung ihrer Ausbildung Glück hatten, waren die, die zuerst nach Hause zurückgekommen waren. Natürlich waren weder Köppler noch die Architekten der Umerziehung für diese Probleme verantwortlich. Sie hatten von Anfang an gesagt, daß die Umerziehung im Wilton Park keine Fahrkarte für eine frühe Heimreise sei. Die deutschen Kriegsgefangenen ließen sich aber mehr von Gerüchten als von Fakten beeinflussen. Die Mehrheit der Absolventen wurden nach Abschluß des Kurses in normale Kriegsgefangenenlager in Großbritannien zurückgebracht, in der Hoffnung, daß sie dort stattfindende Umerziehungsaktivitäten unterstützen oder neue beginnen konnten.

Inwieweit diese Bemühungen Erfolg hatten, ist schwer einzuschätzen, da es keine systematische Auswertung gab. Aus Bruchstücken, die meist aus unregelmäßigen Lagerberichten stammten, geht hervor, daß die Wilton Park-Absolventen einen gewissen Erfolg hatten. Ein langer Bericht aus dem Jahr 1946 über die Umerziehung im Kriegsgefangenenlager Nr. 263 (Leckhampton Court, Cheltenham) beginnt mit einer düsteren Beschreibung des üblichen Problems: Der Lagerkommandant war reserviert und desinteressiert, das Personal zeigte kein Interesse, die Umerziehung wurde nicht wichtig genommen. Dann aber wird folgendes gesagt:

„Zwei Dinge haben die Situation vor kurzem erheblich verbessert. Ein Aspekt sind zwei Kriegsgefangene, die aus Wilton Park ins Lager zurückgekehrt sind und die Umerziehung mit Energie und Enthusiasmus angehen, und der zweite die Vorträge, die vor kurzem [von Besuchern aus Wilton Park] gehalten wurden. Es wurden jetzt Pläne gemacht, die Aktivitäten der Kriegsgefangenen aus Wilton Park auszudehnen. [...] Der C.O. [Commanding Officer] hat seine Mitarbeit zugesagt, indem er die ihm vorgetragenen Empfehlungen ausführen wird. Dies wird zu einer erheblichen Verbesserung führen."[43]

In einem sehr ähnlichen Bericht, der etwas später im gleichen Jahr über ein anderes Lager geschrieben wurde, wird die Arbeit eines Wilton Park-Absolventen gelobt, der mit einundzwanzig freiwilligen Gefangenen einen Kurs in politischen Wissenschaften durchführte: „[Die] allgemeinen Ergebnisse waren gut, und die Diskussionen haben viel gebracht."[44]

Die meisten Nachrichten aus den Lagern waren allerdings nicht so ermutigend. Der schnelle Wandel der politischen Situation kam der Umerziehungsplanung zuvor. Der Optimismus wurde immer schwächer. Einer der Gründe dafür war die wachsende Knappheit an Wilton Park-Absolventen, da die meisten von ihnen als Weiße bis zum Jahr 1947 an der Spitze der Repatriierungslisten standen. Die Zeit spielte auch eine Rolle, denn selbst wenn Wilton Park weitere Absolventen hätte liefern können, leerten sich die Kriegsgefangenenlager bereits. 1948 wurde das letzte Lager in Großbritannien geschlossen.[45]

Einige Wilton Park-Absolventen, die in ein normales Lager zurückkamen und dort auf ihre Entlassung warteten, schrieben für die Lagerzeitung Artikel über ihre Erfahrungen mit der Umerziehung. Eine Ausgabe der Lagerzeitung *Zeit am Tyne* enthielt Berichte von acht Wilton Park-Absolventen, die ihr Leben in der Schule mit sehr positiven Worten beschrieben. Der Kriegsgefangene H.D. lobte die Vorlesungen, vor allem die über Deutschland, während K.J., ein anderer „Wiltonian" (eine Bezeichnung, die immer mehr ehemalige Schüler übernahmen), sagte, daß er die freien Debatten und Diskussionen vermisse. R.J., ein dritter Kriegsgefangener, beschrieb seine Freude, Bücher lesen zu können, die in Deutschland nicht verfügbar gewesen waren, und unterschiedliche Ansichten zu hören.[46]

Alle diese Gefangenen hatten offensichtlich eine sehr bereichernde Erfahrung in Wilton Park gemacht und wollten dies irgendwie lobend anerkennen. Genau diese Männer hielten es für eine gute Idee, später einen Club der „Ehemaligen Wiltonians" zu schaffen und den Geist der Schule lebendig zu erhalten, genauso wie es die britischen Eton-Absolventen machten. Während einige britische Beobachter über diesen offensichtlichen Erfolg der Umerziehung glücklich waren, äußerten sich andere kritisch. Ein britischer Besucher von Wilton Park war der Meinung, daß Köppler bei der Schaffung eines Schulzugehörigkeitsgefühls zu erfolgreich gewesen war. Hierdurch würde ein Elitedenken entstehen, das die Absolventen von den anderen Kriegsgefangenen unterschied. Dies war aber nicht Ziel der Umerziehung. Köppler stimmte dieser Kritik offensichtlich zu, denn es wurde den Kriegsgefangenen bald darauf verboten, den Namen Wilton Park für einen Club oder eine Gruppe zu verwenden.[47]

Es ist fast unmöglich, auch nur ungefähr abzuschätzen, welchen Einfluß die Wilton Park-Absolventen nach ihrer Rückkehr in die normalen Lager auf die anderen Kriegsgefangenen hatten. Die meisten Berichte darüber stammten von den Training Advisers und den Gefangenen selbst. Irgendwo zwischen den „Wiltonians" und den hartgesottenen Nazis standen Männer, die zwar wußten, daß das Hitlerregime zu Ende war, aber noch nicht bereit waren, sich etwas Neuem

170

zu widmen. Sie hatten einfach den Glauben an die Politik verloren.[48] Genau diese Männer, die die Mehrheit der Gefangenen ausmachten, sollten durch die Absolventen von Wilton Park beeinflußt werden. Colonel Faulk bestand darauf, daß die grundlegenden Prinzipien von Wilton Park auch auf die anderen Lager übertragen werden konnten, obwohl er zugab, daß die Umstände anders waren:

> „In Wilton Park wurden die gleichen Programme mit den gleichen Methoden wie in den Lagern durchgeführt. Große Unterschiede - und zwar nicht nur beim Umfang sondern beim ganzen Aufbau - gab es bei den Rahmenbedingungen für die Programme. [...] Ich muß es wiederholen, Wilton Park war kein Sonderprogramm. Nur die Bedingungen waren anders, besondere Bedingungen, die eine akademische Organisation ermöglichten, aber das Ziel und der Inhalt des Programms war eine Hilfestellung, die den allgemeinen Bemühungen und Zielen in den Lagern entsprach."[49]

Faulks Arbeiten enthalten wahrscheinlich die umfangreichsten philosophischen Erklärungen über die Ziele der britischen Umerziehung. Für ihn war der Umerziehungprozeß „ein Versuch, einen Teil der Kriterien und Normen für die Gruppenzugehörigkeit zu ändern und neu zu orientieren". Seiner Meinung nach hatte der Nationalsozialismus einen außerordentlichen Erfolg bei der Manipulierung der Gruppendynamik für eigene Zwecke. Es war nun die Aufgabe von Pädagogen wie ihm, diese Tatsache durch Umerziehung aufzudecken und diese Gruppendynamik auf demokratische Einstellungen hinzulenken. Er beschrieb, wie man das erreichen konnte:

> „Die Aufgabe der Umerziehung war es, die potentiellen Quellen für eine Beeinflussung in den Lagern zu finden und die Bedingungen zu schaffen, in denen diese Kräfte wirken konnten. [...] Die Bedingungen in den Lagern waren im allgemeinen sehr unterschiedlich. Kein Lager glich dem anderen und jedes Lager änderte sich ständig. In jedem Lager begann die Umerziehung zu dem Zeitpunkt und in dem Maße wie die Umstände vor Ort es ermöglichten."[50]

Faulk war nicht so naiv zu glauben, daß der gewünschte Wandel allein durch mündliche Überzeugungsversuche erzielt werden konnte. Er war sich der Tatsache bewußt, daß die Verbrüderung und die Hoffnung auf Repatriierung wesentliche Bestandteile des Prozesses waren. Er wußte, daß alles noch von den Schuldgefühlen der Gefangenen erschwert wurde, als die Wahrheit über die Konzentrationslager ans Licht kam, und daß die Umerziehung diese Tatsache nicht ändern konnte:

> „Dieser Unmut bestimmte die letzte Periode der Gefangenschaft vom Januar bis Juli 1948. [...] Es war manchmal ziemlich schwierig, mit ihnen zu sprechen. Die betroffenen Kriegsgefangenen beteiligten sich nicht mehr an den Aktivitäten im Lager und hörten auf, ihre britischen Freunde zu besuchen. Sie beschäftigten sich nur noch mit ihren Abreisevorbereitungen und konnten von nichts anderem mehr sprechen und das auch nur noch untereinander."[51]

Bis zur Mitte des Jahres 1948 waren die meisten Wilton Park-Absolventen entweder in das besetzte Deutschland zurückgekehrt oder ihre Abreise stand kurz bevor. Die Arbeit der Schule war damit aber noch lange nicht beendet. Das Foreign Office hatte beschlossen, die Arbeit mit westdeutschen Zivilisten anstelle der Kriegsgefangenen fortzusetzen. Das bedeutete, daß Köppler und sein fähiges Team ihre Schule und ihre wertvollen Erfahrungen jetzt für den Unterricht potentieller politischer Führungspersönlichkeiten und Pädagogen aus Deutschland, die zu einem Kurs nach Wilton Park eingeladen wurden, einsetzen konnten.

Zu diesem Zeitpunkt, drei Jahre nach Kriegsende, hatten die Vereinigten Staaten und Großbritannien, die beiden Nationen mit den meisten deutschen Kriegsgefangenen, fast alle von ihnen in ihre Heimat entlassen. Der Kalte Krieg war zu einer Realität geworden, die Deutschland wieder zu einem zwischen Ost und West aufgeteilten Schlachtfeld machte. Wie erging es den Absolventen der westlichen Umerziehung nach ihrer Rückkehr nach Hause? Würden sie den Kampf für die Demokratie aufnehmen? Würden sie von den Problemen des demokratischen Aufbaus überwältigt werden? Hatte sie die Umerziehung auf eine Zusammenarbeit mit den Besatzern für ein besseres Deutschland vorbereitet? Wie würden die alliierten Militärbehörden sie behandeln? Wie würden sie von ihren Landsleuten aufgenommen werden? Diese Fragen begleiteten die Repatriierung in den Westen.

7.

Repatriierung im Westen

Alle deutschen Kriegsgefangenen träumten davon, nach Hause zu kommen. Für einige ging dieser Traum schon wenige Monate nach Hitlers Niederlage in Erfüllung, für andere hatte das lange Warten gerade erst begonnen. Am besten ging es den Gefangenen in amerikanischem Gewahrsam, da sie als erste repatriiert wurden. Alle Gefangenen im Gewahrsam der Westmächte, egal ob sie für eine schnelle oder späte Repatriierung vorgesehen waren, wußten, daß es ihnen nach ihrer Entlassung an Lebensmitteln und Unterkunft, die für sie eine Selbstverständlichkeit geworden waren, mangeln würde. Viele der deutschen Kriegsgefangenen in den Vereinigten Staaten bekamen bereits einen Vorgeschmack auf die Konsequenzen der Niederlage: Nach Kriegsende änderte sich das Verhalten der Amerikaner ihnen gegenüber schlagartig. Nachrichten über die Schrecken der Konzentrationslager und Forderungen nach einer Bestrafung der Nazis verstärkten die schon vorhandene Feindlichkeit erheblich. Die Lebensmittelrationen wurden sofort gekürzt, und zahlreiche Produkte verschwanden aus den Gefangenenkantinen. Für die Gefangenen im ersten Special Projects-Kurs in Fort Kearney waren die Auswirkungen minimal, obwohl einige feststellten, daß eine stärkere Betonung aller amerikanischer Aspekte und weniger Objektivität die Folge waren.[1]

Die Gefangenen, deren Repatriierung unmittelbar bevorstand, kümmerte dieser Wandel jedoch nur wenig. Eine strengere Lagerordnung, weniger Essen, unfreundliche Wächter - all das war unbedeutend verglichen mit den Härten, die sie bald in Deutschland erleben sollten. Sie wußten, daß Deutschland ein Land ohne Zentralregierung war, ohne Industrie, Verkehrswesen oder sonstige öffentliche Dienste. Aus Briefen von Zuhause kannten sie den täglichen Überlebenskampf, die große Lebensmittelknappheit, den Mangel an Wohnungen und Brennstoff. Wie würden sie, die sie wohlgenährt und gesund waren, von ihren vom Hunger und vom Trauma der Niederlage gezeichneten Familien empfangen werden? Wie gut hatte die Umerziehung sie auf diese Herausforderungen vorbereitet? Konnte der Glaube an die Demokratie ihnen im Kampf um das tägliche Brot Kraft verleihen? Das OMGUS Office of Information Control versuchte diese Fragen durch eine Befragung ehemaliger Kriegsgefangener zu beantworten und kam zu optimistischen Ergebnissen. Es zeigte sich, daß die nach Deutschland zurückgekehrten Männer einen weiteren Horizont und ein viel besseres Verständnis für weltpolitische Angelegenheiten hatten als ihre Landsleute zu Hause. Ihre politischen Ansichten waren liberaler und sie hatten ein positives Bild von der Zukunft Deutschlands.[2]

Die Amerikaner standen den Problemen der heimkehrenden Gefangenen nicht gleichgültig gegenüber und hatten bereits vor Kriegsende über diese Schwierigkeiten nachgedacht. Ein großes Problem war die Arbeitslosigkeit: Massen deutscher Veteranen würden in ein Land zurückkehren, das ihnen keine Arbeitsplätze anbieten konnte. Im frühen Planungsstadium waren einige Beamte bei der Vorbereitung der Militärregierung davon ausgegangen, daß auf das Umerziehungsprogramm der Special Projects logischerweise eine Beschäftigung der Absolventen bei den amerikanischen Besatzungsbehörden folgen würde.[3]

Kurz nach dem Kriegsende in Europa übermittelte SHAEF dem Kriegsministerium einen detaillierten Bericht über den Bedarf an Arbeitskräften in Deutschland und den Einsatz ehemaliger Kriegsgefangener. Als durch das Entnazifizierungsprogramm zahlreiche Deutsche von verschiedenen Berufen ausgeschlossen wurden, herrschte in einigen Bereichen ein großer Mangel an qualifizierten Arbeitskräften. In dem streng geheimen Bericht für Washington wurden eine Reihe von Schwierigkeiten angesprochen, die aber nie zu einem wirklichen Problem wurden, wie zum Beispiel die Zuverlässigkeit der Kriegsgefangenen bei der Ausübung bestimmter Aufgaben, Arbeitseinsatz und die Genfer Konvention und der Schutz geheimer Informationen. Es wurde vorgeschlagen, daß eine Liste der gegenwärtig an der Umerziehung teilnehmenden Kriegsgefangenen (in Kearney hatte die erste Klasse begonnen) übersendet werden sollte, damit in den entsprechenden Heimatgemeinden der Männer weitere Auskünfte eingeholt werden konnten. Es wurde die Sorge geäußert, daß die ehemaligen Kriegsgefangenen von ihren deutschen Landsleuten, die sie als Kollaborateure betrachteten, feindselig behandelt werden könnten.[4]

Zu diesem Zeitpunkt im Sommer des Jahres 1945, als noch keine Kriegsgefangenen eingetroffen waren, war in keinem der Berichte und auch nicht in der offiziellen Korrespondenz zwischen Washington und Deutschland von möglichen Problemen bei der Beschäftigung ehemaliger Kriegsgefangener die Rede, vor allem nicht für die in den Special Projects geschulten Männer. Der Staatssekretär im Außenministerium Major General John Hilldring war sogar so beeindruckt von der Arbeit der Special Projects, daß er im Oktober in Deutschland den

Staatssekretär im Kriegsministerium John McCloy bat, das Thema mit General Clay, der damals stellvertretender Militärgouverneur war, zu besprechen. Hilldring erklärte, er habe Fort Getty besucht und sei überzeugt, daß die Absolventen des Umerziehungsprogramms der Militärregierung wirklich nützlich sein könnten. Der General war jedoch beunruhigt:

„Es gibt Grund zu der Annahme, daß Theater [USFET]* nicht genau abschätzen kann, wie nützlich die nach dem Programm [...] repatriierten Personen sein können. Bitte betrachten sie es als höchste Priorität, daß alle Repatriierten nutzbringend eingesetzt werden."[5]

Diese wichtige Frage schien offensichtlich einer damals zwischen dem Kriegs- und dem Außenministerium ausgetragenen Fehde über die Zuständigkeit in Zivilangelegenheiten im amerikanisch besetzten Deutschland zum Opfer zu fallen. Schon von Anfang an hatte das Kriegsministerium bei der Planung der Besatzung argumentiert, daß bestimmte Funktionen im Zivilbereich zum Außenministerium gehörten. Ob das der Grund für Clays negative Reaktion auf Hilldrings Anfrage war oder ob er persönliche Vorbehalte gegenüber den Leuten der Special Projects hatte, ist schwer zu sagen. In jedem Fall hat General Clay, nach einem Gespräch mit McCloy, Hilldring darüber verständigt, daß die Special Projects seiner Meinung nach zwar ein gutes Programm seien, daß man aber die Deutschen über das Schicksal seiner Absolventen entscheiden lassen sollte:

„Wir sind der Meinung, daß diese ausgebildeten Gefangenen nach ihrer Entlassung und Rückkehr an ihren Heimatort schnell einen Arbeitsplatz in der deutschen Verwaltung finden werden. Dies sollte jedoch nicht auf unseren Druck hin erfolgen, da diese Leute sonst als Kollaborateure angesehen würden, was ihren zukünftigen Wert zerstöre."[6]

Bald darauf wurde General Clay Militärgouverneur der amerikanischen Besatzungszone in Deutschland. Hierdurch hatte seine Entscheidung, die Einstellung der Special Projects-Absolventen in der Militärregierung nicht zu unterstützen, für alle Beteiligten niederschmetternde Folgen. Dies bedeutete, daß Davison und seine Leute

---

* A.d.Ü.: United States Forces European Theater - Streitkräfte der Vereinigten Staaten im europäischen Operationsgebiet.

überhaupt keinen Einfluß mehr auf die unmittelbare Zukunft der Kriegsgefangenen hatten, die ihre Kurse absolvierten. Die deutschen Gefangenen wurden zusammen mit Millionen anderen heimkehrenden Kriegsgefangenen in das Zivilleben entlassen, ohne daß ihre besondere Vorbereitung berücksichtigt wurde. Ihr Engagement für die Demokratie sollte dadurch ernsthaft auf die Probe gestellt werden. Als hochrangiger Militärbeamter in Washington während des Krieges und seit April 1945 als stellvertretender Militärgouverneur in Deutschland mußte Clay über die Special Projects und die verschiedenen Programme jenes Sommers in Getty, Wetherill und Querqueville informiert gewesen sein. Wenn man davon ausgeht, daß er Bescheid wußte, warum hat er dann so lange gewartet, seine Einwände gegen eine Beschäftigung der Special Projects-Absolventen für die Militärregierung vorzubringen? Angesichts der Tatsache, daß Einheiten der US-Armee im besetzten Deutschland ständig nach ausgebildeten, zuverlässigen deutschen Mitarbeitern verlangten, ist Clays Argumentation schwer zu verstehen. Unter den gegebenen Umständen war es unrealistisch davon auszugehen, daß Davisons Kriegsgefangene selbst einen Platz in der deutschen Kommunalverwaltung oder anderswo finden würden. Da noch Jahre vergehen sollten, bis sich Deutschlands am Boden liegende Wirtschaft und machtlose Bürokratie erholen würden, ging wichtige Zeit zum Einsatz der Special Projects-Absolventen verloren.

Aus Clays Mitteilung an Hilldring im Oktober ging hervor, daß der stellvertretende Militärgouverneur eine Sonderbehandlung für die Umerziehungsabsolventen mit Sicherheit nicht unterstützen würde. Daraus ergibt sich die Frage, warum die Angelegenheit nicht schon früher mit dem PMGO oder dem Kriegsministerium geklärt worden war. Die Special Projects-Schulen waren seit Mai in Betrieb und würden bis ins Jahr 1946 fortgeführt werden. Den Kriegsgefangenen war immer wieder gesagt worden, daß sie nach Hause geschickt würden, um für die amerikanische Militärregierung zu arbeiten. Jeder, der etwas mit dem Programm zu tun hatte, und alle offiziellen Beobachter und Befürworter des Programms innerhalb und außerhalb der Regierung gingen davon aus, daß ein doppeltes Ziel verfolgt wurde: Demokraten und Mitarbeiter für die Militärregierung hervorzubringen. Es ist schwer vorstellbar, daß General Clay diese Erwartungen nicht bekannt waren. Ebenso erstaunlich ist, daß es später keine Armeedirektive gab, die den Einheiten vor Ort die Beschäftigung von Special Projects-Absolventen verbot.

176

Als Clay im Oktober seine Entscheidung traf, war die Mehrheit der Kriegsgefangenen aus den Special Projects noch nicht in Deutschland eingetroffen. Davison hatte dennoch bereits etwas über ihre Probleme bei der Arbeitsuche in der Militärregierung gehört. Sicher waren auch Hilldring einige dieser Beschwerden zu Ohren gekommen. Offensichtlich hat Hilldring Davison nicht sofort über General Clays Haltung informiert, denn in den folgenden Monaten schickte der Direktor der Special Projects weiterhin Repatriierungspläne für Umerziehungsabsolventen an Clays Büro.[7] Clay bezog seine Informationen über die Special Projects nicht nur von Davison. Im November hatte ihn seine eigene Führung über die Projekte II und III unterrichtet. In einer OMGUS-Mitteilung wurden beide Projekte vorgestellt, darin hieß es, daß die Kriegsgefangenen in Projekt II eine „Schule, die sie für Positionen in der allgemeinen Regierungsverwaltung in Deutschland ausbildete" besuchten, während sich die Teilnehmer an Projekt III „für eine Laufbahn bei der Polizei in Deutschland interessierten".[8]

Die Special Projects waren ein innovatives, fortschrittliches Umerziehungsexperiment, bei dem Zeitfaktoren für den Erfolg ausschlaggebend waren. In den ersten beiden Nachkriegsjahren hätte das Programm eigentlich erste Früchte tragen sollen, statt dessen kam es zu einer Anhäufung von Fehlern und Stümpereien bei der Armee, wobei Washington und Frankfurt oft gegeneinander arbeiteten. Das Umerziehungspotential ging jedoch nicht ganz verloren. Manchmal erfuhr Clay einfach nicht, daß diese ehemaligen Kriegsgefangenen in einigen Militärbezirken, in denen englischsprechende Arbeitskräfte dringend gebraucht wurden, eingestellt wurden. Schließlich war keine allgemeine Direktive erlassen worden, die die Anstellung der Special Projects-Absolventen offiziell untersagte. So hingen die Beschäftigungsmöglichkeiten für die ehemaligen Kriegsgefangenen weitestgehend von der Region ihrer Entlassung und dem Arbeitskräftebedarf des örtlichen US-Armeebefehlshabers ab.

Die Repatriierung der deutschen Umerziehungsabsolventen begann voller Zuversicht, aber diese Stimmung sollte nicht lange anhalten. Von Anfang an wurde die Rückkehr durch Fehler, Verzögerungen und Verwirrung behindert. Angesichts der enormen logistischen Probleme, mit denen die US-Armee von 1945 bis 1946 fertig werden mußte, waren einige dieser Schwierigkeiten unvermeidlich. Millionen Soldaten mußten über den Atlantik transportiert werden, einige kehrten in die Heimat zur Entlassung zurück oder wurden in die Pazifikregion verlegt, andere wurden zu Besatzungseinsätzen nach Deutschland und Österreich geschickt. Die Folge waren schnelle Wechsel der Befehlshaber, weil neu eingetroffenes Personal die nach Hause entlassenen Veteranen ersetzte. Die Fluktuation nahm so gigantische Ausmaße an, daß eine sorgfältige Koordinierung oder besondere Aufmerksamkeit für bestimmte Projekte einfach im Papierkrieg oder durch geänderte Befehle unterging, ohne daß die Betroffenen je irgendeine Erklärung erhalten hätten. Unter diesen Umständen konnte die Lücke zwischen erfahrenem, wohlinformiertem Militärpersonal, das seinen Posten verließ, und den unerfahrenen, unwissenden Nachfolgern auch mit den besten Kooperationsabsichten nicht geschlossen werden. Die neue Welle der Besatzungsstreitkräfte stand den heimkehrenden deutschen Kriegsveteranen mit allgemeiner Gleichgültigkeit und manchmal sogar Feindseligkeit gegenüber, wodurch die mit den Special Projects verbundenen Hoffnungen nicht erfüllt werden konnten.

Davison und seine Leute waren sich dieser zahlreichen Fallstricke wohl bewußt. Dennoch waren sie entschlossen, daß ihre „Special Prisoners" nicht im Durcheinander verloren gehen sollten. Es wurde geplant, die Kriegsgefangenen der Special Projects von den anderen Gefangenen abzusondern und ihnen zur Begleitung einen der amerikanischen Offiziere mitzugeben, die im Umerziehungsprogramm mitgearbeitet hatten. Dieser Plan klang vernünftig, war aber im Chaos der meisten Truppenbewegungen nicht umsetzbar. Fast zufällig gelang es den begleitenden Offizieren, auf das gleiche Schiff wie ihre Schutzbefohlenen zu gelangen, die bald ihren Sonderstatus verloren (begleitet von Warnungen über den Besitz von in den USA erstandenem persönlichem Eigentum) und mit den anderen Kriegsgefangenen vermischt wurden. Diese Erfahrung war nicht nur enttäuschend, sondern manchmal sogar beängstigend. Hans Werner Richter, der sich mit ungefähr einem Dutzend anderer Umerziehungsabsolventen auf einem Schiff mit normalen Kriegsgefangenen wiederfand, beschrieb diese Erfahrung:

„Wenn ich aus dem Lagerraum an Deck gehe [wo er an der Schiffszeitung mitarbeitete], höre ich hinter meinem Rücken gehässige Bemerkungen. Ich bin für viele dieser Gefangenen wieder der Verräter, der ich zu Beginn meiner Kriegsgefangenschaft in den USA schon einmal gewesen war, vor zwei oder drei Jahren in den Lagern, die unter Terror einer nationalsozialistischen Lagergestapo standen. Ich versuche die Gerüchte zu ignorieren, daß man uns nachts über Bord werfen würde, aber die Angst vor dem Terror läßt sich nicht unterdrücken."[9]

Hatte der begleitende Offizier seine Schützlinge aus den Augen verloren, mußte er versuchen, sie nach der Landung wiederzufinden. Zwischen dem Ende des Jahres 1945 und April 1946 wurden alle deutschen Kriegsgefangenen von Le Havre aus weitergeleitet. Die „Special Prisoners" würden wahrscheinlich nur wenige Tage dort bleiben, bevor sie zur Entlassung nach Bad Aibling geschickt wurden. Bei der Identifizierung war es hilfreich, daß jeder eine Erklärung darüber mitbekommen hatte, daß er eine „ausgewählte, kooperative Person" war, die möglicherweise den Besatzungsstreitkräften helfen konnte.[10] Es kam allerdings auch nicht zu selten vor, daß einige von ihnen, anstatt nach Deutschland entlassen zu werden, in französischen Kriegsgefangenenlagern endeten.

Wie fühlte man sich wieder zu Hause und von allen Einschränkungen der Kriegsgefangenschaft befreit? Wenn man nicht mehr herumkommandiert und der Lebensrhythmus nicht mehr von anderen bestimmt wurde? Wenn man frei war, zu kommen und zu gehen, wann man wollte? Diese Gedanken hegten sicherlich die meisten der „Special Prisoners", als sie ihre Entlassungspapiere abholten. Alfred Andersch dachte jedoch anders:

„Hinter den Stacheldrähten waren Zeit und Raum aufgehoben. Jetzt trat ich wieder in Raum und Zeit ein, unter Kieferschatten, in einem Nachmittagslicht bei Darmstadt. Ich fühlte Furcht. Ich fürchtete mich vor Deutschland. Die Zeit Deutschland, der Raum Deutschland kamen als Dunkelheit auf mich zu, als Katastrophe, als Chaos. Die Freiheit des Kriegsgefangenenlagers war das Gegenteil von Chaos gewesen. Das Chaos Deutschland war eine Drohung."[11]

Es zeigte sich sofort, daß der Übergang vom „Special Prisoner" zum Angestellten der amerikanischen Militärregierung nicht einfach sein würde. Die Mitarbeiter der Militärregierung und das Armeepersonal schienen noch nie etwas von den Special Projects oder der Umerziehung gehört zu haben. Ein Abschlußzeugnis von einer der Umerziehungsschulen oder ein von einem unbekannten Offizier unterzeichnetes Papier, das den Inhaber als „ausgewählten Bürger" Deutschlands auszeichnete, wurde oft als auf dem blühenden Schwarzmarkt erstandene Fälschung abgewiesen. Ähnlich gefährlich war es für die „ausgewählten Bürger", mit Waren erwischt zu werden, die sie in den

Lagerkantinen in Amerika gekauft hatten (falls diese nicht schon vor ihrer Ausschiffung konfisziert worden waren):

> „Der Besitz von zusätzlichem Gepäck nach der Entlassung, besonders von zusätzlichen Rationen aus der Einkaufsstelle, verstieß gegen die für Zivilisten geltenden Bestimmungen. Folglich wurden zahlreiche ehemalige Teilnehmer der Special Projects wegen illegalem Besitz von amerikanischem Eigentum aufgegriffen."[12]

Aus einer seltsamen Aufgabenteilung ergab sich, daß diese Verstöße vom PMGO behandelt wurden, das gleichzeitig für die Unterstützung der Wiedereingliederung der Special Projects-Absolventen und, wenn möglich, für Beschäftigungsmöglichkeiten in der Militärregierung zuständig war. Anfang des Jahres 1946 wurde ein PMGO-Bericht über diese Bemühungen erstellt, aus dem hervorgeht, daß für den Umgang mit Problemen der „Special Citizens", der „ausgewählten Bürger", ein Büro geschaffen worden war. Der Bericht enthält Informationen, die den Eindruck erwecken, daß ihnen gezielt und reibungslos geholfen wurde, Arbeitsplätze ausfindig zu machen und zu bekommen. Selbst die in den Lagerkantinen erworbenen Gegenstände durften sie dem Bericht zufolge jetzt behalten. Besonders betont wurde eine Aktion des PMGO, bei der alle Offiziere der Militärregierung über die Verfügbarkeit der Special Projects-Absolventen informiert wurden:

> „Dieses Verfahren hat offensichtlich den praktischen Vorteil, daß es nur zu einem minimalen Zeitverlust zwischen der Schulung und der praktischen Anwendung der in den Special Projects gelernten Fertigkeiten und Vorstellungen kommt."[13]

Es ist schwer zu sagen, ob diese Berichte nur eine Schönfärberei für höhere Stellen oder Übertreibungen von tatsächlich unternommenen bescheidenen Anstrengungen waren. Daß General Clay keine Sonderbehandlung für die Umerziehungsabsolventen wünschte oder daß die ehemaligen Kriegsgefangenen von den Mitarbeitern der Militärregierung im allgemeinen ignoriert wurden, wird in dem Bericht nicht erwähnt.

Wie ist die Tatsache zu erklären, daß die Frage der Beschäftigung von Davisons ehemaligen Schülern in der Korrespondenz zwischen Deutschland und Washington und bei Kontakten zwischen verschiedenen Stellen in beiden Ländern weiterhin diskutiert wurde und immer noch keine Klarheit herrschte? Clay war der Befehlshaber der amerikanischen Truppen in Deutschland und in dieser Funktion für die Militärregierung verantwortlich. Manchmal schien aber die Befehlskette bei der Umsetzung bestimmter Strategien aufgeweicht zu sein. Hilldring bedrängte Clay weiterhin, die „Special Prisoners" in der Militärregierung einzusetzen. Vielleicht hat dieser Druck im März 1946 zu einer OMGUS-Denkschrift geführt, die an alle Befehlshaber gerichtet war:

„Gefangene, die nach Hause geschickt werden, erhalten die Anweisung, sich dort bei der lokalen Militärregierung zu melden, damit sie entsprechende Aufgaben zugewiesen bekommen. In der großen Mehrheit aller Fälle haben sich diese Gefangenen gemeldet, da es in ihrem Interesse ist, einen der guten Jobs zu bekommen, die ihnen wegen ihrer Schulung in diesen [Umerziehungs-]Schulen angeboten werden. Die Einheiten der Information Control vor Ort sollten deshalb mit der Militärregierung für diesbezügliche Informationen in Kontakt treten."[14]

Aus der offiziellen Korrespondenz geht hervor, daß Clays mangelnde Kooperationsbereitschaft ignoriert und große Anstrengungen unternommen wurden, um die „Special Prisoners" ausfindig zu machen und bei der Militärregierung unterzubringen. Zwei Monate nach der OMGUS-Denkschrift entwarf das PMGO eine an alle Offiziere der Militärregierung gerichtete Direktive, die die Wichtigkeit des Einsatzes der „Special Prisoners" noch einmal bekräftigte. Die Special Projects und die sorgfältige Auswahl der an der Umerziehung teilnehmenden Gefangenen wurden kurz beschrieben. Die Direktive lautete weiter:

„[Diese] ehemaligen Gefangenen haben als eine Gruppe von Deutschen, die ihre Landsleute über die wesentlichen Elemente eines demokratischen Systems informieren und sie entsprechend unterrichten können, einen großen potentiellen Wert. [...] Diese Direktive wird erlassen, um alle Stufen der Militärregierung über den Wert der Special Prisoners zu informierten, damit sie entsprechende Schritte zum effizientesten Einsatz ihrer Talente unternehmen können."[15]

Das waren klare, eindeutige Worte. Die Direktive wurde allerdings nie ausgegeben.

Die Abteilung für innere Angelegenheiten der Militärregierung war gegen eine Verteilung der Direktive, da ihrer Meinung nach die entsprechenden amerikanischen und deutschen Stellen bereits über die

Verfügbarkeit der „Special Prisoners" informiert waren und weitere Aktionen nur zu unnötigem Druck führen würden. Dieser negativen Empfehlung war eine handgeschriebene Notiz des amtierenden Direktors der Abteilung Innere Angelegenheiten und Kommunikation der Militärregierung, Henry Parkmann, beigefügt:

> „Ich halte dies [die PMGO-Direktive] für Unsinn und unnötigen Papierkrieg. Ich kann mich ihren Schlußfolgerungen nicht anschließen und bin der Meinung, daß die Talente dieser Gruppe, wenn sie denn den anderen überlegen ist, erkannt und sie entsprechend eingesetzt werden. Ich bezweifle, daß eine Armeeschule zur Gehirnwäsche diese Kriegsgefangenen zu Demokraten machen kann, die über demokratische Prozesse gut informiert sind. Diese Gruppe macht in der amerikanischen Zone insgesamt höchstens 0,1 Promille aus. Eine zu kleine Zahl, als daß unserem überlasteten Personal noch die Aufgabe aufgebürdet werden kann, sie zu suchen und zu versuchen, ihnen Arbeit zu verschaffen."[16]

Kurz darauf kündigte das PMGO an, daß das zur Unterstützung der „Special Prisoners" geschaffene Büro aus Personalmangel geschlossen würde. Es wurde vorgeschlagen, daß die Militärregierung diese Arbeit fortsetzt. General Frank Keating, der für die Militärregierung antwortete, schloß sich Clays Meinung an, daß zu viel Hilfe für die „Special Prisoners" eine Elite, „eine privilegierte Klasse" schaffen würde. „Nach Meinung dieses Büros ist die Schaffung einer besonderen Stelle nicht erforderlich."[17] Parkman äußerte seine Meinung dazu in einer getrennten Denkschrift:

> „Es besteht die Gefahr, daß eine Sondergruppe geschaffen wird, die einen speziellen, mit der Militärregierung verbundenen Status hat. Dies ist nach Meinung dieses Büros eine ernsthafte Gefahr, die bei möglichen zukünftigen Programmen vermieden werden sollte. Außerdem besteht die Gefahr, daß eine solche Gruppe, die Zusammengehörigkeitsgefühle entwickelt, sowohl von der Militärregierung als auch von der deutschen Wirtschaft ständig besondere Privilegien verlangen wird."[18]

Die Meinung des Hauptquartiers der Militärregierung und Parkmanns Verschwörungstheorie wurden anscheinend von den Militärregierungsstellen vor Ort nicht geteilt, denn der Ruf nach „qualifizierten Deutschen" wurde weiterhin geäußert. Zahlreiche Anfragen nach den erforderlichen Dokumenten für die Einstellung der „Special Prisoners" gingen ein. Das Münchener Büro der Militärregierung unter Lt. Col. Eugene Keller Jr. beantragte zwischen März und Juli 1946 mindestens dreimal eine Genehmigung zur Einstellung von ehemaligen Umerziehungsschülern. Keller informierte das Hauptquartier in Frankfurt, daß in München regelmäßig „Special Prisoners" erschienen, die eine Arbeit bei der Militärregierung suchten. Der Colonel erklärte jedoch, daß er nicht genügend Informationen habe, um ihren Hintergrund zu prüfen. „Bis heute", schrieb er,

„haben wir keine Papiere oder Dokumente zu diesen repatriierten Kriegsgefangenen erhalten. Alle diese Personen behaupten, daß ihnen über die Kanäle der Militärregierung schriftliche Beweise und in einigen Fällen wichtige statistische Beweispapiere und/oder persönliche Informationen zugesagt worden sind. Diese Unterlagen sind beantragt worden. [...] Ich möchte auf die Tatsache aufmerksam machen, daß ähnliche Anfragen bereits seit November 1945 in jedem Monatsbericht enthalten sind."[19]

Mehrere Militärregierungsbüros informierten Frankfurt darüber, daß sie Beschwerden von ehemaligen Kriegsgefangenen erhalten hatten, denen ihre Schulzertifikate (Certificate of Achievement) vom Entlassungsbüro in Darmstadt weggenommen worden waren. Einem Bericht zufolge wurde den ehemaligen Kriegsgefangenen gesagt, daß sie ihre Zertifikate zurückbekommen würden, jetzt seien aber schon Monate vergangen und im Büro in Darmstadt wüßte niemand darüber Bescheid.[20] Seltsamerweise wurde das Darmstädter Büro von Major Kraus geleitet, der vorher die Leitung des Büros innehatte, das vom PMGO zur besonderen Unterstützung der ehemaligen Teilnehmer der Special Projects eingerichtet worden war. Einer der ehemaligen Gefangenen sagte, daß Kraus sie ermutigt habe, „zur Förderung der Verbreitung demokratischer Grundsätze" miteinander in Kontakt zu bleiben.[21] Für diese widersprüchliche Haltung Kraus' gibt es keine Erklärung.

Im Juli schickte Colonel Keller eine Liste mit den Nummern der „Special Prisoners", die in seinem Büro ohne angemessene Ausweispapiere erschienen waren. Er schrieb, daß alle die gleiche Geschichte erzählten, d.h. die Papiere und Zertifikate seien ihnen in Darmstadt bei ihrer Entlassung abgenommen worden:

„Die nicht erfolgte Rückgabe dieser Unterlagen hat in einigen Fällen zu großen Härten geführt, was kaum durch beschönigende Erklärungen begründet werden kann. [...] Es soll noch einmal auf die

Tatsache aufmerksam gemacht werden, daß sich Berichte darüber häufen, daß die Feinde der Demokratie das Potential dieser Leute genau erkannt haben. "[22]

Während Offiziere wie Keller sich um die Klärung einer Situation bemühten, für die es anscheinend keine entsprechenden Weisungen von höheren Stellen gab, zeigte eine streng geheime Mitteilung Clays an das Kriegsministerium, daß sich die Meinung des Generals über die Frage der Beschäftigung der ehemaligen Umerziehungsteilnehmer in der Militärregierung nicht geändert hatte. Clay gab zu, daß eine Denkschrift zu Arbeitskräften herausgegeben worden war, demzufolge deutsche Kriegsgefangene mit einer besonderen Schulung bevorzugt zu beschäftigen sind, er beschloß aber, daß „eine direkte Einstellung dieser Personen durch die Militärregierung unerwünscht sei, da dies ihnen eine besondere Stellung innerhalb der deutschen Gesellschaft, zu der sie gehören sollten, geben würde." Clay war der Ansicht, daß eine neue Direktive zu Arbeitskräften zur Festlegung anderer Prinzipien geschrieben werden müßte, falls das Kriegsministerium ihm nicht zustimmt. Er warnte aber davor, daß ein solcher Schritt eine erneute Prüfung des gesamten Sicherheitssystems im Europäischen Operationsgebiet erforderlich machen würde.[23] Eine neue Direktive wurde nicht erlassen, woraus man schließen kann, daß sich Clay durchsetzte und das Kriegsministerium die geltenden Bedingungen nicht in Frage stellte.

Wenn die statistischen Berichte des PMGO richtig sind, hatten bis zum März 1946 ungefähr sechshundert der ehemaligen Kriegsgefangenen, die die Verwaltungsschule besucht hatten, eine Arbeit bei der Militärregierung gefunden, d.h. daß eintausend Männer noch ohne Arbeit waren. Die ehemaligen Gefangenen aus der Polizeischule in Eustis wurden schließlich in viel größerem Umfang eingestellt. Allein siebenhundert von ihnen versahen ihren Dienst in Berlin.[24] Es bestehen jedoch berechtigte Zweifel an der Richtigkeit dieser Berichte, da in einem davon die Rede ist, daß alle 26.000 „Special Prisoners" bis zum März 1946 nach Deutschland zurückgekehrt waren. Die Schule in Eustis lief aber noch bis zum April. In einem im Juni erstellten Bericht des Office of the Chief of Military History wird ausgesagt, daß 18.350 ehemalige Kriegsgefangenen der Special Projects nach Deutschland repatriiert worden seien: 9.097 davon wurden in die amerikanische Zone einschließlich der Enklaven Bremen und Berlin entlassen, 1.857 in die französische Zone, 4.760 in die britische Zone, 91 in die russische Zone und 2.545 nach Österreich.[25]

Trotz der schlechten Aussichten in der Heimat strebten nicht alle entlassenen Kriegsgefangenen aus den Umerziehungsschulen eine Beschäftigung bei der Militärregierung an. Hans Werner Richter behauptet, daß die Amerikaner versucht hätten, ihn und seine Mitgefangenen während ihrer Entlassung in Bad Aibling anzuwerben, indem sie ihnen unter anderem gutes Essen versprachen. Richter sagte aber, daß er und seine Kameraden immer noch über den Vorwurf der Kollektivschuld von seiten der Alliierten verärgert gewesen seien: „Ich würde so weit gehen, die Arbeit für die Besatzungstruppen als eine Art der Kollaboration zu bezeichnen", schrieb er.[26] Ein Absolvent der Special Projects, der einige Jahre bei den Amerikanern beschäftigt war, erinnerte sich daran, daß einige Deutsche den Männern, die für die Militärregierung arbeiteten, vorwarfen, sich vor harter Arbeit zu drücken. Wenn sie später eine Beschäftigung in der deutschen Wirtschaft suchten, wurde diese Tatsache zu ihrem Nachteil ausgelegt.[27]

Da die Militärregierung keine einheitliche Politik im Hinblick auf die heimkehrenden Kriegsgefangenen verfolgte, ist es schwierig, allgemeine Aussagen über deren Behandlung zu machen. Einige Männer wurden schlecht behandelt, ignoriert und vernachlässigt, während andere einen positiven Empfang erlebten. Für Horst B. zum Beispiel verlief die Heimreise reibungslos. Er wurde die ganze Reise über von einem amerikanischen Offizier begleitet und konnte problemlos alle persönlichen Gegenstände, die er in den Vereinigten Staaten erworben hatte, behalten. Nach seiner Entlassung wandte er sich an das Büro der Militärregierung in München (die Reise hatte er mit dem Verkauf der in den Lagerverkaufsstellen der USA erworbenen Waren finanziert):

„Ich suchte Major Perham auf und von da an klappte für mich alles perfekt. Er fuhr mit mir zu den deutschen Dienststellen und besorgte die nötige Zuzugsgenehmigung nach München [sein Heimatort lag in der russischen Zone] und besorgte mir einen Job bei der Military Government Land Commission for Bavaria."[28]

Auch Hans Wissmann, der die Schule in Eustis besucht hatte, machte nach seiner Entlassung mit den Amerikanern ähnlich gute Erfahrungen: „Ich wollte so schnell wie möglich Arbeit finden", schrieb er. „Ich habe mich mit meinen Entlassungspapieren unmittelbar bei der Militärregierung beworben und wurde sofort eingestellt." Schon bald arbeitete er für ein Jugendprogramm unter der Schirmherrschaft der US-Armee:

„Während der Laufzeit dieses Programms habe ich eine Reihe von Aktivitäten organisiert. [...] Die Vorträge lehnte ich an unseren Lehrplan aus Fort Eustis an [...]; ich hatte die gesamte Literatur mitgebracht."[29]

Es gibt genauso viele Berichte von heimkehrenden Umerziehungsveteranen, die nicht so gute Erfahrungen machten. Rudolf D., einer der ersten Kearney-Absolventen, die nach Deutschland kamen, berichtete, daß die Schwierigkeiten schon beim Verlassen des Lagers anfingen. Zusammen mit sechzig anderen Kriegsgefangenen aus Kearney kam er auf ein Schiff, dessen Crew sie irrtümlich für Gefangene hielt, die in Deutschland vor ein Kriegsverbrechergericht gestellt werden sollten, und sie dementsprechend behandelte. Nach ihrer Ankunft in Deutschland wandte sich D. zusammen mit einigen anderen „ausgewählten Bürgern" an das Münchener Militärregierungsbüro:

„Der diensthabende amerikanische Offizier wies uns in äußerst rüder Form zurück, er hatte anscheinend von dem ganzen Projekt nie etwas gehört, beachtete auch die von uns vorgelegten Unterlagen nicht und damit war für mich die Sache erledigt."[30]

Die gleichen Erfahrungen hatte auch Josef R. gemacht, der nach seiner Entlassung im September 1945 mit seinem von General J.V. Dillon unterzeichneten Umerziehungszertifikat sein Glück in München versuchte:

„Das Certificate war für mich nutzlos. Bei meiner Vorsprache bei der damaligen Stadtverwaltung München wurde es ignoriert."[31]

Wenn Edgar S. nach fast einem halben Jahrhundert an seine Erfahrungen zurückdenkt, ist er immer noch voll des Lobes für die Umerziehungsschule, die er in Fort Wetherill besuchte. Nach seiner Rückkehr in Deutschland änderte sich dagegen alles:

„Bei der Militärregierung in Frankfurt hat man überhaupt nichts gewußt von dem Reeducationsprogramm. Eine bevorzugte Behandlung und eine Einstellung bei der Regierung kam nicht zustande. [...] So hat in unserem Falle der amerikanische Steuerzahler viel Geld für eine gut gedachte Sache ausgegeben und nicht den Gegenwert erhalten."[32]

Insgesamt gesehen entsteht aus diesen unterschiedlichen Erfahrungen der Special Projects-Absolventen das Bild einer nachlässigen, wenn nicht gar gleichgültigen Behandlung von seiten der amerikanischen Stellen in Deutschland, gekoppelt mit einem Desinteresse in Washington. Natürlich sah sich nicht jeder, der etwas mit den Special Projects zu tun hatte, verpflichtet, den Absolventen eine Beschäftigung bei der Militärregierung zu beschaffen. Dr. William Moulton kommentierte die Angelegenheit Jahre später so:

„Wir hatten zunächst das Gefühl, daß OMGUS, wenn es Weisungen gegeben hätte, unsere Absolventen einzustellen, wohl so reagiert hätte: ‚Für wen halten sich diese Professoren zu Hause eigentlich? Wir können unsere Leute selbst aussuchen.‘ Ein zweiter noch wichtigerer Aspekt ist, daß wir den Kriegsgefangenen nicht das Gefühl geben wollten, daß sie zu einer Arbeit bei der Militärregierung *gezwungen* würden. Nach ihrer Rückkehr nach Deutschland waren sie freie Männer, die selbst entscheiden können, was sie tun möchten. Wir waren der Ansicht, daß darin ein nützlicher Teil ihrer ‚Umerziehung‘ bestand."[33]

Für die meisten „ausgewählten Bürger" war die Arbeitsuche nur ein Teil ihrer Wiedereingliederung in die deutsche Gesellschaft. Die frisch entlassenen Veteranen bildeten neben den amerikanischen Besatzungstruppen eine Art Subkultur und mußten sich an zahlreiche Regelungen halten, die das tägliche Leben in Deutschland bestimmten. Der von den amerikanischen Behörden durchgeführte Entnazifizierungsprozeß war eine der schwierigsten Auflagen für sie. Die Männer hatten das Gefühl, daß sie durch ihre Teilnahme an der Umerziehung ihre Haltung als Antinazis eindeutig gezeigt hätten. Dieser Schritt hatte ihnen sogar die Feindschaft zahlreicher Mitgefangener eingebracht und hatte dazu geführt, daß sie zu Hause als Kollaborateure gebrandmarkt wurden. Abgesehen von der Tatsache, daß sie nicht so behandelt wurden, wie es ihnen von den Special Projects versprochen wurde, mußten sie sich jetzt sogar wie alle anderen den Entnazifizierungsbestimmungen des Militärregierungsgesetzes Nr. 8 unterwerfen. Mit diesem Gesetz sollte verhindert werden, daß ein ehemaliges Mitglied der NSDAP oder einer ihrer Organisationen eine einflußreiche Position bekleiden konnte. Da es aber über einhundert verschiedene Kategorien von ehemaligen Nazis gab, waren viele der heimkehrenden Kriegsgefangenen, von denen einige bereits mehrere Jahre in Gefangenschaft verbracht hatten, plötzlich mit der Tatsache konfrontiert, daß ihnen der Zugang zu fast allen akademischen Berufen und zu den Universitäten versagt wurde. Die Situation verbesserte sich zwar, als die Militärregierung mit dem anfallenden Papierkrieg nicht mehr fertig wurde und für alle nach dem 1. Januar 1919 Geborenen eine Amnestie erließ, aber die meisten Special Projects-Absolventen waren schon vor dieser Änderung nach Deutschland zurückgekehrt.

Leider gingen die Alliierten bei der Entnazifizierung nicht einheitlich vor. Da die Amerikaner die schärfsten Maßnahmen einführten, standen sie oft vor dem Dilemma, daß die strenge Durchsetzung der Entnazifizierung ihre Besatzungsarbeit beeinträchtigte. Für zahlreiche Aufgaben wurden deutsche Fachleute benötigt, von denen aber die meisten wegen irgendeiner Zugehörigkeit zu einer Naziorganisation vorbelastet waren. Damit standen die Besatzungsbehörden vor der Wahl, sich entweder so gut es ging ohne deutsche Hilfe durchzuschlagen oder eine Ausnahme vom Entnazifizierungsgesetz zu machen, um den so dringend benötigten Ingenieur oder Manager einstellen zu können. Die Entscheidung zur Einstellung dieser Leute, falls sie nicht bereits wegen eines Kriegsverbrechens angeklagt waren, wurde gewöhnlich dem örtlichen Befehlshaber überlassen. Es gab schon sehr frühe Hinweise darauf, daß viele örtliche Befehlshaber die strenge Anwendung der Entnazifizierung umgingen. In einer streng geheimen SHAEF-Mitteilung nach Washington wurde kurz nach Kriegsende über den dringenden Bedarf an deutschen Polizisten berichtet. Weiter wurde mitgeteilt, daß ein amerikanischer Offizier in Aachen bereits ehemalige Kriegsgefangene ohne Rücksicht auf ihre frühere Parteizugehörigkeit eingestellt hatte:

„Dies ist ein gutes Beispiel für die unterschiedlichen Auffassungen eines Militärkommandos, das eine strenge ‚Keine Parteimitglieder'-Politik verfolgt, und eines Kommandos oder einer Einheit, die versucht, zwischen Nazis zu unterscheiden, die wirklich an die Ideologie glaubten, und denen, die einfach nur als Mitläufer der Partei beigetreten sind."[34]

Dies bedeutete offensichtlich, daß es die Männer aus der Polizeischule in Fort Eustis leichter haben würden, Arbeit zu finden, als die Teilnehmer der Verwaltungskurse, wie es später auch in PMGO-Berichten bestätigt wurde.

Als sich mehrere ehemalige Special Projects-Teilnehmer aus Fort Kearney beim Militärregierungsbüro in Heidelberg bewarben, bat der

Leiter OMGUS um „Klarstellung der Anwendung der technischen Aspekte der Entnazifizierungsdirektive auf die Personen, die Empfehlungen des Büros des US-Kommandeurs der Militärpolizei für ihre Bewerbung bei der Militärregierung vorlegen". Die Antwort lautete:

> „Bevor diese repatriierten deutschen Kriegsgefangenen von der Militärregierung oder der deutschen Zivilregierung eingestellt werden, müssen sie sich in Übereinstimmung mit den entsprechenden Entnazifizierungsdirektiven einem erneuten Screening durch die Special Branch unterziehen. Die Erfahrung hat gezeigt, daß eine erneute Überprüfung erforderlich ist."[35]

Schon wenige Monate nach diesem Schriftwechsel zwischen Heidelberg und OMGUS begann das ganze amerikanische Entnazifizierungsprogramm unter seinem eigenen Gewicht zusammenzubrechen, und die Bestimmungen wurden gelockert. Dies kam aber für viele der „ausgewählten Bürger" wahrscheinlich zu spät, wie ein Vermerk des Militärregierungsbüros in München im Juli 1946 angab:

> „Es ist bedauerlich, daß einige der frühen Special Projects-Absolventen unter die strengen Bestimmungen der Entnazifizierungsdirektiven fallen, [...] denn die wenigen, die bestimmungsgemäß abgelehnt wurden, haben sicherlich dem Interesse der verschiedenen Bereiche der Militärregierung am ,potentiellen Wert' dieser Personen für die Militärregierung geschadet."[36]

Ein weiterer unglücklicher Umstand war, daß die Bedingungen in Deutschland zu einem florierenden Schwarzmarkt für Dokumente geführt hatten, der es Personen mit einer sehr verdächtigen Vorgeschichte ermöglichte, sich Arbeit bei der Militärregierung zu verschaffen. Der Getty-Absolvent Herbert Tulatz beschwerte sich bei einem seiner Freunde:

> „In den kleineren Städten und auf dem Lande ist alles derartig verfilzt [...], da kommen Pg.'s an, die Bescheinigungen bringen, daß sie Antifaschisten sind. Warum, weil derjenige, der diese Bescheinigung ausschrieb, mit dem Mann in die Schule ging oder seine Frau immer die Milch bei ihm abgeholt hat."[37]

Ein weiterer begründeter Vorwurf der Special Projects-Absolventen betraf den Standardfragebogen zur Entnazifizierung, in dem zwar gefragt wurde, ob jemand Kriegsgefangener in Amerika gewesen war, ohne jedoch nach dem genauen Lager zu fragen. Einige Lager, wie zum Beispiel Camp Alva in Oklahoma, waren unter den Kriegsgefangenen als Nazihochburgen berüchtigt, aber diese Information schien nach der Entlassung der Gefangenen nach Deutschland niemanden mehr zu interessieren. Ein ehemaliger Kriegsgefangener, der den Kurs in Getty besucht hatte, schrieb Henry Ehrmann, daß die Nazi-Kriegsgefangenen Listen mit Antinazi-Kriegsgefangenen zusammengestellt hatten und drohten, diese nach dem Krieg umzubringen.

„Diese Herren sind jetzt wieder daheim und machen ihren alten Droh weiter. Sie stellen insgeheim fest, ob die Adressen ihrer Opfer noch stimmen und schreiben außerdem anonyme Drohbriefe [...]. Wenn die M.G. [Militärregierung] nicht von Zeit zu Zeit zugreift, von den deutschen Behörden wird nichts unternommen."[38]

Vielleicht drückt der Getty-Absolvent Freimut Springe die Gefühle vieler Special Projects-Absolventen aus:

„Mehrere unserer Kameraden, die ihre Parteizugehörigkeit bereits drüben mitgeteilt haben, sehen sich immer wieder von neuem vor Fragebögen und damit verbundenen Hindernissen. Sie machen sich keine Vorstellung, wie desillusioniert diese Menschen sind. Diese Kameraden haben die Zulassung zu den Kursen als eine Art Amnestie betrachtet und sind begierig, als bekehrte Paulusse aktiv sich für unsere Idee einzusetzen. Jedoch sind die gesetzlichen Schranken zu hoch [...], wir verlieren deshalb solche Kräfte, von denen man überzeugt sein kann, daß sie seit langem innerlich Gegner des Nationalsozialismus geworden sind und die einen Beitrag zur Demokratisierung leisten konnten."[39]

Nachdem die Amerikaner die deutschen Behörden mit dem Vollzug der Entnazifizierung beauftragt hatten, wurde es noch schwieriger, die Erlaubnis zum Schulbesuch oder zur Arbeitsaufnahme zu bekommen. Dieses eisige Verfahren änderte sich erst, als die deutschen Politiker erkannten, daß eine deutsche Regierung kurz bevor stand und die Kriegsveteranen ein mächtiges Wählerpotential ausmachten. Daraufhin änderte sich die Lage schnell, und Kriegsgefangenenfragen standen plötzlich ganz oben auf der politischen Tagesordnung. Auch der Kalte Krieg änderte die Pläne der Amerikaner, da die Entnazifizierung mit dem Wunsch Washingtons, Deutschland auf Seiten des Westens zu wissen, unvereinbar wurde.[40]

Trotz der sich ändernden Zeiten gab es Personen, die mit den Special Projects zu tun hatten oder darüber Bescheid wußten und jetzt herausfinden wollten, wie es den deutschen Kriegsgefangenen nach ihrer Rückkehr ergangen war. Natürlich hätte man einfach durch die Lektüre der Ehrmann-Korrespondenz aus dieser Zeit oder durch das Aufspüren der Wohnorte vieler ehemaliger Kriegsgefangener viel erfahren können, aber dies war gar nicht so einfach. Die erste offizielle Erhebung der OMGUS Information Control Division konnte aufgrund der Schwierigkeiten, die „ausgewählten Bürger" ausfindig zu machen, nur Teilaspekte berücksichtigen. Die Erhebung wurde hauptsächlich in Baden-Württemberg durchgeführt und sollte „einen Einblick in die Probleme der heimgekehrten Kriegsgefangenen" gewähren.

„Wie würden sich diese Männer an das Leben in Deutschland anpassen? Welchen politischen Beitrag konnten sie in ihrem immer noch vom Nationalsozialismus beeinflußten Heimatland leisten? Wie gefestigt würde ihre Orientierung [...] angesichts der Existenzprobleme in Deutschland sein? Wie würden sie sich in den sozialen und wirtschaftlichen Rahmen ihres Landes einordnen?"[41]

150 Männer wurden bei dieser Umfrage erfaßt, von denen die meisten alleinstehend und älter als siebenundzwanzig Jahre waren. 15% hatten immer noch keine Arbeit und fast 74% gaben an, mit ihrer Arbeit nicht ganz zufrieden zu sein. Ihr Interesse für Politik schien ausgeprägt zu sein, und sie waren im Vergleich mit der allgemeinen Bevölkerung politisch eher links eingestellt. Fast 60% waren Anhänger der SPD. In der Erhebung wird folgendes berichtet:

„Eine beachtliche Mehrheit (62,7%) der Gruppe war fest davon überzeugt, daß das deutsche Volk noch nicht bereit sei, sich selbst nach demokratischen Prinzipien zu regieren. [...] Die meisten schienen zu erkennen, wie tief der Einfluß der Nazis durchgedrungen ist und wünschten eine verhältnismäßig lange Besatzung durch die Amerikaner. [...] Einige wollten deshalb oder aus anderen Gründen so schnell wie möglich wieder in die USA zurückkehren. Die OMGUS-Mitarbeiter, die die Erhebung durchgeführt haben, kamen zu dem Ergebnis, daß diese Männer einen wirklichen potentiellen Gewinn darstellten, sie benötigten aber mehr Ermutigung und Anerkennung von seiten der Militärregierung. Zur Zeit macht sich unter ihnen ein starkes Gefühl der Ernüchterung breit, wodurch sie Gefahr laufen, eine ablehnende Haltung einzunehmen. Falls dies eintritt, könnten sie sich von einem Gewinn zu einer Belastung entwickeln."[42]

Diese Informationen wurden an Clays Büro mit der Empfehlung geschickt, sie an alle Militärregierungsbüros zu verteilen. Es gibt allerdings keinen Hinweis darauf, daß das Büro des Militärgouverneurs irgend etwas unternommen hätte.[43]

Aus der Schwierigkeit der Amerikaner, die ehemaligen Kriegsgefangenen zu finden, könnte man den Eindruck gewinnen, daß sie nach ihrer Entlassung alle in Deutschland untergetaucht wären, aber dies war nicht der Fall. Eine überraschende Zahl blieb mit ihren ehemaligen Lehrern wie Henry Ehrmann und William Moulton in Kontakt und lieferten ausführliche Antworten auf genau die von den OMGUS-Mitarbeitern gestellten Fragen. Im April 1947 wurde Moulton vom Kriegsministerium für einen kurzen Einsatz nach Deutschland geschickt, um „dem Büro der Militärregierung im Bereich Erziehung, Bildung und Information zur Seite zu stehen" und um insbesondere „die jetzigen Tätigkeiten der Deutschen zu untersuchen, die während ihrer Kriegsgefangenschaft in den USA eine Demokratieschulung erhalten haben".[44]

Moulton brachte 129 Namen und Adressen von ehemaligen Special Projects-Schülern nach Deutschland mit und konnte mit über hundert von ihnen bei seinen Besuchen in Berlin, München, Hamburg, Stuttgart und Frankfurt am Main ein Gespräch (von 15 Minuten bis zu mehreren Stunden) führen. Die größte Zahl, fünfundzwanzig, waren in einem Bereich der deutschen Zivilverwaltung beschäftigt, neunzehn Männer arbeiteten in der privaten Wirtschaft, siebzehn waren für die Militärregierung tätig, zwölf im Bildungsbereich und die übrigen hatten verschiedene Positionen inne oder studierten an der Universität. Sie mußten, bis auf zwei für diese Gruppe typische Problembereiche, ungefähr mit den gleichen Schwierigkeiten fertig werden wie die anderen entlassenen Kriegsgefangenen. Laut Moulton bestanden

„die beiden ungewöhnlichen Probleme, mit denen diese Männer fertig werden mußten, in ihrem Empfang von seiten der Militärregierung und von ihren deutschen Landsleuten. Da die Militärregierung nie offiziell über die Arbeit der fünf Umerziehungslager für Kriegsgefangene informiert wurde, war es die Aufgabe der die verschiedenen Gruppen nach Deutschland begleitenden Verbindungsoffiziere, diese Information zu verbreiten. Durch den ständigen Wechsel des Personals der Militärregierung wurde dies zu einer wahrlich unmöglichen Aufgabe."[45]

Die ehemaligen Gefangenen waren besonders über die Entnazifizierung verbittert. Sie erinnerten Moulton daran, daß sie tatsächlich ihr Leben riskiert hätten, als sie in den von den Nazis beherrschten Lagern für Demokratie eintraten. Sie gaben weiter zu bedenken, daß es bei der Auswahl der Teilnehmer für die Schulen in Kearney und Getty kein Entnazifizierungsverfahren gab und sie aufgrund ihrer nachgewiesenen Antinazi-Einstellung ausgesucht wurden, obwohl einige von ihnen in früherer Zeit einmal Mitglieder von Parteiorganisationen gewesen waren. Die Männer waren fast einstimmig der Meinung, daß sich in Deutschland ohne Wiederaufbauhilfe der Vereinigten Staaten der Kommunismus verbreiten würde. Obwohl Moulton einige persönliche Vorbehalte gegenüber dieser Bitte um Hilfe hatte, war er von der Aufrichtigkeit der Bittsteller und davon, daß sie ein demokratisches Deutschland aufbauen wollten, überzeugt.

Moulton wußte noch viel mehr über die Situation, als in seinem Bericht zum Ausdruck kam. Er erkannte aber, daß er, um den ehemaligen Kriegsgefangenen zu helfen, ein positives Bild aufzeigen mußte, das keine weitere Ablehnung der Militärregierung auslösen konnte. Erst nach seiner Rückkehr in die Vereinigten Staaten legte er in einem Brief an ehemalige Umerziehungskollegen seine wahren Gefühle offen. Moulton berichtete in seinem Brief, dem er eine Kopie seines Berichtes beilegte, daß die meisten Männer, mit denen er gesprochen hatte, sagten, es hätte in den letzten beiden Jahren in Deutschland überhaupt keinen Fortschritt gegeben. Die Militärregierung war eine Diktatur, die unter ihrem bürokratischen Papierkrieg zusammenbrach.

„Fast alle ehemaligen Kriegsgefangenen haben das Gefühl, daß es lediglich eine Pseudo-Demokratie gibt. [...] Es entsteht das merkwürdige Bild einer Demokratie, die versucht, eine Diktatur auszuüben, um den Deutschen Demokratie beizubringen."[47]

Wahrscheinlich als Ergebnis der Reise Moultons entschied die OMGUS Information Control Division, eine Erhebung über alle auffindbaren Absolventen von Fort Getty durchzuführen. Diese auf dem Postweg durchgeführte Umfrage bestand aus einem Anschreiben, in dem weder Moulton noch die Special Projects erwähnt wurden, und fünfundzwanzig Fragen über das Leben in Deutschland. Nur eine Frage bezog sich auf die Schulung in Getty. Es ging darum, ob das

Certificate of Achievement ihnen auf irgendeine Art und Weise geholfen hatte. Jeden Monat folgten vier oder fünf weitere Fragen auf einer gedruckten Seite, auf die jeder denkende Mensch normalerweise eine ausführlichere Antwort hätte geben müssen:

„Was ist ihrer Meinung nach das Ziel der Entnazifizierung?“ - „Glauben Sie, daß dieses Ziel erreicht wird?“[48]

Mehrere Monate später, im Januar 1948, schickte OMGUS den Befragten die Ergebnisse der Umfrage: 44% waren der Ansicht, daß Korruption und Bürokratie außer Kontrolle geraten waren. 73% meinten, daß Deutschland seine Produktion steigern müßte. 35% bevorzugten die SPD. 20% erwogen, nach Amerika auszuwandern. 37% sagten, daß ihr Umerziehungszertifikat nutzlos gewesen sei, während 44% antworteten, daß es ihnen sehr wohl etwas gebracht habe. 50% gaben an, daß sie optimistisch in die Zukunft blickten.[49]

Es gab keine Angaben darüber, wie viele Männer für die OMGUS-Erhebung befragt worden waren (ungefähr fünfhundert Gefangene hatten die Kurse in Getty absolviert). Die *New York Times* gab in einem sehr kritischen Artikel über die Umfrage an, daß nur achtundsiebzig ehemalige Kriegsgefangene geantwortet hatten. Schuld an diesen schlechten Ergebnisse war

„die Art, in der das Projekt organisiert wurde. [...] Die mangelnde Koordinierung zwischen dem damaligen Kriegsministerium und der Militärregierung führte dazu, daß die meisten Männer ‚verlorengingen‘. So wurde eine ausgewählte Gruppe, von der man erwartet hatte, daß sie die Demokratie in ganz Deutschland verbreiten würde, weitestgehend ignoriert, weil die Militärregierung erstens keine klare Vorstellung über das Projekt hatte und zweitens, weil die Militärregierung zu beschäftigt war.“[50]

Der kritische Ton des Artikels spiegelte die allgemeine Verwunderung über die Stümperei des Militärs sowie den zunehmenden Wandel der öffentlichen Meinung über Deutschland wider. Als Folge des sich verschärfenden Kalten Krieges (Rußland würde den Westen bald mit der Blockade Berlins schockieren) wurde hinter verschlossenen Türen in Washington bereits im Stillen über die mögliche Einbeziehung Deutschlands in eine Verteidigungsstruktur diskutiert.[51]

Leider nahm man in den Vereinigten Staaten die Versuche der Umerziehungsabsolventen, sich als eine Gruppe in der deutschen Szene zusammenzuschließen, kaum zur Kenntnis. Die Militärregierung begegnete diesen Bemühungen sogar mit großem Mißtrauen. Für viele der heimkehrenden Kriegsgefangenen war es ganz natürlich, sich mit den ehemaligen Mitschülern der Kurse während der Gefangenschaft zu treffen. Die Einstellung der Militärregierung war für sie beunruhigend. Definitionen, d.h. ob ihre Treffen nun Club oder Verein genannt wurden, waren ihnen nicht wichtig, im Gegensatz zu einigen Leuten der Militärregierung. Aus Angst etwas zu erlauben, daß den Militarismus fördern könnte, beobachte die Militärregierung die Gruppenbildung von Veteranen aus Kearney und Getty genau. Einige Ehemalige waren entweder über Briefe oder durch gelegentliche Treffen, bei denen sie manchmal einen nostalgischen Abend mit Gesprächen über das Lagerleben in Amerika verbrachten oder darüber diskutierten, wie sie Deutschland mit ihrer demokratischen Haltung beeinflussen konnten, in Kontakt geblieben. Bei ihren Treffen in Städten wie Stuttgart, Wiesbaden, München oder Frankfurt am Main spielte Mund-zu-Mund-Propaganda für das Übermitteln von Neuigkeiten und Informationen über verschiedenste Anliegen eine wichtige Rolle. Manchmal war ein solches Treffen eine einmalige Angelegenheit. August E., der die Schule in Querqueville in Frankreich besucht hatte, schrieb, daß sich einige der Männer in Frankfurt getroffen haben, einmal, „[…] und dann verloren wir uns aus den Augen."[52]

Die Gruppe in München bewies die größte Ausdauer. Die meisten Männer hatten den zweiten Kurs in Fort Getty (September bis Oktober 1945) besucht, wurden alle zusammen im November entlassen und bildeten den Kern einer Vereinigung, die Anfang 1946 gebildet wurde. Daß diese Gruppe so lange existieren konnte, schrieben die Mitglieder der Freundlichkeit des Münchener Militärregierungsbüros zu, das ihre Arbeit wesentlich unterstützte. Im März 1946 trafen sich 170 dieser ehemaligen Kriegsgefangenen mit dem Oberbürgermeister der Stadt und einem Vertreter der Militärregierung, um über die Gründung einer provisorischen Organisation zu diskutieren „um die in Getty gewonnenen Erkenntnisse in Deutschland zu vertiefen und anderen Menschen zu vermitteln".[53]

Der Grund für den provisorischen Status der Gruppe waren die Genehmigungsauflagen, die die Militärregierung allen Organisationen, die einen rechtlichen Status anstrebten, auferlegten. Die Veteranengruppe, die sich „Demokratische Gesellschaft" nannte, richtete ihren Antrag an OMGUS in Berlin und erhielt im Juni eine bedingte Genehmigung. Die Bedingung war, daß die Gesellschaft für alle Deutschen, die ihr beitreten wollten, und nicht nur für Kriegsveteranen offen sein mußte. Diese Bestimmung galt nicht nur für die Demokratische Gesellschaft, sondern für alle Gruppen oder Vereine von Veteranen egal zu welchem Zweck:

> „Alle ständigen Organisationen, deren Kern aus diesen ehemaligen Kriegsgefangenen besteht, müssen auch eine ausreichende Zahl deutscher Zivilisten als Mitglieder haben, damit sichergestellt ist, daß es sich nicht in erster Linie um eine Veteranenorganisation handelt."[54]

Die Tätigkeiten dieser Gruppen wurden regelmäßig vom U.S. Army Counter Intelligence Corps (C.I.C.) überwacht, der OMGUS Bericht erstattete. Der C.I.C.-Bericht über die Demokratische Gesellschaft im Oktober beschreibt sie als eine Vereinigung von Männern, die Kameradschaft und gegenseitige finanzielle Hilfe suchten:

> „Es gibt keine konkreten Anzeichen dafür, daß etwas anderes angestrebt wird als das Aufrechterhalten von Freundschaften, die während des Krieges in der Armee entstanden sind."[55]

Der bürokratische Hindernislauf war mit der Genehmigung der Militärregierung noch nicht beendet, da die deutschen Behörden eine zusätzliche Zulassung verlangten. Dies erwies sich als größeres Hindernis als die Verhandlungen mit den Amerikanern. Der Getty-Absolvent Freimut Springe, der Vorsitzender des geschäftsführenden Ausschusses der Demokratischen Gesellschaft war, schrieb Henry Ehrmann, daß die Gruppe beim Umgang mit deutschen Beamten auf großes Mißtrauen gestoßen sei. Nur mit Hartnäckigkeit und großer Geduld sei es nach sechs Monaten unnötiger Verzögerung gelungen, die Genehmigung zu erhalten.[56] Vielleicht beschreibt Springe nur einen Teil der Wahrheit, denn Moulton, der bei seinem Besuch in München vor der Gesellschaft gesprochen hatte, beschreibt Springe in seinen Aufzeichnungen als

> „irgendwie arrogant, energisch und fähig, hat wesentlich zur Gründung der Gesellschaft beigetragen. Er ist gerade als Vorsitzender wegen früherer Verbindungen zu den Nazis zurückgetreten. Die Spruchkammer hat ihn in die Kategorie V [Entlastete] eingestuft, aber dennoch war er als Vorsitzender fragwürdig."[57]

Einladungen zur Gründungsversammlung der Demokratischen Gesellschaft, die jetzt ein vollständig zugelassener Verein war, wurden an „ehemalige ausgebildete Kriegsgefangene aus den USA" und an

„andere Bevölkerungskreise" gerichtet. Anwesend waren auch ausgewählte Gäste aus der Militärregierung und der deutschen Stadtverwaltung. Eine Präambel wurde vorgelegt, die die Förderung demokratischer Prinzipien durch die Verbreitung entsprechender Literatur,
durch öffentliche Vorträge und offene Diskussionen darlegte. Jeder
über achtzehn konnte beitreten. Es gab Pläne für die Einrichtung einer
Bibliothek mit Lesesälen und eines Vorlesungssaals, der durch öffentliche Mittel finanziert werden sollte. Von den ungefähr 450 Personen,
die an der Gründungsfeier teilnahmen, traten 227 der Gesellschaft
bei.[58] Das war ein ermutigender Anfang, und bis zum April 1947 stieg
die Anzahl der Mitglieder auf über 350. Es gab vorläufige Räumlich-
keiten und die Vorträge waren gut besucht. Außerdem bot die Gesellschaft dringend benötigte Hilfe für heimkehrende Veteranen an
(Kleidung, Hilfe bei der Arbeitsuche, Beratung usw.). Springe
glaubte, daß die Mitgliederzahl auf ungefähr 900 ansteigen würde,
sobald alle ehemaligen Kriegsgefangenen von der Demokratischen
Gesellschaft erfahren würden.[59]

Nach dem Vorbild der Gesellschaft nahm in Stuttgart eine Art
Schwesterverein mit Namen „Staatsbürgergesellschaft" Gestalt an.
Springe und einige Mitglieder der Demokratischen Gesellschaft trugen
erheblich zu ihrer Gründung bei, indem sie nach Stuttgart reisten und
ihre Erfahrungen aus München als Hilfe anboten. Die Stuttgarter Gesellschaft hatte mit einer Anfangsmitgliedschaft von einigen hundert
ehemaligen Umerziehungsteilnehmern und Plänen für mehrere Konferenzen in Schloß Comburg in der Nähe von Schwäbisch Hall einen
guten Start. Der Unterschied zur Münchener Gesellschaft bestand
darin, daß die Schaffung einer Schule mit einer Spezialisierung auf
den Unterricht der Demokratie als politischer Wissenschaft beabsichtigt wurde. Joachim von Beust, ein Getty-Absolvent und einer von
Henry Ehrmanns Briefpartnern war an diesen Bemühungen intensiv
beteiligt, hatte aber keine zu großen Hoffnungen, wie er seinem ehemaligen Lehrer schrieb:

> „[Uns] fehlt es an allem. Wir sind zu wenig Leute, haben zu wenig
> Zeit, zu wenig Geld und nicht die nötigen Beziehungen."[60]

Damit hatte er größtenteils Recht, dennoch wurden die Konferenzen
in Schloß Comburg ein bescheidener Erfolg. Bei einem Treffen im
Juli 1947 kamen über fünfzig ehemalige Special Projects-Absolventen
und eine Reihe hervorragender Redner. Es wurden Pläne gemacht,
Erwachsenenbildung für Kriegsveteranen anzubieten und ein Ver-

mittlungsbüro für Referenten zu gründen. Die Militärregierung bot die Hilfe der Education and Religious Affairs Division an. In Frankfurt am Main kam es leider nicht zur Gründung einer Vereinigung. Unter der Schirmherrschaft der Universität entstand jedoch ein Amerikainstitut auf Vorschlag des Getty-Absolventen und späteren Präsidenten der EWG-Kommission Walter Hallstein.[61]

Auch andere teilten Beusts Frustration und Enttäuschung darüber, daß die Umerziehungsveteranen ihre Ziele nicht immer in die Tat umsetzen konnten. Alfred Andersch gab teilweise den Amerikanern die Schuld daran, den „Geist von Getty" nicht am Leben erhalten zu haben, weil sie die Ehemaligen solange bürokratischen Zwängen unterworfen hätten, bis sich ihr ganzer Enthusiasmus verflüchtigt hätte. Am Ende seien sie desillusioniert und verbittert gewesen, weil die indirekten Versprechen, die man ihnen in Amerika gemacht habe, nicht eingehalten worden seien.[62] Nachdem die ehemaligen Kriegsgefangenen mit so vielen persönlichen Problemen fertig werden mußten, empfanden sie es besonders enttäuschend, daß es nicht gelang, eine Bewegung zur Verbreitung der Demokratie einzurichten. Sie begannen, sich aus den Gesellschaften und aus Comburg zurückzuziehen. Viele von ihnen wandten sich anderen, neuen Veteranenorganisationen zu, die zu diesem Zeitpunkt von deutschen Politikern als mögliche Unterstützung für den zukünftigen deutschen Staat umworben wurden. Das Interesse konzentrierte sich jetzt stärker auf Leistungen für Kriegsveteranen (die Amerikaner sollten für die Internierungszeit in Dollar anstatt in Mark bezahlen). Der Trend ging dahin, alle diese Gruppen und Vereine in einer großen Organisation zusammenzubringen. So wurde im Jahr 1950 der Verband der Heimkehrer, Kriegsgefangenen und Vermißtenangehörigen Deutschlands geschaffen.

Das war aber nicht das Ende der Männer der Special Projects. Es darf nicht vergessen werden, daß sie einzeln aus der großen Masse der Kriegsgefangenen ausgewählt wurden und als „ausgewählte Bürger" eine ungewöhnliche Erfahrung geteilt hatten. Unter ihnen waren Männer mit außergewöhnlichen Talenten, deren literarische Ambitionen durch die Umerziehung gefördert und verstärkt worden waren (selbst wenn sie das selbst nicht wahrhaben wollten). Als angehende Schriftsteller und Journalisten wollten sie das deutschen Volk wissen lassen, daß es eine Zukunft habe. Immerhin hatten sie bereits Zehntausenden von deutschen Kriegsgefangenen die Botschaft übermittelt, daß es Hoffnung gäbe, eine Arbeit, bei der sie wertvolle Erfahrungen im Bereich Redaktion und Herausgabe einer Zeitung gewonnen hatten. Alfred Andersch regte an, die Zeitung *Der Ruf* in Deutschland wiedererstehen zu lassen. Hans Werner Richter, der letzte Redakteur der Zeitung in Amerika, sagte, daß Andersch ihn zur Mitarbeit aufgefordert habe, was er annahm. Im Sommer 1946 zog Richter nach Krailling in der Nähe von München, um bei den Vorbereitungen der ersten Ausgabe mitzuhelfen. Zu diesem Zeitpunkt hatte Andersch bereits mehrere Monate an dem Projekt gearbeitet. Seine ursprüngliche Idee war, eine Zeitschrift für junge Deutsche mit dem Titel „Die verlorene Generation" herauszugeben. Das Ziel blieb das gleiche, nur der Titel änderte sich: *Der Ruf: Unabhängige Blätter der jungen Generation.*[63]

Andersch arbeitete damals für die *Neue Zeitung* in München und konnte sich dem *Ruf* noch nicht voll widmen, weshalb Richter sich alleine durchkämpfen mußte. Er erinnert sich an seinen ersten Eindruck:

> „Die Redaktion setzt sich zusammen aus zwei Tischen, drei Stühlen, einer alten Schreibmaschine, einer Redaktionssekretärin - eine bayrische Buchhändlerin, deren Dialekt ich nicht immer verstehe - und aus einem Redakteur, der ich bin. Alfred Andersch, der Herausgeber, kommt nur gelegentlich vorbei. [...] Aus unserer ersten Begegnung in München - ich kannte ihn aus der Kriegsgefangenschaft nicht - ist eine kritische Freundschaft entstanden."[64]

Die Mitarbeiter, die Andersch zusammenbrachte, hatten vieles gemeinsam. Sie mißtrauten den alten politischen Parteien, die jetzt in Deutschland wiedererstanden; ihnen gefiel die Politik nicht, die ihnen die Militärregierung aufdrängte; und sie wollten aus *Der Ruf* eine Stimme für die deutsche Jugend - einschließlich der jungen Kriegsveteranen - machen, die sich für die Politik der Hitlerregierung schämten und sich von ihr betrogen fühlten. Ihr höchstes Ziel war ein vereintes Europa, das den „sozialistischen Humanismus" als höchste Priorität haben sollte.[65] Die erste Ausgabe von *Der Ruf* erschien am 15. August 1946 mit einem Leitartikel von Andersch - „Freiheit und Sozialismus" - auf der Titelseite, in dem er seine politischen Ansichten darstellte.

Es zeigte sich schnell, daß bestimmte Themen die Redaktionsarbeit beherrschten. Die Kritik an einigen Merkmalen der amerikanischen Besatzungspolitik und die Ablehnung des Vorwurfes der Kollektivschuld wurden von der deutschen Öffentlichkeit sehr gut aufgenommen. Andersch und sein Team wußten aber, daß dies eine Gratwanderung war und daß die Militärregierung einen falschen Schritt zum Vorwand nehmen würde, um die Redaktion zu schließen. Dennoch hatten sie alle das Gefühl, daß gerade das Risiko ihre Arbeit interessant und reizvoll machte: „Ja, wir sind aggressiv, überheblich, arrogant", schrieb Richter.

„Doch wir haben Erfolg. ‚Der Ruf' erreicht schon mit der vierten Nummer die Grenze von hunderttausend verkauften Exemplaren. Er wird überall gelesen. Wenn die Wagen mit den frisch ausgedruckten Exemplaren aus der Druckerei der Süddeutschen Zeitung fahren, werden schon die ersten Exemplare gestohlen. Halb illegal wird er auch in die Sowjetzone getragen und wechselt dort von Hand zu Hand. Für viele junge Leute, die von den Amerikanern, aus der aufgelösten Wehrmacht oder aus der Kriegsgefangenenschaft zurückkehren, ist er eine Sensation."[66]

Da die Zeitung weiterhin auf Kollisionskurs mit der Militärregierung ging, kam es vermehrt zu Spannungen. Es war nur noch eine Frage der Zeit, bis es zu einer Krise kommen würde. Nicht alle Deutschen schlossen sich den offenen Provokationen der Amerikaner an, da viele von ihnen ihr Leben für entschieden besser als das ihrer Nachbarn in den anderen Zonen hielten, aber Richter war nicht für Versöhnung:

„Wir schreiben weiter. Wir verlangen eine Reform der Universitäten, eine Arbeiter-Universität, wir halten die Entnazifizierung für eine Farce und sagen es, und wir wenden uns immer wieder gegen die Demütigung eines ganzen Volkes."[67]

Im März nahte das Ende, als die Behörden der Militärregierung Andersch und sein Team darauf hinwiesen, sie würden falsche Berichte veröffentlichen und unfaire Beschuldigungen gegen Politik und Personal der Besatzungsstreitkräfte erheben. Der Zeitung wurde, bei Androhung der Schließung, eine Frist von zwei Wochen gesetzt, um ihre Haltung zu ändern.

Richter, der die Zeitung bei den Verhandlungen mit der Militärregierung vertrat, war entschlossen, hart zu bleiben:

„Vierzehn Tage sind vergangen. Alfred Andersch ist noch immer in Hamburg. Er weiß nichts, oder nur wenig, von den Gefahren, die dem ‚Ruf' drohen. Es ist die siebzehnte Nummer. Ich habe die Artikel der Mitarbeiter nicht verändert."[68]

Die amerikanische Militärregierung war sich der großen Beliebtheit der Zeitung wohl bewußt und zögerte, sie abrupt einzustellen. Stattdessen ließen sie anstößige Stellen von ihren Zensoren entfernen und gaben Richter die Ausgabe zurück. Er und Andersch lehnten jedoch eine Überarbeitung als völlig inakzeptabel ab. Laut Richter wurden sie dann von Curt Vinz, der in Amerika ebenfalls an *Der Ruf* mitgearbeitet hatte und jetzt Verleger der Nymphenburger Verlagshandlung (Lizenzinhaber der Zeitung) war, informiert, daß die Amerikaner ihre Entlassung verlangten. Andernfalls sollte *Der Ruf* geschlossen werden.[69] Vinz beschreibt in einem Brief an Henry Ehrmann seine Ansicht über den Streit:

„Anfang April sah ich mich leider veranlaßt, die alte RUF-Redaktion, das heißt im besonderen die beiden bisherigen Herausgeber, Herrn Andersch und Herrn Richter, abzulösen. Die Gründe dafür sind in der Entwicklung einer geistigen Linie des RUF zu suchen, der die Nymphenburger Verlagshandlung und im besonderen ich als ihr Lizenzträger keineswegs gewillt war zu folgen. Ausgangspunkt für die Herausgabe des RUF in Deutschland war die Absicht, die in den USA gewonnenen und drüben in unserem alten RUF publizierten Ideen in weiterem Rahmen wirksam werden zu lassen, wobei das Blatt selbstverständlich auf die besonderen Verhältnisse in Deutschland Rücksicht zu nehmen hatte. In meinen Verhandlungen mit Herrn Andersch einigte wir uns auf ein Programm, wie es schließlich in groben Zügen in den Artikeln der ersten Nummer zum Ausdruck kam: *für* Demokratie und Völkerverständigung (wobei es unser Bestreben sein sollte, eine Synthese zwischen Humanismus und Sozialismus zu finden und dem Ausgleich zwischen Ost und West zu dienen) und gegen Nationalismus und jede Form von Militarismus [...], so daß der RUF nicht nur von den Russen verboten wurde und zur Verhaftung von Buchhändlern in der Ostzone führte [die ihn verteilten], sondern auch die Franzosen in Baden-Baden beleidigt waren und die Engländer vermutlich im Kontrollrat protestiert hätten, wenn nicht vorher die amerikanische C.I.D. eingegriffen und mit Nummer 14 eine strafweise Auflagenkürzung auf 50.000 Exemplare für die Dauer von 3 Monaten verhängt hätte, bei Ankündigung eines Lizenzentzuges für die Nymphenburger Verlagshandlung im Wiederholungsfalle. [...] Der Versuch, vor allem Herrn Andersch als Mitarbeiter weiter im RUF zu Wort kommen zu lassen, wozu ich auch die Genehmigung und das Einverständnis der amerikanischen Militär-Regierung bekam, scheiterte an dessen bajuwarischen Dickkopf. Er glaubte, es nicht mit seiner Ehre in Einklang bringen zu können, unter der Leitung eines neuen Herausgebers mitarbeiten zu können."[70]

Das war noch nicht das endgültige Aus für *Der Ruf*. Ein neuer Herausgeber, Erich Kuby, wurde gefunden, der aber nur kurz blieb, bevor ein dritter Herausgeber ernannt wurde. Die Zeitung erlangte allerdings nie wieder ihre vorherige Beliebtheit.

Richter schrieb, daß er beim Verlassen von *Der Ruf* ein tiefes Bedauern darüber verspürte, daß die jungen Leser, für die sie gearbeitet hatten, jetzt keine Stimme mehr hatten. Er dachte darüber nach, wie er das alte Team behalten könnte und prüfte die Möglichkeit einer neuen Zeitschrift, die ihre Ansichten literarisch ausdrücken und die gleiche Botschaft übermitteln könnte, ohne dabei das Mißfallen der Militärregierung zu erregen. Er begann, literarische Beiträge, unter anderem auch von Andersch, anzufordern und wählte den Namen „Der Skorpion" für die geplante Zeitschrift. Während man auf die erforderliche Druckgenehmigung wartete, trafen sich Richter und seine Gruppe hoffnungsvoller Mitarbeiter zu einer dreitägigen Diskussion, die erste in einer Reihe solcher Treffen, die später als der Anfang der wichtigsten Literaturbewegung im Nachkriegsdeutschland angesehen werden würden. Damit wurde im nachhinein auch die Tatsache nebensächlich, daß die Militärregierung die Druckgenehmigung wegen der nihilistischen Tendenzen von „Der Skorpion" verweigerte. Viel wichtiger war die Anerkennung, die Schriftstellern wie Richter, Andersch, Walter Kolbenhoff, Theodor Plievier, Wolfgang Borchert und Heinrich Böll, die die deutsche Literatur in den nächsten beiden Jahrzehnten dominieren würden, bald zuteil werden sollte. Die Bewegung wurde unter dem Namen Gruppe 47 bekannt.[71]

In einem Interview, das Richter viele Jahre später gab, sagte er, daß sie keine Mitglieder der Gruppe 47 zuließen, die schon vor 1933 Schriftsteller gewesen waren und auch keine deutschen Emigranten - sie hatten eine andere Mentalität und die Sprache der zwanziger Jahre. In Richters Generation fehlte ein ganzes Jahrzehnt, das durch die Schrecken des Krieges verloren gegangen war. *Der Ruf* aber hatte den Mut, nach der Niederlage offen zu sprechen. Richter wurde sogar gebeten, eine „*Ruf*-Partei" zu gründen:

„Ich habe das abgelehnt, vielleicht war das falsch. Aber Politik […] in einem vollkommenen Vakuum - bis auf 160 Divisionen [der

US-Armee], die da waren? [...] Wer damals Politik machte? Das
waren die Siegermächte."[72]

Richter wehrte sich gegen die Vorstellung, daß die Ursprünge der
Gruppe 47 etwas mit *Der Ruf*, wie er in Amerika veröffentlicht worden war, zu tun hatten, die Wurzeln lagen in der deutschen Ausgabe.
Andere waren jedoch nicht dieser Meinung, die Männer aus Kearney
hielten eine Verbindung für offensichtlich, da sich die Kriegsgefangenen zusammengefunden hatten, die den Kern des „Geistes von Kear-
ney-Getty" verkörperten.[73]

Es ist sehr schwierig, sich ein abschließendes Bild der Kriegsgefangenen, die in Amerika einen Umerziehungskurs besucht hatten, während der ersten Jahre nach ihrer Rückkehr zu machen. Viele von ihnen suchten nach einem Platz in einer Gesellschaft, die den schnellen
politischen Wandel, den Amerikas zunehmende Beteiligung am Kalten
Krieg mit sich brachte, widerspiegelte. Eine westdeutsche Regierung
entstand, die mit Sicherheit jede amerikanische Haltung übernehmen
würde. Alle Unterstützer der Special Projects und der Umerziehung
waren besonders an der Frage interessiert, wie die ehemaligen
„ausgewählten Bürger" in der Lage sein würden, ihre Erfahrungen
und Ziele auf die neue Bundesrepublik Deutschland zu übertragen.
Bald würden ihre Umerziehungskollegen aus dem britischen Wilton
Park-Experiment zu ihnen stoßen, die gerade repatriiert wurden. Es
wäre falsch anzunehmen, daß die beiden Gruppen, die jeweils in
Amerika und in Großbritannien Demokratie erlernt hatten, gleichen
Geistes waren. Ihre Umerziehungserfahrung und der zeitliche Rahmen
waren unterschiedlich. Es machte einen nicht zu unterschätzenden
Unterschied, ob man in den Jahren 1946 bis 1947 oder erst 1948 und
später nach Hause zurückkehrte. Die erste Zeit war durch die bitte-
ren, sichtbaren Zeichen der totalen Niederlage, durch allgegenwärtige
Ruinen und Hoffnungslosigkeit gekennzeichnet. Die amerikanischen
Eroberer boten noch keine Partnerschaft an, sondern verlangten lediglich Gehorsam gegenüber dem Besatzungsgesetz. Bis zum Jahr
1948 hatte sich das Klima entscheidend geändert: Die Währungsre-
form versprach wirtschaftlichen Aufschwung und Stabilität, und die
Arroganz und Verachtung der Besatzer war einer funktionierenden
Partnerschaft gewichen, die sich schnell zu einer vorsichtigen Freundschaft entwickelte. Zu diesem Zeitpunkt des Wandels machten die
Wilton Park-Absolventen ihre ersten Erfahrungen im Nachkriegsdeutschland.

Ein Vergleich der beiden Umerziehungsgruppen zeigt, daß die Männer aus den Special Projects im Vergleich zu ihren späteren Kollegen aus Wilton Park eher zum Aktionismus neigten. Die ehemaligen Kriegsgefangenen der USA bestanden darauf, daß sie sich nicht für die gewöhnliche Politik interessierten. Sie versuchten, durch Vereine und Gesellschaften Einfluß auszuüben, aber die Ergebnisse mußten dennoch durch einen politischen Prozeß erreicht werden. Die ehemaligen Kriegsgefangenen aus England zeigten ein anderes Verhalten, obwohl auch sie eine besondere Demokratieschulung durchlaufen hatten. Vielleicht kam der Unterschied daher, daß ihnen von Anfang an zu verstehen gegeben wurde, daß es keine Verbindung zwischen ihrem Besuch von Wilton Park und einer Arbeit für die Britische Kontrollkommission in Deutschland gab. Colonel Faulk bestand auf diesem Punkt:

„Die Männer wurden nie für die Kontrollkommission ausgebildet. Als die ‚Weißen' repatriiert wurden, erhielten sie keinerlei Hilfe oder Ermutigung durch die Kontrollkommission. Auch die ‚allgemeine Umerziehung' verfolgte keine politischen Ziele [...]; noch einmal, die ersten Erklärungen über die Programme für Wilton Park wurden nie umgesetzt. Die repatriierten ‚Weißen', egal ob sie Wilton Park besucht hatten oder nicht, hatten in Deutschland keinen politischen Einfluß."[74]

Genau genommen ist diese Aussage Faulks nicht richtig. Eine Reihe von Wilton Park-Absolventen haben einigen politischen Einfluß ausgeübt, aber nicht als Gruppe und auch nicht in erster Linie im Zusammenhang mit der Umerziehung. Ein deutscher Professor, der Wilton Park besucht hatte, sagte, daß die Wiederbelebung der Kommunalpolitik bei ihrer Rückkehr aus England bereits in vollem Gange war. Aus diesem Grund haben die Absolventen keine größere Rolle gespielt, sie kamen einfach zu spät.[75] Dennoch verspürten einige „Wiltonians" nach ihrer Rückkehr ein Bedürfnis, andere Ehemalige zu treffen, in Kontakt zu bleiben und etwas zu unternehmen.

1948 berichtete eine deutsche Zeitung über Treffen ehemaliger Wilton Park-Schüler in der britischen Besatzungszone. Bei diesen Treffen diskutierten Deutsche und eingeladene englische Gäste über für Deutschland wesentliche Fragen in einer erfrischenden und gleichberechtigten Art und Weise. In einer von Toleranz geprägten Atmosphäre konnte jeder seine Meinung äußern und seine Haltung verteidigen. Zum ersten Treffen in einem Gymnasium in der Nähe von Lüneburg waren Teilnehmer aus Hamburg, Frankfurt am Main und München gekommen, von denen die Mehrheit Lehrer, Studenten, Journalisten und Gewerkschaftsvertreter waren. Die Themen reichten von Jugendbildung und der Wirtschaft bis hin zum Radio und dem Einfluß der Presse. Dr. Fritz Borinski, ein ehemaliger Lehrer aus Wilton Park, und Mr. Green, der immer noch an der Schule unterrichtete, waren die Diskussionsleiter.

> „Das Treffen [...] war eine erste Bestätigung dafür, daß die in Wilton Park entwickelte Haltung und auch Führung der Diskussion ein gesunder Anfang für eine neue Begegnung verschiedener Richtungen war."[76]

Bei einem späteren Besuch in Deutschland war Dr. Köppler von der großen Zahl der Clubs der „Old Wiltonians" beeindruckt, die sich in den meisten größeren Städten gebildet hatten. Im Gegensatz zu den von den Special Projects-Absolventen gegründeten Gesellschaften, die 1948 ausliefen und zur Zeit der Entstehung der westdeutschen Regierung nicht mehr aktiv waren, bestanden die Clubs der „Wiltonians" bis in die Zeit der Bundesrepublik weiter.

Die Rückkehr der Deutschen, die eine russische Antifa-Schule besucht oder zur Bewegung „Freies Deutschland" gehört hatten, erstreckte sich über einen längeren Zeitraum als die der ehemaligen Kriegsgefangenen aus Amerika oder Großbritannien. In gewisser Hinsicht ähnelte die russische Erfahrung sowohl der der „ausgewählten Bürger" als auch der „Wiltonians". Einige Heimkehrer fanden ein zerstörtes Heimatland vor, während andere, die viel später zurückkehrten, eine bereits etablierte kommunistische Regierung antrafen. Das war allerdings die einzige Gemeinsamkeit für die Männer, die nach Ostdeutschland zurückkehrten, wo der Empfang sich ganz wesentlich von dem im Westen unterschied.

8.

Die russische Repatriierung und die Fortsetzung der Antifa-Schulen

Die Ereignisse im Mai 1945 weckten bei den deutschen Kriegsgefangenen die erste realistische Hoffnung auf eine baldige Heimreise, die sich jedoch für Millionen von Gefangenen in Ost und West als verfrüht erwies. Aus Rußland würden einige wenige Glückliche den Spuren der Ulbricht-Gruppe folgen und Aufgaben in der sowjetischen Besatzungszone Deutschlands übernehmen. Tausende der übriggebliebenen Mitglieder von BDO und NKFD konnten erst einmal in Rußland weiter über ihr Schicksal nachdenken. Selbst die überzeugtesten Kommunisten waren nicht ganz sicher, welche Pläne die Russen für ihre Zukunft hatten.

Jesco von Puttkamer, der bei Stalingrad in Gefangenschaft geriet und zum begeisterten Sprecher des BDO wurde, spürte nach den Siegesfestlichkeiten eine dramatisch veränderte Atmosphäre im Hauptquartier:

> „Die Russen ließen sich kaum noch sehen. Kam der russische General doch einmal, dann vergaß er es, Seydlitz seine Aufwartung zu machen. Und er ließ sich hinterher nicht einmal entschuldigen."[1]

Die meisten deutschen Emigranten waren ebenfalls verschwunden, obwohl Wilhelm Pieck zu einem kurzen Besuch kam und den Gefangenen versicherte, sie sollten sich keine Sorgen machen, da sie sich bald alle in Deutschland wiedersehen würden. Auf Piecks Besuch folgte eine Delegation russischer Offiziere, die mit einigen der deutschen Offiziere, die eine Antifa-Schule besuchte hatten, ein Gespräch führten, wobei jedoch der Kreis um Seydlitz ignoriert wurde. Laut Rudolf Herrnstadt, einem der deutschen Emigranten, der bei der Gründung des NKFD mithalf und bald nach Deutschland abreisen sollte, hätte diese Haltung Seydlitz und die anderen Offiziere nicht überraschen sollen. Ihr gesunder Menschenverstand hätte ihnen sagen müssen, daß es in einem kommunistischen Deutschland keinen Platz für ein Elite-Offizierkorps geben könnte. Herrnstadt hatte sie vor seiner Abreise davor gewarnt.[2] Was geschah aber mit den Männern, die sich dem Kommunismus verschrieben hatten und den ernsthaften Wunsch hegten, Bürger eines neuen Deutschlands zu werden?

Bernt von Kügelgen war einer von ihnen. Er erinnerte sich an seine eigenen Zukunftsängste, nachdem die erste Freude über den Sieg über Hitler abgeklungen war. Der normale Tagesablauf wurde nicht mehr eingehalten, jegliche Arbeit bei Radio und Zeitung war eingestellt und der Kontakt mit den Leuten vom NKFD und dem sowjetischen Militär abgebrochen worden. Was würde jetzt geschehen? Würden sie alle in ein normales Kriegsgefangenenlager zurückgeschickt? War es möglich, daß sie nach Hause geschickt würden?

„Es herrschte ein Zustand zwischen Scylla und Charybdis, zwischen Furcht und Hoffnung, die die Nächte mit Herzklopfen und Alpträumen füllte. Eine Mischung von Freude und kaum verhohlenem Neid begleitete die nach und nach einsickernden Nachrichten von der Tätigkeit der zur Arbeit in der sowjetischen Besatzungszone angeforderten ehemaligen Mitglieder des NKFD und des BDO."[3]

Die Russen entschieden nicht willkürlich. Diejenigen Offiziere - einschließlich einer Reihe von Generälen -, die eine eindeutig antifaschistische Haltung bewiesen und normalerweise auch eine Antifa-Schule besucht hatten, wurden für die Heimreise ausgewählt, um die Überzeugungsarbeit bei ihren Landsleuten für den Kommunismus zu unterstützen. Die meisten übrigen BDO-Mitglieder waren enttäuscht darüber, daß sie nicht wie in ihren Träumen als eine Art Hilfspolizei gemeinsam mit der Roten Armee nach Deutschland vorrücken konnten. Statt dessen wurden sie auf die normalen Kriegsgefangenenlager verteilt, in denen ihnen oft ein unschöner Empfang bereitet wurde:

„Wenn Du Dich noch einmal in Deutschland sehen läßt, werden wir Dir den Kopf abschlagen."[4]

Offiziell waren bis dahin weder BDO noch NKFD aufgelöst worden. Da sie aber als Propagandainstrumente nicht mehr gebraucht wurden, war dies nur noch eine Frage der Zeit.

In den unmittelbaren Nachkriegswochen gelang es den gerade zurückgekehrten deutschen Kommunisten mit Unterstützung der sowjetischen Behörden, den neu geschaffenen Berliner Stadtrat zu dominieren. Sie gingen nach einem bestimmten Muster vor, das sich überall in den Städten Ostdeutschlands wiederholte. Zunächst hatten die Russen die Gründung von Parteien neben der deutschen Kommunistischen Partei KPD zugelassen. Sobald sich aber die kommunistischen Kräfte durchgesetzt hatten, führte jede Koalition sofort Beschränkungen ein, die die Parteiarbeit behinderten. Mit der SPD, die eine potentielle Macht darstellte, mußte man diplomatischer umgehen. So wurde ein Zonennetzwerk geschaffen: Die beiden Parteien kündigten ihre Absicht zur Schaffung einer „Einheitsfront" antifaschistischer, demokratischer Parteien an. Diese Organisation entstand 1946 als Sozialistische Einheitspartei SED.

Diese so früh einsetzenden politischen Tätigkeiten waren nicht im Sinne der alliierten Planungen. Das Ziel war, Deutschland einer Militärregierung zu unterwerfen und zunächst andere Prioritäten (Demilitarisierung, Entnazifizierung) zu verfolgen, bevor eine Wiederbelebung der politischen Kultur gefördert werden sollte. Hier handelt es sich um ein weiteres Beispiel der sowjetischen Planung, die die westlichen Mächte unvorbereitet traf. Zunächst waren die Amerikaner jedoch nicht unzufrieden. Ulbricht hatte die KPD bereits vor Ende Mai 1945 neu organisiert. Im Juli lobte ein Bericht des Büros des amerikanischen Militärgouverneurs, der jetzt erst die Entwicklungen zur Kenntnis nahm, die entstehenden antifaschistischen Koalitionen und besonders ihre Haltung, daß „das deutsche Volk für die bösen Taten der Hitlerregierung zahlen müsse und seine eigene Zukunft gestalten solle."[5]

Einige Wochen später hatte sich, sicher als Folge aktueller nachrichtendienstlicher Berichte, der Ton völlig verändert. Am 9. August informierte General Clay das Kriegsministerium in Washington darüber, daß es Beweise gab, daß die Russen nicht nur in ihrer Zone, sondern auch in Ost- und Südosteuropa antifaschistische politische Blocks bildeten. Hauptakteure der Bewegung „Freies Deutschland" seien von Berlin nach Moskau gebracht worden, telegraphierte der General. Eine deutsche kommunistische Partei unter der Führung von Wilhelm Pieck sei bereits offiziell neu gegründet worden. Clay erläuterte sorgfältig die politische Zusammensetzung des antifaschistischen Blocks, der in Ostdeutschland entstand, und schloß daraus:

> „Obwohl bisher nur wenig über die Personen bekannt ist, die diese neuen Parteien kontrollieren, geht man davon aus, daß sie auf der Grundlage ihrer Bereitwilligkeit mit diesem Block zusammenzuarbeiten sehr sorgfältig ausgewählt wurden. Dies entspricht natürlich genau der gegenwärtigen russischen Taktik im Ausland."[6]

Die Tatsache, daß die Ulbricht-Gruppe in Ostdeutschland schon seit mindestens vier Monaten aktiv gewesen war, bevor Clay die Alarmglocken läutete, beweist einerseits, welche kümmerlichen Informationen seinem Büro übermittelt wurden, und anderseits, wie naiv man immer noch bezüglich der russischen Absichten war.

Als Nachrichten über das erfolgreiche Vordringen in Ostdeutschland zu den deutschen Antifaschisten in Rußland durchsickerten, machte sich großer Enthusiasmus breit. Damit waren alle Zweifel über die Zukunft zerstreut und die Repatriierung in greifbare Nähe gerückt. Gerhard Dengler war so beeindruckt, daß er die Ereignisse und die Neugründung der KPD als „historisch" bezeichnete, ein Gefühl, das alle seine Kameraden aus der Antifa-Schule teilten. Alle waren jetzt optimistisch, schrieb er, und wollten endlich eine Chance, um ihr neues Wissen konkret zu Hause anwenden zu können. Er gab zu, daß es dennoch einige Sorgen gab: Würde man reisen können? Wie streng würde man auf eine bestimmte Besatzungszone beschränkt sein? Was würde mit den Männern aus dem NKFD und den Antifa-Schulen geschehen, die nicht in der Sowjetzone lebten? „Als Fazit dieser Überlegungen", schrieb er, „blieb uns zunächst die Überzeugung, daß wir alle erst einmal in die sowjetische Besatzungszone gebracht und dort zu arbeiten beginnen würden, gleichgültig aus welchem Teil Deutschlands jemand von uns stammte."[7] Ernster waren die Befürchtungen der Männer aus den Gebieten, in denen eine umfassende Vertreibung der deutschen Bevölkerung stattfand, wie in Ostpreußen, Pommern, Schlesien und der Tschechoslowakei. Sie mußten sich jetzt eine neue Heimat suchen, und diese Aussicht konnte ihr Engagement für den Kommunismus ins Wanken bringen.[8]

Dengler hatte Recht mit seiner Annahme, daß er und seine Kameraden aus den Antifa-Schulen bald Aufgaben in der sowjetischen Besatzungszone übernehmen würden. Im Juli wurden sie in das „Objekt 21", ein Repatriierungslager nördlich von Moskau, gebracht. Hier wurden die Männer mit neuen, zweireihigen Anzügen, schwarzen Wollmänteln, Homburg-Hüten und ledernen Aktentaschen ausgestattet (jeder bekam die gleichen Sachen). Dann wurden sie über die schrecklichen Bedingungen, die sie in Deutschland erwarteten, informiert („passen Sie auf, was Sie essen"). Dengler erinnert sich, daß nach der Landung auf einem russischen Flugplatz in der Nähe von Berlin zwei britische Offiziere, die zu Besuch waren, auf sie zukamen und fragten, „ob wir die neue Regierung seien, die die Russen doch sicher jetzt aus den Leuten des NKFD bilden würde".[9] Dengler schloß sich kurz darauf Hermann Matern, seinem ehemaligen Antifa-Lehrer aus Krasnogorsk, in der Redaktion einer Zeitung in Dresden an.

Die Existenz des NKFD näherte sich dem Ende. Die fortdauernde Rekrutierung deutscher Kriegsgefangener für die Antifa-Schulen konnte jetzt von den Russen übernommen werden, denen einige deutsche Kommunisten halfen, die extra zu diesem Zweck in einer neuen Organisation, der „Zentrale für die Leitung der politischen Arbeit in den deutschen Kriegsgefangenenlagern" unter Führung des sowjetischen Innenministeriums dort behalten wurden. Am 2. November 1945 kam die übriggebliebene Führung von NKFD und BDO zu einer letzten Sitzung und Abschiedsfeier zusammen.

In seiner letzten Rede als NKFD-Präsident erinnerte Erich Weinert seine Zuhörer an die wesentliche Aufgabe:

> „Das Nationalkomitee war der erste Schritt zu einer freien, demokratischen Gemeinschaft Deutscher. Es hat seine Aufgabe erfüllt: Der Geist, von dem es seit seiner Gründung getragen wurde, ist in unserem Vaterland lebendig geworden."[10]

Die beiden Organisationen, die aus der russischen Kriegspolitik heraus geboren wurden und miteinander in einer unheiligen Allianz verbunden waren, wurden offiziell aufgelöst.

Die Auflösung des NKFD bedeutete auch das Ende der Zeitung *Freies Deutschland*, von der am nächsten Tag die letzte Ausgabe (die 120. Ausgabe seit den Anfängen im Juli 1943) mit einem Bericht über die Abschlußsitzung veröffentlicht wurde. Dennoch blieben die Millionen deutscher Kriegsgefangener, die immer noch in Rußland waren, nicht ohne eine Zeitung zurück. Im Rahmen der Planung für die „Zentrale für die Leitung der politischen Arbeit in den deutschen Kriegsgefangenenlagern" wurde als Ersatz eine neue Zeitung, die einfach nur *Nachrichten* hieß, geschaffen. Sie erschien im Januar 1946 zum ersten Mal in den Kriegsgefangenenlagern und wurde bis zum Dezember 1949 regelmäßig veröffentlicht. Während dieser Zeit verfolgte die Zeitung fast den gleichen Zweck wie *Freies Deutschland*, d.h. eine unkritische Unterstützung der Vorgehensweise Moskaus.[11]

Bei der Bewertung der politischen Situation in der sowjetischen Zone in diesen ersten sechs Monaten nach Kriegsende und auch bei einem Vergleich mit den anderen Besatzungszonen fällt die erstaunliche Organisationsleistung von Ulbricht und seinen Kohorten auf. Sie haben nicht nur die Kommunalverwaltungen mit ihren eigenen, handverlesenen Leuten durchsetzt, sondern waren auch bereit, jedes wichtige Problem in einer nicht mehr funktionierenden Gesellschaft anzugehen. Einer von denen, die die Ulbricht-Gruppe als „Aktivisten der ersten Stunde" bezeichnete, schrieb, daß sie jeden Verwaltungsbezirk mit sechzehn von Ulbricht geplanten Abteilungen aufbauen wollten, damit alle Aspekte einer Regierung, von der Gesundheit und Bildung bis zur Polizei und religiösen Angelegenheiten abgedeckt würden. Beispielhaft für die Geschwindigkeit, mit der Ulbricht und seine Leute in Berlin vorgingen, ist ihr Zeitplan für den Monat Juni: 12. Juni, Ulbricht spricht vor mehr als zweihundert Vertretern verschiedener Gruppen und Organisationen, um zur Zusammenarbeit mit dem Zentralkomitee der KPD aufzurufen; 13. Juni, die erste Ausgabe der KPD-Zeitung, *Deutsche Volkszeitung*, erscheint; 17. Juni, Treffen mit SPD-Funktionären und Gewerkschaftsführern; 19. Juni, die Führungen von KPD und SPD kündigen die Gründung eines gemeinsamen Arbeitskomitees an; 25. Juni, erste Sitzung der kommunistischen Funktionärskonferenz Großberlins mit über 1300 Mitgliedern.[12]

So eindrucksvoll Ulbrichts organisatorische Fähigkeiten beim Aufbau einer Unterstützung für ein kommunistisches Deutschland auch waren, ohne Hunderte von Antifa-Absolventen, die in großer Zahl zurückkehrten, um Schlüsselposition in der gesamten Regierungshierarchie zu übernehmen, wäre der Erfolg nicht möglich gewesen. Sie waren bereit, ihre Energie für alle für die Regierungsarbeit wesentlichen Facetten des öffentlichen Lebens einzusetzen. In einer späteren Einschätzung schrieb Bernt von Kügelgen:

„Auf den Antifa-Schulen mit ihren deutschen kommunistischen Emigranten und sowjetischen Politoffizieren als Lehrer bildete sich eine nicht zu unterschätzende Kraft für die volksdemokratische Entwicklung im Geiste des NKFD Manifestes."[13]

Natürlich war auch Kügelgen selbst eng an diesem Prozeß beteiligt, denn trotz seiner anfänglichen Bedenken wurde er bald in die sowjetische Zone repatriiert. In seinen Memoiren berichtet er über das große Glücksgefühl, das er bei der Ankündigung seiner Heimreise für Anfang August 1945 empfand. Er reiste in einer Gruppe von dreizehn Männern, zu denen auch Gerhard Dengler gehörte. Mit einer Ausnahme waren alle Absolventen der Antifa-Schulen. In Berlin wurden sie von Ulbricht empfangen, der ihnen nach einer kurzen Begrüßung mitteilte, daß sie am nächsten Morgen mit ihrer Arbeit beginnen sollten. Kügelgen hatte das Glück, seinen ehemaligen Lehrer aus der Schule in Lunjewo, Rudolf Herrnstadt, wiederzutreffen, der ihn sofort für die Arbeit an der *Berliner Zeitung* verpflichtete.[14]

Wie Kügelgen waren viele der Antifa-Absolventen für wichtige Positionen in der zukünftigen Deutschen Demokratischen Republik bestimmt. Die Metamorphose vom Nazi zum Kommunisten vollzog sich oft mit dem gleichen Eifer und Enthusiasmus, der bei der Begeisterung für den Nationalsozialismus typisch gewesen war. Der Austausch einer politischen Ideologie für eine andere war nicht unbedingt ein Zeichen für einen Mangel an Integrität, denn einige dieser deutschen Offiziere, die im Dienste des Hitlerstaates aufgewachsen waren, zeigten die gleiche Begeisterung für den Kommunismus, dem sie sich genauso umfassend verschrieben. Einer dieser Männer war Bernhard Bechler, ein Berufssoldat der Wehrmacht und Major im Stab von General Paulus, der im Alter von zweiunddreißig Jahren bei Stalingrad in russische Gefangenschaft geraten war. Als Überlebender dieser historischen Schlacht schloß sich Bechler fünfundneunzig anderen Offizieren unter der Führung von Seydlitz an, die einen Appell an das deutsche Volk und die Wehrmacht zur Absetzung Hitlers richteten. Nachdem er als Mitglied von BDO und NKFD seine Bereitschaft zum Kampf gegen Hitler unter Beweis gestellt hatte, wurde er im Juli 1944 für den Besuch der Antifa-Schule in Krasnogorsk ausgewählt (wo er seinem Klassenkameraden Einsiedel erzählte: „Ich mache, was Moskau von mir verlangt.").[15]

Als herausragender Frontaktivist für das NKFD war Bechler sogar noch vor Ulbricht in Berlin. Er traf einige Tage früher mit einer Einheit der Roten Armee dort ein. Bechler bekam den Titel eines Vizepräsidenten und die Aufgabe, eine Regierungsverwaltung für Brandenburg aufzubauen. Er lobte die Arbeit der deutschen Antifaschisten, die gleichzeitig mit der Ankunft der Roten Armee in der Stadt die Initiative ergriffen und die Wiederaufbauarbeit begonnen hatten. Bechler rühmte sich damit, daß unter seiner Führung junge Parteianhänger die alten „Unerwünschten" herausdrängten und daß er bereits sechsundneunzig Bürgermeister aus politischen oder strafrechtlichen Gründen entlassen sowie einen neuen ethischen Verhaltenskodex für die neunundvierzigtausend Beschäftigten im öffentlichen Dienst Brandenburgs, mit dem sie sich dem Dienst am Volk verpflichteten, eingeführt hatte.[16]

Die Öffentlichkeit im Westen und im Osten schenkte der späteren Karriere Bechlers einige Aufmerksamkeit, teilweise auch wegen seiner führenden Rolle bei der Entwicklung der Nationalen Volksarmee in der DDR. Durch seine Bekanntheit wurde Bechler zu einem typischen Beispiel für die Männer, die nach ihrer Gefangennahme durch die Russen trotz der damit verbundenen großen Gefahr für ihre Familien zu Kommunisten wurden. Die deutschen Gefangenen, die der antifaschistischen Sache durch ihre Arbeit für die russische Propagandamaschine dienten, waren den Nazis bald bekannt. Die Folgen für Familienmitglieder konnten schrecklich sein, wenn die Nazibehörden auch nur den geringsten Zweifel an ihrer Loyalität hatten. Margret Bechler zeigte sich den Behörden gegenüber vollkommen kooperationsbereit und informierte sie über den Besuch eines Mannes, der ihren Gatten in einer Radiosendung von „Freies Deutschland" gehört hatte. Dieser Mann wurde verhaftet und hingerichtet. Nach dem Krieg wurde sie für diese Tat verhaftet und mußte in der DDR eine lange Gefängnisstrafe absitzen. Bechler ließ sich von seiner Frau scheiden und nahm die beiden Kinder in seine Obhut.[17]

Nicht alle deutschen Gefangenen, die später in der DDR Karriere machten, waren ehemalige Offiziere. Heinz Kessler war ein gewöhnlicher Soldat, als er 1941 zur Roten Armee desertierte. Er war bereits von seinen Eltern, die bekennende Marxisten waren, kommunistisch beeinflußt worden. Als gelernter Schlosser kam er aus der Arbeiterklasse, was der russischen Seite sehr gelegen war. Als Mitgründer des NKFD kam er 1945 nach seinem Dienst als Frontbevollmächtigter nach Deutschland zurück. Kessler war in Berlin tätig, wo er bei der Gründung der FDJ-Bewegung mithalf und 1946 Mitglied des Zentralkomitees der SED wurde. Das war nur der Anfang einer steilen Karriere, in deren Verlauf er wichtige Ämter bei der Polizei und im Innenministerium übernahm und 1967 Leiter der Luftwaffe und Luftverteidigung der DDR wurde.[18]

Nicht alle repatriierten Antifa-Absolventen wurden jedoch den kommunistischen Erwartungen gerecht. Heinrich Graf von Einsiedel war bestimmt eine Enttäuschung für seine sowjetischen Mentoren. Dieser frühe Überläufer zum Kommunismus war ein guter Fang für die Russen, die seinen Namen weitestgehend ausnutzten. Vielleicht wurde er erst 1947 repatriiert, weil die Russen bei ihm beginnende Zweifel an seiner Entscheidung spürten. In Ostberlin war Einsiedel einige Zeit als Journalist für die *Tägliche Rundschau* beschäftigt, bis seine Enttäuschung über den Kommunismus so groß wurde, daß er schließlich in den Westen floh.[19]

Trotz eines beispielhaften Dienstes für die Sache konnten diese ehemaligen deutschen Gefangenen und Antifa-Schüler selbst nach ihrer Rückkehr noch Opfer des Systems werden, besonders wenn sie in der Reichweite Moskaus blieben. Ein solches Opfer war Max Emmendörfer, der in einem deutschen Konzentrationslager gewesen war, bevor er zur Wehrmacht ging und schließlich zu den Russen überlief. Als Vizepräsident des NKFD und wegen seiner guten Arbeit für die Zusammenarbeit der Offiziere und Mannschaften unter den Gefangenen hatte er sich eine frühe Repatriierung verdient. Nach seiner Ankunft in Berlin im August 1945 wollte er möglichst schnell eine neue Aufgabe übernehmen, wurde aber im Entlassungslager festgehalten. Zu seiner Bestürzung wurde er nicht freigelassen, sondern verhaftet, da jemand aus seiner Heimatstadt Frankfurt am Main gesagt habe, er solle während seines Aufenthalts im Konzentrationslager vor dem Krieg der Gestapo Informationen übermittelt haben. Diese Anschuldigung, die weder von schlagkräftigen Beweisen noch durch weitere Untersuchungen gestützt wurde, reichte aus, ihn nach Rußland zurückzuschicken. Dort wurde Emmendörfers Fall ohne Gerichtsverhandlung als „unklar" eingestuft, und er wurde zu einer neunjährigen Gefängnisstrafe in Sibirien verurteilt. Nach seiner Freilassung im Jahr 1956 wurde er für rehabilitiert erklärt. Er kehrte nach Ostberlin zurück, wo er als Journalist arbeitete, ohne jedoch je eine wichtige Position zu bekleiden.[20]

Trotz der Auflösung des NKFD ging die politische Arbeit bei den deutschen Kriegsgefangenen weiter. Die Rekrutierung für die Antifa-Schulen und die Anzahl der Schulen erlebten sogar einen Aufschwung. Die Arbeit, die NKFD und BDO in den Kriegsgefangenenlagern geleistet hatten, wurde jetzt von Antifa-Absolventen übernommen. Nach einer Anfangsphase in den Jahren 1945/46, in denen eine ausgewählte Anzahl der Antifas repatriiert wurden, kam der Prozeß fast völlig zum Erliegen. Als er 1948 wieder in Schwung kam, wurden die Antifas zusammen mit Gruppen normaler Gefangener nach Hause entlassen. Es war von Anfang an offensichtlich, daß die Sowjets jegliche Weitergabe von Informationen über NKFD und BDO und die Antifa-Schulen an die Medien verhindern wollten. Jegliche Unterlagen zu diesen Themen wurden geheim gehalten. Kügelgen konnte bei seiner journalistischen Arbeit bald die Folgen dieser Politik erkennen. Er hatte den Eindruck, als sei nach Auflösung des NKFD ein Mantel des Schweigens über die Organisation gebreitet worden. Kügelgen erinnerte sich, daß ihn der Chefredakteur des *Kurier*, ein gewisser Karl Helfrich, 1946 bat, einen Artikel über das NKFD zu schreiben. Er konnte jedoch kein Archivmaterial finden, und kurz darauf wurde ihm mitgeteilt, daß kein Wort zu diesem Thema geschrieben werden sollte. Laut Kügelgen geschah dies auf Anweisung

Stalins. Der sowjetische Diktator wollte keine Schwierigkeiten mit den westlichen Alliierten bekommen und war außerdem von der Arbeit des NKFD nicht sehr beeindruckt. Erst Jahre später, nach Stalins Tod, genehmigte Walter Ulbricht eine große Feier zum fünfzehnten Jahrestag der Gründung des NKFD. Hunderte ehemalige Mitglieder kamen unter großem Radio- und Presserummel zum ersten Mal zu einer Feier zusammen, die sich in den nächsten Jahren regelmäßig wiederholen sollte.[21]

Wie erging es den Absolventen der Antifa-Schulen, die in ihre Heimat in Westdeutschland zurückgekehrt waren? Im allgemeinen wollten die Russen bei der Umerziehung die Kriegsgefangenen aus ihrer eigenen Zone bevorzugen. Dennoch kehrten einige Gefangene nach ihrem Schulbesuch in ihre Heimatstädte im Westen zurück. Die Sowjets verhinderten dies nicht, da sie sich durch deren Anwesenheit Befürworter der russischen Politik in Westdeutschland erhofften. Zunächst waren sich die vier alliierten Besatzungsmächte darüber einig, daß antifaschistische, deutsche politische Parteien schnell wieder zugelassen werden sollten. Die KPD erfüllte diese Voraussetzung. Im Gegensatz zu den Russen sträubten sich die westlichen Alliierten jedoch gegen die Neugründung von Parteiführungen, die noch keine politische Unterstützung in der breiten Öffentlichkeit fanden. Deshalb verfolgten die drei westlichen Besatzer eine abgestufte Strategie, die zunächst politische Aktivitäten auf Kreisebene erlaubte, die dann schrittweise bis zur Zonenebene ausgedehnt werden konnte. Der Wunsch der KPD in den westlichen Zonen nach einem Zusammenschluß mit der wiedererstandenen SPD nach dem Vorbild der sowjetischen Zone wurde von der SPD-Führung mit der Begründung abgelehnt, die KPD würde nur die Befehle Moskaus ausführen. Trotz ihrer zunehmenden isolierten Stellung als politische Partei versuchte die KPD weiterhin ohne großen Erfolg eine Koalition zu bilden. Obwohl sich die KPD an Wahlen beteiligte und in der Entstehungsphase der westdeutschen Bundesrepublik Vertreter in einer Reihe von regierenden Gremien hatte, wurde offensichtlich, daß sie nie die Bedeutung der SED in Ostdeutschland erreichen konnte.

1946 wurde die Anzahl der KPD-Mitglieder in Westdeutschland auf 300.000 geschätzt. Die Partei erhielt ungefähr 1.360.000 Stimmen. Mit der zunehmenden Verschlechterung der Beziehungen zwischen Rußland und den Westmächten gingen diese Zahlen beständig zurück. Bei den Bundestagswahlen von 1949 erreichten die westdeutschen Kommunisten 5,7%. Bis zum Jahr 1953 war der Stimmenanteil der

KPD auf 2,2% (ungefähr 600.000 Stimmen) und die Mitgliederzahl auf ungefähr 80.000 gefallen.

„Daher war das Urteil des Bundesverfassungsgerichts vom 17. August 1956 zum Verbot der KPD nicht die Folge eines bedrohlichen Ausmaßes an kommunistischen Aktivitäten. Das Verbot wurde vielmehr erlassen, weil man das Ziel der KPD darin sah, den demokratischen Staat durch subversive Aktivitäten zerstören zu wollen."[22]

Folglich begegnete man den Antifa-Absolventen in Westdeutschland mit Mißtrauen, Feindseligkeit und manchmal sogar mit Gefängnisstrafen. Im ersten Jahr wurde die politische Haltung der heimkehrenden Kriegsgefangenen vor allem wegen der in Deutschland immer noch vorherrschenden Nachkriegssituation wenig beachtet. Nachdem sich die Situation einigermaßen stabilisiert hatte, wurde den Kriegsgefangenen aus Rußland mehr Aufmerksamkeit gewidmet. Vor allem diejenigen unterlagen einer engeren Beobachtung, die von anderen Gefangenen als Antifa-Absolventen bezeichnet wurden. Man fragte sich, wer diese Männer waren, die in Rußland eine Art Schule besucht hatten und sich jetzt, nach ihrer Rückkehr nach Hause, als Kommunisten bezeichneten?

Die anderen entlassenen Gefangenen erklärten, daß diese Männer antifaschistische Aktivisten gewesen waren, die einen weitreichenden Einfluß auf das gesamte Lagerleben ausgeübt hätten. Es war bekannt, daß sie von den Russen für die Teilnahme an einem vier- bis sechsmonatigen Lehrgang ausgewählt worden waren und nach ihrer Rückkehr in die Lager die anderen Gefangenen unterrichtet hatten. Durch diese Aufgabe waren sie von der normalen Arbeit entbunden. Sie hatten oft eine enge Beziehung zu den russischen Polit-Offizieren im Lager.

„Wenn heute einige von diesen [in Westdeutschland nach der Entlassung] befragt werden, so kann man bei ganz wenigen nur feststellen, daß diese intensive politische Schulung sehr wenig Erfolg hatte. Auf Befragen antworten die meisten: Wir haben es nur getan, weil wir ja gar nicht anders konnten. [...] [Wer] weiß, was die russische Lagerleitung dann mit uns gemacht hätte. Andere wieder antworten: Wir haben es aus voller Überzeugung getan. Dieses sind meistens junge Menschen. [...] Nachdem die Jungen, Unerfahrenen durch die antifaschistische politische Schulung gelaufen waren, bestätigten sie immer wieder, daß das, was sie auf der Schule theoretisch gelernt haben vom Sozialismus, sehr annehmbar ist. Was sie aber in der Praxis vom russischen Bolschewismus erlebt haben [...] hatte sie völlig von diesem Regime abgestoßen."[23]

Diese Beschreibung traf nur auf die Antifa-Schüler zu, die in den ersten Jahren nach Kriegsende nach Westdeutschland zurückkehrten. Diejenigen, die 1948 und später heimkehrten, waren ganz anderer Ansicht, da in ihren Antifa-Schulen die Kriegsfragen durch Themen des Kalten Krieges ersetzt worden waren. Diese Männer versuchten weder ihren Schulbesuch noch ihre kommunistische Haltung herunterzuspielen. Sie paßten auch nicht in das gleiche Raster, da sie sich aus allen Alters- und Berufsgruppen zusammensetzten. Wenn man sie über Rußland befragte, antworten sie, daß die sowjetische Politik immer richtig sei.[24] Selbst Seydlitz, der erst 1955 nach Westdeutschland zurückkehrte, verurteilte sofort das Vorgehen der Bonner Regierung in der Wiederbewaffnungsfrage und warb um mehr Verständnis für die Sowjetunion. Er nahm jedoch diese Aussage schnell zurück und machte den Schock seiner Rückkehr für diese erste Reaktion verantwortlich, wobei er angab, nichts mit der Politik zu tun haben zu wollen.[25]

Einige Antifa-Absolventen, die in den Westen zurückkehrten, blieben zwar weiterhin engagierte Kommunisten, hatten aber Zweifel an der Vorgehensweise der Sowjets. Heinrich H., der im Juli 1949 nach Hause entlassen wurde und bis zum Verbot im Jahr 1956 ein aktives KPD-Mitglied war, stand der Politik Moskaus kritisch gegenüber. Er war der Meinung, daß die KPD, die sehr daran interessiert war, Antifa-Schüler wie ihn selbst für den Aufbau der Partei zur Verfügung zu haben, versuchte, für sie eine frühe Entlassung zu erwirken. Die russischen Behörden hätten sich jedoch nicht kooperativ gezeigt. Damit hätten sie sich bei den deutschen Kriegsgefangenen keine Freunde gemacht, die auch viele Dinge am sowjetischen Vorgehen in ihrer Besatzungszone kritisierten. Das sei kein echter Kommunismus:

„Auch eine Anzahl ehrlicher Antifaschisten haben das zum Teil negative Verhalten nicht verstanden und wurden nicht zu Freunden der Sowjetunion."[26]

Diejenigen, die sich dem Verbot der KPD in Westdeutschland widersetzten, mußten mit schwerwiegenden Folgen rechnen. Ein Beispiel dafür ist Franz H., ein Antifa-Absolvent aus der Nachkriegszeit, der 1949 ins Rheinland heimkehrte und ein eifriger Fürsprecher für die Rechte der Arbeiter in der Metallindustrie wurde. Nach dem Inkrafttreten des Verbots der KPD weigerte sich das gewählte Mitglied des örtlichen Stadtrats, seine politische Arbeit einzustellen und setzte seinen Widerstand gegen die Wiederbewaffnung illegal fort. 1960 wurde er verhaftet und zu zwei Jahren Gefängnis verurteilt. Nach seiner Entlassung blieb er gesundheitlich geschwächt und konnte auch keinen angemessenen Arbeitsplatz mehr finden, bis er 1989 starb.[27]

Auch die Amerikaner waren über die Aktivitäten der in den Westen heimgekehrten Antifas beunruhigt. Die amerikanischen Behörden vermuteten, daß einige von ihnen Agenten Rußlands sein könnten, und begannen ihre Ankunft zu überwachen und entsprechende Daten über Einzelpersonen zu sammeln. Meistens waren diese Daten lückenhaft und bestanden allenfalls aus der Nennung einer bestimmten Antifa-Schule, die die entsprechende Person besucht hatte, aus Hintergrundinformationen aus den deutschen Polizeiakten und aus Informationen über mögliche Propagandaarbeit für die Russen.[28] Weder die Westdeutschen noch die Amerikaner hielten ihre Anstrengungen, die wirklich Überzeugten von den Opportunisten oder den Spionen zu trennen, für sehr erfolgreich. Im Laufe der Zeit hatten sie auch mit den Männern zu kämpfen, die zuerst versucht hatten, in Ostdeutschland zu leben, dann von den Russen enttäuscht waren und in den Westen flohen, wo sie aber weiterhin darauf bestanden, Kommunisten zu sein. Mit der Verschärfung des Kalten Krieges wurde die öffentliche Meinung gegenüber allen Antifa-Absolventen härter. Es wurde der Wunsch geäußert, alle für ihre Tätigkeiten in Rußland zu bestrafen. Diese Bitten wurden oft von seiten der neuen Veteranenorganisationen geäußert, die behaupteten, Beweise dafür zu haben, daß diese Männer Vorteile im Lager genossen, während ihre Mitgefangenen leiden mußten. Eine Veteranengruppe, die 1948 den Zentralverband der Rußlandheimkehrer bildete, zielte mit ihrem Ärger direkt auf ehemalige NKFD-Mitglieder und Männer, die Antifa-Schulen besucht hatten. Sie alle wurden beschuldigt, ein gutes Lagerleben genossen zu haben, während andere arbeiten mußten: „Wir waren die, die bezahlen mußten", beschwerten sie sich, „die Arbeitspferde!"[29]

Die Feindseligkeiten verstärkten sich, als SPD und KPD die Gründung eines antifaschistischen Komitees, des Kampfkomitees gegen den Nationalsozialismus, förderten und ehemalige NKFD-Mitglieder als Mitglieder zuließen. Die Veteranenorganisationen waren über dieses Vorgehen besonders erzürnt und begrüßten mit Enthusiasmus die Tatsache, daß die Alliierten das Komitee verboten. Sie fühlten sich auch dafür verantwortlich, die Behörden zu informieren, wenn sie einen ehemaligen Antifa-Schüler oder ein NKFD-Mitglied im öffentlichen Dienst entdeckten. Diese Haltung wurde jedoch nicht von allen westdeutschen Veteranen unterstützt. Einige Veteranen protestierten sogar gegen diese Antifa-Hetze, bezeichneten das Verhalten der Antifas als menschlich und bedauerten die Taktiken: „Dazu bedarf es keines deutschen McCarthy-Ausschusses".[30] Da die westdeutschen Veteranenorganisationen immer einflußreicher wurden, achteten die politischen Führer der erstarkenden Bundesrepublik genauer auf ihre Meinung. 1950 wurde eine Dachorganisation geschaffen, die die verschiedenen Veteranengruppen zusammenbringen und ihnen zu einer Stimme verhelfen sollte, die bei sie betreffenden Fragen nicht mehr überhört werden konnte. Nach westdeutschem Gesetz war die sogenannte Kollaboration durch ehemalige NKFD-Mitglieder und Antifa-Schüler nicht strafbar. Dennoch konnten NKFD-Männer weder in der westdeutschen Bundeswehr noch in zahlreichen Stellen des öffentlichen Dienstes arbeiten. Darüber hinaus stand die größte Veteranenorganisation, der Verband der Heimkehrer, Kriegsgefangenen und Vermißtenangehörigen Deutschlands VdH, weiterhin auf dem Standpunkt, daß die Männer, die dem NKFD und dem BDO gedient oder Antifa-Schulen besucht hatten, Volksverräter seien und keinen Anspruch darauf hätten, sich mit dem Widerstand des 20. Juli zu vergleichen.[31]

Die Debatte darüber, ob jemand ein Verräter oder Kollaborateur war oder nicht, hörte niemals ganz auf, aber die Männer, die nach Kriegsende eine Antifa-Schule besuchten, waren offensichtlich in einer anderen Situation. Man konnte sie nicht als Kollaborateure bezeichnen oder ihnen vorwerfen, mit einer feindlichen Besatzungsmacht zusammenzuarbeiten. Außerdem könnte man dieses Urteil sonst auch auf die vielen tausend normalen deutschen Kriegsgefangenen ausweiten, die NKFD und BDO ebenfalls unterstützt hatten.[32]

Um die treibende Kraft der Antifa-Schulen in der Nachkriegszeit richtig verstehen zu können, muß man die russische Definition von Antifaschismus berücksichtigen. In der politischen Diktion des Westens wird Faschismus immer mit den Diktaturen in Verbindung gebracht, die zwischen den beiden Weltkriegen in Italien, Deutschland und Spanien entstanden. Für die meisten liberal denkenden Menschen im Westen waren die Kommunisten Verbündete im gemeinsamen Kampf gegen den Faschismus, ein Gefühl, das bis in die späten drei-

ßiger Jahre vorherrschte. Selbst der deutsch-russische Nichtangriffs-
pakt von 1939 wurde mit der Notwendigkeit begründet, die Russen
müßten sich Zeit vor Hitlers Ansturm erkaufen. Als die westlichen
Alliierten unter Einbeziehung der Sowjetunion eine Koalition gegen
das Nazideutschland bildeten, ging der Westen davon aus, daß auch
für die Russen die beiden faschistischen Diktatoren, Hitler und Mussolini, die Hauptfeinde waren. Die Tatsache, daß die Kommunisten
diese Meinung in Wirklichkeit nicht teilten, wurde durch die Notwendigkeit der Zusammenarbeit im Krieg unkritisch verschleiert. Die
Kommunisten waren zwar gegen den Faschismus, sahen aber dessen
Erscheinen als Folge des kapitalistischen Imperialismus im Westen.
Wenn die Sowjets folglich von der Bekämpfung des Faschismus sprachen, meinten sie nicht nur das Ende von Hitler und Mussolini, sondern auch den Untergang des Westens. Was bedeutete das für die
deutschen Gefangenen, die nach 1945 eine Antifa-Schule besuchten?
Kernstück des Lehrplans war weiterhin der Marxismus-Leninismus,
aber Hitler und die Nazis wurden durch den westlichen Kapitalismus
und Imperialismus ersetzt.

Die deutschen Kriegsgefangenen in Rußland sollten nicht so bald repatriiert werden, nur weil der Krieg jetzt vorbei war. Während die
Antifa-Schulen weiterhin eine wichtige Rolle spielten, hatte der russische Wiederaufbau Priorität. Die Sowjets waren der Meinung, daß die
deutschen Gefangenen vor ihrer Heimreise beim Wiederaufbau des
Landes helfen sollten. „Antifaschistische Lagerkomitees" unter der
Führung von gefangenen Aktivisten sagten ihren Mitgefangenen, daß
diese Aufgabe eine legitime Pflicht im Rahmen der Wiedergutmachung sei. Die Aktivisten erklärten, daß jeder wahre Antifaschist diese Verantwortung akzeptieren müßte. Implizit wurde gesagt, daß jeder, der sich freiwillig für Arbeitskommandos meldete, bessere Aussichten auf eine frühere Repatriierung hätte. Gleichzeitig konnten sie
unter den Freiwilligen neue Rekruten für die Antifa-Schulen auswählen. In einer kommunistischen Quelle wurden sie als Gefangene beschrieben,

> „die sich ehrlich vom Hitler-Faschismus distanzierten, dieses in ih-
> rem Denken und Handeln zum Ausdruck brachten und sich ent-
> sprechend ihren Fähigkeiten ehrlich an Wiedergutmachungsarbeit
> beteiligten. Es waren solche [...] die richtigen Lehren und Schluß-
> folgerungen aus der vergangenen Geschichte des deutschen Volkes
> zu ziehen."[33]

Die Lageraktivisten, die sich genau wie ihre Vorgänger selbst aus ehemaligen Antifa-Schülern zusammensetzten, hatten die Aufgabe, bei den Gefangenen für die sowjetische Sache zu werben. Für diese Arbeit bekamen sie getrennte Unterkünfte und wurden von körperlicher Arbeit befreit. Manchmal bekamen sie sogar eine monatliche Bezahlung und wurden auf ihre Posten „gewählt". Es gelang ihnen, in fast jedem Lager ausreichende Unterstützung zur Schaffung einer „Antifaschistischen Vereinigung", der „Antifa", zu gewinnen. Die Unterstützung der Gefangenen für die „Antifa" wurde durch das weitverbreitete Gerücht verstärkt, daß eine Nichtbeteiligung die Repatriierung verhindern würde. Es gab Fälle, bei denen sich alle Lagerinsassen geschlossen zu Antifaschisten erklärten. Das brachte den Männern keine Vorteile, aber ein Rückzug konnte das Risiko nach sich ziehen, als Faschist abgestempelt zu werden. Die „Antifa" als weitverbreitete Gefangenenbewegung zu bezeichnen, so wie es die Sowjets taten, entspricht nicht der Realität, da vielen Gefangenen die kommunistische Propaganda völlig gleichgültig war. Sie legten die geforderten Lippenbekenntnisse ab, um Schlimmeres zu vermeiden.[34]

Dieses Spiel wurde natürlich von beiden Seiten gespielt. Die Russen ließen sich vom Verhalten der Gefangenen nicht täuschen, da sie aber motivierte Arbeitskräfte wollten, war es für sie vorteilhaft, die deutschen Gefangenen in dem Glauben zu lassen, daß harte Arbeit und eine antifaschistische Einstellung ihre Repatriierung beschleunigen würden. Es gab unterschiedliche Methoden zur Verstärkung dieser Illusion, wie eine Geschichte über das Lager 7260 in Orsk, die im Dezember 1947 in den *Nachrichten* unter dem Titel „Unsere sieben Besten fahren heim!" erschien, zeigt:

„Sieben Kameraden unseres antifaschistischen Lagers wurden auf Grund ihrer guten Arbeitsleistungen bei der Wiedergutmachung bevorzugt entlassen. Spannung ergriff das Lager, als der Tag der Abfahrt bekannt wurde. Das antifaschistische Aktiv regte einen Abschiedsabend an. Er gestaltete sich zu einem großen Lagerereignis. Der Senior-Aktivist Otto Lehmann eröffnete das Meeting. Das Präsidium wurde gewählt. Dann sprach im Namen der Heimkehrenden der beste Arbeiter des Lagers, Albert Kühl. Er umriß kurz seinen Werdegang von der Gefangennahme in Stalingrad 1943 bis heute. Dann forderte er alle Kameraden des Lagers auf, weiterhin ihre ganze Kraft einzusetzen für die Wiedergutmachung. Er dankte im Namen der Heimkehrer der sowjetischen Lagerleitung für die vorfristige Entlassung. Es meldeten sich eine Reihe von Kameraden zu Wort, welche die Abfahrenden beglückwünschten, nochmals die Bedeutung der Entlassung beleuchteten und den Heimkehrern wie den anderen die Notwendigkeit des Kampfes für die demokratische Einheit Deutschlands vor Augen führten. Im Namen der Lagerleitung überreichte ein sowjetischer Offizier jedem der Heimkehrer zum Andenken ein Buch. Er und die anderen anwesenden sowjetischen Offiziere verabschiedeten sich von den Heimkehrern mit Handschlag. Mit stürmischer Begeisterung wurde das von uns allen aufgenommen. Freudig und freiwillig beschloß die Kundgebung, einen ,antifaschistischen Samstag' auf dem Kolchos zu veranstalten."[35]

Die Gefangenen waren einem ständigen Druck zu mehr Produktivität ausgesetzt, was viele von ihnen dazu veranlaßte, die Antifa-Schule als eine Alternative anzusehen. Den Kriegsgefangenen wurde ständig die Leistung derjenigen vor Augen geführt, die das festgesetzte Arbeitssoll überschritten, wie zum Beispiel der ostdeutsche Bergarbeiter Adolf Hennecke, der die tägliche Quote um mehr als zweihundert Prozent übertraf und Vorbild der sogenannten „Hennecke-Bewegung" wurde. Einige Lager versprachen, dem Bergarbeiter nachzueifern, den die Russen vor den Kriegsgefangenen zum Helden erhoben. Ein Lager nannte sich sogar „Henneckelager".[36] Läßt man einmal die gesamte Propaganda beiseite, so zeigt sich, daß das Leben der Kriegsgefangenen in der Sowjetunion von dem glühenden Wunsch nach Freilassung, nach einer Rückkehr in die Heimat, bestimmt war. Die meisten deutschen Gefangenen waren aber erst bei Kriegsende in Gefangenschaft geraten, und viele waren sogar in russische Hände gefallen, nachdem sie im Westen freigelassen worden waren. Diesen Männer stand noch eine lange Gefangenschaft bevor, nachdem die früheren Kriegsgefangenen schon lange entlassen waren.

Es wäre jedoch falsch anzunehmen, daß alle deutschen Gefangenen, die nach dem Krieg eine Antifa-Schule besuchten, nur eigennützige Gründe hatten. Das Ziel und Teile des Inhalts des Lehrplans hatten sich geändert, und viele Kriegsgefangene sahen den Schulbesuch sicher als eine Chance an, besonders wenn sie politisch eher einer Form des Sozialismus zuneigten. Diese Männer suchten nach Antworten und waren bereit, ihre Suche damit zu beginnen, daß sie sich zu Antifaschisten erklärten - ganz ähnlich wie ihre Kameraden im Westen bei den Special Projects und Wilton Park. Verständlicherweise spielten die besseren Lebensbedingungen in den Antifa-Schulen eine wichtige

Rolle, aber die Möglichkeit, durch regulären Unterricht etwas über sehr interessante Themen lernen zu können, war attraktiv, besonders für die Kriegsgefangenen, die über nicht viel mehr als eine Volksschulbildung verfügten.

Auch Neugier war für einige Gefangene eine Motivation. Sie fragten sich, wie die Russen, wenn sie tatsächlich ein so rückständiges, primitives Volk waren, wie ihnen von den Nazis immer wieder eingetrichtert worden war, einen Krieg gegen eine so fortschrittliche Militärmacht wie Deutschland gewinnen konnten? Heinz D. stellte sich diese Frage. Er stand diesem Volk, das von der deutschen Propaganda als bolschewistische Tiere dargestellt worden war, zunächst sehr skeptisch gegenüber. Diese Meinung schien sich zu bestätigen, als er völlig demoralisierte russische Kriegsgefangene sah. Nach seiner eigenen Gefangennahme begann sich seine Einstellung jedoch zu verändern. Obwohl er immer noch Zeuge von Entbehrungen und manchmal Brutalität wurde, wollte er dennoch 1949 eine Antifa-Schule besuchen - eine Erfahrung, die sein Leben veränderte, denn er wurde Marxist.[37]

Einen entscheidenden Vorteil, den die Antifa-Schüler der Nachkriegszeit vor ihren Mitschülern aus Kriegszeiten hatten, war die große Sicherheit, später eine Beschäftigung in Ostdeutschland zu finden. Einer der deutschen kommunistischen Emigranten, Wilhelm Zaisser, leitete ein Programm, mit dem Antifa-Absolventen bei ihrer Rückkehr bestimmte Stellen zugewiesen wurden. Zaisser, der laut seinen Kollegen eine energische, eindrucksvolle Persönlichkeit war, stand schon lange im Dienst der kommunistischen Sache. Nachdem er in den frühen dreißiger Jahren eine Militärakademie in Rußland besucht hatte, übernahm Zaisser während des spanischen Bürgerkriegs eine wichtige Funktion in der Internationalen Brigade. Während des zweiten Weltkrieges leitete er die antifaschistische Zentralschule in Krasnogorsk. Nach dem Krieg war er vor allem für die Unterbringung der Antifa-Absolventen zuständig. 1950 wurde er Staatsicherheitsminister der DDR und behielt dieses Amt, bis er sich mit Ulbricht wegen des Volksaufstands vom 17. Juni 1953 überwarf.[38]

Für Zaisser war die Verteilung wichtiger Positionen in Deutschland an die Antifa-Absolventen eine Garantie dafür, daß die Kommunisten eine ständige Kontrolle über die Institutionen ausüben würden, die der kommunistischen Partei die Macht sichern konnten. Am Anfang bedeutete das, die russischen Besatzungsbehörden entsprechend zu unterstützen und dabei gleichzeitig die Polizei, das Militär und die Sicherheitskräfte personell zu besetzen. Der Plan sah auch eine fachspezifische Weiterbildung für die Schüler vor, die für besondere Aufgaben vorgesehen waren. Für diejenigen deutschen Kommunisten, die sich im zivilen Bereich Ostdeutschlands weniger Militär- und Polizeipräsenz gewünscht hatten, bedeutete dies einen Sieg Zaissers, der jetzt eine größere Rolle in der Staatssicherheit übernahm.[39]

Bald spiegelten sich diese neuen Richtungen auch in der Lagerpropaganda wider. Die Aktivisten reagierten auf die Veränderungen, die Sprache wurde subtiler, und die zu übermittelnde Botschaft intellektuell anspruchsvoller. Der Antifaschismus wurde als neuer Nationalismus gepriesen, um Widerstand gegen die ideologische und geographische Teilung Deutschlands zu erwecken. Freiheit und Fortschritt wurden die Schlagwörter. In den Lagern hingen Anschläge wie:

„Die Sowjetunion ist der alleinige Hort des Friedens und der Demokratie"; „Kampf gegen die USA und die imperialistischen Weltmächte"; „Dank der Roten Armee, die auch uns befreit hat"; und „Für die Einheit der deutschen Werktätigen".[40]

Die Zentralschulen blieben auch nach dem Krieg die wichtigsten Antifa-Schulen, aber auch die Gebiets- und Lagerschulen setzten ihre Arbeit fort. Die Zentralschulen hatten das beste Personal und die besten Lehrer und stellten die höchsten Ansprüche an ihre Schüler. Die außergewöhnlich guten Schüler wurden am Ende des Kurses oft besonders herausgestellt und nach Hause entlassen. Manchmal wurden ganze Klassen nach Kursabschluß repatriiert. Die Lebensbedingungen in den Zentralschulen waren eindeutig besser. Die Schüler bekamen sogar das gleiche Essen wie in der russischen Offiziersmesse. Die Zentralschüler genossen durch ihren besonderen Status auch eine Reihe anderer Privilegien. Sie durften zum Beispiel das Lager während ihrer Freizeit verlassen (eine Seltenheit) und mußten nicht das Kriegsgefangenen-Kennzeichen („VP") auf ihrer Kleidung tragen. Die Sicherheit im Lager war im allgemeinen auf ein Mindestmaß beschränkt, obwohl einige der heimgekehrten Gefangenen berichteten, sie hätten bei ihrem Besuch der Antifa-Schule sehr strenge Sicherheitsvorschriften erfahren.[41]

Viele Gefangene stellten fest, daß das sowjetische Personal in den Antifa-Schulen ihnen mit Höflichkeit begegnete und sie manchmal sogar als „Genossen" anredete. Bei bestimmten Gelegenheiten konnten die Kursanten sogar Besichtigungsausflüge unternehmen. In der Nähe von Moskau standen unter Umständen Besuche des Lenin-Mausoleums, der U-Bahn und des Bolschoi-Theaters auf dem Programm. Die Gefangenen wurden nicht von einem Wächter, sondern von einem russischen Polit-Offizier aus der Schule begleitet. Leider wurde diese Behandlung, die für die Zentralschulen in Krasnogorsk, Talica und Ogre typisch war, den Gefangenen nicht in allen Antifa-Schulen zuteil.[42]

Die Zentralschule in Krasnogorsk war die wichtigste Umerziehungseinrichtung. Bis zu ihrer Schließung im November 1950 hatten über viertausend deutsche Kriegsgefangene den Unterricht besucht. Nicht nur deutsche Gefangene besuchten die Schule, sondern auch Gefangene aus zahlreichen anderen Nationen einschließlich über tausend Japaner. Krasnogorsk konnte sich rühmen, die gesamte NKFD- und BDO-Elite, einschließlich der deutschen Feldmarschalle Paulus und Scherner, der Generale Seydlitz, Korfes, Lattmann, des Urgroßenkels Bismarcks, Einsiedel, eines Sohnes von Franz von Papen und eines Sohnes von Gustav Krupp von Bohlen und Halbach ausgebildet zu haben. 1985 wurde die Anlage in Krasnogorsk als Museum deutscher Antifaschisten mit Ausstellungsstücken und Erinnerungen aus der Zeit der Antifa-Schule sowie mit einem Archiv mit zahlreichen zeitgenössischen Dokumenten eröffnet.[43]

Herbert B. wurde 1947 Antifa-Schüler in Krasnogorsk. Er begann den Unterricht mit der Einstellung, daß er das annehmen würde, was er für richtig hielt, und den Rest ablehnen würde. Er hielt die Lehrer für hoch qualifiziert genauso wie die Seminarleiter, von denen die meisten andere deutsche Kriegsgefangene waren, die den Kurs bereits absolviert hatten. Während der sechsmonatigen Studienzeit eröffnete sich ihm eine neue Welt. B. hatte nur die Volksschule besucht und sollte bald die Arbeit vieler großer Philosophen der Welt sowie die ökonomischen Theorien von Marx, Engels und Lenin kennenlernen. Seiner Meinung nach ermöglichte ihm der Geschichtsunterricht in Krasnogorsk, die Ereignisse von einer globalen Perspektive her zu betrachten. „Das Wichtigste, was ich aus diesem Geschichtsstudium lernte", schrieb er, „war: Du mußt dich dafür einsetzen, daß nie wieder das deutsche Volk nationalistischer, chauvinistischer und faschistischer Propaganda nachlaufen und sich für kriegerische Gewalt nach außen und Terror nach innen mißbrauchen lassen möge."[44]

Helmut Gollwitzer, der ein Jahr später als B. die Zentralschule Krasnogorsk besuchte, zeichnete später seine Eindrücke und Erfahrungen detailliert auf. Bei einem Vergleich zwischen der neuen Umgebung und dem Lager, das er verlassen hatte, kam Gollwitzer zu dem Schluß, daß es nicht ein Unterschied wie zwischen Himmel und

Hölle, sondern wie zwischen Himmel und Erde war. Er fand schnell heraus, daß einige seiner Mitschüler dem Studium des Marxismus-Leninismus mit totalem Zynismus begegneten, und unter denen, die sich zu Antifaschisten erklärten, gab es viele Opportunisten. Seine Position war irgendwo in der Mitte. Er schätzte die moralischen Normen der Schule, die die Doppelmoral der SA- und SS-Schulen der Nazis nicht zuließen. Zu Beginn des Kurses mußte jeder Teilnehmer vor der Klasse seine Lebensgeschichte erzählen und die intimsten Fragen beantworten, wobei nichts verschwiegen und nichts übergangen werden durfte:

> „Du kannst Zweifel haben, du kannst etwas nicht verstehen, du kannst etwas falsch gemacht haben, du kannst einen dunklen Fleck in deinem Leben haben, - das ist alles nicht so schlimm; schlimm ist nur, wenn du es verbirgst und wenn du darauf beharrst!"

Eines Tages hörte Gollwitzer einen Schüler, der in der Mittagspause gedankenlos einen Militärmarsch auf dem Klavier spielte, wofür er von seinen Mitschülern nicht enden wollende Vorwürfe bekam. War das ein flüchtiger Lapsus, oder lauerte der preußische Geist noch irgendwo in seiner Seele, fragte sich Gollwitzer.[45]

Ernst Stolz hatte das Pech, nach Kriegsende in russische Gefangenschaft zu geraten. 1947 landete er in der Antifa-Zentralschule in Talica. Die Schule lag ungefähr eine Stunde Fahrt von Gorki entfernt im Wald und war von hohen Stacheldrahtzäunen mit zahlreichen Wächtern umgeben. Zu dieser Zeit hielten sich dort ungefähr 450 deutsche Gefangene auf, die für den Unterricht in Gruppen mit je dreißig Schülern aufgeteilt wurden. Die Lehrer waren Russen und deutsche Emigranten, denen einige junge Männer aus dem Lager halfen. Stolz beschrieb die Lebensbedingungen als gut. Sie durften auch jeden Monat eine Karte nach Hause schicken. Nach Abschluß des Kurses wurde Stolz mit einem Konvoi von 120 Gefangenen aus der Schule repatriiert. Nach ihrer Ankunft in Ostdeutschland reisten zwölf der Männer in ihre Heimatorte in den Westen weiter.[46]

Im Laufe der Zeit gingen die Russen bei der Auswahl der Gefangenen für die Antifa-Schulen selektiver vor und verlangten bessere Beweise für die tatsächliche Lernbereitschaft der Schüler. Ein Ehemaliger, der nach Kriegsende in Gefangenschaft geriet, war 1948 des Lagerlebens so überdrüssig und frustriert, daß er sich entschloß, dem Lager durch eine Bewerbung für eine Antifa-Schule zu entrinnen. Die einfache Erklärung, Antifaschist zu sein, reichte nicht mehr aus. Die

Kandidaten wurden von einer Gruppe Aktivisten befragt und mußten diese von ihren ehrlichen Absichten überzeugen:

„Ich wählte, um zu meinem Ziel zu gelangen, den Weg über die Wandzeitung [des Lagers], d.h., ich schrieb einige Wochen lang jeweils 2 bis 3 Artikel über die Sollerfüllung auf der Arbeit oder irgendwelche politischen Tagesereignisse. Nach einigen Wochen wurde man auf den fleißigen Artikelschreiber aufmerksam, der Leiter der Antifa erschien bei mir, um sich mit mir zu unterhalten. Beiläufig wurde ich gefragt, ob ich nicht der Antifa beitreten wolle. Bei der nächsten Versammlung wurde ich einstimmig zum Mitglied ernannt und mir sogleich die Redaktion der Wandzeitung übertragen. Das wiederum nahm ich zum Anlaß, bei erster Gelegenheit darauf hinzuweisen, daß ich durch meine Unkenntnis sehr leicht Gefahr laufen könne, Artikel zu veröffentlichen, die nicht mit der Parteilinie übereinstimmten. Ich machte den Vorschlag, mich für den nächsten Lehrgang vorzusehen. Die Berufung zu einem Lehrgang erfolgte dann sehr schnell, leider nicht sofort."[47]

Bald befand er sich auf dem Weg zur Zentralschule in Ogre, vorher konnte er jedoch mit anderen Kriegsgefangenen einen zweitägigen Besuch der Sehenswürdigkeiten in Moskau genießen. In Ogre angekommen erfuhren die Kriegsgefangenen, daß sie vor dem sechsmonatigen Lehrgang das Lager (es war gerade an diesen Ort verlegt worden) winterfest machen mußten. Anschließend wurden die Schüler in Gruppen zu je 30 Teilnehmern aufgeteilt, von denen jede einen deutschen Lehrer und einen Assistenten zugewiesen bekam. Der Unterricht begann mit der Rubrik „Kritik und Selbstkritik". Die Schultage waren sorgfältig geplant und dauerten mit Vorträgen und Studienzeit zwölf bis vierzehn Stunden täglich. Sonntags gab es zum Beispiel Konzerte des Lagerorchesters oder des Soldatenchors der Roten Armee, Gastspiele des Rigaer Balletts oder Sportvorführungen von russischen Teams. Eine Bibliothek mit ca. 40.000 Bänden stand zur Verfügung, in der auch Hitlers *Mein Kampf* stand. Die Schüler, die jedoch keine ausreichende Menge kommunistischer Literatur lasen, wurden sofort angeprangert, Reste kapitalistischer Erziehung in sich zu tragen. Es gab regelmäßige Zwischenprüfungen und am Ende des Lehrgangs eine große schriftliche Abschlußprüfung, die eine ganze Woche dauerte, sowie eine mündliche Prüfung.[48]

Die Lehrplanänderungen nach Kriegsende ließen die Grundlagen des Marxismus-Leninismus unangetastet. Es gab vielmehr eine Verschiebung der Propaganda gegen Hitler und die Nazis hin zu einem Angriff auf den westlichen Imperialismus. Anstatt Aufsätze über die Schrekken der kapitalistischen Unterstützung für die Nazis zwischen den Weltkriegen zu schreiben, wurden die Schüler jetzt gefragt, was sie vom Marshall-Plan, der deutschen Vereinigung, der Entfernung der Zonengrenzen und der Außenpolitik der Sowjetunion hielten.[49] Obwohl die Lehrpläne jetzt einen besseren Zeitrahmen hatten und anspruchsvoller sein konnten, mußten sie immer noch die Änderungen der sowjetischen Politik im Zuge der Eskalation des Kalten Krieges widerspiegeln. Den Schülern wurde gesagt, es gäbe nur in Ostdeutschland freie Wahlen, da im Westen britische und amerikanische Soldaten neben jeder Wahlurne stationiert seien. Sie wurden gewarnt, sich nicht zum Narren halten zu lassen: für jedes Pfund Kakao, Kaffee und Mehl der Amerikaner würde später eine Gegenleistung verlangt werden.[50]

Die einzige zweifelhafte Sache, die die Russen nicht so einfach erklären konnten - selbst einem engagierten, neuen Konvertiten nicht - war die Tatsache, daß der Krieg schon lange vorbei war, die Gefangenen aber noch nicht nach Hause geschickt wurden. Trotz der Abschottung vor unzensierten Nachrichten über Ereignisse im Westen drangen Bruchstücke durch, aus denen klar wurde, daß die anderen Siegermächte die Repatriierung der Gefangenen anders handhaben. Als der Alliierte Kontrollrat beschloß, daß alle Kriegsgefangenen bis spätestens Ende 1948 repatriiert werden sollten, wurde den Schülern gesagt, daß der Rat nicht mehr länger funktioniere, weshalb die Sowjetunion sich nicht an seine Entscheidungen halten könne. Ihnen wurde auch mitgeteilt, daß die deutschen Gefangenen im Westen zurückgehalten würden, indem man sie als Vertragsarbeiter oder für den Militärdienst einsetzte. Als Beispiel wurden die Tausenden ehemaligen deutschen Soldaten genannt, die in der französischen Fremdenlegion in Indochina kämpften.[51]

Die in den Antifa-Schulen gemachten Erfahrungen lassen sich nicht verallgemeinern, da die Umstände von Schule zu Schule sehr unterschiedlich waren. Ein angenehmer Lernaufenthalt an einer der Zentralschulen mußte nicht bedeuten, daß die Schüler in den Gebietsoder Lagerschulen die gleichen Erfahrungen machten. Einige Schüler waren nach dem Lehrgang überzeugt, daß die Schule einen wichtigen Wendepunkt in ihrem Leben darstellte. Andere fanden den Aufenthalt im nachhinein enttäuschend oder bewerteten ihn einfach als eine interessante Zeit, die keine weiteren Auswirkungen hatte. Der große Einfluß der Antifa-Absolventen in der Nachkriegszeit zeigt sich ganz deutlich in der politischen Struktur Ostdeutschlands und wird auch von den reinen Zahlen belegt.

Im Vergleich mit den Programmen der Special Projects und Wilton Park ist das sowjetische Umerziehungsprogramm ziemlich beeindruckend. Die Sowjets haben die genaue Zahl der deutschen Gefangenen, die seit Anfang des Programms eine Antifa-Schule besuchten, nicht registriert. Dies gilt besonders für die Gebietsschulen. Gut begründete Schätzungen ergeben jedoch Zahlen, die das amerikanische und das englische Programm weit übertreffen. Rußland führte gleichzeitig fünfzig Gebietsschulen, die dreimal im Jahr einen dreimonatigen Lehrgang anboten und insgesamt von mindestens 20.000 Kriegsgefangenen besucht wurden. Erheblich höher liegt die Zahl der Lagerschul-Absolventen, die während des ganzen Jahres kürzere Kurse anboten und insgesamt ungefähr 50.000 Kriegsgefangene ausbildeten. Die Zahl der Zentralschul-Absolventen lag in den Jahren 1947 bis 1949 bei ungefähr 15.000 bis 18.000. Wenn man nur die Nachkriegsjahre berücksichtigt, haben weit über 85.000 deutsche Kriegsgefangene eine russische Antifa-Schule besucht.[52]

1949 waren einige dieser Männer noch immer in russischer Gefangenschaft. Die Anzahl der Antifa-Absolventen aus den Gebiets- und Lagerschulen, die später wichtige Positionen in der DDR einnahmen, ist viel geringer als bei den Zentralschul-Absolventen. In einer SED-Umfrage im Jahr 1951 wurde festgestellt, daß 7500 Männer in der DDR eine Zentralschule besucht hatten, von denen 5776 wichtige Arbeitsplätze in Regierungsstellen und öffentlichen Institutionen inne hatten.[53]

Das Profil der Kriegsgefangenen-Schüler war in der Nachkriegszeit in gewisser Weise anders als während des Krieges, besonders in den Zentralschulen. Nach 1946 waren die für die Zentralschulen ausgewählten deutschen Schüler jünger, da die meisten erst spät in die Armee eingetreten waren und viele erst 1945 beim deutschen Zusammenbruch in Gefangenschaft geraten waren. Die Jahrgänge der Mehrheit der Männer reichten von 1915 bis 1927. Deshalb gab es wenige Schüler mit Berufserfahrung und noch weniger Universitätsabsolventen.[54] Dies kam den Sowjets gelegen, da sie ihre Schüler so einfacher mit der Arbeiterklasse identifizieren konnten. Es ist jedoch möglich, daß diese Antifa-Schüler der Nachkriegszeit wegen ihres Alters und der späten Gefangenschaft keinen engen Bezug zu den Kriegsorganisationen NKFD und BDO entwickelten. Sie waren sicher über die

Tätigkeiten des NKFD informiert und hatten in ihrer Schule auch manchmal persönlichen Kontakt mit ehemaligen NKFD-Mitgliedern, aber eigentlich war das Komitee schon Geschichte, als die Sowjets sie auf ihre Aufgabe in der DDR vorbereitete. Damit soll die Bedeutung der NKFD-Veteranen, die eine wichtige Rolle in der Entwicklung der DDR spielten, nicht abgeschwächt werden, es sollten aber noch einige Jahre vergehen, bevor diese Organisation eine größere Anerkennung von seiten des Staates und entsprechende feierliche Würdigungen durch die Regierung erfahren sollte.

1958 gründeten einige ehemalige NKFD- und BDO-Mitglieder einen Verein mit dem Namen „Arbeitsgemeinschaft ehemaliger Offiziere". Sie gaben eine Monatszeitschrift heraus, die hauptsächlich aus Kritik an der Verteidigungspolitik und Wiederbewaffnung der Bundesrepublik bestand. Die Gruppe wurde bis in die siebziger Jahre, als sich die Beziehungen mit Westdeutschland langsam verbesserten, fortgeführt. Ihr Berliner Büro wurde zum Treffpunkt für ehemalige Mitglieder, die dort von alten Zeiten erzählten. 1970, kurz nach dem 25. Jahrestag des Kriegsendes, traf Alexander Blank, ein ehemaliger sowjetischer Offizier und Dolmetscher, Gruppenmitglieder in Berlin. Der Präsident der Gruppe war ein pensionierter Generalmajor der Volksarmee, Arno von Lenski. „Wir alle trafen uns," schrieb Blank,

„um vom Erlebten zu sprechen. Luitpold Steidle erinnerte sich daran, wie ich mich eingesetzt hatte, um ihn, den damals Schwerkranken [...] sofort in ein sowjetisches Lazarett einzuliefern, was ihm nach seinen eigenen Worten das Leben gerettet hatte."[55]

Aus der Perspektive der siebziger oder sogar der achtziger Jahre her gesehen erfüllte der Rückblick auf ihre Leistungen bei der Schaffung eines deutschen kommunistischen Staates die Überlebenden aus den Kriegsgefangenenlagern in Rußland und aus den Antifa-Schulen mit großem Stolz. Wie Bernt von Kügelgen 1991 schrieb:

„Ehemalige Antifaschüler besaßen jegliches Vertrauen. Ohne sie wäre der Aufbau der Volkspolizei und der anfänglichen Organe deutscher Selbstverwaltung, später des Staatsapparates der DDR, nicht möglich gewesen. Sie absolvierten Fernstudien, viele promovierten. Man begegnete ihnen in den Leitungen der Ministerien, den staatlichen Verwaltungen, den Betrieben, den kulturellen Einrichtungen, den Redaktionen [...]. Nur wenige Beispiele sollten, pars pro toto, für alle stehen: Verwiesen sei auf Dr. Kurt Blecha, Leiter des Presseamtes beim Ministerpräsidenten, Professor Dr.

Hans Pischner, langjähriger Intendant der Staatsoper und Präsident des Kulturbundes, CDU-Mitglied Luitpold Steidle, erst Landwirtschaftsminister, dann Oberbürgermeister von Weimar, Bernt v. Kügelgen, Chefredakteur einer kulturpolitischen Wochenzeitung, Dr. Günter Kertzscher, stellv. Chefredakteur des Zentralorgans der SED ‚Neues Deutschland‘, Fritz Reyer, Generaldirektor der Zigarettenfabriken in Dresden, Heinz Adameck, Generalintendant des Fernsehens der DDR und - nicht zuletzt - Heinz Kessler, Mitglied des Politbüros der SED und Oberkommandierender der Nationalen Volksarmee. Die Genannten sind - wie sollte es anders sein - längst im Ruhestand oder verstorben.“[56]

Dies waren eindrucksvolle Leistungen zu einer Zeit, als die DDR ihren Höhepunkt als wichtigster kommunistischer Staat im Ostblock erreichte. Bei einem Staat, der vierzig Jahre bestand, kann man nicht von einer nur vorübergehenden Existenz sprechen. Viele Menschen, einschließlich vieler Antifa-Schul-Absolventen schieden mit der Gewißheit aus dem Leben, einen dauerhaften kommunistischen Staat geschaffen zu haben. Als letzte Ironie brachte jedoch der Zusammenbruch des sowjetischen Kommunismus auch das Ende des Regimes der DDR. Welche Gedanken hegen Antifa-Überlebende, die diese erstaunlichen Ereignisse miterleben? Schwören sie ihrer Überzeugung ab, die sie ein Leben lang geprägt hat? Wie denken die Deutschen aus den westlichen Umerziehungsprogrammen darüber? Haben sie den Kampf um das deutsche Bewußtsein gewonnen?

9.

Ein halbes Jahrhundert später ...

Das vergangene halbe Jahrhundert war eine außergewöhnliche Zeit in der deutschen Geschichte. Während dieser Jahre - in einer Generation - erlebte Deutschland nach der totalen Niederlage die Besatzung, dann die Teilung und schließlich die Wiedervereinigung als souveräne Nation. Durch die fünfundvierzig Jahre dauernde Teilung einer vorher geeinten Nation in zwei getrennte und völlig unterschiedliche Staaten haben sich eine Reihe von Problemen ergeben, die durch die Wiedervereinigung aus dem Jahr 1990 noch nicht gelöst werden konnten. Die Identität einer Nation ist unauflöslich mit ihrer Geschichte verbunden. Was geschieht aber mit dieser Identität, wenn ein vorher geeintes Land in zwei getrennte Staaten aufgeteilt wird, die eine völlig entgegengesetzte politische Philosophie verfolgen? Bis zum Jahr 1990 waren fast zwei Generationen herangewachsen, für die es nur entweder die Deutsche Demokratische Republik oder die Bundesrepublik Deutschland gab. Wenn die Theorie einiger Historiker stimmt, daß der Erfolg einer Nation mit ihrem Geschichtsbewußtsein zusammenhängt,[1] wie kann dann die lange Nachkriegslücke überbrückt werden? Um die Einheit zu erreichen, die viele Westdeutsche für wünschenswert halten, wäre eine Art Umerziehung eines großen Teiles der ostdeutschen Bevölkerung nötig. In vielerlei Hinsicht hat dieser Prozeß mit der Wiedervereinigung begonnen, denn es wurde sofort offensichtlich, daß bestimmte Überreste der kommunistischen Herrschaft ausgelöscht werden mußten. Konnte man etwas aus der Umerziehung der deutschen Kriegsgefangenen lernen? Wie sind die Umerziehungsexperimente der drei Kriegsalliierten im Lichte dessen, was in Deutschland in den letzten vierzig bis fünfzig Jahren geschehen ist, zu bewerten?

Aus der Durchsicht der Literatur und der Befragung von Überlebenden der Umerziehungsprogramme geht hervor, daß alle drei Umerziehungsexperimente gewisse Gemeinsamkeiten hatten. Die drei großen Alliierten waren sich einig, daß eine Entnazifizierung der Deutschen unbedingt nötig war. Auch gingen alle davon aus, daß dies durch eine Art Umerziehung geleistet werden sollte. Außerdem führten alle drei Alliierten besondere Umerziehungsprogramme für ausgewählte deutsche Kriegsgefangene durch und versuchten dabei die politische Einstellung der Kriegsgefangenen so zu verändern, daß sie der Überzeugung der Gewahrsamsmacht entsprach (ungeachtet der britischen Einwände). Schließlich teilten sie die Erwartung, daß sich die Teilnehmer am Umerziehungsprozeß nach ihrer Entlassung nach Deutschland aktiv für das Gelernte einsetzen würden. Trotz des unterschiedlichen Zeitrahmens hatten die Kriegsgefangenen-Schüler wesentliche Gemeinsamkeiten. Sie hatten alle in einem nationalsozialistischen Deutschland gelebt, und ob sie mit dieser Regierungsform einverstanden waren oder nicht, es war doch ihr Heimatland. Mit der totalen Niederlage Deutschlands und dem Zerfall der ihnen bekannten Gesellschaft mußten die Gefangenen nach neuen Lebensinhalten suchen. Deshalb begann jeder Umerziehungsschüler in Amerika, Großbritannien oder Rußland das Lernprogramm mit einem sehr ähnlichen Ziel. Es besteht kein Zweifel daran, daß die Absolventen der alliierten Umerziehungsschulen einen Einfluß auf die politischen Richtungen Deutschlands in der Nachkriegszeit hatten, wobei sich dieser Prozeß im Osten leichter als im Westen nachweisen läßt, zumindest bis in die späten achtziger Jahre. Wenn man den Einfluß der Antifa-Absolventen auf die ostdeutsche Regierung und Gesellschaft zum Maßstab für eine erfolgreiche Umerziehung nimmt, haben die Sowjets das Ziel ihres pädagogischen Experiments eindeutig erreicht. Ostdeutschland hätte als unabhängiger Staat noch auf unabsehbare Zeit weiterbestehen können, wenn das kommunistische Rußland nicht zusammengebrochen wäre.[2]

Ein Versuch, den Einfluß der Absolventen der amerikanischen und englischen Umerziehungskurse auf Westdeutschland einzuschätzen, erweist sich als viel schwieriger. Sie blieben keine eindeutig identifizierbare Gruppe in der westdeutschen Regierung oder Gesellschaft. Man kann argumentieren, daß eine solche Sonderstellung im Westen durch das Wesen der Demokratie von vornherein ausgeschlossen war. Die Amerikaner dachten dennoch ernsthaft über die Schaffung einer „School for Self-Government and Civic Leadership" in Deutschland nach. Die Schülerschaft sollte sich aus ehemaligen Special-Projects-Absolventen und anderen ausgewählten jungen Deutschen zusammensetzten. Ungefähr drei- bis fünfhundert Deutsche, die später in den öffentlichen Dienst gehen würden, könnten so jährlich ausgebildet werden. OMGUS hat den Plan schließlich als zu exklusiv verworfen. Hinzu kam, daß die deutschen Institutionen, die als Arbeitgeber für die Absolventen in Frage gekommen wären, wahrscheinlich nicht zugestimmt hätten.[3]

Nach Ende des Krieges wurde ziemlich schnell klar, daß die vier Besatzungsmächte Deutschlands keine Vereinbarung zu einer schnellen Wiedereinrichtung einer deutschen Zentralregierung abschließen würden.

Schon bald machte jede Besatzungsmacht eine Politik, die ihren eigenen Plänen und Interessen entsprach. Diese Vorgehensweise diente nicht immer der Entwicklung von Problemlösungen für Deutschland. Obwohl die Vereinigten Staaten durch ihre Wirtschaftskraft und ihre Macht schnell eine dominierende Position unter den drei westlichen Besatzern einnahmen, führte diese Dominanz nicht unbedingt zu einer Vereinheitlichung der Verfahren. Selbst bei der Durchführung der eigenen Maßnahmen handelte die amerikanische Militärregierung manchmal sehr uneinheitlich. Die Widersprüche ergaben sich aus einer nationalen Politik, die einerseits die Deutschen bestrafen wollte, andererseits durch den eskalierenden Kalten Krieg ein außenpolitisches Programm vorsah, das sich auf die Mitarbeit Deutschlands stützte. William E. Hocking, ein berühmter amerikanischer Pädagoge, der von der Regierung zu Nachforschungen nach Deutschland geschickt wurde, berichtete, daß das Personal der US-Militärregierung den Deutschen gegenüber eine strafende Haltung einnahm und nur wenig tat, um sie auf konstruktive Weise zu einem friedlichen Wiederaufbau anzuregen.[4] Als Hocking 1948 Deutschland besuchte, waren die Pädagogen, die die Special Projects geprägt hatten, schon lange verschwunden und durch Berufsmilitärs ersetzt worden, die ihre Hauptaufgabe in der Besatzung sahen. Obwohl von fast allen Lippenbekenntnisse für die Umerziehungsidee zu hören waren, wurden selbst die besten Absichten durch tief verwurzelte Militärtraditionen und abstumpfenden Bürokratismus zunichte gemacht.

Die Amerikaner waren im allgemeinen überzeugt davon, daß Menschen durch pädagogische Aufklärungsarbeit zu demokratischem Handeln erzogen werden könnten. Aber selbst wenn die Special Projects größere Unterstützung erfahren hätten, wäre damit das Problem nicht gelöst worden, daß Deutschland für eine gewisse Zeit unter militärischer Kontrolle stehen mußte - eine Situation, die mit Demokratie unvereinbar war. Fünfundzwanzig Jahre nach Kriegsende zieht eine westdeutsche Untersuchung Bilanz:

„Das Hauptanliegen der Re-education, das politische Bewußtsein der Deutschen zu beeinflussen, die Deutschen von ihren traditionellen autoritären Denk- und Verhaltensmustern, die letztlich Nationalsozialismus und Weltkrieg ermöglicht haben, abzubringen und zu demokratischem Denken und Handeln zu erziehen, schien weder zum Ende der Besatzungszeit erfüllt gewesen zu sein, noch scheint heute ein merklicher Fortschritt zu seiner Erfüllung sichtbar zu werden. [...] Auf das Dilemma, demokratische Formen und Ideen mit Mitteln einer Militärdiktatur anerziehen zu wollen, ist bereits mehrfach hingewiesen worden [...] Die Deutschen erkannten die schwache Position der Amerikaner sehr schnell und sträubten sich so lange gegen die amerikanischen Pläne, bis sich die alten Strukturen wieder verfestigt hatten und die Amerikaner unter dem Druck des Kalten Krieges anderen Problemen [...] die Priorität einräumten. Die Umerziehung wurde damit zu einem guten Teil auch Opfer des Kalten Krieges."[5]

Unstrittig ist jedoch die Tatsache, daß Westdeutschland eine Demokratie und seine Regierung schließlich auch die Regierung des vereinigten Deutschlands wurde. Hierzu hat die Umerziehung, und zwar sowohl die spezialisierte als auch die allgemeine Umerziehung, sicherlich etwas beigetragen. Wenn man die amerikanischen Special Projects mit dem britischen Wilton Park vergleicht, kann es sein, daß die Briten im Bereich der reinen Regierungsarbeit etwas mehr erreicht haben. Der große Vorteil für das britische Umerziehungsexperiment war der Zeitpunkt, der es den deutschen Kriegsgefangenen ermöglichte, Kontakte zur britischen Bevölkerung zu knüpfen und das Funktionieren der britischen Gesellschaft zu beobachten. Dieser sehr wesentliche Faktor der Umerziehung wurde den Teilnehmern am amerikanischen Programm verwehrt. Colonel Faulk gibt zwar zu, daß der enge Kontakt zur Bevölkerung einen konstruktiven Beitrag geleistet habe, er glaubt aber nicht, daß er einen großen Einfluß auf den eigentlichen Umerziehungsprozeß hatte. Faulk schrieb, daß dieser Kontakt „keinen Einfluß auf das überwältigende Gefühl des Schuldbewußtseins hatte [...], welches so tief ging, daß Franz-Josef Strauß selbst vierzig Jahre später daraus ein Wahlkampfthema in den [...] Bundestagswahlen machen konnte".[6]

Colonel Faulk glaubte nicht, daß das britische Programm dem amerikanischen überlegen war:

„[Die] Erinnerung an die Umerziehung lebt in Deutschland in Allgemeinplätzen weiter [...] wie ‚Die Umerziehung bestand aus Vorlesungen, die den Haß gegen die Deutschen predigten', oder ‚Die Briten drohten den deutschen Kriegsgefangenen damit, sie nach Sibirien zu schicken, um Gehorsam zu erreichen'. Insgesamt gibt es vielleicht ein Dutzend dieser Allgemeinplätze. Die Weißen, die das Umerziehungsprogramm durchführten, verschwanden spurlos in Deutschland, eine weitere Tatsache, die zeigt, daß es ein Trugschluß ist anzunehmen, Gruppennormen könnten durch normale soziale Kontakte verändert werden. Die Bedingungen für ihre Wirksamkeit fehlten völlig."[7]

Der langjährige Dekan von Wilton Park, Robert Gibson, bestreitet die Meinung Faulks und besteht darauf, daß die Schule großen Erfolg hatte, den Studenten die Bedeutung der Demokratie nahezubringen. Gibson, der das Wort Umerziehung („es ist dumm und arrogant") nie verwendete, sagte:

> „Was wir [...] zu tun versuchten, war mit ihnen auf einer gleichberechtigten Basis sozusagen über Probleme der Nachkriegszeit zu sprechen. [...] Wir hatten eigentlich kein festes Konzept. Obgleich wir selbstverständlich über politische Angelegenheiten sprachen [...], vertraten wir nicht einen einzigen parteipolitischen Standpunkt. [...] Ein Konzept? Ja, was war das Konzept? Vielleicht die Demokratie. Ich bin ein Engländer, und deswegen ist das Ideal für mich persönlich die parlamentarische Demokratie. Selbstverständlich war das die Basis unserer Unterhaltungen."[8]

Obwohl Amerikaner und Briten eine verschiedene Philosophien und verschiedene pädagogische Methoden verfolgten, teilten sie doch einen gemeinsamen Glauben an die Demokratie. Ein zentraler Punkt ihrer jeweiligen Umerziehungsprogramme war, den deutschen Kriegsgefangenen beizubringen, daß politische Entscheidungen keine Handlungen einer Gruppe sondern eigenverantwortliche Entscheidung eines Einzelnen sind, die er nach Prüfung aller relevanten Argumente fällt. Beide Programme betonten ständig die Tatsache, daß die Grundlage der Demokratie die freie Entscheidung ist, das Recht, etwas vergleichen und danach annehmen oder ablehnen zu können. Dieser Schwerpunkt macht den grundlegenden Unterschied zwischen den Umerziehungsprogrammen der beiden westlichen Alliierten, die damit von jedem Vorwurf der Indoktrinierung oder Gehirnwäsche befreit waren, und den russischen Antifa-Schulen aus.[9]

Beim Vergleich der Programme sollte man jedoch nicht übersehen, daß sowohl die Vereinigten Staaten als auch England ziemlich bescheidene Umerziehungsanstrengungen unternahmen, während die Russen ein sehr umfangreiches Programm durchführten. Die russische Umerziehung der deutschen Kriegsgefangenen entwickelte sich aus dem Kreuzzug der Bewegung „Freies Deutschland", die es den phantasievolleren Kriegsgefangenen ermöglichte, sich mit einer viel umfassenderen Bewegung als der reinen Umerziehung zu identifizieren. Weder die Amerikaner noch die Briten konnten dem etwas entgegensetzen, und es war auch nicht ihre Absicht. Für beide war die Umerziehung der Gefangenen lediglich ein Versuch, die Deutschen vom

Nationalsozialismus abzubringen und ihr Bewußtsein für die Zukunft zu öffnen. Die Umerziehung an sich hatte weder in der Außenpolitik der westlichen Alliierten noch in ihrer Nachkriegsplanung für Deutschland einen sehr großen Stellenwert. Für die Sowjetunion trifft das nicht zu. Als sich die erste Gelegenheit ergab, die deutschen Kriegsgefangenen zunächst für die Propaganda und später als zukünftige Funktionäre in Ostdeutschland zu benutzen, wurde sie sofort ergriffen und in die gesamte politische Strategie integriert.

Man kann die Gründung der DDR durch die Sowjets als Erfolg für die Umerziehung bezeichnen. Da aber die DDR nicht überlebt hat, bleibt abzuwarten, wie zukünftige Historiker ihre Geschichte bewerten. Sind vierzig Jahre zu kurz, um eine Gesellschaft oder einen Staat als „Ära" bezeichnen zu können? Die Geschichte enthält zahlreiche Beispiele, die auch nicht von längerer Dauer waren. Die Außenwelt neigt zu der Beurteilung, daß die seit der Wiedervereinigung fortbestehende Mauer in den Köpfen der Ost- und Westdeutschen eher ein Familienstreit als das Ergebnis eines tiefgehenden ideologischen Konflikts ist. Obwohl das NKFD und die Antifa-Schulen für die meisten älteren Deutschen nur noch eine Erinnerung sind, läßt sich ihre ideologische Saat jedoch nicht so leicht ausrotten.

Zukünftige Studenten der deutschen Geschichte des zwanzigsten Jahrhunderts könnten zu dem Schluß kommen, daß die Bewegung „Freies Deutschland" und die Umerziehung in diesem Zeitraum von etwas mehr als vierzig Jahren eine viel größere Rolle gespielt haben, als der Westen zugestehen will. Lange vor dem Zusammenbruch der DDR erreichten NKFD und die Antifa-Schulen einen fast schon legendären Status, der bei den jährlichen Erinnerungsfeiern zum Lobe des Mutes und der Weisheit der Bewegung „Freies Deutschland" zum Ausdruck kam. Im Juli 1988 wurde der fünfundvierzigste Jahrestag der Gründung des NKFD von *Neues Deutschland* auf der Titelseite entsprechend gewürdigt. Heinz Kessler, ein Gründungsmitglied und zu dieser Zeit General der Volksarmee, rühmte das NKFD, die Grundlage für eine breite Koalition des deutschen Widerstandes gegen die Hitlerdiktatur gebildet zu haben, wodurch die Bewegung zu einer der wesentlichen Kräfte wurde, die die Niederlage der Nazis herbeiführten.[10] Kann man eine solche Einschätzung einfach der kommunistischen Propaganda zuschreiben und sie als verzweifelten Versuch der DDR, sich eine eigene Geschichte zu schaffen, ablehnen? Aus heutiger Perspektive her gesehen, könnten die Westdeutschen der Meinung sein, je schneller die DDR vergessen wird, um so besser.

Es ist falsch zu behaupten, die Westdeutschen wären die einzigen Deutschen gewesen, die den Zusammenbruch des DDR-Regimes begrüßt hätten. Die unvergeßlichen Szenen der Deutschen aus Ost und West, die sich in einer euphorischen Menge vermischten, bezeugten den neuen Geist der Einheit, der Deutschland 1989 durchzog. Obwohl es noch viele offene Fragen gab, schien die Zukunft grenzenlos zu sein. Dies ging sogar so weit, daß 1990 die Nachbarländer wie Polen und Frankreich erste Befürchtungen äußerten, die Wiedervereinigung könnte ein von Deutschland dominiertes Europa zur Folge haben. Als bald darauf die enormen Probleme der Wiedervereinigung für Deutschland offensichtlich wurden, beruhigten sich die Gemüter. Anstatt zu einer von den Nachbarn so gefürchteten wirtschaftlichen Supermacht zu werden, wurde Deutschland zeitweise von den enormen Anfangskosten des Anschlusses von fünf neuen Ländern mit ungefähr sechzehn Millionen Menschen gelähmt. Nicht nur Wirtschaft und Finanzen behinderten eine schnelle Wiedervereinigung, auch die tiefsitzenden Gedanken- und Verhaltensmuster, die über vierzig Jahre kommunistische Herrschaft hinterlassen hatten, konnten nicht einfach durch die Erklärung ausgelöscht werden, daß alle Bürger der ehemaligen DDR jetzt Bürger der Bundesrepublik Deutschland seien.

Nach einem halben Jahrhundert Kampf um das deutsche Bewußtsein ist die erste Reaktion auf die Wiedervereinigung, den Triumph der Demokratie über den Kommunismus zu preisen. In vielerlei Hinsicht geschieht dies zu recht. Diese Ansicht wird durch den Eifer gestützt, mit dem die Ostdeutschen alle Überreste ihrer kommunistischen Vergangenheit beseitigten, was einige Beobachter als Beweis für die Richtigkeit der Vorhersage Konrad Adenauers auslegten, die Demokratie würde unwiderstehlich werden. Damit wäre auch bewiesen, daß die DDR in den Augen ihrer eigenen Bürger nie eine volle Legitimität erreichte, sonst hätten sie sie nicht so schnell fallengelassen.[11]

Dennoch wird eine Frage offen bleiben: Hat die Demokratie den Kampf gewonnen oder die materialistischen Verlockungen des Westens? Waren vielleicht die westlichen Medien mit ihrer Bilderflut vom Reichtum ein viel überzeugenderer Faktor als die Aussicht auf eine parlamentarische Demokratie? Werden immer mehr Deutsche, wie bereits festgestellt wurde, mit Nostalgie auf die DDR zurückblicken, die trotz ihrer kommunistischen Führung eigene Traditionen hatte, die in der westdeutschen Konsumgesellschaft verlorengegangen sind?[12] Diese und viele andere Fragen werden weiterhin die vielen tausend Deutschen beschäftigen, die in Amerika, England oder Rußland an Umerziehungskursen teilnahmen und die im Alter zu Zeugen der unerwarteten Wiedervereinigung wurden.[13]

Anmerkungen

Vorwort

1 Die umfangreichste Behandlung des Themas erfolgt in zweiundzwanzig von Erich Maschke herausgegebenen Bänden, die zwischen 1962 und 1974 erschienen sind: *Zur Geschichte der deutschen Kriegsgefangenen des zweiten Weltkrieges* (München: Gieseking Verlag). Folgende Werke decken spezifische Aspekte der Erfahrungen der deutschen Kriegsgefangenen ab: Dexter M. Keezer, *A Unique Contribution to International Relations: The Story of Wilton Park* (New York: McGraw-Hill, 1973); und Bodo Scheurig, *Freies Deutschland: Das Nationalkomitee und der Bund Deutscher Offiziere in der Sowjetunion 1943-1945* (München: Nymphenburger Verlagshandlung, 1960).

2 Bis 1992 lagen mindestens siebenundzwanzig veröffentlichte Autobiographien von deutschen Kriegsgefangenen vor, die Antifa-Schulen besucht hatten und anschließend in der DDR politisch einigermaßen erfolgreich waren. Bernt von Kügelgen, „Danach, Das Nationalkomitee, Freies Deutschland, sein Erbe und seine Erben". (Vom Autor freundlicherweise zur Verfügung gestelltes unveröffentlichtes Manuskript.)

3 Die Briefe waren an Henry W. Ehrmann gerichtet und werden in der Bibliothek der State University of New York in Albany archiviert.

1. Die Kriegsgefangenen

1 Dorothy F. Buxton, „Friends or Enemies?", in *The Spectator*, 20. Dezember 1946, S. 667.

2 Erich Maschke u.a., *Die deutschen Kriegsgefangenen des Zweiten Weltkrieges: Eine Zusammenfassung* (München: Gieseking Verlag, 1974), S. 207. Bd. XV.

3 Eugene Davidson, *The Death and Life of Germany: An Account of the American Occupation* (New York: Alfred Knopf, 1959), S. 52.

4 United States Occupation Forces in Europe, 1945-1946. Office of the Chief Historian, „Disarmament and Disbandment of the German Armed Forces," Frankfurt am M., 1947, S. 19. Siehe auch Arthur L. Smith, Jr., *Die vermißte Million: Zum Schicksal deutscher Kriegsgefangener nach dem Zweiten Weltkrieg* (München: Oldenbourg Verlag, 1992).

5 Eine ausführliche und etwas langatmige Diskussion der Frage, durch wen und wann das Wort Umerziehung (re-education) in die Sprache der alliierten Kriegspläne eingeführt wurde, findet sich bei Helen Liddell, Hrsg., *Education in Occupied Germany* (Paris: Rivière et Cie, 1949) und Nicolas Pronay und Keith Wilson, Hrsg., *The Political Re-Education of Germany and Her Allies After World War II* (Totowa, N.J.: Barnes and Noble, 1985). Sowohl die Amerikaner als auch die Briten betonten, daß sie es vermieden, das Wort in Anwesenheit der Kriegsgefangenen zu benutzen.

6 Henry Faulk, *Group Captives: The Re-education of German Prisoners of War in Britain, 1945-1948* (London: Chatto and Windus, 1977), S. 21.

7 Paul Merker, *Deutschland: Sein oder nicht Sein?* (Mexico, D.F.: Editorial „El Libro Libre", 1945), S. 492-495; und Allan Merson, *Communist Resistance in Nazi Germany* (London: Lawrence and Wishart, 1985), S. 271.

8 Als Ironie der Geschichte wurde Merker, als er nach dem Krieg nach Ostdeutschland zurückkehrte, beschuldigt, ein feindlicher Agent im Dienste der Vereinigten Staaten zu sein. Nachdem er im Jahr 1956 aus dem Gefängnis entlassen und als „rehabilitiert" eingestuft wurde, verbrachte er die ihm verbleibenden Jahre als Manager eines staatlichen Restaurants und Herausgeber für einen Ostberliner Verlag. Er starb im Jahr 1969 in völliger Vergessenheit. Siehe Ilse Spittmann, Hrsg., *Die SED in Geschichte und Gegenwart* (Köln: Verlag Wissenschaft und Politik, 1987), S. 241.

9 Wolfgang Leonhard, „Überblicke vom Standort eines ehemaligen Kommunisten," in Spittmann, Hrsg., *Die SED*, S. 148.

10 Wilfred O. Reiners, „Soviet Indoctrination of German War Prisoners, 1941-1956". Unveröffentlichter Aufsatz, Center for International Studies, Massachusetts Institute of Technology, o.D.

11 Walter Ulbricht u.a., *Geschichte der deutschen Arbeiterbewegung*, Bd. 5 (Ost-Berlin: Dietz Verlag, 1966), S. 330.

12 Ruth von Mayenburg, *Hotel Lux* (Frankfurt/M.-Berlin: Ullstein Verlag, 1981), S. 242.

13 Ulbricht u.a., *Geschichte*, S. 330.

14 Ferdinand Bruckner, „Captured into Freedom", *Soviet Russia Today* (Mai 1942), S. 21.

15 *Die Wahrheit*, Nr. 27 (9./10. Juli 1988), S. III.

16 Heinrich von Einsiedel, *I joined the Russians* (New Haven: Yale University Press, 1953), S. 47-48.

17 Ulbricht u.a., *Geschichte*, S. 331; Otto Rühle, *Genesung in Jelabuga* (Ost-Berlin: Verlag der Nation, 1968), S. 276-280; und Bodo Scheurig, Hrsg., *Verrat hinter Stacheldraht? Das Nationalkommitee „Freies Deutschland" und der Bund Deutscher Offiziere in der Sowjetunion 1943-1945* (München:dtv, 1965), S. 11.

18 Reiners, „Soviet Indoctrination", S. 15-16.

19 Ebda, S. 16-17.

20 Horst Duhnke, *Die KPD von 1933 bis 1945* (Köln: Kiepenheuer und Witsch, 1972), S. 417-422.

21 Otto Strasser, „Free Germany Against Hitler", (New York: Free German Publications, o.D.), S. 3.

22 United States National Archives, Record Group 260, Office of Military Government, United States, 11/128-3/13-35, Scott to Eberhard, 7. Januar 1949, künftig zitiert: NA, RG, OMGUS, Shipment, Box, Folder und Item.

23 George E. McCracken, „The Prisoners of War Re-education Program in the Years 1943-1946". Unveröffentlichter Bericht, Washington, D.C., Dept. of Army, Office of the Chief of Military History, 1953, S. 7. Künftig zitiert: McCracken-Report. In den beiden neuesten Biographien von McCloy wird

diese wichtige Tätigkeit in seiner Laufbahn nicht erwähnt. S. Kai Bird, *The Chairman: John J. McCloy, The Making of the American Establishment* (New York: Simon and Schuster, 1992) und Thomas Allen Schwartz, *America's Germany: John J. McCloy and the Federal Republic of Germany* (Cambridge, Mass.: Harvard University Press, 1991).

24 McCracken-Report, S. 8-9. McCracken vermerkt, daß im Jahr 1943 tatsächlich jemand auf Veranlassung der Armee an einem Umerziehungsplan arbeitete, der aber aus mangelndem Interesse ad acta gelegt wurde. Ebda, S. 22.

25 Hans-Peter Klausch, *Die 999er, Von der Brigade „Z" zur Afrika-Division 999: Die Bewährungsbataillone und ihr Anteil am antifaschistischen Widerstand* (Frankfurt/M.: Roderberg Verlag, 1986), S. 9-17. Siehe auch E. Küster, „Die Umerziehungsarbeit der Kommunisten und Antifaschisten der Division 999 unter der deutschen Jugend in den Kriegsgefangenenlagern der USA, England, Frankreichs, usw." (Staatsexamenarb.), Greifswald, 1963.

26 Klausch, *Die 999er*, S. 100-105.

27 Gespräch des Verfassers mit Egon Stegmann, Dortmund, Deutschland, 31. Juli 1988.

28 United States, *Foreign Relations of the United States, Diplomatic Papers, 1943.* III (Washington, D.C.: United States Government Printing Office, 1963), S. 559. Künftig zitiert: F.R.U.S.

29 *Freies Deutschland*, Nr. 1, 19. Juli 1943, S. 1.

30 Joachim Joesten, „Stalin's New Germany", *Nation*, 4. September 1943, S. 260-261. Einer der rangniedrigeren deutschen Offiziere, der in der Gründungsgruppe des NKFD war, erinnert sich an seinen ersten Eindruck von Einsiedel: „In der ersten Reihe erkenne ich in einen schmalen, sehr blassen Mann Heinrich Graf von Einsiedel. [...] Als er im Oktober eintraf [in Oranki], begleitete ihn die Nachricht, daß er bereits acht Tage nach seiner Gefangennahme ein Flugblatt verfaßt habe, in dem er, unter Berufung auf seinen Urgroßvater Bismarck, gegen Hitler und dessen Krieg aufgetreten sei. Die Nazioffiziere schnitten ihn wegen dieses Flugblattes, er schnitt uns, weil wir ihm mit unserem Antifaschismus nicht behagten. Die personifizierte Arroganz, so stelzte der abgeschossene Fliegerleutnant durch das Lager, während seine in die Ferne gerichteten blauen Augen nichts und niemanden zu sehen schienen." Bernt von Kügelgen, *Die Nacht der Entscheidung: Der Weg eines deutschen Offiziers zum Nationalkomitee Freies Deutschland. Eine Autobiographie* (Berlin: Pahl-Rugenstein Verlag, 1984), S. 387-388.

31 *Freies Deutschland*, Nr. 2, 29. Juli 1943, S. 3.

32 *Time*, 2. August 1943, S. 29.

33 *New York Times*, 23./24. Juli 1943, S. 4 und 5.

34 *F.R.U.S.*, 1943, III, S. 557.

35 Ebda, S. 572-575.

36 Ebda, S. 574-575. Die Vereinigten Staaten hatten im geheimen eine Liste mit deutschen Emigranten außerhalb Europas, die nach Hitlers Niederlage nützlich sein könnten, sowie mit Deutschen, die noch unter der Naziherrschaft lebten, auf deren Hilfe man sich aber bei einer alliierten Besatzung des Landes verlassen konnte, zusammengestellt. Die von der Psychological Warfare

Division (Abteilung für Psychologische Kriegführung) „Weiße Liste" genannte Liste wurde im Dezember 1944 abgeschlossen und enthielt ungefähr 1500 Namen. Henric L. Wuermeling, *Die weiße Liste: Umbruch der politischen Kultur in Deutschland 1945* (Frankfurt/M.-Berlin: Ullstein Verlag, 1988), S. 12-22.

37 Luitpold Steidle, *Entscheidung an der Wolga* (Ost-Berlin: Union Verlag, 1960), S. 315-322.

38 Ebda, S. 335-336.

39 Walther von Seydlitz, *Stalingrad, Konflikt und Konsequenz: Erinnerungen* (Oldenbourg und Hamburg: Verlag Gerhard Stalling, 1977), S. 277-278.

40 *Freies Deutschland*, Nr. 10, 18. September 1943, S. 1.

41 *Time*, 30. Oktober 1944, S. 30. Bei einer vom US Office of Strategic Services durchgeführten Bewertung der Lage der deutschen Emigranten kam man im Dezember 1943 zu dem Schluß, daß das NKFD die effizienteste Organisation war. Wuermeling, *Die weiße Liste*, S. 11-12.

42 Bodo Scheurig, *Free Germany: The National Committee and the League of German Officers*, übers. v. Herbert Arnold (Middletown, Conn.: Wesleyan University Press, 1969), S. 37-38.

43 *F.R.U.S.*, 1943, III, S. 508 und 604-605.

44 Ebda, 1944, IV, S. 871-872.

45 Cookridge, *Gehlen, Spy of the Century* (London: Transworld Publications, Ltd., 1972), S. 160.

46 McCracken-Report, S. 8-9.

47 Ebda, S. 12-13.

48 Ebda, S. 15-16.

49 Siehe Arnold Krammer, *Nazi Prisoners of War in America* (New York: Stein and Day, 1979), S. 191-192.

50 Seger-Artikel in Stephen Farrand Collection, Box 2, Folder 2, Hoover Institution Archives. Künfig zitiert: Farrand Collection.

51 *New York Times*, 30. November 1944, S. 5.

52 Stimson-Briefe, 11. und 26. Mai 1944, Farrand Collection, Box 2, Folder 3.

53 Hull-Stimson-Korrespondenz, 8. April 1944, Farrand Collection, Box 2, Folder 3. Die Geheimhaltung reichte offensichtlich aus, um eine weite Verbreitung von Informationen über das Projekt zu verhindern. Noch im Februar/März 1945 wußten hochrangige Personen in der Regierung offenbar noch nichts über das Umerziehungsprogramm. In Briefen aus dieser Zeit bedauert der von Roosevelt ernannte politische Berater von General Eisenhower, Robert Murphy, das Fehlen eines amerikanischen Umerziehungsprogramms für deutsche Kriegsgefangene: „So wie die Dinge liegen, haben wir niemanden auf den wir uns in der Zeit nach der Niederlage verlassen können. [...] Die Russen hingegen [...] waren mit der Bewegung ‚Freies Deutschland' jetzt auf ihr Vorgehen in Deutschland vorbereitet." NA, RG 84, OMGUS, POLAD 458/76 und 32/69, 24. Februar und 1. März 1945.

54 McCracken-Report, S. 17-18. 1929 wurde in Genf tatsächlich Besorgnis über eine Indoktrinierung von Kriegsgefangenen geäußert. Einige Delegierte setzten sich für die Aufnahme der folgenden Klausel in die Konvention ein: „Die

kriegführenden Parteien müssen sich jeder religiöser, politischer oder sozialer Propagandaarbeit bei den Kriegsgefangenen enthalten, mit der beabsichtigt wird, dem Feind Schaden zuzufügen." Auf britischen Einspruch hin wurde diese Klausel jedoch fallengelassen.

55 United States Provost Marshal General's Office. Special Project Division. „Re-education of Enemy Prisoners of War". Office of the Chief of Military History, Dept. of the Army, Washington, D.C., November 1945, S. 544-545. Künftig zitiert: US PMGO, Spec. Proj. Div., „Re-ed. Enemy Pws", November 1945. Es gab auch Diskussionen über eine mögliche Teilnahme von italienischen und japanischen Kriegsgefangenen an der Umerziehung, die aber nicht konkretisiert wurden. Später entwickelten sowohl Frankreich als auch Polen Lehrangebote für deutsche Kriegsgefangene in diesen beiden Ländern.

56 Duhnke, *Die KPD*, S. 407.

57 Brief von Henry Faulk an den Verfasser, 18. Oktober 1988.

58 Miriam Kochan, *Prisoners of England* (London: McMillan Press, 1980), S. 1-2.

59 Helmut Wolff, *Die deutschen Kriegsgefangenen in britischer Hand: Ein Überblick* (München: Gieseking Verlag, 1974), S. 20-21. Bd. XI/1 in der Maschke-Ausgabe.

60 Great Britain, War Office File 32/1121, „The Re-education of German Prisoners of War", S. 71. Künftig zitiert: GB WO Aktennummer.

61 Ebda.

62 Ebda, S. 67-68.

63 Ebda.

64 Ebda.

65 Ebda, S. 66-68.

66 Ebda, S. 58.

67 Ebda, S. 36-39.

68 Ebda, S. 3.

69 Wolff, *Die deutschen Kriegsgefangenen*, S. 21.

70 Faulk, *Group Captives*, S. 90.

2. Die Umerzieher

1 Brief von Alois H. an den Verfasser, Frankfurt am Main, 18. November 1988.

2 Dem Verfasser zur Verfügung gestellte persönliche Aufzeichnungen zur Umerziehung von Oberst Henry Faulk, S. 5. Künftig zitiert: Faulk-Notes.

3 Gert Robel, *Die deutschen Kriegsgefangenen in der Sowjetunion: Antifa* (München: Gieseking Verlag, 1973), S. 100, Fußnote 26. Maschke Bd. VIII.

4 *Die Wochenpost*, Nr. 65, 1. Februar 1946, S. 7.

5 NA, RG 260, OMGUS-OD, 17/57-3/9, British Intelligence, Berlin to U.S. Dir. Intelligence, Frankfurt/M., 26. August 1947, S. 5.

6 Robel, *Die deutschen Kriegsgefangenen*, S. 263-264.

7 Ruth von Mayenburg, *Hotel Lux* (Frankfurt/M.-Berlin: Ullstein Sachbuch, 1980), S. 16.

8 *Atlantic Monthly*, März 1944, S. 51.

9 Einsiedel, *I joined the Russians*, S. 75.

10 Mayenburg, *Hotel Lux*, S. 34. Henry Ehrmann, einer der Special Projects-Lehrer, schrieb über eine frühe Begegnung mit Ulbricht: „Ich bin ihm während der ‚Volksfront'-Diskussionen in Prag begegnet [...] und habe einmal eine Sitzung verlassen, da ich den Umgang mit ihm nicht mehr aushielt." Brief an den Verfasser, 24. Juli 1990.

11 Einsiedel, *I joined the Russians*, S. 84.

12 Carola Stern, *Ulbricht, A Political Biography* (New York: Frederick A. Praeger, 1965), S. 90.

13 Wolfgang Leonhard, *Die Revolution entläßt ihre Kinder* (Köln-Berlin: Kiepenheuer und Witsch, 1956), S. 282-283.

14 Ebda, S. 306-307.

15 Karl-Heinz Frieser, *Krieg hinter Stacheldraht, Die deutschen Kriegsgefangenen und das Nationalkomitee Freies Deutschland* (München: C.H. Beck, 1986), S. 367.

16 Alfred Kantorowicz, „‚Free Germany' in Moscow: A Weapon of Psychological Warfare", *Free World*, Februar 1944, S. 155.

17 Einsiedel, *I joined the Russians*, S. 157-158.

18 Ebda, S. 162-163.

19 Erich Weinert, „Russian Against German, A Close-up at Stalingrad", *Atlantic Monthly*, März 1944, S. 56.

20 Otto E. Moll, *Die deutschen Generalfeldmarschalle, 1935-1945* (Rastatt/Baden: Erich Pabel Verlag, 1961), S. 146.

21 Zitiert nach Georgi Zhukov, *Marshal Zhukov's Greatest Battles*, übers. v. Theodore Shabad (New York: Harper and Row, 1969), S. 191-192.

22 Jesco von Puttkamer, *Von Stalingrad zur Volkspolizei, Geschichte des National-Komitees „Freies Deutschland"* (Wiesbaden: Michael-Verlag, 1951), S. 69.

23 Leonhard, *Die Revolution entläßt Ihre Kinder*, S. 320-321.

24 Scheurig, *Free Germany*, S. 182.

25 Eine interessante Einschätzung der Regular U.S. Army bietet Marshall Knappen, *And Call It Peace* (Chicago: University of Chicago Press, 1947), S. 10ff.

26 Peter Davison, *Half Remembered: A Personal History* (New York: Harper and Row, 1973), S. 43. Offensichtlich hatte sich der amerikanische Dichter Robert Frost nicht die beste Meinung über Edward Davison gebildet, als er dem jungen Engländer kurz nach seiner Ankunft in Amerika begegnete. Siehe Lawrence Thompson, *Robert Frost: The Years of Triumph, 1915-1938* (New York: Holt, Rinehart and Winston, 1970), S. 317ff.

27 Farrand Collection, Box 2, Folder 5, „Concerning the Special Projects Branch of the Office of the Provost Marshall General", 16. Dezember 1944, S. 4.

28 Ebda, Box 2, Folder 5, „Comment on the Proposed Program for Reorientation of German Prisoners of War", 28. August 1944, S. 2-3.

29 Ebda, Box 2, Folder 5, „Concerning the Special Projects Branch", 16. Dezember 1944, S. 5. Henry Ehrmann hielt Schoenstedt für rätselhaft und auch ein bißchen falsch, „mit vielen Charakterzügen der früheren Mitglieder der

KP". Brief von Henry Ehrmann an den Verfasser, 24. Juli 1990. Ein deutscher Teilnehmer am amerikanischen Umerziehungsprogramm, der später ein bekannter Schriftsteller wurde, behielt Schoenstedt in guter Erinnerung. Er sei 1932/33 Leiter der kommunistischen Jugend in Berlin gewesen. Später habe er nur noch englisch gesprochen, und wenn er einmal deutsch gesprochen habe, dann nur gebrochen. Hans Werner Richter nach Wuermeling, *Die weiße Liste*, S. 43.

30 Gespräch mit Robert L. Kunzig, Washington, D.C., 17. Februar 1979.
31 Farrand Collection, Box 2, Folder 4, „Comment on the Proposed Program", 28. August 1944, S. 3.
32 Ebda, Box 3, Folder 3, „Secret, Comments on Major Davison's Memorandum for the Chief of Staff, Army Service Command, on Reorientation of German Prisoners of War", ohne Datum, S. 3.
33 Cummins E. Speakman, Jr., „Re-Education Of German Prisoners of War in the United States During World War II", unveröffentlichte M.A.-Arbeit, University of Virginia, 1948, S. 24.
34 Farrand Collection, Box 2, Folder 5, „Concerning the Special Projects Branch", 16. Dezember 1944, S. 5.
35 McCracken-Report, S. 27.
36 Ebda, S. 30-31.
37 Jack Stenbuck, „German War Prisoners for Democratic Leadership", *Magazine Digest* 31 (Dezember 1945), S. 68-69; und F.G. Alletson Cook, „Democratic ABCs for Nazi Pws", *New York Times Magazine*, 21. November 1945, S. 8 und 32.
38 US PMGO, Spec. Proj. Div., „Re-education of Enemy Prisoners of War, Projects II and III", 24. März 1945, B.H. Powell memorandum.
39 Judith Gansberg, *Stalag: U.S.A.-The Remarkable Story of German POWs in America* (New York: Thomas Y. Crowell, 1977), S. 122.
40 US PMGO, Spec. Proj. Div., „Report on the Experimental Administrative School for Selected German Prisoners of War, Projects II and III", S. 30.
41 US PMGO, Spec. Proj. Div., „Historical Monograph of the Re-Education of Enemy Prisoners of War, Projects II and III", S. 9.
42 Farrand Collection, Box 2, Folder 4, „Re-Education Program for German Prisoners", 14. Juni 1945, S. 4.
43 McCracken-Report, S. 549-550.
44 Ebda, S. 552-553.
45 Siehe Kapitel VII.
46 US PMGO, Spec. Proj. Div., „ Report on the Experimental Administrative School, Projects II and III", S. 1-11.
47 NA, RG 260, OMGUS, 44-45/21/1, Cholis to Story, 10. August 1945; und McCracken-Report, S. 55-56.
48 US PMGO, Spec. Proj. Div., „Re-education of Enemy Prisoners of War, Eustis Project", 4. April 1946, S. 1-7.
49 Quentin Reynolds, „Experiment in Democracy", *Colliers*, 25. Mai 1946, S. 41.

50 Edwin Casady, „The Reorientation Program for PWs at Fort Eustis, Virginia", *The American Oxonian*, Juli 1947 (XXXIV), S. 153-154.

51 US PMGO, Spec. Proj. Div., „The Re-Education of a PW, Project II and III", S. 2.

52 Siehe Arthur L. Smith, Jr., *Heimkehr aus dem Zweiten Weltkrieg: Die Entlassung der deutschen Kriegsgefangenen* (Stuttgart: Deutsche Verlags-Anstalt, 1985), S. 82ff.

53 Bundesrepublik Deutschland. Bundesarchiv-Militärarchiv, Freiburg i.B., B205/1240, Ansprache von Major General Kenneth Strong, Wilton Park, 17. Januar 1946, S. 1. Künftig zitiert: BA-MA, B205.

54 Lothar Kettenacker, „The Planning of ‚Re-Education' during the Second World War", in Pronay and Wilson, Hrsg., *The Political Re-Education of Germany*, S. 75.

55 Kochan, *Prisoners of England*, S. 132-133.

56 Keezer, *A Unique Contribution*, S.11-13.

57 Matthew Barry Sullivan, *Thresholds of Peace: Four Hundred Thousand German Prisoners and the People of Britain, 1944-1948* (London: Hamish-Hamilton, 1979), S. 241. Eine weniger schmeichelhafte Meinung eines Kollegen über Köppler findet sich in der Reichert-Abendroth Korrespondenz vom 23. Dezember 1964. BA-MA, B205/1436, S. 72.

58 BA-MA, B205 Strong-Ansprache, 17. Januar 1946, S. 7.

59 Sullivan, *Thresholds of Peace*, S. 243.

60 Kochan, *Prisoners of England*, S. 133.

61 Siehe Sullivan, *Thresholds of Peace*, S. 24ff., und Keezer, *A Unique Contribution*, S. 17ff.

62 Faulk-Notes, S. 5.

3. Screening und Auswahl

1 Psychiater in den Vereinigten Staaten und Großbritannien führten eine Truppenbesichtigung durch, um den Versuch einer Erklärung zu unternehmen, warum einige Deutsche Nazis waren und andere nicht. Hieraus entstanden Profile von Männern, die strenge Väter hatten, von ihren Müttern nicht geliebt wurden und unter Sadismus oder Homosexualität litten. Siehe Henry V. Dicks, „Personality Traits and National Socialist Ideology: A Wartime Study of German Prisoners of War", *Human Relations*, Bd. III, Nr. 2 (1950), S. 111-154; und David Levy, „The German Anti-Nazi: A Case Study", *American Journal of Orthopsychiatry*, Bd. 16 (Juli 1946), S. 507-515.

2 William Ernst Hocking, *Experiment in Education: What We Can Learn from Teaching Germany* (Chicago: Henry Regnery Col, 1954), S. 14-15.

3 NA, RG 260, OMGUS 17/257-1/10, O.S.S. Report 5. Januar 1945, „The Free Germany Movement within Germany", S. 1-5. Hiermit soll nicht behauptet werden, das NKFD hätte seine Aufgabe ohne die Gefangenen erfolgreich erfüllen können. Seine Hauptstärke lag in der Arbeit bei den Kriegsge-

fangenen, woraus Wilfred O. Reiners schließt, daß die NKFD-Propaganda am besten auf Männer in Gefangenschaft wirkte. „Soviet Indoctrination", S. 29.

4 Scheurig, Hrsg., *Verrat*, S. 24.

5 Zum Beispiel setzten die Überlebenden von Stalingrad oft zur Unterscheidung den Zusatz „Stalingrader" hinter ihren Namen.

6 Reiners, „Soviet Indoctrination", S. 12.

7 H.L. Ansbacher, „Attitudes of German Prisoners of War: A Study of the Dynamics of National Socialistic Fellowship", *Psychological Monographs*, Bd. 62, Nr. 1 (1948), S. 10ff. Außerdem ging aus der Auswertung von Tausenden von Fragebögen, die an neue deutsche Gefangene verteilt wurden, hervor, daß das Vertrauen der jungen Männer in Hitler durchgehend gleich blieb. Die Frage: „Haben Sie Vertrauen in den Führer?" stand in jedem Fragebogen. Ebda, S. 10. Siehe auch Robel, *Die deutschen Kriegsgefangenen*, S. 17-20.

8 Reiners, „Soviet Indoctrination", S. 36.

9 In den letzten Kriegswochen waren die Vereinigten Staaten und Großbritannien mit der großen Anzahl der sich ergebenden deutschen Soldaten überfordert, so daß sie zeitweise die Genfer Konvention umgingen und die Gefangenen als Disarmed Enemy Forces (DEF, Entwaffnete feindliche Streitkräfte) und Surrendered Enemy Personnel (SEP, Kapitulierte feindliche Mannschaften) klassifizierten. Siehe Smith, *Die vermißte Million*.

10 Walter Schoenstedt Collection, „The Psychology of the German PW", S. 3. Shields Library, UC Davis, California.

11 Für die deutschen Soldaten, die sich im Westen ergaben, sah die Situation im allgemeinen anders aus. Eine Ausnahme galt kurz vor und direkt nach Kriegsende für die Deutschen, die sich den amerikanischen Streitkräften von März bis Mai 1945 ergaben, als diese den Rhein überquerten.

12 Erich Weinert, *Stalingrad Diary* (London: I.N.G. Publications, 1944), S. 37.

13 Einsiedel, *I joined the Russians*, S. 134. Ein Autor hat vermutet, daß gerade das Trauma der Kapitulation vor den Russen - besonders in Stalingrad - die deutschen Gefangenen so empfänglich für die kommunistische Propaganda machte. Reiners, „Soviet Indoctrination", S. 64.

14 NA, RG 260, OMGUS 5/265-2/6-8, Psychological Warfare Division, „Summary Report on the Attitudes of Germans Ps/W towards the United States", 19. Juni 1945. S. 8.

15 „Disarmament and Disbandment of the German Armed Forces", Frankfurt/M.: Office of the Chief Historian, European Command, 1947, S. 6-7.

16 Stafford Derby, „New Light for German POWs", *Christian Science Monitor Magazine*, 5. Dezember 1945, S. 8. Als einige der Männer des Afrikakorps in New York landeten, erwarteten sie tatsächlich, Bombenschäden von Hitlers Luftwaffe zu sehen. Farrand Collection, Box 2, Folder 4, „Re-Education of German Prisoners".

17 In den Lagern gab es eine Vielzahl amerikanischer Zeitungen und illustrierte Wochenmagazine.

18 NA, RG 260, Omgus 5/265-2/6-8, Psychological Warfare Division, „Summary Report on the Attitudes of Germans Ps/W towards the United States", 19. Juni 1945. S. 7.

19 Maj. Gen. Archer L. Lerch, „Handling German Prisoners in the United States", *Prisoner of War Bulletin*, Bd. 3, Nr. 5 (Mai 1945), S. 4. Einige Gefangene dieser späteren Gruppe nannten die Internierung in Amerika sogar den „Goldenen Käfig". Karl-Heinz Schoeps, „The ‚Golden Cage‘ and the Reeducation of German Writers in American POW Camps", in Heinz D. Osterle, Hrsg., *Amerika!* (New York: Peter Lang, 1989), S. 29.

20 Brief von Ehrmann an den Verfasser, 24. Juli 1990.

21 Krammer, *Nazi Prisoners of War in America*, S. 161.

22 James H. Powers, „What To Do with German Prisoners", *The Atlantic Monthly*, 19. November 1944, S. 47. Siehe auch „Editor Says Nazis Kill Captives Here", *New York Times*, 24. Februar 1944; Paul Winkler, „Reeducating Germans: Propaganda in Prison Camps", *Washington Post*, 10. Juli 1944; D.D. Bromley, „War Prisoners Include Nazis and Anti-Nazis", *New York Herald Tribune*, 12. August 1944.

23 Faulk, *Group Captives*, S. 21.

24 Ebda, S. 175-176.

25 Aus einer Nachkriegsuntersuchung über deutsche Kriegsgefangene in Rußland geht hervor, daß Anfang 1945 mindestens 50% aller gefangenen Offiziere dem BDO angehörten und das NKFD unterstützten. BA, Z35/489, „Das Schicksal der deutschen Kriegsgefangenen in der Sowjetunion", April 1949, S. 36.

26 BA, Z35/338, „Bericht eines aus russischer Kriegsgefangenschaft heimgekehrten deutschen Kriegsgefangenen", S. 36.

27 „Man nannte sie Verräter: Nationalkomitee Freies Deutschland und Bund Deutscher Offiziere, 1943-1945", Chronos-Film, Berlin, 1990.

28 Farrand Collection, Box 2, Folder 4, „Re-education Program for German Prisoners", S. 1.

29 BA, Z35/489, „Das Schicksal der deutschen Kriegsgefangenen in der Sowjetunion", S. 137-138.

30 Reiners, „Soviet Indoctrination", S. 47-49. „In einem durchschnittlichen Lager hatte das NKFD keine besonderen Funktionen [...] um der „Normerfüllungs"-Manie des Sowjetsystems gerecht zu werden, war es für die Politinstrukteure wichtig, berichten zu können, daß ein hoher Prozentsatz der Lagerinsassen Mitglieder des NKFD und damit Antifaschisten geworden waren." Ebda, S. 27.

31 Ebda, S. 52-53.

32 Ebda, S. 54-55.

33 Ebda, S. 58.

34 BA, Z35/489, „Das Schicksal der deutschen Kriegsgefangenen in der Sowjetunion", S. 137-138.

35 Gerald Diesener, „Der Beitritt kriegsgefangener Generale zur Bewegung ‚Freies Deutschland‘ in 1944", *Militärgeschichte*, 5/88, S. 459.

36 US PMGO, Spec. Proj. Div., „Screening of German Prisoners of War", Projects II/III, 7. Juni 1945, S. 1; und „Special Screening of Cooperative German Prisoners of War", Eustis Project, 4. April 1946, S. 3-4.

37 Ebda. Einige der Kriegsgefangenen der 999er wurden als Störenfriede abgelehnt.

38 McCracken-Report, S. 64.

39 Herbert Tulatz an Henry Ehrmann, 6. August 1946. Henry Ehrmanns Korrespondenz mit ehemaligen Schülern der Special Projects Schulen in Fort Getty, Kearney, Wetherill und Eustis 1946-1948. Künftig zitiert: Ehrmann-Korrespondenz.

40 Brief von Henry Faulk an den Verfasser, 18. Oktober 1988.

41 Faulk, *Group Captives*, S. 70.

42 BA, NL Forell/109, Bd. 16, Faulk to Forell, 13. November 1945.

43 Brief von Faulk an den Verfasser, 18. Oktober 1988.

44 Dorothy Buxton, „Friends or Enemies", *The Spectator*, 20. Dezember 1946, S. 67.

45 Ebda, S. 125.

46 Faulk-Notes, S. 9.

47 Brief von Faulk an den Verfasser, 18. Oktober 1988.

48 Keezer, *A Unique Contribution*, S. 13, Anmerkung. Eine deutsche Untersuchung kam nach einem Vergleich der britischen und sowjetischen Umerziehung zu dem Schluß, daß das britische Ziel eindeutig politischer Natur war. Karl-Heinz Frieser, *Krieg hinter Stacheldraht*, S. 27.

49 NA, RG 260, OMGUS, 5/307-3/16; Henry Faulk, *Die deutschen Kriegsgefangenen in Großbritannien, Re-education* (München: Gieseking Verlag, 1970), S. 202. Maschke V.XI/2; und Robel, *Die deutschen Kriegsgefangenen in der Sowjetunion*, S. 268.

50 Frieser, *Krieg hinter Stacheldraht*, S. 261. Die deutschen Generäle hatten einen Einfluß auf den Propagandakrieg, indem sie Nachrichten für die Wehrmacht und die Heimatfront unterzeichneten.

51 Robel, *Die deutschen Kriegsgefangen in der Sowjetunion*, S. 268; und Reiners, „Soviet Indoctrination", S. 40.

52 McCracken-Report, S. 64.

53 NA, RG 260, OMGUS, 5/307-3/16.

54 Farrand Collection, „Re-education Program for German Prisoners", Box 2, Folder 4. Nach britischen Schätzungen belief sich der Anteil der fanatischen Nazis in den amerikanischen Lagern im November 1944 auf 15%. GB WO, 32/11121, „The Re-Education of German Prisoners of War", S. 2.

55 Faulk-Notes, S. 10.

56 Rainers, „Soviet Indoctrination", S. 39-40.

57 Ebda, S. 41; Duhnke, *Die KPD von 1933 bis 1945*, S. 392; und Kügelgen, „Danach", S. 7.

4. Die „Ideenfabriken" der Vereinigten Staaten

1 Farrand Collection, Box 2, Folder 4, „Re-Education Program for German Prisoners", S. 3.

2 US PMGO, „Re-Education of Enemy Prisoners of War", November 1945.

3 McCracken-Report, S. 13. Ein reines Arbeitsprogramm hätte bedeutet, daß nur sehr wenige Offiziere beteiligt gewesen wären, es sei denn, sie hätten sich freiwillig gemeldet. Außerdem wäre für die Gefangenen, die als Nazis angesehen wurden, nichts vorgesehen gewesen. Das PMGO war sogar der Meinung, daß die Umerziehung eine direkte Verletzung der Genfer Konvention bedeutete.

4 NA, RG 260 OMGUS 44-45/21/1, „School for German Prisoners of War", Eisenhower to Commanding Generals, Eastern Military District and Western Military District, ohne Datum.

5 McCracken-Report, S. 54.

6 Henry Ehrmann, „An Experiment in Political Education, The Prisoner of War Schools in the United States", Social Research, Bd. 14 (September 1947), S. 304-320. Ehrmann ist der Ansicht, daß seine in diesem Artikel geäußerten Meinungen von den führenden Mitarbeitern der Schulen zu dieser Zeit geteilt wurden. Brief Ehrmanns an den Verfasser, 24. Juli 1990.

7 Ehrmann, „An Experiment in Political Education", S. 306.

8 Dieser Ansatz zur Interpretation der deutschen Zeitgeschichte nahm offensichtlich die spätere Argumentation einiger Historiker vorweg, die Hitler und den Nationalsozialismus als eine Verirrung ansahen, die keine festen Beziehungen zur Vergangenheit hatte. Siehe Klaus Hildebrand, The Foreign Policy of the Third Reich, übers. von Anthony Fothergill (Berkeley: University of California Press, 1973).

9 Ehrmann, „An Experiment in Political Education", S. 315.

10 McCracken-Report, S. 33.

11 Farrand Collection, Box 2, Folder 3, Office of the Adjutant General, 26. November 1944, „German Authors Not Approved for Prisoner of War Camps".

12 McCracken-Report S. 35.

13 Ebda, S. 36-37. Einige der Lagerzeitungen waren schlecht geschrieben und enhielten nur wenige Themen, die die Gefangenen wirklich interessierten. Da einige Lager gar keine Zeitungen hatten, erarbeiteten die Special Projects und die am Der Ruf arbeitenden Gefangenen eine zusammenfassende Version, Die Auslese, die alle zwei Wochen erschien.

14 Wuermeling, Die weiße Liste, S. 42-43.

15 Vaillant, Der Ruf, S. 10.

16 Rede von Curt Vinz, München, 26. Mai 1947, Ehrmann-Korrespondenz.

17 Vaillant, Der Ruf, S. 13-14. Hockes Frau und Kind lebten in England.

18 Ebda, S. 15. Siehe Alfred Andersch, Bericht Roman Erzählungen (Freiburg i.B.: Walter-Verlag, 1965), S. 29ff.

19 Hans Werner Richter, Hans Werner Richter und die Gruppe 47 (Berlin: Ullstein, 1981), S. 28-29.

20 Farrand Collection, Box 2, Folder 4, „Re-Education for German Prisoners", Byran Speech, 14. Juni 1945.

21 US PMGO, Special Projects Division, Projects II and III, 1. März 1946. „Report on the Experimental School for Selected German Prisoners of War established at Fort Kearney, Rhode Island", 1. März 1946, S. 1-2. Die

Tests wurden probeweise eingesetzt, um ein Standardverfahren für die Verwendung bei anderen Gefangenen zu entwickeln. Sie wurden am Ende des Kurses bewertet. Der Test von Smith wurde beibehalten, der von Schoenstedt verworfen.

22 Ebda, S. 8.
23 Ebda, S. 30.
24 Ebda, S. 33.
25 Ebda, S. 25-26.
26 Ebda, S. 23.
27 Ebda, S. 4.
28 Ehrmann-Korrespondenz.
29 US PMGO, Projects II and III, „Report on the Experimental Administrative School", S. 6.
30 Ebda, S. 35.
31 Ebda, S. 39.
32 Ebda, S. 8.
33 Ebda, S. 9.
34 Brief von Martin K. an den Verfasser, 16. Dezember 1988.
35 Dan Stets, „The Spirit of Kearney: The Project in Rhode Island that Shaped Postwar Germany", *Providence Sunday Journal*, 18. Juli 1982, S. 8.
36 Ebda.
37 Hans Werner Richter, *Beyond Defeat*, übers. Robert Kee (New York: G. P. Putnam's Sons, 1950), S. 311.
38 Alfred Andersch, *Mein Verschwinden in Providence* (Zürich: Diogenes Verlag, 1971), S. 240-242. Eigentlich war Andersch kein Schüler in Kearney, sondern arbeitete für die Zeitung *Der Ruf*. In der Hoffnung auf eine frühere Rückkehr in die Heimat meldete er sich freiwillig für das Programm in Fort Getty und verließ die Redaktion der Zeitung.
39 US PMGO, Projects II and III, „Historical Monograph of the Re-Education of Enemy Prisoners of War", S. 6-7.
40 Ebda.
41 BA-MA, B205/968, „Das Schicksal der deutschen Kriegsgefangenen des Zweiten Weltkrieges in amerikanischem Gewahrsam", S. 41.
42 US PMGO, Projects II and III, „Practical Guide for Instructors in the Intensive Language Program", S. 1-6.
43 Die Zusammenfassungen und Unterrichtspläne wurden dem Verfasser von Alois H., einem ehemaligen Gefangenen, der am Umerziehungskurs in Fort Getty teilgenommen hatte, zur Verfügung gestellt. Er hat das Lehrmaterial über vierzig Jahre aufbewahrt!
44 US PMGO, Projects II and III, „Historical Monograph of the Re-Education of Enemy Prisoners of War", S. 12.
45 „Die Bundesverfassung", von Alois H. dem Verfasser zur Verfügung gestellt.
46 Zwanzig Zusammenfassungen von Unterrichtseinheiten, von Alois H. dem Verfasser zur Verfügung gestellt.

47 US PMGO, Projects II and III, „Historical Monograph of the Re-Education of Enemy Prisoners of War", S. 17.
48 BA, Z35/327, *Die Wochenpost*, 1. Februar 1946.
49 BA-MA, B205/1223, *Stuttgarter Zeitung*, 12. Januar 1946.
50 „Forum", *New York Herald Tribune*, 30. Oktober 1945, Abdruck in *Der Ruf*, 1. Dezember 1945.
51 Brief von Fritz K. an den Verfasser, 8. September 1989.
52 Brief von Alois H. an den Verfasser, 18. November 1988.
53 NA, RG 84, OMGUS POLAD 32/10, SHAEF to War Dept., 20. April 1945.
54 NA, RG 260, OMGUS AGTS 19/10, Memo. Dir., CAD to PMG, 23. Mai 1945.
55 US PMGO, Projects II and III, Training Anti-Nazi Prisoners of War as Special Police, War Dept. Summary Sheet.
56 McCracken-Report, S. 55-56.
57 NA, RG 260, OMGUS 44-45/21/1, Chois' Report on Querqueville, 10. August 1945.
58 Ebda.
59 Brief von Irmgard K. an den Verfasser, 12. September 1989.
60 Brief von August E. and den Verfasser, 4. April 1989.
61 US PMGO, Eustis Project, „Re-Education of Enemy Prisoners of War", S. 35-36.
62 Ebda, S. 1-2.
63 Ebda, S. 2-4.
64 Ebda, „Report of the Committee on Statement of Mission", 11. Dezember 1945, S. 1-2.
65 McCracken-Report, S. 64-65.
66 Ehrmann, „An Experiment in Political Education", S. 307-308. Ehrmann, der die Kriegsgefangenen in allen Special Projects-Schulen in deutscher Geschichte unterrichtete und sich genau wie seine Kollegen bemüht hatte, seine Schüler zum Nachdenken anzuregen, gab zu, daß sie Themen nur oberflächlich behandeln konnten. Als er später einige der Fragebögen von Gefangenen auswertete, die nicht zur Umerziehung zugelassen worden waren, war Ehrmann enttäuscht, daß nur jeder vierte Deutschlands Verantwortung für den Ausbruch des Krieges anerkannte. Selbst bei den „ausgewählten" Gefangenen hatte der Unterricht manchmal nicht die gewünschten Folgen. In einer Umfrage von über 22.000 Schülern fand Ehrmann heraus, daß sie sehr starke Reaktionen auf den Film „Das siebte Kreuz" zeigten, in dem ein deutscher Antinazi von der Gestapo gejagt wird. In ihren Antworten leugneten die Gefangenen, daß der deutschen Bevölkerung irgendetwas über die Aktivitäten der Geheimpolizei bekannt war. Ebda.
67 McCracken-Report, S. 65-66.
68 US PMGO, Eustis Project, „Final Screening Report", S. 1.
69 Ebda, S. 26.
70 Herbert A. Tulatz, „Fort Eustis - ein Experiment der Demokratie", *Die Zukunft*, 13/46, S. 46.
71 Brief von Karl W. an den Verfasser, 11. Mai 1989.

72 Brief von Otto. P. an den Verfasser, 25. April 1989.
73 Quentin Reynolds, „Experiment in Democracy", *Colliers*, 25. Mai 1946, S. 41.
74 7. März 1946, S. 18.
75 Lt. Col. Davison, „Für den Frieden", *Der Ruf*, 1. April 1946. S. 1.

5. Umerziehung auf russische Art

1 BA, Z35/338, „Hilfsdienst für Kriegsgefangene und Vermißte", S. 37; und *Christ und Welt*, 21. August 1948, S. 4.
2 Einsiedel, *I joined the Russians*, S. 92.
3 BA, Z35/338, „Hilfsdienst", S. 38.
4 Brief von Bernt von Kügelgen an den Verfasser, 13. Oktober 1991.
5 Robert Jay Lifton, *Thought Reform and the Psychology of Totalism: A Study of „Brainwashing" in China* (New York: W.W. Norton and Co., Inc., 1981), S. 389.
6 Heinz Abraham, „Mit diesen Menschen werden wir den Sozialismus aufbauen", *Theorie und Praxis,* Heft 2, 1965, S. 7.
7 Reiners, „Soviet Indoctrination", S. 39.
8 Robel, *Die deutschen Kriegsgefangenen*, S. 199 ff.
9 Kai P. Schoenhals, *The Free Germany Movement: A Case of Patriotism or Treason?* (Westport, Conn.: Greenwood Press, 1989), S. 67; und Kügelgen, „Danach", S. 643.
10 Robel, *Die deutschen Kriegsgefangenen*, S. 199-200; und die *National Zeitung* (NPD), 8. Juli 1988, S. 3.
11 Scheurig, *Free Germany*, S. 115.
12 Rühle, *Genesung in Jelabuga*, S. 327-329.
13 Brief von Gunther K. an den Verfasser, 6. November 1991.
14 Brief von Fritz S. an den Verfasser, 4. April 1994.
15 Brief von Franz K. an den Verfasser, 31. März 1994.
16 Brief von Paul K. an den Verfasser, 26. März 1994.
17 Brief von Willy B. an den Verfasser, 18. März 1994.
18 Brief von Gunther K. an den Verfasser, 6. November 1991; und Albrecht Lehmann, *Gefangenschaft und Heimkehr: Deutsche Kriegsgefangene in der Sowjetunion* (München: C.H. Beck, 1986), S. 53.
19 Museum Deutscher Antifaschisten (MMHA), Krasnogorsk, OF 910/12.
20 Robel, *Die deutschen Kriegsgefangenen*, S. 207-209.
21 Heinrich Graf von Einsiedel, *Tagebuch der Versuchung* (Berlin-Stuttgart: Pontes Verlag, 1950), S. 126.
22 „Man nannte Sie Verräter", Chronos-Film.
23 Museum Deutscher Antifaschisten (MMHA), Krasnogorsk, OF 910/12 und OF 911/12.
24 Robel, *Die deutschen Kriegsgefangenen*, S. 212 ff.
25 Ebda, S. 253.
26 Scheurig, *Free Germany*, S. 115-116.

27 Gerhard Dengler, *Zwei Leben in einem* (Berlin: Militärverlag, 1989), S. 109-111.

28 Einsiedel, *I joined the Russians*, S. 166-167.

29 Rühle, *Genesung in Jelabuga*, S. 382-383.

30 Einsiedel, *I joined the Russians*, S. 163.

31 Fritz Grabert, „Hier Nationalkomitee Freies Deutschland! Der Krieg ist für sie zu Ende", *Die Volksarmee* 2 (1957), Nr. 130.

32 Robel, *Die deutschen Kriegsgefangenen*, S. 200-201.

33 „Man nannte Sie Verräter", Chronos-Film. Mehr zu dieser Frage bei Marion Gräfin Dönhoff, „Was heißt Widerstand?" *Die Zeit*, Nr. 28, 28. Juli 1989.

34 *Freies Deutschland*, Nr. 11-17, September-Oktober 1943.

35 BA, NS6/7, Bd. 4, 8. August 1944, „Verbindung der Widerstandkämpfer im Ausland" (Programm des NKFD).

36 Scheurig, *Free Germany*, S. 180; Karl Paetel, *Versuchung oder Chance?* (Göttingen: Musterschmidt-Verlag, 1965), S. 259; und Schoenhals, *Free Germany Movement*, S. 107.

37 Eduard Schluz, Hrsg., *Wir waren Zeugen: Heimkehrer berichten* (Berlin: Verlag Kultur und Fortschritt, ohne Datum), S. 19 und 25-26.

38 Schoenhals, *Free Germany Movement*, S. 120.

39 Schluz, Hrsg., *Wir waren Zeugen*, S. 32-33.

40 Duhnke, *Die KPD*, S. 395-396.

41 Gregory W. Sandford, *From Hitler to Ulbricht: The Communist Reconstruction of East Germany, 1945-1946* (Princeton, N.J.: Princeton University Press, 1983), S. 11-19.

42 Seydlitz, *Stalingrad*, S. 346-347; und Dengler, *Zwei Leben in einem*, S. 124.

43 Dengler, *Zwei Leben in einem*, S. 129-130.

44 NA, RG 84, OMGUS, POLAD/32/70, 23. Mai 1945, S. 2.

45 Ebda, S. 13-14.

46 Ebda, S. 17-18.

47 Christoph Klessmann, *Die doppelte Staatsgründung*, *Deutsche Geschichte 1945-1955* (Bonn: Schriftenreihe der Bundeszentrale für politische Bildung, 1980), S. 122-123.

48 Wolfgang Leonhard, *Das kurze Leben der DDR* (Stuttgart: DVA, 1990), S. 19-20. Leonhard schreibt, daß es am Abend vor der Abreise im Hotel Lux eine Abschiedsparty gab. Sie trafen Wilhelm Pieck, es wurde aber nicht über ihre Reise gesprochen. Die anderen Männer in der Gruppe waren Richard Gyptner, Otto Winzer, Hans Mahle, Gustav Gundelach, Karl Maron, Walter Köppe und Fritz Erpenbeck. Nachdem die Gruppen Ulbricht und Ackermann nach Deutschland abgereist waren, wurde eine dritte Gruppe unter der Leitung von Gustav Sobottka nach Mecklenburg geschickt.

49 Spittmann, Hrsg., *Die SED in Geschichte und Gegenwart*, S. 146-147.

6. Geisteswissenschaften für Englands Kriegsgefangene

1 BA-MA, B205/1240. Englische Übersetzung der Ansprache von Major General Strong, 17. Januar 1946, S. 1. (A.d.Ü.: Das deutsche Original der Rede liegt dem Archiv nicht vor.)
2 Ebda, S. 2.
3 Ebda, S. 3-8.
4 Zitiert in Kochan, *Prisoner of England*, S. 132.
5 Buxton, „Friends or Enemies? *The Spectator*, 20. Dezember 1946, S. 667.
6 Sullivan, *Thresholds of Peace*, S. 125.
7 Brief von Henry Faulk an den Verfasser, 18. Oktober 1988. In *Prisoners of England* S. 132-133 schreibt Kochan, daß das Ziel Wilton Parks eine Ergänzung des allgemeinen Umerziehungsprogramms war. Außerdem sollten der britischen Kontrollkommission in Deutschland ausgebildete ehemalige Kriegsgefangene zur Verfügung gestellt werden. Es ist möglich, daß Kochan die offiziellen Aussagen des Foreign Office, die Faulk als Propaganda bezeichnete, für bare Münze hielt.
8 Faulk-Notes, S. 1.
9 Ebda, S. 6.
10 Ebda, S. 7.
11 Ebda, S. 8.
12 Ebda, S. 9.
13 BA-MA, B205/1443, Report on Special Visit to R.A.F. No. 7 M.V., 1./3. Januar 1947.
14 Faulk, *Die deutschen Kriegsgefangenen*, S. 194.
15 BA-MA, B205/1436 Interview mit Prof. Dr. W.A., 3. Dezember 1964 (WKG-174tb, Band 19 W, Spur 1), Künftig zitiert: Interview mit Prof. Dr. W.A.
16 Faulk, *Die deutschen Kriegsgefangenen*, S. 194-195, 200-201.
17 Keezer, *History of Wilton Park*, S. 26.
18 Ebda.
19 Faulk, *Die deutschen Kriegsgefangenen*, S. 225.
20 Interview mit Prof. Dr. W.A., S. 76-77.
21 Ebda, S. 78-79.
22 Faulk, *Die deutschen Kriegsgefangenen*, S. 201.
23 NA RG 260, OMGUS 5/308-1/27, „The Course at Wilton Park".
24 Keezer, *The History of Wilton Park*, S. 21. Anfang 1947 wurden ungefähr fünfundzwanzig bis fünfzig deutsche Zivilisten für jeden Kurs in Wilton Park angemeldet. Ihre Teilnahme war der Hauptgrund für eine Weiterführung der Schule als zivile Einrichtung nach der Abreise aller deutschen Kriegsgefangenen.
25 Sullivan, *Thresholds of Peace*, S. 253.
26 Ebda, S. 244.
27 Ebda, S. 249-253.
28 Faulk, *Die deutschen Kriegsgefangenen*, S. 290-297.
29 Keezer, *History of Wilton Park*, S. 15.

30 NA RG, OMGUS 5/308-1/27, „The Course at Wilton Park", S. 1.

31 Interview mit Prof. Dr. W.A., S. 73-74, 80.

32 Faulk, *Die deutschen Kriegsgefangenen*, S. 203, 207.

33 Ebda, S. 204-205, 212.

34 BA-MA, B205/1413, „Zeitschrift des 14. Semesters der Studenten von Wilton Park", S. 1.

35 Ebda, S. 1-2.

36 Keezer, *History of Wilton Park*, S. 28.

37 Faulk, *Die deutschen Kriegsgefangenen*, S. 218 ff.

38 BA-MA, B205/1409, A. Mitscherlich, R. Hass, F. Seemann, „Bericht über eine Befragung heimkehrender deutscher Kriegsgefangenen aus England, Afrika, Frankreich und Rußland", S. 11-12.

39 Ebda, S. 51.

40 Interview mit Prof. Dr. W.A., S. 73-74.

41 Westdeutscher Rundfunk, 2. Oktober 1962, 25 S.

42 Ebda, S. 10, 19-20.

43 BA-MA, B205/1443, „Report on Re-education, Camp No. 263", 16./17. Mai 1946, S. 2-3. Die Wilton Park-Studenten wurden besonders für die Einrichtung von Diskussionsgruppen gelobt, die sich großer Beliebtheit erfreuten.

44 Ebda, „Report on Re-education, Camp No. R.A.F. 702/148", 10. Dezember 1946, S. 1-2.

45 Ebda, „Report on the State of Re-education in the Camps in the Gloucester Zone", S. 3.

46 Faulk, *Die deutschen Kriegsgefangenen*, S. 211-213.

47 Keezer, *History of Wilton Park*, S. 23.

48 Sullivan, *Thresholds of Peace*, S. 254-255.

49 Brief von Henry Faulk an den Verfasser, 18. Oktober 1988.

50 Faulk-Notes, S. 2-3.

51 Ebda, S. 11-12.

7. Repatriierung im Westen

1 BA-MA, B205/1223, Vulliet memorandum to Strong, April 1944, S. 2-3.

2 NA RG 260 OMGUS 5/307-3/16, „A Reorientation Program Seen through the Eyes of German Prisoners of War", S. 31-32.

3 Ebda, OMGUS 44-45/21/1, „Impressment of German P of W in England for Interpreting and Translating Duties", 26. Januar 1945.

4 Ebda, „Detailed Report of Situation in Occupied Germany Affecting Approved Project for Use of Prisoners Of War", 16. Mai 1945, S. 1-6.

5 Ebda, Hilldring to McCloy, 6. Oktober 1945.

6 Ebda, Clay to War Dept., 7. Oktober 1945.

7 Ebda, OMGUS 15/114-1/7, Davison to Dept. Mil. Gov. of Germany, 28. November 1945.

8 Ebda, T.E. Hall to Clay, 16. November 1945.

9 Richter, *Hans Werner Richter und die Gruppe 47*, S. 31-32.

10 McCracken-Report, S. 71-72.
11 Bernhard Jendricke, *Alfred Andersch* (Reinbeck bei Hamburg: Rowohlt Taschenbuch Verlag, 1988), S. 49.
12 McCracken-Report, S. 72.
13 BA-MA, B205/1256, Report of Operations, 1. Januar bis 31. März 1946, Office of the Theater Provost Marshal.
14 NA RG 260, OMGUS 5/261-3/14, „Utilization of Returned Prisoners of War", H.G., U.S.F.E.T., 15. März 1946.
15 Ebda, OMGUS 15/114-1/7, „Utilization of Discharged Prisoners of War", Theater Provost Marshal, 15. Mai 1946.
16 Ebda, Gov. Affairs Br. to Public Safety Br. and CAD, 15. Mai 1946.
17 Ebda, OMGUS 5/303-3/17, Keating to Off. of Theater Provost Marshal, 6. November 1946.
18 Ebda, Parkman to C/S, 14. November 1946.
19 Ebda, OMGUS 15/114-1/7, Keller to USFET HQ, 2. März 1946.
20 Ebda.
21 Ebda, 10 April 1946.
22 Ebda, 15. Juli 1946.
23 Ebda, OMGUS, AGTS/19/10, Gailey to Sibert, 22. August 1946.
24 BA-MA, B205/1256, Report of Operations, 1. Januar - 31. März 1946, Office of Theater Provost Marshal.
25 McCracken-Report, S. 72-73.
26 Richter, *Hans Werner Richter und die Gruppe 47*, S. 32-33.
27 Brief von Horst B. an den Verfasser, 28. März 1989.
28 Ebda.
29 NA RG 260, OMGUS 5/301/7, Wissmann to Dospil, 28. Februar 1947, S. 1-2.
30 Brief von Rudolf D. an den Verfasser, 12. Januar 1989.
31 Brief von Josef R. an den Verfasser, 6. Dezember 1988.
32 Brief von Edgar S. an den Verfasser, 26. Februar 1989.
33 Brief von William Moulton an den Verfasser, 12. Juli 1990.
34 NA RG 260 OMGUS 44-45/21/1, SHAEF to War Dept., 16. Mai 1945.
35 Ebda, OMGUS 15/114-1/7, OMG Heidelberg to OMG, US Zone, 5. Dezember 1945, und OMGUS Frankfurt/M. to Dir. OMG for Bavaria, Land Gt. Hessen and Land Würtemberg-Baden, 4. Januar 1946.
36 Ebda, MG Liaison and Security Off., Munich to USFET HQ, 15. Juli 1946.
37 Ehrmann-Korrespondenz, Herbert Tulatz to Hans Wissmann, 17. Februar 1946.
38 Ebda, Alois Hilpert to Henry Ehrmann, 4. Februar 1947.
39 Ebda, Freimut Springe to Henry Ehrmann, 5. Januar 1947.
40 Vgl. Smith, *Heimkehr aus dem Zweiten Weltkrieg*, S. 61 ff.
41 NA RG 260, OMGUS 5/307-3/16, „A Reorientation Program", S. 31.
42 Ebda, S. 32.
43 Ebda, OMGUS 5/261-3/14, CAD to Clay, 1. Juli 1946.
44 BA, NL Pollock 56, „Former Prisoners of War", 26. Juni 1947.
45 Ebda, S. 5-6.

46 Ebda, S. 10.

47 NA RG 260 OMGUS 5/301-2/7, Moulton to Colleagues from Forts Kearney, Getty, Wetherill, and Eustis, 12. September 1947. Moulton kam mit ungefähr fünfhundert Namen und Adressen zurück und bat seine Kollegen, den ehemaligen Kriegsgefangenen zu schreiben und ihnen CARE-Pakete zu schicken. Ebda.

48 BA, NL 266/224, OMGUS to Hallstein, 20. Juni, 9. September, 17. November, 22. Dezember 1947 und 28. Januar 1948.

49 Ebda, NL 266/229, Special Report, ICD Opinion Surveys, „Ansichten der ehemaligen Fort Getty Schüler", 22. Januar 1948, S. 7-11.

50 *New York Times*, 16. Februar 1948, S. 10.

51 Vgl. Arthur L. Smith, Jr., *Churchill's German Army, Wartime Strategy and Cold War Politics, 1943-1947* (Beverly Hills and London: Sage Publications, 1977).

52 Brief von August E. an den Verfasser, April 1989. Bei seinen Besuchen in Deutschland nahm Moulton keinen Kontakt zu den Männern aus dem Lager Querqueville auf, obwohl die Adressen von zwölf von ihnen bekannt waren.

53 Ehrmann-Korrespondenz, Democratic Society (Demokratische Gesellschaft) Report, 1. Mai 1947, S. 2.

54 Ebda, Organization of Ex-Prisoners of War, 11. Juni 1946.

55 NARG 260, OMGUS 15/114-1/11, German Veterans Groups, 8. Oktober 1946.

56 Ehrmann-Korrespondenz, Springe to Ehrmann, 3. Juni 1947.

57 BA, NL Pollock, 56, Moulton Report „Former Prisoners of War", 26. Juni 1947, Appendix.

58 Ehrmann-Korrespondenz, Springe to Ehrmann, 3. Juni 1947.

59 Ebda, [Society] Account on the Month of April 1947, S. 5.

60 Ebda, Von Beust to Ehrmann, 5. Mai 1947.

61 McCracken-Report, S. 78.

62 Alfred Andersch, „Getty oder die Umerziehung in der Retorte", *Frankfurter Hefte* II, (1974), S. 1094-1096.

63 Jendricke, *Alfred Andersch*, S. 52-53.

64 Richter, *Hans Werner Richter und die Gruppe 47*, S. 34.

65 Jendricke, *Alfred Andersch*, S. 53.

66 Richter, *Hans Werner Richter und die Gruppe 47*, S. 37.

67 Ebda, S. 38.

68 Ebda, S. 42.

69 Ebda, S. 43-44.

70 Ehrmann-Korrespondenz, Vinz to Ehrmann, 12. Mai 1947.

71 Richter, *Hans Werner Richter und die Gruppe 47*, S. 47 ff; Vaillant, *Der Ruf*, S. 41-44; Jendricke, *Andersch*, S. 59-60.

72 Wuermeling, *Die weiße Liste*, S. 45-46.

73 Vaillant, *Der Ruf*, S. 49.

74 Brief von Henry Faulk an den Verfasser, 1. Oktober 1988.

75 BA-MA, B205/1436, Interview mit Prof. Dr. W. A., 3. Dezember 1964, S. 81.

76 „Ein Wilton Park-Treffen in Deutschland", *Zukunft* Nr. 37, 20. September 1948.

8. Die russische Repatriierung und die Fortsetzung der Antifa-Schulen

1 J.V. Puttkamer, *Von Stalingrad zur Volkspolizei*, S. 75. Puttkamer wurde später Zeitungsredakteur in Westdeutschland, bevor er von Willy Brandt zum Botschafter in Israel ernannt wurde.

2 Ebda, S. 74. Noch 1947 war in nachrichtendienstlichen Quellen des britischen und amerikanischen Militärs von einer geheimen „Seydlitz- oder Paulus-Armee" die Rede, die in der Sowjetunion aufgestellt wurde. In einem britischen Bericht wurde ihre Größe auf 90.000 bis 250.000 Mann - hauptsächlich deutsche Kriegsgefangene - geschätzt. NA, RG 260, OMGUS, 17/57-3/9, British report on German Liberation Army to EUCOM, Frankfurt am Main, 26. August 1947. 1991 machte sich Bernt von Kügelgen über die Vorstellung einer solchen Armee lustig. Er berichtete, wie er in Berlin von einem amerikanischen Colonel darüber befragt wurde: „Niemals und zu keiner Zeit hat es eine Seydlitz-Armee gegeben. Die USA kämpften wie Don Quixote gegen Windmühlen." „Danach", S. 11-12.

3 Ebda, S. 2 und 6.

4 Kurt Libera, „Zur Entwicklung der antifaschistischen Bewegung unter den deutschen Kriegsgefangenen in der UdSSR nach dem Sieg über den Hitlerfaschismus (1945-1950)", Diss., Institut für Gesellschaftswissenschaften beim Zentralkomitee der Sozialistischen Einheitspartei Deutschland, Berlin, Mai 1968, S. 43.

5 Monthly Report of the Military Governor, U.S. Zone, Juli 1945, S. 17.

6 NA, RG 84, OMGUS, POLAD 32/70, Clay to War Dept., 9. August 1945.

7 Dengler, *Zwei Leben in einem*, S. 131-132.

8 Willy Wolff, *An der Seite der Roten Armee* (Berlin: Militärverlag, 1975), S. 242-243.

9 Dengler, *Zwei Leben in einem*, S. 140.

10 Kügelgen, „Danach", S. 1.

11 Libera, „Zur Entwicklung", S. 48-50.

12 Richard Gyptner, „Aktivisten der ersten Stunde" in *Beiträge zur Geschichte der deutschen Arbeiterbewegung* (BGDAB) 1 (1959) 4, S. 745-751.

13 Kügelgen, „Danach", S. 7.

14 Bernt von Kügelgen, *Die Nacht der Entscheidung* (Berlin: Pahl-Rugenstein Verlag, 1984), S. 475 ff.

15 Margret Bechler, *Warten auf Antwort* (Frankfurt am Main-Berlin: Ullstein, 1992), S. 27.

16 Bernhard Bechler, „Personalpolitische Erfahrungen im ersten Jahr des Neuaufbaues in der Provinz Brandenburg", *Demokratischer Aufbau* 1 (1946), S. 107-108. Kopelew, der mit Bechler an der Front arbeitete, schrieb, daß er keine Verantwortung übernehmen und nie eine Entscheidung treffen konnte,

wenn er keine ausdrückliche Genehmigung dazu besaß. Lew Kopelew, *Aufbewahren für alle Zeit* (München: dtv, 1987), S. 645.

17 M. Bechler, *Warten auf Antwort* ist eine interessante Darstellung der Ereignisse vom Gesichtpunkt seiner Frau aus gesehen.

18 Spittmann, Hrsg., *Die SED*, S. 239; und *Namen und Daten*, S. 138.

19 Vgl. Einsiedel, *I joined the Russians*.

20 Puttkamer, *Von Stalingrad zur Volkspolizei*, S. 78. Puttkamer vermutet, daß Emmendörfer wegen Mißhandlung eines anderen Lagerinsassen während seiner Inhaftierung im Konzentrationslager beschuldigt wurde. Ebda.

21 Kügelgen, „Danach", S. 11-12.

22 *Germany Reports* (Bonn: Presse- und Informationsamt der Bundesregierung, 1961), S. 277.

23 BA-MA, B205/v.587, Drei Berichte über Antifaschisten Lageraktivs, S. 2-3.

24 Ebda.

25 *Die Welt*, 8. und 10. Oktober 1955, zitiert nach Reiners, „Soviet Indoctrination", S. 70.

26 Brief von Heinrich H. an den Verfasser, 2. April 1994.

27 Brief von Hannelore H. an den Verfasser, 22. März 1994.

28 NA, RG 260, OMGUS 17/57-3/9, Antifa school lists, o.D.

29 BA, B150/336, „Zentralverband der Rußland Heimkehrer", Brief 1. Juni 1948.

30 BA, B150/156.

31 *Unser Weg*, Schriftenreihe des VdH, Nr. 76/1988, S. 42. Viele Jahre lang beschuldigten sich die beiden deutschen Staaten gegenseitig, wichtige ehemalige Nazis in öffentlichen Ämtern zu haben.

32 Vgl. Alexander Fischer, „Die Bewegung ‚Freies Deutschland' in der Sowjetunion: Widerstand hinter Stacheldraht?" in Jürgen Schmädeke und Peter Steinbach, Hrsg., *Der Widerstand gegen den Nationalsozialismus: Die deutsche Gesellschaft und der Widerstand gegen Hitler* (München: Piper, 1985), S. 945 ff.

33 Libera, „Zur Entwicklung", S. 63.

34 BA, Z35/489, „Das Schicksal der deutschen Kriegsgefangenen in der Sowjetunion", April 1949, S. 148-150.

35 Ebda, S. 151.

36 Kurt Libera, „Deutsche Kriegsgefangene bereiten sich in der Sowjetunion auf ihre Aufgaben beim Aufbau eines demokratischen und friedliebenden Deutschlands vor", *Beiträge zur Geschichte der deutschen Arbeiterbewegung* (BGDAB) 7 (1965) 2, S. 315-328.

37 Brief von Heinz D. an den Verfasser, 30. April 1994.

38 Frieser, *Krieg hinter Stacheldraht*, S. 376.

39 Duhnke, *Die KPD*, S. 383.

40 BA, Z35/489, „Das Schicksal der deutschen Kriegsgefangenen in der Sowjetunion", S. 153-154. Für die Angabe der Lage aller Antifa-Schulen siehe Robel, *Die deutschen Kriegsgefangenen*, S. 476-478.

41 NA, RG 260, OMGUS, 17/57-3/9, Secret British intelligence report on Ernst Stolz, 20. August 1947.

42 Robel, *Die deutschen Kriegsgefangenen*, S. 205-207.
43 Arkadij Krupennikow, „Zur Frage über die Konzeption der ständigen Ausstellung ‚Sowjetische Kriegsgefangenenschaft 1941-1955 in Krasnogorsk'“, o.D., und A. A. Krupennikow et al., Bearbeiter, *Museum deutscher Antifaschisten* (Katalog), S. 2-3.
44 Brief von Herbert B. an den Verfasser, 18. März 1994.
45 Helmut Gollwitzer, ... *und führen wohin du willst. Bericht einer Gefangenschaft* (Gütersloh: Gütersloher Verlagshaus Mohn, 1983), S. 92-97; 154-155.
46 NA, RG 260, OMGUS, 17/57-3/9, British Stolz report.
47 Robel, *Die deutschen Kriegsgefangenen*, S. 397-398.
48 Ebda, S. 399-401.
49 BA, Z35/338, „Hilfsdienst für Kriegsgefangene und Vermißte. Bericht eines aus russischer Kriegsgefangenenschaft heimgekehrten deutschen Kriegsgefangenen“, S. 40.
50 BA-MA, B205/587, Drei Berichte, S. 2-4.
51 Vgl. Smith, *Heimkehr*, S. 82 ff.
52 Robel, *Die deutschen Kriegsgefangenen*, S. 203-204.
53 Libera, „Zur Entwicklung“, S. 311. Liberas Zahlen werden von westlichen Quellen teilweise bestätigt: Duhnke, *Die KPD*, S. 392; Patel, *Versuchung*, S. 248-249, Fußnote 12; und Fritz Lowenthal, *News from Soviet Germany* (London: Gollancz Ltd., 1950), S. 37.
54 Robel, *Die deutschen Kriegsgefangenen*, S. 268 und 307-308.
55 Alexander Blank, *Die deutschen Kriegsgefangenen in der UdSSR* (Köln: Pahl-Rugenstein Verlag, 1979), S. 196; und BA, B150/156, Arbeitsgemeinschaft ehemaliger Offiziere.
56 Kügelgen, „Danach“, S. 8-9.

9. Ein halbes Jahrhundert später ...

1 James J. Sheehan, „National History and National Identity in the New Germany“, *German Studies Review*, Winter 1992, S. 163-174.
2 Wäre diese Vergleichsuntersuchung zur Umerziehung der deutschen Kriegsgefangenen vor dem Zusammenbruch des Kommunismus fertiggestellt worden, wären die Schlußfolgerungen über Ostdeutschland und die Antifa-Schulen natürlich ganz anders ausgefallen.
3 NA RG 260, OMGUS, 5/300-1/33, „Plans for School for Self-Government and Civic Leadership in Germany“, 16. Mai 1946 und die dazugehörige Korrespondenz.
4 Hocking, *Experiment in Education*, S. 16-17.
5 Karl-Ernst Bungenstab, *Umerziehung zur Demokratie? Re-education Politik im Bildungswesen der US-Zone 1945-1949* (Düsseldorf: Bertelsmann Universitätsverlag 1970), S. 166-167.
6 Faulk-Notes, S. 11.
7 Ebda, S. 12.

8 BA-MA, B205/v.972, „Stärker als Stacheldraht - Die sogenannte Umerziehung deutscher Kriegsgefangenen in England und was aus ihr wurde", Westdeutscher Rundfunk, 2. Oktober 1962, 21-22 Uhr, Köln, S. 18.

9 Es hat Versuche gegeben, das russische Umerziehungsexperiment mit der Erfahrung einiger amerikanischer Kriegsgefangenen in Korea zu vergleichen, die nach einer Gehirnwäsche ihrer Regierung zugunsten des Kommunismus abschwörten. Die amerikanische Situation unterschied sich jedoch wesentlich von der der deutschen Kriegsgefangenen, da in den USA die Heimatfront vom Krieg nicht betroffen und die Anzahl der kriegsgefangenen Amerikaner verhältnismäßig gering war.

10 *Neues Deutschland,* 13. Juli 1988, S. 1.

11 Henry A. Turner, Jr., *Germany from Partition to Reunification* (New Haven: Yale University Press, 1992), S. 257-258.

12 Vgl. Gordon Craig, *The Germans* (New York: New American Library, 1988), S. 299 und 303.

13 Vgl. die Briefe an den Verfasser in der Bibliographie.

Bibliographie

Archivalische Quellen

Deutschland

BA, B 150
BA, Z 35
BA, NS 6
BA, NL 109
BA, NL 266
BA-MA, 205
BA-MA, M Sg 200
BA-MA, M Sg 2/4105
PA, BZ 1

Großbritannien

WO, 32/11121

Rußland

MMHA, OF 910/11-12

Vereinigte Staaten

NA, RG 84
NA, RG 260
NA, RG 389

Sonstige ungedruckte Quellen

Ehrmann, Henry: Korrespondenz mit ehemaligen Schülern der Special Projects-Schulen in Fort Getty, Kearney, Wetherill und Eustis 1946-1948. University Library, State University of New York, Albany.

Farrand, Stephen: Collection. Hoover Institution.

Faulk, Henry: Faulk notes, 13 S.

Gillen, J. R J.: „The Special Projects Program of the Office of the U.S. High Commissioner for Germany." Office of U.S. High Commissioner for Germany, 1952.

Krupennikov, Arkadij: „Zur Frage über die Konzeption der ständigen Ausstellung ‚Sowjetische Kriegsgefangenschaft 1941-1955 in Krasnogorsk'." o.J., 3 S.

Kügelgen, Bernt von: „Danach, Das Nationalkomitee Freies Deutschland, sein Erbe und seine Erben." 16 S.

Küster, E.: „Die Umerziehungsarbeit der Kommunisten und Antifaschisten der Division 999 unter der deutschen Jugend in den Kriegsgefangenenlagern der USA, England, Frankreichs, usw." Staatsexamensarbeit. Greifswald, 1963.

Libera, Kurt: „Zur Entwicklung der antifaschistischen Bewegung unter den deutschen Kriegsgefangenen in der UdSSR nach dem Sieg über den Hitlerfaschismus (1945-1950)." Diss. Institut für Gesellschaftswissenschaften beim Zentralkomitee der Sozialistischen Einheitspartei Deutschlands. Berlin, Mai 1968.

McCracken, George E.: „The Prisoners of War Re-Education Program in the Years 1943-1946." Office of the Chief of Military History, Dept. of the Army, Washington, D.C., 1953.

Provost Marshal General's Office, Special Projects Division: „Re-Education of Enemy Prisoners of War." Office of the Chief of Military History, Dept. of the Army, Washington, D.C., November 1945.

„Re-Education of Enemy Prisoners of War Projects II and III. Office of the Chief of Military History, Dept. of the Army, Washington, D.C., 1. März 1946.

„Re-Education of Enemy Prisoners of War, Eustis Project." Office of the Chief of Military History, Dept. of the Army, Washington, D.C., 4. April 1946.

Reiners, Wilfred: „Soviet Indoctrination of German War Prisoners 1941-1956." Center for International Studies, Massachusetts Institute of Technology, o.J.

Schoenstedt, Walter: Collection. Shields Library, University of Califomia, Davis.

Speakman, Cummins E., Jr.: „Re-Education of German Prisoners of War in the United States during World War II." MA Thesis, University of Virginia, 1948.

U.S. Occupation Forces in Europe, 1945-1946: „Disarmament and Disbandment of the German Armed Forces." Office of the Chief Historian, Frankfurt am Main, 1947.

Briefe an den Autor: Henry Faulk, 18. Oktober 1988; Henry Ehrmann, 24. Juli 1990; Bernt von Kügelgen, 13. Oktober 1991; William Moulton, 12. Juli 1990: Willi B., 18. März 1994; Kurt B., 4. April 1989; Horst B., 28. März 1989; Herbert B., 18. März 1994; Gerhard D., 3. Oktober 1991; Rudolf D., 12. Januar 1989; Heinz D., 30. April 1994; August E., 4. April 1989; Heinrich H., 2. April 1994; Alois H., 18. November 1988; Franz K., 31. März 1994; Paul K., 26. März 1994; Leo K., 25. November 1988; Fritz K., 8. September 1989; Gunther K., 6. November 1991; Ulrich K., 5. April 1994; Martin K., 16. Dezember 1988; Irmgard K., 12. September 1989; Elsa M., 24. Mai 1994; Sepp M., 27. März 1994; Erich M., 30. Dezember 1988; Wolfgang O., 11. April 1994; Otto R., 29. April 1989; Josef R., 6. Dezember 1988; Oskar R., 8. Mai 1989; Theodor S., 20. März 1994; Lorenz S., 10. April 1988; Edgar S., 26. Februar 1989; Fritz S., 6. April 1994; Claus T., 11. September 1989; Karl W., 11. Mai 1989; Hannelore H., 22. März 1994.

Interviews

Kunzig, Robert L., Washington, D.C., 17. Februar 1979.
Stegmann, Egon, Dortmund, 31. Juli 1988.

Radio- und Fernsehsendungen

„College und Kaderschmiede". Norddeutscher Rundfunk, 20. Dezember 1987.

„Man nannte sie Verräter - Nationalkomitee Freies Deutschland und Bund Deutscher Offiziere, 1943-1945". Dokumentarfilm der Chronos-Film, Berlin, 1990.

„Roter Stern und Stacheldraht". Norddeutscher Rundfunk, 11 März 1989.

„Stärker als Stacheldraht - Die sogenannte Umerziehumg deutscher Kriegsgefangener in England, und was aus ihr wurde". Westdeutscher Rundfunk, 2. Oktober 1962.

Gedruckte Quellen und Darstellungen

Bücher, Zeitschriftenaufsätze, Zeitungsartikel

Abraham, Heinz: „Mit diesen Menschen werden wir den Sozialismus aufbauen". *Theorie und Praxis*. Heft 2 (1965), S. 6-8.

Andersch, Alfred: *Bericht Roman Erzählungen*. Freiburg i.B.: Walter Verlag, 1965.

Andersch, Alfred: *My Disappearance in Providence and Other Stories*. Übers. Ralph Manheim. New York: Doubleday, 1978.

Andersch, Alfred: „Getty oder die Umerziehung in der Retorte." *Frankfurter Hefte*. II (1974), S. 1089-1096.

Ansbacher, H. L.: „Attitudes of German Prisoners of War: A Study of the Dynamics of National-Socialistic Followship." *Psychological Monographs*. Bd. 62, No.1, 1948, S. 1-42.

Bacque, James: *Other Losses*. Toronto: Stoddart Publishing Co.,1989.

Bechler, Bernhard: „Personalpolitische Erfahrungen im ersten Jahr des Neuaufbaues in der Provinz Brandenburg." *Demokratischer Aufbau*. 1, 1946, S. 107-108.

Bechler, Margret: *Warten auf Antwort: Ein deutsches Schicksal*. Berlin: Ullstein Verlag, 1992.

Beck, Reinhart: *Sachwörterbuch der Politik*. Stuttgart: Alfred Kröner Verlag, 1986.

Belz, Willi: *Soldat gegen Hitler: Ein Antikriegsbuch*. Köln: Pahl-Rugenstein Verlag, 1987.

Bender, Roger J. und Richard Law: *Uniforms, Organization and History of the Afrikakorps*. Mountain View, Calif.: R. James Bender Pub., 1973.

Bird, Kai: *The Chairman, John J. McCloy: The Making of the American Establishment*. New York: Simon and Shuster, 1992.

Bischof, Günther, und Stephen E. Ambrose, Hrsg.: *Eisenhower and the German POWs*. Baton Rouge and London: Louisana State University Press, 1992.

Blank, Alexander: *Die deutschen Kriegsgefangenen in der UdSSR*. Köln: Pahl-Rugenstein Verlag, 1979.

Boehm, Eric: „The ‚Free Germans' in Soviet Psychological Warfare." *Public Opinion Quarterly*. 14 (Sommer 1950), S. 285-295.

Böhm, Kurt W.: *Die deutschen Kriegsgefangenen in Jugoslawien 1941-1949*. München: Gieseking, 1962. Maschke Bd. I/1.

Böhm, Kurt W.: *Geist und Kultur der deutschen Kriegsgefangenen im Westen*. München: Gieseking Verlag, 1968. Maschke Bd. XIV.

Böhm, Kurt W.: *Die deutschen Kriegsgefangenen in französischer Hand*. München: Gieseking Verlag, 1971. Maschke Bd. XIII.

Böhm, Kurt W.: Die deutschen Kriegsgefangenen in amerikanischer Hand - Europa. München: Gieseking Verlag, 1973. Maschke Bd. X/2.

Bondy, Curt: „Observations and Re-education of German Prisoners of War." *The Harvard Educational Review*. No. 1 (Januar 1944), S. 12-17.

Bromley, Dorthy D.: „War Prisoners Include Nazis and Anti-Nazis." *New York Herald Tribune*, 12. April 1944.

Bruckner, Ferdinand: „Captured into Freedom." *Soviet Russia Today*. Mai 1942, S. 20, 34.

Buch, Günther, Bearb.: *Namen und Daten*. Berlin: Verlag J.H.W. Dietz, 1973.

Bungenstab, Karl-Ernst: *Umerziehung zur Demokratie? Re-education-Politik im Bildungswesen der US-Zone 1945-1949*. Düsseldorf: Bertelsmann Universitäts-Verlag, 1970.

Buxton, Dorthy F.: „Friends or Enemies?" *The Spectator*. 20. Dezember 1946, S. 667-668.

Casady, Edwin: „The Reorientation Program for PW's at Fort Eustis, Virginia." *The American Oxonian*. XXXIV (Juli 1947), S. 146-154.

Cassidy, Henry C.: „What to Do with German Prisoners, The Russian Solution." *The Atlantic Monthly*. November 1944, S. 43-45.

Childs, David: *The GDR, Moscow's German Ally*. London: Unwin Hyman, 1988.

Cook, F. G. Alletson: „Democratic ABC's for Nazi PWs." *New York Times Magazine*. 21. November 1943.

Cookridge, E. H.: *Gehlen: Spy of the Century*. London: Transworld Pub., Ltd., 1972.

Craig, Gordon A.: *The Germans*. New York: New American Library, 1982.

Davidson, Eugene: *The Death and Life of Germany: An Account of the American Occupation*. New York: Alfred A. Knopf, 1952.

Davison, Peter: *Half Remembered: A Personal History*. New York: Harper and Row, 1973.

Dengler, Gerhard: *Zwei Leben in einem*. Berlin: Militärverlag, 1989.

Derby, Stafford: „New Light for German POW's." *Christian Science Monitor Magazine*. 8. Dezember 1945, S. 8.

Deuerlein, Ernst, Hrsg.: *DDR: Geschichte und Bestandsaufnahme*. München: dtv, 1966.

Dicks, Henry V.: „Personality Traits and National Socialist Ideology. A War-Time Study of German Prisoners of War." *Human Relations*. Vol. III, No.2 (1950), S. 111-154.

Diehl, James M.: *The Thanks of the Fatherland: German Veterans after the Second World War*. Chapel Hill, North Carolina: University of North Carolina Press, 1992.

Diesener, Gerald: „Der Beitritt kriegsgefangener Generäle zur Bewegung ‚Freies Deutschland' in 1944." *Militärgeschichte*. 5/88, S. 455-460.

„Division 999". *The German American*. Bd. III, No. 2 (15. Mai 1944), S. 1, 5.

Dönhoff, Marion Gräfin: „Was heißt Widerstand?" *Die Zeit*. Nr. 30, 28. Juli 1989.

Drobisch, Klaus, Hrsg.: *Christen im Nationalkomitee „Freies Deutschland": Eine Dokumentation*. Berlin: Union Verlag, 1973.

Duhnke, Horst: *Die KPD von 1933 bis 1945*. Köln: Kiepenheuer und Witsch, 1972.

Edinger, Lewis J.: *German Exile Politics: The Social Democratic Executive Committee in the Nazi Era*. Berkeley and Los Angeles: University of California Press, 1956.

Ehrmann, Henry W.: „An Experiment in Political Education: The Prisoner-of-War Schools in the United States." *Social Research*. September 1947, S. 304-320.

„Ein Wilton-Park-Treffen in Deutschland." *Zukunft*. 4. Jahrgang, Nr. 37 (20. September 1948), S. 7.

Einsiedel, Heinrich Graf von: *Tagebuch der Versuchung*. Berlin, Stuttgart: Pontes-Verlag, 1950.

Einsiedel, Heinrich Graf von: *I Joined the Russians*. New Haven, Conn.: Yale University Press, 1953.

Faulk, Henry: *Die deutschen Kriegsgefangenen in Großbritannien: Re-education*. München: Gieseking Verlag, 1970. Maschke Bd. XI/2.

Faulk, Henry: *Group Captive: The Re-education of German Prisoners of War in Great Britain, 1945-1948*. London: Chatto and Windus, 1977.

Fischer, Alexander: „Die Bewegung ‚Freies Deutschland' in der Sowjetunion: Widerstand hinter Stacheldraht?", in: Jürgen Schmädeke und Peter Steinbach, Hrsg., *Der Widerstand gegen den Nationalsozialismus: Die deutsche Gesellschaft und der Widerstand gegen Hitler*. München: Piper, 1985.

Frieser, Karl-Heinz: *Krieg hinter Stacheldraht, Die deutschen Kriegsgefangenen und das Nationalkomitee Freies Deutschland*. München: C. H. Beck, 1986.

Gansberg, Judith: *Stalag: U.S.A. - The Remarkable Story of German POWs in America*. New York: Thomas Y. Crowell, 1977.

Germany Reports. Bonn: Press and Information Office of the Federal Government, 1961.

Gollwitzer, Helmut: ... *und führen wohin du nicht willst: Bericht einer Gefangenschaft*. Gütersloh: Gütersloher Verlagshaus Mohn, 1983.

Grabert, Fritz: „Hier Nationalkomitee Freies Deutschland! Der Krieg ist für Sie zu Ende!" *Die Volksarmee*. 2, Nr. 130 (1952), S. 4.

Gyptner, Richard: „Aktivisten der ersten Stunde." *Beiträge zur Geschichte der deutschen Arbeiterbewegung*. 1,4 (1959), S. 745-751.

Habe, Hans: *Im Jahre Null*. München: Heyne Verlag, 1981.

Hearnden, Arthur, Hrsg.: *The British in Germany, Educational Reconstruction after 1945*. London: Hamish Hamilton, 1978.

Hildebrand, Klaus: *The Foreign Policy of the Third Reich*. Übers. Anthony Fothergill. Berkley: University of California Press, 1973.

Hocking, William Ernst: *Experiment in Education: What We Can Learn from Teaching Germany*. Chicago: Henry Regnery Co., 1954.

Jacobsen, Hans-Adolf und Arthur L. Smith, Jr.: *World War II: Policy and Strategy*. Santa Barbara and Oxford: Clio Books, 1979.

Jendricke, Bernhard: *Alfred Andersch*. Reinbek bei Hamburg: Rowohlt, 1988.

Joesten, Joachim: „Stalin's New Germany." *Nation*. 4. September 1943, S. 259-261.

Kantorowicz, Alfred: „‚Free Germany' in Moscow." *Free World*. Februar 1944, S. 149-156.

Keezer, Dexter M.: *A Unique Contribution to International Relations: The Story of Wilton Park*. New York: McGraw-Hill, 1973.

Klausch, Hans-Peter: *Die 999er. Von der Brigade „Z" zur Afrika-Division 999: Die Bewährungsbataillone und ihr Anteil am antifaschistischen Widerstand*. Frankfurt a.M.: Röderberg-Verlag, 1986.

Kleßmann, Christoph: *Die doppelte Staatsgründung. Deutsche Geschichte 1945-1955*. Bonn: Schriftenreihe der Bundeszentrale für politische Bildung, 1986.

Knappen, Marshall: *And Call It Peace*. Chicago: University of Chicago Press, 1947.

Kochan, Miriam: *Prisoners of England*. London: MacMillan Press, 1980.

Kopelew, Lew: *Aufbewahren für alle Zeit!* München: dtv, 1987.

Kornrumpf, Martin: *Kleiner unter Großen*. Schwalmstadt: Selbstverlag des Autors, 1995.

Krammer, Arnold: *Nazi Prisoners of War in America*. New York: Stein and Day, 1979.

Krupennikow, A. A., u.a., Bearb.: *Museum deutscher Antifaschisten*. Krasnogorsk: o.O., o.J.

Kügelgen, Bernt von: *Die Nacht der Entscheidung, Der Weg eines deutschen Offiziers zum Nationalkomitee Freies Deutschland: Eine Autobiographie.* Berlin: Pahl-Rugenstein Verlag, 1984.

Lehmann, Albrecht: *Gefangenschaft und Heimkehr: Deutsche Kriegsgefangene in der Sowjetunion.* München: C. H. Beck, 1986.

Leonhard, Wolfgang: *Die Revolution entläßt ihre Kinder.* Köln, Berlin: Kiepenheuer und Witsch, 1956.

Leonhard, Wolfgang: *Das kurze Leben der DDR.* Stuttgart: Deutsche Verlags-Anstalt, 1990.

Levy, David: „The German Anti-Nazi - A Case Study." *American Journal of Orthopsychiatry.* 16 (Juli 1946), S. 507-515.

Libera, Kurt: „Deutsche Kriegsgefangene bereiten sich in der Sowjetunion auf ihre Aufgaben beim Aufbau eines demokratischen und friedliebenden Deutschland vor". *Beiträge zur Geschichte der deutschen Arbeiterbewegung.* 7,2 (1965), S. 315-328.

Liddell, Helen: *Education in Occupied Germany.* Paris: Rivére et Cie, 1949.

Lifton, Robert Jay: *Thought Reform and the Psychology of Totalism: A Study of „Brainwashing" in China.* New York: W. W. Norton, 1981.

Loewenthal, Fritz: *News from Soviet Germany.* London: Gollancz Ltd., 1950.

Maschke, Erich, u.a.: *Die deutschen Kriegsgefangenen des Zweiten Weltkrieges: Eine Zusammenfassung.* München: Gieseking Verlag, 1974. Maschke Bd. XV.

Maienburg, Ruth von: *Hotel Lux.* Frankfurt a.M., Berlin: Ullstein Verlag, 1981.

Merker, Paul: *Deutschland, Sein oder nicht sein?* Mexiko, D.F.: El Libro Libre, 1945.

Merritt, Anna J. und Richard L., Hrsg.: *Public Opinion in Occupied Germany.* Urbana, Ill.: University of Illinois Press, 1970.

Merson, Allan: *Communist Resistance in Nazi Germany.* London: Lawrence and Wishart, 1985.

Moll, Otto E.: *Die deutschen Generalfeldmarschalle, 1935-1945.* Rastatt: Erich Pabel Verlag, 1962.

Pate, Karl O:. *Versuchung oder Chance? Zur Geschichte des deutschen National-Bolschewismus.* Göttingen: Muster-Schmidt-Verlag, 1965.

Pike, David: *German Writers in Soviet Exile, 1933-1945.* Chapel Hill, North Carolina: University of North Carolina Press, 1982.

Pronay, Nicholas und Keith Wilson, Hrsg.: *The Political Re-Education of Germany and Her Allies after World War II.* Totowa, New Jersey: Barnes and Noble, 1985.

Puttkamer, Jesco von: *Von Stalingrad zur Volkspolizei, Geschichte des National-Komitee „Freies Deutschland".* Wiesbaden: Michael-Verlag, 1951.

Puttkamer, Jesco von: *Irrtum und Schuld.* Neuwied, Berlin: Michael-Verlag, 1948.

Reynolds, Quentin: „Experiment in Democracy." *Colliers.* 25. Mai 1946.

Richter, Hans Werner: *Hans Werner Richter und die Gruppe 47*. Frankfurt a.M., Berlin: Ullstein, 1981.

Richter, Hans Werner: *Beyond Defeat*. New York: G. R Putnam's Sons, 1950.

Robel, Gert: *Die deutschen Kriegsgefangenen in der Sowjetunion: Antifa*. München: Gieseking Verlag, 1974. Maschke Bd. VIII.

Rühle, Otto: *Genesung in Jelabuga, Autobiographischer Bericht*. Berlin: Verlag der Nation, 1968.

Sandford, Gregory W.: *From Hitler to Ulbricht: The Communist Reconstruction of East Germany, 1945-1946*. Princeton, New Jersey: Princeton University Press, 1983.

Scheurig, Bodo: *Freies Deutschland. Das Nationalkomitee und der Bund Deutscher Offiziere in der Sowjetunion 1943-1945*. München: Nymphenburger Verlagshandlung, 1960.

Scheurig, Bodo: *Free Germany, The National Committee and the League of German Officers*. Übers. Herbert Arnold. Middletown, Conn.: Wesleyan Press, 1969.

Scheurig, Bodo: *Verrat hinter Stacheldraht? Das Nationalkomitee „Freies Deutschland" und der Bund Deutscher Offiziere in der Sowjetunion 1943-1945*. München: dtv, 1965.

Schoenhals, Kai S.: *The Free Germany Movement: A Case of Patriotism or Treason?* Westport, Conn.: Greenwood Press, 1989.

Schoeps, Karl-Heinz: „,The Golden Cage' and the Re-Education of German Writers in American POW Camps: Hans Werner Richter and Alfred Andersch", in: Heinz D. Osterle, Hrsg., *Amerika!*, New York: Peter Lang, 1989.

Schluz, Eduard, Hrsg.: *Wir waren Augenzeugen, Heimkehrer berichten*. Berlin: Verlag Kultur und Fortschritt, o.J.

Schwab-Felisch, Hans: *Der Ruf: Eine deutsche Nachkriegszeitschrift*. München: dtv, 1962.

Schwartz, Thomas Allan: *America's Germany: John J. McCloy and the Federal Republic of Germany*. Cambridge, Mass.: Harvard University Press, 1991.

Seydlitz, Walther von: *Stalingrad: Konflikt und Konsequenz. Erinnerungen*. Oldenburg, Hamburg: Verlag Gerhard Stalling, 1977.

Sheehan, James J.: „National History and National Identity in the New Germany." *German Studies Review*. Winter 1992, S. 163-174.

Smith, Arthur L., Jr.: *Churchill's German Army: Wartime Strategy and Cold War Politics, 1943-1947*. Beverly Hills and London: Sage Publications, 1977.

Smith, Arthur L., Jr.: *Heimkehr aus dem Zweiten Weltkrieg, Die Entlassung der deutschen Kriegsgefangenen*. Stuttgart: Deutsche Verlags-Anstalt, 1985.

Smith, Arthur L., Jr.: *Die vermißte Million: Zum Schicksal deutscher Kriegsgefangener nach dem Zweiten Weltkrieg*. München: Oldenbourg Verlag, 1992.

Smith, Jean Edward, Hrsg.: *The Papers of General Lucius D. Clay.* Vol. 2. Bloomington, Ind.: Indiana University Press, 1974.

Smith, R. Harris: *OSS: The Secret History of America's First Central Intelligence Agency.* Berkeley, Calif.: University of California Press, 1972.

Spittmann, Ilse, Hrsg.: *Die SED in Geschichte und Gegenwart.* Köln: Verlag Wissenschaft und Politik, 1987.

Steidle, Luitpold: *Entscheidung an der Wolga.* Berlin: Union Verlag, 1960.

Steinbach, Peter: „Widerstandsforschung im politischen Spannungsfeld." *Aus Politik und Zeitgeschichte.* B 28/88 (8. Juli 1988), S. 1-21.

Stenbuck, Jack: „German War Prisoners for Democratic Leadership". *Magazine Digest.* 31 (Dezember 1945), S. 66-72.

Stern, Carola: *Ulbricht: A Political Biography.* New York: Frederick Praeger, 1965.

Stets, Dan: „„The Spirit of Kearney': The Project in Rhode Island that Shaped Postwar Germany." *Providence Sunday Journal Magazine.* 18. Juli 1982, S. 6-10.

Strasser, Otto: „Free Germany against Hitler." New York-Bronx: o.V., o.J.

Sullivan, Matthew Barry: *Thresholds of Peace, Four Hundred Thousand German Prisoners and the People of Britain, 1944-1948.* London: Hamish Hamilton, 1979.

Thompson, Lawrance: *Robert Frost: The Years of Triumph, 1915-1938.* New York: Holt, Rhinehart and Winston, 1970.

Tulatz, Herbert A.: „Fort Eustis - ein Experiment der Demokratie." *Die Zukunft.* 13/46, S. 6.

Turner, Henry A.: *Germany from Partition to Reunification.* New Haven, Conn.: Yale University Press, 1992.

Ulbricht, Walter, u.a.: *Geschichte der deutschen Arbeiterbewegung*, Bd. 5. Berlin: Dietz Verlag, 1966.

Unser Weg. Schriftenreihe des VdH. 76/1988, S. 42.

Weinert, Erich: *Stalingrad Diary.* London: I.N.G. Pub., 1944.

Weinert, Erich: *Das Nationalkomitee „Freies Deutschland" 1943-1945.* Berlin: Rütten und Lönig, 1957.

Weinert, Erich: „Russian Against German". *Atlantic Monthly.* März 1944, S. 51-56.

Wolff, Helmut: *Die deutschen Kriegsgefangenen in britischer Hand: Ein Überblick.* München: Gieseking Verlag, 1974. Maschke Bd. Xl/1.

Wolff, Willy: *An der Seite der Roten Armee.* Berlin: Militärverlag, 1975.

Wuermeling, Henric L.: *Die weiße Liste: Umbruch der politischen Kultur in Deutschland 1945.* Frankfurt a.M., Berlin: Ullstein, 1988.

Zhukov, Georgi K.: *Marshal Zhukov's Greatest Battles.* Übers. Theodore Shabad. New York: Harper and Row, 1969.

Amtliche Mitteilungsblätter, Serien und Zeitungen

British Zone Review, A Monthly Review of the Activities of the Control Commission for Germany. United States. Dept. of State Publication 2664.

Foreign Relations of the United States, Diplomatic Papers.

Military Government Weekly Bulletin.

Monthly Report of the Military Governor, U.S. Zone.

Christ und Welt
Freies Deutschland
Der Ruf
Die Wahrheit
Die Wochenpost

Abkürzungsverzeichnis

BA	Bundesarchiv (Koblenz)
BA-MA	Bundesarchiv-Militärarchiv (Freiburg i. Br.)
BDO	Bund Deutscher Offiziere
BGDAB	Beiträge zur Geschichte der deutschen Arbeiterbewegung
C.I.C.	U.S. Army Counter Intelligence Corps
C.O.	Commanding Officer
CDU	Christlich-Demokratische Union
DEF	Disarmed Enemy Forces
F.R.U.S.	Foreign Relations of the United States, Diplomatic Papers
FDJ	Freie Deutsche Jugend
GB WO	Great Britain, War Office
KP	Kommunistische Partei
KPD	Kommunistische Partei Deutschlands
Lt. Col.	Lieutenant Colonel
M.G.	Militärregierung
MMHA	Museum Deutscher Antifaschisten (Krasnogorsk)
NA	United States National Archives (Washington D.C.)
NKFD	Nationalkomitee Freies Deutschland
NL	Nachlaß
NSDAP	Nationalsozialistische Deutsche Arbeiterpartei
OMGUS	Office of Military Government, United States
Pg.	Parteigenosse (der NSDAP)
POW/PW	Prisoner of War
POWD	Prisoner of War Division, Foreign Office
POWSPD	Prisoner of War, Special Projects Division
P.W.E.	Political Warfare Executive
RG	Record Group
SED	Sozialistische Einheitspartei Deutschlands
SEP	Surrendered Enemy Personel
SHAEF	Supreme Headquarter Allied Expeditionary Force
SPD	Sozialdemokratische Partei Deutschlands
US PMGO	United States, Provost Marshal General's Office
USFET	United States Forces European Theater
VdH	Verband der Heimkehrer, Kriegsgefangenen und Vermißtenangehörigen Deutschlands
WP	Wilton Park

Register

Fundstellen zu den Stichworten *Kriegsgefangene* und *Umerziehung* werden aufgrund ihres häufigen Vorkommens nicht gesondert ausgewiesen. Bei den Stichworten *Deutschland, Engiand, Großbritannien, Ostdeutschland, Rußland, Sowjetunion, Vereinigte Staaten* und *Westdeutschland* wurden nicht nur wortgleiche, sondern auch sinngemäß zutreffende Fundstellen berücksichtigt. Unter dem Stichwort *Hitler* sind auch Komposita wie *Hitler-Regierung* u.ä. aufgenommen worden.
Fundstellen für die Seiten 240ff. beziehen sich auf den Anmerkungsapparat.

Standley, William, amerikanischer
Admiral 33f.
Steidle, Luitpold 35, 230f.
Stimson, Henry L., amerikanischer
Kriegsminister 41f.
Stolz, Ernst 226
Strasser, Gregor 28
Strasser, Otto 28f.
Strauß, Franz Josef 235
Strong, Kenneth, britischer General
51, 75, 151f.
Supreme Headquarters Allied Expe-
ditionary Force (SHAEF; Oberstes
Hauptquartier der alliierten Expe-
ditionsstreitkräfte) 120f., 174, 188
„Surrendered Enemy Personnel"
(SEP, Kapitulierte feindliche Mann-
schaften) 20, 248

Tulatz, Herbert 127, 189

UdSSR (*siehe* Rußland, Sowjetunion)
Ulbricht, Lotte 54
Ulbricht, Walter 23-27, 32, 34, 37,
54f., 57f., 61, 87, 98, 108, 129,
131, 133, 141, 145, 148f., 208,
210-212, 215, 233, 245
United States Forces European Theater
(USFET, Streitkräfte der Verei-
nigten Staaten im europäischen
Operationsgebiet) 124, 175
US Army Counter Intelligence Corps
(C.I.C.) 196

Vereingte Staaten 15-17, 19f., 28-
31, 33f., 37-40, 42-51, 58f., 64,
66, 71-73, 79, 81-90, 93f., 96-99,
101, 103f., 107f., 118-120, 123f.,
130-132, 146-150, 152-155, 157,
163, 168, 172, 174, 178, 180f.,
185, 187-189, 191-195, 198,
203f., 233f., 236, 238, 240,
241f., 247f., und (amerikanische)
Militärregierung in Deutschland
174, 176, 179-185, 187-198, 200-
202, 208, 234; und Office of Military Government, U.S. (OMGUS)
173, 177, 181, 187, 189, 191-196,
233; und Provost Marshal General's Office (PMGO, Büro des Generalkommandeurs der Militärpolizei) 39, 102f., 108, 121f., 125,
176, 180-184, 188, 250; und Prisoner of War-Division (POWD)
43, 156, 162; und POW, Special
Projects-Division 62; und Special
Projects 15f., 43, 47, 50f., 58,
61, 63-65, 67-72, 77, 87, 89-94,
97-99, 102f., 109, 114, 116,
120f., 123-125, 127-130, 151,
162, 173-180, 184f., 187-190,
192f., 197f., 203f., 222, 229,
234f., 251, 253; Special Projects
Branch 43; Special Services Division 29, 39; Camp Alva 190;
Camp Van Etten (Schule) 67f.,
70, 103f., 106, 109; „Ideenfabrik"
68, 70; „Geist von Van Etten"
68, 104; Fort Devens (Lager) 92;
Fort Eustis (Schule) 71f., 98f.,
123-128, 184-186, 188; „Sechsta-
gerennen" 71, 123; Fort Getty
(Schule) 49, 70f., 92, 99, 114,
116, 118-120, 122, 125, 175f.,
189f., 193-195, 198, 252; „Geist
von Getty" 70, 198, 203; Fort
Kearney (Schule) 70, 91f., 99,
106f., 109, 111-113, 115-118,
120, 173f., 186, 188, 193, 195,
203; „Geist von Kearney" 70,
203; Fort Wetherill (Schule) 70f.,
99, 116, 121, 125, 176, 186;
Querqueville (Schule) 71, 122,
176, 195; POW-Camp Gruber 92;
POW-Camp McCain 92; Yalta
(Lager) 122; „Special Prisoners"
178f., 181-184; „Ausgewählte
Bürger" 179f., 198, 203, 205
Vinz, Carl 106, 201